北京市哲学社会科学规划办公室资助项目
北京市哲学社会科学京津冀协同发展研究基地重点研究项目
基于大数据的城市科学研究北京市重点实验室重点研究项目

北京国际城市文化交流基金会 **资助出版**

面向未来的京津冀世界级城市群

连玉明◎主编

当代中国出版社
Contemporary China Publishing House

图书在版编目（CIP）数据

面向未来的京津冀世界级城市群 / 连玉明主编 .-- 北京 ： 当代中国出版社 ，2016.9
ISBN 978-7-5154-0724-1

Ⅰ．①面… Ⅱ．①连… Ⅲ．①区域经济发展－协调发展－华北地区－文集 Ⅳ．① F127.2-53

中国版本图书馆 CIP 数据核字（2016）第 214046 号

出 版 人	曹宏举
责任编辑	李一梅
责任校对	康 莹
装帧设计	胡 凯
出版发行	当代中国出版社
地 址	北京市地安门西大街旌勇里 8 号
网 址	http：//www.ddzg.net 邮箱：ddzgcbs@sina.com
邮政编码	100009
编 辑 部	（010）66572264 66572132 66572154 66572180
市 场 部	（010）66572281 或 66572155/56/57/58/59 转
印 刷	北京艺堂印刷有限公司
开 本	787 毫米 ×1092 毫米 1/16
印 张	29 印张 426 千字
版 次	2016 年 9 月第 1 版
印 次	2016 年 9 月第 1 次印刷
定 价	98.00 元

编写单位

京津冀协同发展研究基地（全称为北京市哲学社会科学京津冀协同发展研究基地）由北京市哲学社会科学规划办公室于2014年7月30日正式批准成立。京津冀协同发展研究基地设在北京国际城市发展研究院。

京津冀协同发展研究基地是一个开放式协作创新平台、区域化合作交流平台、专业化决策咨询平台和信息化成果转化平台。它聚集相关专业研究者，发挥独立、客观、公正、持续的科学精神和创新方法，立足北京发展和京津冀协同发展实践，以首都可持续发展与京津冀协同发展重大现实问题为主攻方向，着重对全局性、战略性、前瞻性问题开展研究和咨询。努力成为推动北京发展和京津冀协同发展的重要思想库和智囊团。

北京国际城市发展研究院成立于2001年11月，是在国家民政部指导下，由领导决策信息杂志社发起，经北京市社会团体管理办公室批准设立的全国首家从事城市发展研究的跨学科、国际化、非营利社会组织，由北京市社会科学界联合会主管。建院15年来，北京国际城市发展研究院以国际城市战略为核心，以中国领导决策信息系统为基础，以重大现实问题为主攻方向，着重对全局性、战略性、前瞻性问题研究，为推进中国城市化和城市国际化进程做出了积极贡献，正成为国内外具有一定影响力的“中国民间智库”。

主编简介

连玉明，著名城市专家、教授、博士，北京国际城市发展研究院院长，贵州大学贵阳创新驱动发展战略研究院院长。

连玉明教授兼任北京市人民政府专家咨询委员会委员、北京市社会科学界联合会副主席、基于大数据的城市科学研究北京市重点实验室主任、大数据战略重点实验室主任、京津冀协同发展研究基地首席专家。

连玉明教授研究领域为城市学、决策学和社会学。首创的“城市价值链理论”被誉为世界三大竞争力理论之一。著有《重新认识世界城市》《什么样的城市是最好的城市》《低碳城市：我们未来的生活方式》《首都战略定位》《城市的觉醒》等多部专著。

连玉明教授为北京市政协委员，北京市朝阳区政协副主席。先后荣获中共北京市委、北京市人民政府授予的“北京市有突出贡献人才”“北京市劳动模范”“首都劳动奖章”等荣誉称号。

学术委员会

学术委员会首席顾问

杨开忠　北京大学秘书长、中国区域科学协会会长

学术委员会主席

文　魁　首都经济贸易大学原校长

学术委员会秘书长

祝尔娟　首都经济贸易大学教授

学术委员会委员（按姓氏笔画排序）

卜　伟　北京交通大学经管学院教授

王　伟　华北电力大学人文与社会科学学院副院长、北京能源发展研究基地主任

王　辉　石家庄铁道大学经济管理学院副院长

王　遥　中央财经大学财经研究院研究员

王红漫　北京大学医学部社会医学教研部主任

王建廷　天津城建大学副校长

王晓燕　北京教育科学研究院高等教育研究所所长

王雍君　中央财经大学财经研究院院长

尹德挺　北京市委党校社会学教研部副主任、北京市人口研究所副所长

田学斌　河北经贸大学京津冀一体化发展协同创新中心专职副主任

伍先江　中国人民公安大学治安学院教授
刘　冰　北京师范大学中国社会科学管理研究院副教授
刘东涛　天津市环渤海经济研究会副理事长
刘邦凡　燕山大学公共管理学院党委书记
刘秉镰　南开大学校长助理、京津冀国家咨询组成员
孙久文　中国人民大学区域与城市经济研究所所长
孙明正　北京交通发展研究中心副总工程师
杜传忠　南开大学产业研究所所长
李文兴　北京交通大学经管学院教授
李守旭　中国航空规划建设发展有限公司首席专家、总规划师
李利军　石家庄铁道大学经济管理学院教授
李国平　北京大学首都发展研究院院长
李家祥　天津市社科联原党组书记、天津师范大学教授
李惠茹　河北大学经济学院副院长
杨杭军　对外经贸大学国际经贸学院副教授
杨保军　中国城市规划设计研究院副院长
佘　廉　国家行政学院公共安全预警研究中心主任
余钟夫　中共北京市委研究室副巡视员
余新晓　北京林业大学水土保持学院院长
张　波　河北省社会科学院副研究员
张　贵　河北工业大学京津冀发展研究中心常务副主任
张　辉　北京大学经济学院副院长
陈　璐　河北省社科院农村经济研究所所长
罗永泰　天津财经大学工商管理研究中心主任、天津市人民政府参事
金凤君　中科院地理科学与资源研究所地理与区域经济研究室主任

周立群　南开大学滨海开发研究院常务副院长
赵　坚　北京交通大学中国城镇化研究中心主任
赵子忠　中国传媒大学新媒体研究院院长
赵民合　中国国际工程咨询公司交通产业发展部副主任
殷广涛　中国城市规划设计研究院交通院院长
高　智　河北省发改委宏观经济研究所副所长
郭继孚　北京交通发展研究中心主任
曹允春　中国民航大学经济管理学院副院长、临空经济研究所所长
盛继洪　首都社会经济发展研究所所长
彭宗超　清华大学公共管理学院副院长
蒋国瑞　北京工业大学经管学院教授
程世东　国家发改委综合运输所城市交通研究室主任
童　伟　中央财经大学财经研究院研究员
靳高风　中国人民公安大学研究生院副院长
臧学英　中共天津市委党校（天津行政学院）经济发展战略研究所所长
谭忠富　华北电力大学经济与管理学院能源与环境研究所所长
魏丽华　中共河北省委党校副教授

内文摘要

2015 年 4 月 30 日，以中共中央政治局审议通过《京津冀协同发展规划纲要》为标志，京津冀协同发展作为国家重大战略正式进入了实施阶段。这一国家战略的重大意义在于，未来京津冀区域将崛起成为一个世界级城市群，成为我国在世界发展格局中的重要战略支点。

2015 年 11 月 14 日，在北京市、天津市、河北省三地哲学社会科学规划办公室大力支持下，由北京国际城市发展研究院、北京国际城市论坛基金会联合主办，由北京市哲学社会科学京津冀协同发展研究基地承办的“国际城市论坛京津冀协同发展 2015 年会”在北京举行，来自京津冀三地有关部门负责人和专家学者 300 余人参加了年会。年会围绕“面向未来的京津冀世界级城市群”这一主题进行了交流研讨，年会分为一个主论坛和生态示范、文化引领、协同创新、社会治理、法治保障五个分论坛。

在 2015 年会筹办同期，年会主办方还举办了“国际城市论坛京津冀协同发展 2015 年会征文活动”，征文活动得到了社会各界的热情响应与广泛参与。

本书是 2015 年会演讲和征文精选汇编，由于篇幅所限，本书只收录了部分专家学者的演讲内容和文章，供学术研究人员和政府决策部门参考。

代序

北京市哲学社会科学规划办公室主任　王祥武

值此国际城市论坛京津冀协同发展2015年年会召开之际，我首先代表京津冀三省市的哲学社会科学规划办公室，对年会的召开表示热烈的祝贺，向年会的主办方致以诚挚的敬意！同时，我代表北京市哲学社会科学规划办公室对天津市、河北省社会规划办的大力支持和密切合作表示衷心的感谢！对于各位专家学者，特别是远道而来的天津市、河北省的同志们表示热烈的欢迎！

京津冀协同发展研究基地成立一年多来，做了大量卓有成效的工作，通过各种方式和渠道为政府和社会贡献了一系列研究成果，特别是去年成功举办了京津冀协同发展2014年年会，在政府和学界都产生了很好的影响。今年，三省市社科规划办继续支持举办2015年年会，为三地的专家学者汇聚一堂、建言献策搭建平台，为新型智库建设助力。希望京津冀协同发展年会能真正打造成一个理论研究平台、决策咨询平台、协同创新平台、成果转化平台和合作交流平台，成为京津冀协同发展的新型高端智库。

中国开始步入新常态，需要新思路，中央审议通过了《京津冀协同发展规划纲要》，京津冀协同发展的大战略必将创造出大机遇。全面贯彻落实中央要求，读懂高端站位是三地党和政府、企业、社会合作共赢的基础，这是巨大的挑战，考验的是决策者、管理者、参与者的能力和眼光，也给知识界发挥智库作用提供了宝贵机遇。

今天，论坛聚焦的主题“面向未来的京津冀世界级城市群”，就是纲要提出的发展目标，需要广大专家学者以专业、权威、公信的优势谋篇国家战略和区域发展全局，进一步深入研究解读纲要的部署，提供智力支持、战略咨询，以高度的责任感和使命感实现我们广大知识分子的报国热情和理想。让我们团结一道，深入学习贯彻党的十八届五中全会精神，按照创新、协调、绿色、开放、共享五大发展理念，落实习总书记视察北京时的重要讲话精神和《京津冀协同发展规划纲要》，深入研究探讨一系列重要的理论问题和实际问题，推进京津冀协同发展的规划蓝图真正变成美好的现实。

最后，我代表三省市规划办衷心感谢专家学者和同志们为京津冀协同发展贡献的智慧，以及为此次论坛的召开付出的辛勤工作。

预祝国际城市论坛京津冀协同发展2015年年会取得圆满成功，谢谢大家！

（本文是作者在国际城市论坛京津冀协同发展2015年会上的致辞）

目录

B 生态篇 / 84

C 文化篇 / 146

D 创新篇 / 216

战略篇

京津冀指数：京津冀协同发展的风向标

连玉明[①]

【摘　要】构建京津冀协同发展指数是推动京津冀协同发展战略研究的重要突破点。在把握观察《京津冀协同发展规划纲要》国家战略、区域协同、先行先试三个着眼点基础上，京津冀协同发展指数围绕破解城乡分离、城际分离和城域分离三大难题，分析了影响京津冀协同发展的九大因素：城乡差距、城乡统筹、城乡融合、产业链、服务链、治理链、资源承载力、创新驱动力、辐射影响力。在此基础上，形成了“京津冀指数”指标体系，该指标体系具有协同性、前瞻性、创新性、独立性四个特征。

【关键词】京津冀指数　指标体系　城乡分离　城际分离　城域分离　影响因素

我今天主要给大家汇报两个方面的内容。第一，为什么要研究“京津冀指数”，或者说研究京津冀协同发展指数的背景、基础、意义在什么地方。第二，“京津冀指数”究竟是什么样的指数，它对京津冀协同发展有什么样的重要意义。

---

① 连玉明，著名城市专家、教授、工学博士，北京国际城市发展研究院院长。

一、为什么要研究“京津冀指数”

2015 年对京津冀发展来说最重要的标志性事件就是中央出台了《京津冀协同发展规划纲要》，这是京津冀协同发展过程中的一个重要里程碑，是重要的行动指南和纲领性文件。如何认识和理解京津冀协同发展？如何认识《京津冀协同发展规划纲要》？我们认为观察京津冀协同发展有三个着眼点：国家战略，区域协同，先行先试。这三个关键词不是我发明的，是 2015 年 6 月份我随北京市主要领导到河北考察，在京津冀三地合作座谈会上，北京市委常委、常务副市长李士祥同志提出，认识京津冀协同发展这个问题最关键的就是三个关键词：国家战略，区域协同，先行先试。

（一）国家战略

根据士祥市长讲的这三个关键词我们进行了深入研究，认为之所以把京津冀协同发展作为国家战略，主要有以下三个层面的含义：

一是建设和管理好首都。建设和管理好首都是国家治理体系和治理能力现代化的重要内容，是国家形象和国际形象的重要标志。因此必须破解首都发展长期积累的深层次矛盾和问题，优化提升首都的核心功能，探索人口经济密集地区优化开发的模式，走出一条中国特色解决“大城市病”的新路子，建设国际一流的和谐宜居之都，而这些都是建设和管理好首都的重要内容。

二是打造中国经济发展新的支撑带。和长江经济带、“一带一路”战略一样，打造中国经济发展新的支撑带将成为适应新常态、把握新常态、引领新常态最重要的思路，推动中国经济或者是世界经济再平衡最重要的载体。这种再平衡将引发中国经济结构的深度调整。

三是建设以首都为核心的世界级城市群。这是长远的战略目标。大家知道，现在世界经济的重心已经转向了亚太地区，而亚太地区的核心是东北亚地区，东北亚地区的核心是环渤海地区，而环渤海地区的核心就是京津冀地区。因此，在京津冀地区建设以首都为核心的世界级城市群，有利于发挥京津冀在环渤海和东北亚地区的龙头带动作用，有利于增强京津冀在亚太地区的核心竞争力，有利于凸显京津冀在世界城市群当中的地位。

（二）区域协同

在京津冀协同发展纲要中，最重要的两个字是“协同”。既然是协同，就要破解三大难题：一是破解城乡分离的难题，实现城乡协同；二是破解城际协同的难题，实现城际协同；三是破解城域之间的难题，实现城域协同。我理解的京津冀协同发展，就是以首都为核心的城市区域体系。在这个城市区域体系里面，要实现区域协同，我认为最重要的就是要办好五件事，突破五大难题，概括起来叫破藩篱、强统筹、补短板、建机制、定规则。

（三）先行先试

通过对《京津冀协同发展规划纲要》的学习和理解，我认为先行先试主要体现在 1 个试验区、4 个示范区和 20 个改革试点上。建设中国天津自由贸易试验区，这是京津冀协同发展最大、最重要的先行先试。这个试验区应该成为京津冀共建自由贸易区的重要抓手，特别是要支持北京进一步扩大服务业开放、河北设立综合保税区和内陆港，并且将这些纳入试验区的范围，还要推动试验区的政策逐步向首都国际机场、北京新机场、河北正定机场以及曹妃甸、黄骅等地区推广。4 个示范区即北京与河北曹妃甸共建的协同发展示范区；北京密云、延庆和河北张家口、承德共建的生态文明先行示范区；天津生态城国家绿色发展示范区；滨海、中关村科技园和京津合作示范区是京津冀发展的最大亮点。20 个改革试点是京津冀协同发展的抓手和突破口。

二、“京津冀指数”究竟是什么样的指数

简单地讲，“京津冀指数”坚持了问题导向，紧紧抓住协同这个核心来解决城乡协同中的均衡问题、城际协同中的一体化问题、城域协同中的竞争力问

题。所谓的京津冀协同，重要的是解决京津冀在发展过程中的均衡度、一体化和竞争力问题，只有均衡、一体和竞争，才能达到国家战略所设定的目标，这是我们坚持问题导向的基础。

在研究京津冀协同发展的过程中，围绕破解城乡分离、城际分离和城域分离这三大难题，我们找到了影响京津冀协同发展的 9 个关键因素：城乡差距、城乡统筹、城乡融合、产业链、服务链、治理链、资源承载力、创新驱动力、辐射影响力。围绕这 9 个关键因素和三大难题，我们设置了“京津冀指数”的指标体系。今天我们发布的仅仅是指标体系的理论框架，按照这个理论框架，我们将围绕京津冀协同发展的实践基础、理论创新，同京津冀三地的有关专家一起完善这个指标体系。2017 年这个时候，我们希望在大家的共同努力下发布第一本《京津冀指数发展报告》。

最后，我想说一下“京津冀指数”的四个基本特点：

（一）“京津冀指数”是一个协同性指数

所谓的协同，要满足三个基本条件：一是在同一个系统或者体系之内，有统一的部署、统一的市场、统一的秩序；二是市场在区域发展中发挥主导作用，根据市场规律有效配置资源；三是在区域协同内有共同遵守的制度法则，法治理念在区域内得到高度认同。这也是此次讨论过程中，为什么推出了一个法治引领专题论坛的原因。我在这儿要说一句，京津冀协同发展研究过程中，对于法治建设、法治引领的专题，现在研究的专家学者和队伍还比较少，这也是我们需要特别加强的。

（二）“京津冀指数”是一个前瞻性指数

这个前瞻性是跳出北京，从全球的角度、从国家战略的角度看京津冀未来的发展。京津冀指数是在未来诸多不确定的情况下找到了一些相对稳定的、长期的影响因素，重点放在对未来发展趋势的基本判断上，更多考量京津冀协同发展的前瞻性和战略性。

（三）“京津冀指数”是一个创新性指数

这种创新性主要体现在“三个面向”上，第一个“面向”是不仅仅着眼于当前发展阶段，更是建立在面向未来30年将京津冀打造成世界级城市群这个重大愿景上。第二个“面向”是不局限于“两市一省”的区域范畴，而是面向环渤海地区的更大格局，以特大城市为龙头，带动大中小城市、城镇农村协调发展，探索农村城市化、城乡一体化，再到区域协调均衡发展的新型城镇区域体系。第三个“面向”是建设国际一流的和谐宜居之都，融经济建设、政治建设、文化建设、社会建设、生态文明建设于一体，评价的指标涉及“五个建设”的各个方面和环节。

（四）“京津冀指数”是一个独立性指数

这种独立性更多地体现在社会机制、独立评价和权威数据上，特别是京津冀指数的研究和编制机构，包括北京国际城市发展研究院在内的很多研究机构的参与，这些机构更多地属于独立第三方。我们所开展的评价完全是社会性的学术研究，始终坚持的是一种客观的态度、专业的精神和科学的方法，不具有任何官方色彩，不代表政府及其附属组织的观点。但我们是在《京津冀协同发展规划纲要》的指导下，按照独立、公正、专业的精神来开展这项研究，我相信这项研究对政府的决策、对社会的影响、对未来发展战略将起到不可替代的重要作用。

这就是我今天向大家汇报的“京津冀指数”基本研究概况，不妥的地方请各位专家批评指正，希望京津冀三地的专家学者能够利用好京津冀协同发展研究基地这个平台，共同为京津冀协同发展做出更大的贡献。

谢谢大家！

北京新使命

——关于把北京建设成为世界级城市群核心的理论思考

文 魁[1]

【摘 要】《京津冀协同发展规划纲要》指出，京津冀区域的整体功能定位，第一项就是要形成“以首都为核心的世界级城市群”。这个功能定位，为北京提出一个新使命：在疏解非首都功能中，除优化提升首都核心功能外，还要成为京津冀世界级城市群的核心。本文对这一重大使命进行探索，提出自己的理论思考。

【关键词】世界级城市群 北京

一、城市群形态形成及其演化规律

所谓城市群，是指若干个规模不同的城市，彼此之间有密切内在联系并结构化的城市集合体。城市群的形成，必须具备以下几个要素：首先，城市群不

---

① 文魁，京津冀协同发展研究基地学术委员会主席、首都经济贸易大学原校长，经济学教授，博士生导师。研究领域为理论经济学、应用经济学中的劳动经济学、消费经济学、区域经济学、城市发展战略等。主编《京津冀蓝皮书》。

是单独的一两个孤立城市，一定是由多个城市组成；其次，这些城市在同一个区域范围内，依托一定的自然环境和交通条件，存在着城市之间各种内在联系；再次，这些城市的类型、规模、特性各有不同，既有规模大、实力强的大城市为核心，又有众多中心城市众星捧月，主辅分明、分工各异，错位发展、相互借力，交相辉映、相辅相成；最后，城市之间，错落有致、交往便利、互为依存、同命运、共兴衰。世界级城市群的世界与世界城市的世界有相同的内涵，所有世界城市都表现为城市群形态。

城市群是城市发展的高级形态。城市发展历经了点状形态、线状形态和面状形态几个形态，由低级到高级逐级演进。所谓点状形态，即以要素聚敛为主要特征的单个城市，空间集聚的规模效应，是城市产生和发展的主要根源，也是城市永远存在的最基本的功能；线状形态，是以通达效应为主要特征的城市带，依河海和铁路、公路等交通便利条件而形成，集合了集聚与通达两个功能优势，使城市之间建立了联系；面状形态，则是以整合效应为主要特征的城市群，借助网络环境，将众多不同规模的城市结构化，形成完整的城市集合体。城市群在集聚和通达功能优势的基础上，又生成和强化了聚合和辐射功能。城市群在互联网、物联网等现代信息技术和智能化的新背景下，必然有进一步的提升。国家“十一五”规划纲要就已经明确：“要把城市群作为推进城镇化的主体形态；已形成城市群发展格局的京津冀、长江三角洲、珠江三角洲等区域，要继续发挥带动和辐射作用，加强城市群内各城市的分工协作和优势互补，增强城市群的整体竞争力；具备城市群发展条件的区域，要加强统筹规划，以特大城市和大城市为龙头，发挥中心城市作用，形成若干用地少、就业多、要素集聚能力强、人口分布合理的新城市群。”

二、离世界级城市群战略构想还有多远

在全国改革发展稳定大局中，中央对京津冀协同发展的总体要求，第一个目标就是建设以首都为核心的世界级城市群。并按照“功能互补、区域联动、

轴向集聚、节点支撑”的思路，提出了“一核、双城、三轴、四区、多节点”的城市群构想。从地理位置看，京津冀城市群已初步形成，但按照前面对城市群内涵的界定，还有很大的差距，尚未真正形成内在联系紧密、结构化的集合体。《京津冀协同发展规划纲要》已经明确指出，存在的主要问题有：区域内城镇体系结构失衡，或过大，或过小，不同规模城市间没有形成合理的分工布局；交通网络发展不平衡，存在大量“断头路”和“瓶颈路段”，各种交通衔接、协同不足，运输不畅、成本过高；产业布局没有形成相互衔接的产业发展链条，同构化问题突出、同质竞争严重。

根据我们分析的城市发展演进过程，京津冀区域是几个不同阶段的城市形态共存，河北大多城市还处于第一阶段，要素聚敛还需要大力发展。“三轴”城市带和沿海城市带远未形成，甚至还存在彼此间的掣肘和竞争。京津两极体量过大，而且部分功能交叉、缺少协同，同时聚敛过多、辐射不足，亟须放开视野，在更大的范围内谋划，发挥带动和辐射作用。世界级城市群是京津冀协同发展的目标。方向已经明确、蓝图已经绘就，面对这些问题，要实现中央的战略意图，任重而道远。

三、北京在京津冀城市群中的角色

《京津冀协同发展规划纲要》明确指出要达到的目标是，打造现代化新型首都圈，建设以首都为核心、生态环境良好、经济文化发达、社会和谐稳定的世界级城市群。这里把“以首都为核心”与生态环境、经济文化、社会稳定并列，而且放在世界级城市群的定语之首，意味深长。既明确了首都在世界级城市群的地位和角色，又赋予了北京在首都核心功能之外新的神圣使命。特别是把“打造现代化新型首都圈”作为建设世界级城市群的前提，更是与北京从首都经济到首都经济圈发展逻辑进行了链接。用个形象的新词比喻，北京就是这个城市群的“群主”。从综合实力上看，北京作为京津冀城市群的核心，是不二的选择，但却不能说当之无愧。因为北京有“群主”的资格，却没有很好发挥“群主”

的作用。

在城市群中，北京利用首都的优势，集聚了大量资金、人才、技术等优质资源，特别是优质的公共服务，不断产生对周边的“虹吸效应”。结果一城独大，非但没有带动周边城市的共同发展，反而染上了大城市病。现在，中央要求疏解北京非首都功能，推动京津冀协同发展，就是让北京在更好实现首都核心功能的同时，担当起城市群核心城市的责任。也只有从世界级城市群的角度，才能对疏解和协同发展有更为深刻的认识。

四、对非首都功能的再认识

北京是一座城市，有其城市的基本功能。北京作为首都，有着首都功能。中央对北京的最新定位是：全国政治中心、文化中心、国际交往中心、科技创新中心，这个定位就是首都功能，或者说是首都核心功能。非首都功能分为可疏解和不可疏解。北京作为城市具有双重属性，一是国家的首都，二是一个城市，而且是历史名城，即使迁都，这个城市也存在。首都作为一个城市，包括核心功能与非核心功能；前者是指作为首都的功能。即北京这座城市必须履行全国四个中心的功能，不能疏解，否则北京就不能称为首都；非首都功能是指首都功能之外的其他城市功能，有些不一定非要放在首都，可以疏解；但有些也离不开首都所依托的这座城市，不能疏解。

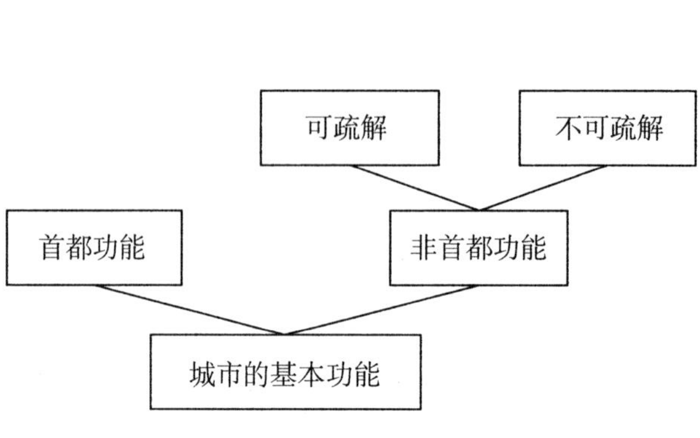

中央对京津冀三省市功能定位的表述中，虽然都带有全国的冠名，但天津

同时又冠有“北方”的二级定位、河北有“京津冀生态环境支撑区”的区域定位。中央为了突出北京作为全国首都的核心功能，没有就北京在区域中的二级功能定位进行表述。北京有没有二级定位，或者说有没有在区域经济中的功能定位呢？回答是肯定的，就是京津冀城市群的核心城市、环渤海地区合作发展的核心城市。我们还必须对北京的城市性质和功能有一个清晰的认识。北京是一座城市，一定有着作为城市的基本功能，这些基本功能即使迁都也会存在，作为首都，更不可能缺少，否则难以承载首都功能；同时，定都北京，又赋予城市以首都功能，这座被赋予了首都功能的城市反过来又使其基本功能增添了质和量的新内涵。因此，北京就有了双重性质：首先，是一座城市，而且是历史名城，有着所有城市都有的基本功能；同时是国家首都，有着独特唯一的首都功能。这两个功能有机融合，衍生出其所在地域的核心城市功能。过去，我们对这一功能有所忽略。京津冀协同发展战略的提出，使我们看到，北京的城市功能定位还有京津冀城市群的核心、环渤海经济合作区域的核心。那么，北京的功能定位就是 4+1+1，四个中心外加两个核心。

非首都功能中，属于城市存在和发展须臾不可缺少的功能，如水电、气暖、交通等公共基础和公共服务功能虽然也是非首都功能，但同首都功能融合在一起，不可分割，也是不能疏解的。因此，我们在论述非首都功能时，不包括这部分城市基本功能。除此以外，那些可以在首都，也可以不在首都的功能，才是可疏解的非首都功能。我们必须看到，可疏解的非首都功能在北京的不断叠加，反映了城市化的规律，有其客观必然性。只是这些功能的叠加，超出了北京资源的承载能力，所以需要有更广阔的地域来适应这种客观需要。可疏解的非首都功能，主要是经济发展的功能。从这个角度看，北京需要疏解的非首都功能，正是京津冀城市群核心功能，恰恰是要通过疏解来完成这些功能。

五、对北京疏解的再认识

从北京作为世界级城市群核心这个视角看，北京这座城市具有双重功能。

其一，是四个中心的首都功能；其二，是京津冀城市群的核心，是环渤海经济合作区的核心。因此，疏解也就有了新的内涵和意义。从首都功能看，疏解意味着治疗大城市病，瘦身健体；而从城市群的核心功能看，疏解则意味着辐射和带动，主导京津冀协同发展，形成世界级城市群。什么是疏解呢？从字义上看，疏者，由密而稀；解者，减轻缓解。所以，疏解不是消除，也不是单纯的迁出。因此，北京留下什么，迁出什么，就大有讲究。从京津冀城市群发展看，迁出并不意味着淘汰和放弃，必然保持着与京城的联系，打个比喻，北京的疏解跟放风筝一样，风筝要放出去，但是这个线还得在手里盘着，才叫核心功能，如果放出去不管了，跟北京就没关系了。留下也要寻找与外部的链接。只有这样，才能在疏解中形成京津冀产业发展的链条。如《京津冀协同发展规划纲要》对京津冀的金融业就做了如下的分工：北京金融管理、天津金融创新运营、河北金融后台服务。迁出也好，留下也好，都要着眼于产业链接，服从和服务于城市群的结构化和整体性。因此，疏解不只是迁出，除了减少北京核心功能区的压力，更好为中央服务外，疏解还意味着派出、播种、帮扶、带动、疏散、转移、扩张、升级等更丰富、更深刻的辐射内涵。所以，北京不是不要发展经济，而是要把发展的视野放开、触角伸向远方，在更为广阔的天地施展身手，实现更强有力的跨界扩张。

我曾经把京津冀比喻为一个大棋盘，中央政府就是九宫中的老帅，所谓疏解，就是把密集在九宫内的车、马、炮布局到京津冀大棋盘中去。如此看来，北京疏解是一石二鸟：城市中心瘦身健体，更好为中央服务；带动周边，主导京津冀协同发展，形成世界级城市群。从这两个方面思考，市政府的东迁也就有了双重意义：其一，起带头作用，加快疏解进程，确保如期实现中央的战略部署；其二，指挥前移，站到京津冀协同发展的第一线，更好发挥“群主”的作用。

六、任重道远：北京如何成为城市群的核心

北京如何才能真正成为京津冀城市群的核心城市，担当起“群主”的责任

呢？第一，要有“群主”意识。把带动京津冀协同发展、推动京津冀一体化作为自己的责任。第二，做强自己。搞好优化提升、推进内部功能重组。从整体和大局出发，把自己的一亩三分地规划好、建设好、管理好。特别是在打造中国自主创新的重要源头和原始创新的主要策源地上取得实质性进展，发挥高精尖产业结构对中下游产业链条的带动作用。北京强大的经济实力，是当好“群主”的基本条件。第三，当好老大哥。善于组织协调、该出面的要积极出面，该牵头的要主动担当。在疏解中，主动与承接地建立密切联系，主动了解承接地的需求，扶助承接地的高水平发展，不是简单地迁移一些项目出去，同时要把它扶植起来。最后，要切实弄清自身的定位与城市群中其他城市的关联，认真总结北京发展经济的经验，变北京的经济发展优势为京津冀整体的优势。

七、到小城镇去！到中小城市去！

《京津冀协同发展规划纲要》对京津冀城市群的主体框架都已经做出明确部署，提出构建现代城镇体系的任务。其中，应该特别关注“培育中小城市和特色小城镇”。北京作为城市群的核心城市，应该在中小城市和特色小城镇的培育上有更大的作为。《京津冀协同发展规划纲要》明确指出：选择若干中小城市，高起点、高标准建设若干定位明确、特色鲜明、职住合一、规模适度、专业化发展的“微中心”，发挥比较优势，推动非首都功能有序转移。我曾经多次写文章和向政府提出建议，呼吁《小城镇、大战略》，当看到该明确表述，感到非常欣慰。对发展小城镇，一些著名城市学家做过精辟论述，也为一些发达国家的实践所证明，只是希望学界和有关方面对《京津冀协同发展规划纲要》在这方面的表述高度关注。只要我们以“微中心”的理念，对照北京四个方面疏解对象，就不难发现，一个专业市场、一所大学、一家医院、一个研究院所，都可以生成一个现代化的小城镇。北京疏解的不仅是一个个项目，还可能是培育出一个个现代化的小城镇。

小城镇是城市群发展的重要组成部分。我们必须注意到，在京津冀“网络型空间格局”构想中，“三轴”就是三个城镇聚集轴，除依托几个区域性中心城市、重要节点城市外，更多的就是小城镇。没有众多的现代化小城镇，只是一个个孤立的大中城市，一个现代城镇体系也难以形成。小城镇发展不足，是京津冀城市群发展的最大短板；同时也是最大的潜在利益，是京津冀城市群一个新的增长点。小城镇的发展对于新型城市化、城乡一体化都有着重要的意义。诚然，就京津冀小城镇的现状来说，对人才没有什么吸引力，但随着京津冀城市群的发展，小城镇必将展现其大城市无法相比的魅力。因此，我呼吁我们的青年科学家、青年管理专家、青年企业家，各路精英、人才，到小城镇去！到中小城市去！那里是大有可为的！

京津冀协同发展对环渤海地区北方腹地的作用

周立群[①]

【摘　要】本文论述了党的十八大以来中央密布区域经济大棋局，分析了京津冀协同发展面临的大趋势，重点讲述了环渤海地区的发展格局与特点。通过介绍南开大学滨海开发研究院关于区域经济一体化水平指标体系构建与测度研究和中心城市“十三五”规划编制建议的情况，进一步阐述京津冀协同发展对环渤海地区北方腹地的重要作用。

【关键词】京津冀　协同发展　环渤海

① 周立群，教授，经济学博士。现任南开大学滨海开发研究院常务副院长、天津市经济学会会长。历任南开大学经济学院院长、 南开大学经济研究所所长、国家发改委京津冀、长三角咨询专家、教育部经济学教学指导委员会秘书长。先后主持国家社会科学基金重大项目“三次产业协同发展研究”、教育部重大攻关项目“京津冀都市圈的崛起与中国经济发展”和中国发展研究基金会“京津冀经济一体化测量”等课题。研究成果获教育部人文社科优秀成果一等奖、二等奖，天津市第八、第九、第十三届社会科学优秀成果一等奖。

关于京津冀协同发展带动环渤海地区合作发展，我主要讲三个问题与各同人交流。

一、中央密布区域经济大棋局

区域经济大棋局这个概念是李克强总理提出的。李克强 2014 年在《求是》杂志上发表文章，谈到我国区域经济发展时，特别指出我们国家在继续实施西部大开发、东北振兴、中部崛起、东部率先区域发展战略部署基础上，谋划区域发展大棋局，要构建由东向西、由沿海向内地，培育新的区域经济支撑带，形成新的增长极，构建梯度发展新格局。在文章中克强总理阐述了京津冀协同发展及环渤海地区合作发展、长江经济支撑带以及“一带一路”等重大布局，即通常被媒体称作的区域发展三大战略。

2013 年 6 月新一届政府刚刚成立，李克强总理召开了第一个区域经济座谈会——京津冀鲁辽五省市座谈会，此次座谈会发布了三个信息。第一个是京津冀区域是我们国家最有潜力的增长极之一。第二个是推进这个区域的改革开放和发展，其重点是构建区域合作发展协调机制，在区域经济一体化进程中取得更大进展。第三个是国务院要统筹研究环渤海经济带规划。

2015 年 2 月总书记部署了环渤海地区的核心区——京津冀协同发展。这个布局发布之后，引起国际社会的高度关注，国际上对于中国经济发展重心和增长极北移，以及京津冀和环渤海地区的发展关注程度日益加强。

2015 年 4 月，中央政治局审议通过了《京津冀协同发展规划纲要》，总书记布局之后仅一年的时间，针对一个区域性的密集布局，并作为国家重大战略的指导性规划就出台了。到 2015 年 9 月，距李克强总理召开环渤海地区座谈会仅两年的时间，国务院就批复了发改委《关于环渤海地区合作发展纲要的请示》，把它作为国家区域发展战略，包括“一带一路”和京津冀协同发展等国家重大战略落实的重要举措，而且关系到我们国家的区域发展大局。合作发展的范围、内容和内涵上也进一步扩容，由原来的京津冀鲁辽扩展到京津冀晋蒙辽鲁七省市区，意味着发展范围进一步扩大，正好符合中央培育区域经济支撑带和经济增长点的大格局。

从党的十八大以后，党中央和新一届政府在近两年的时间里，紧锣密鼓地布局京津冀和环渤海发展战略，这是我们国家区域发展重大战略部署最为密集、行动最快、效果最为明显的区域。党的五中全会关于“十三五”规划的建议中也进一步提出了要拓展发展新空间，形成沿海、沿江、沿线经济带，纵向、横向经济轴带，培育若干重点经济区域。

二、环渤海地区（渤三角）的发展格局与特点

在“十二五”期间，环渤海地区整体的发展如同全国一样，成为我们国家发展最为活跃，也是增长最快的区域。

在这个区域的发展中，呈现出环海省份发展重心向沿海转移的趋势。辽宁作为东北老工业基地振兴的龙头，它的发展重心南移，尤其是向沿海移动，发展重心在大连、营口、丹东沿海一线，既成为五点一线战略，也成为东北振兴和它自身开放发展的前沿阵地。经济数据显示，重点投资和重大项目发展最快的基本上都布在沿海一线。从这个意义上讲，辽宁发展的特点是发展重心南移。

河北的发展除了围绕京津冀协同发展、非首都功能疏解，以及天津的产业转移之外，发展重心也在向东移，无论是唐山的曹妃甸还是沧州的黄骅港，都要成为河北发展新的增长极。

天津在近十年间以滨海新区的开发建设为龙头，整个产业和经济布局东移，尤其是工业布局，产业集中在 150 公里的海岸线上，也就是滨海新区的开发。天津的经济总量约 60% 集中在一个滨海新区。

山东历史上的发达地区是从省会济南到青岛一线，可是在“十二五”期间，它的发展向海上集中，借助于国家发改委批准的蓝色经济区和黄河三角洲两大战略形成了以沿海带动全域发展的格局。沿海北线主要是黄河三角洲高效生态产业带，以青岛烟台为中心，东边主要是布局高端产业带，品牌产业、知名企

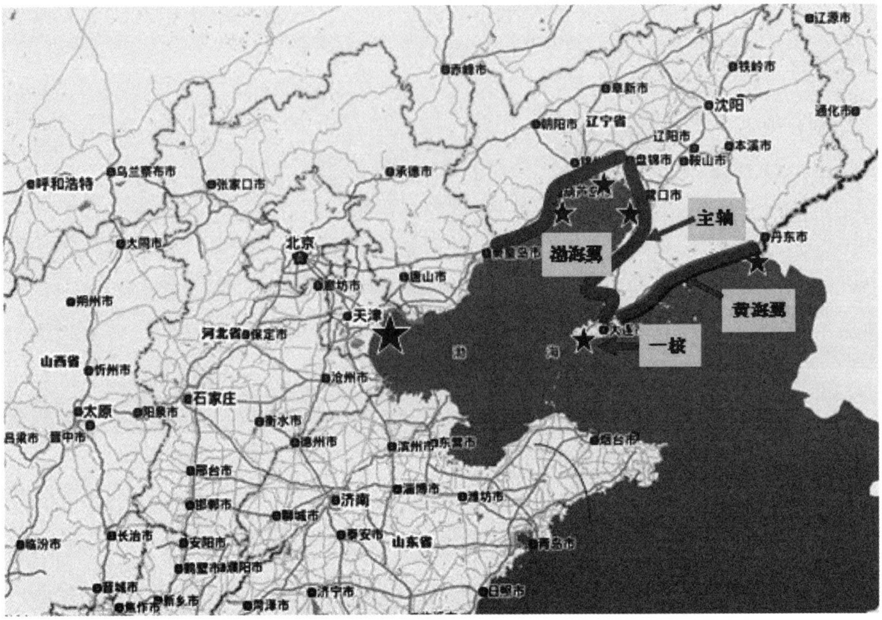

图 1：辽宁发展重心南移

图 2：河北、天津发展重心东移

业都集中在这儿。东南线是临港产业带，全省的经济整体体量和重点项目也分布在沿海，加快了区域发展，这也是山东发展格局的特征之一。

环渤海地区如火如荼的发展态势，使京津冀、山东半岛城市群、辽东半岛城市群三个板块形成互促互动的格局，这是环渤海地区有别于珠三角和长三角的一个重要特征。通常我们称之为三足鼎立且各成体系的“渤三角”发展格局。

2013年前三季度全球前十大港口排名里面，五大港口在环渤海地区。中国十大港口的排名，有七大港口也在环渤海地区。环渤海地区作为中央布局的新的经济支撑带、新的增长极，当之无愧，潜力巨大。

进一步分析，这个区域实际上是一个复合经济区，不同于珠三角、长三角。它由三个板块组成，三个板块又各成体系、相互独立，各自有各自的国内外市场，各自有各自较为完备的产业体系，包括各自的区块格局。因此，在较长的历史时期，这个区域一个重要特征就是竞争大于合作。仅以当前版图上的港口竞争为例，中国的主要港口，特别是大港集中在这个区域，临港的工业无论是冶金还是化工，还是装备制造，基本上都是在这儿布局。这些港口的产业是雷同的，而且需要的资源也是一样的，在这个格局下，很有可能走向发展路径雷同和产业雷同。

在这个背景下，各自的能量不能充分释放，形成世界级城市群和国际上有很强竞争力的经济区，为此，合作发展就是未来的发展前景。合作发展的前提是要有差异和分工，差异并不是坏事情，因为有差异才有合作、有分工才有合作。因此，由竞争大于合作转向新的竞合关系，将成为这个地区发展的重要取向。

五中全会的报告中提出五大建设理念，实际上就是环渤海地区发展的全新理念。我们可以看到，在中央的整体布局上，一开始由一个面突然缩到京津冀一个点，进一步扩展，意味着区域发展新的格局也提出了新的使命。

对这个地区简单的描述，并不是很全面。在这个背景下，要实现合作发展的重要目标，京津冀地区的协同将成为“渤三角”合作发展新引擎。京津冀协同发展不仅在这个地区，将来要在全国成为一个样板，它的突破、它的理念、它的思路、它的路径将对其他地区的发展提供重要参考，尤其是对环渤海地区，

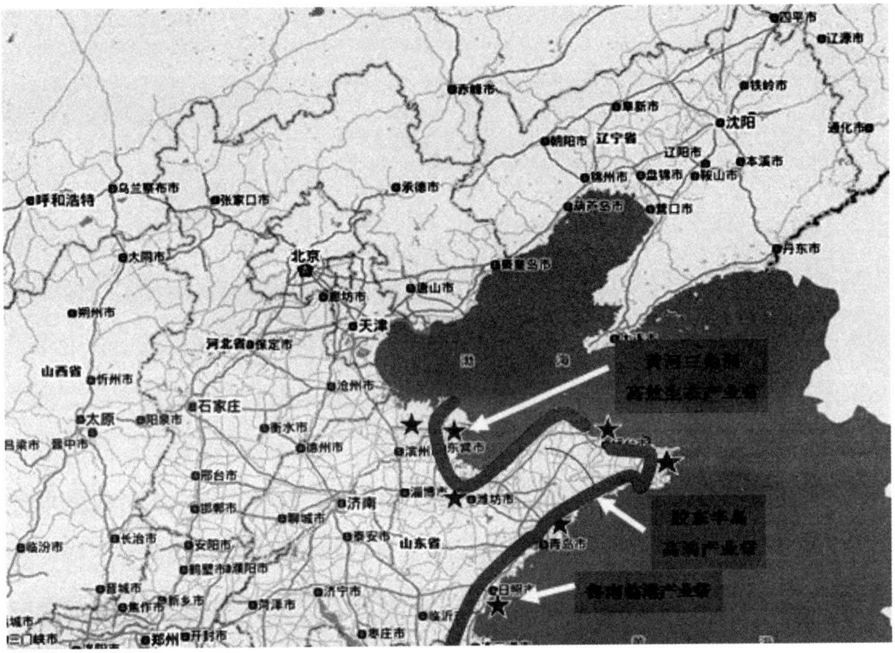

图 3：山东发展向海上集中

图 4：“渤三角”发展格局

七个省区的发展，将成为全新的引擎。在整体的区域经济发展中，京津冀的协同发展已经启航，不仅在理念上，而且在行动上，京津冀协同发展规划纲要的目标已经很清晰：“一核、双城、三轴、四区、多节点”，整体的布局都很清楚了。

从天津市 2015 年 1–9 月要素流动的情况看，在经济上遇到很多障碍、出现很多问题的情况下，天津在国内的招商项目是 1614 个，到位资金 3160 亿元，52% 来自环渤海地区（这里说的环渤海区域是指原来狭义的，不是京津冀鲁辽，也不包括内蒙古）。北京企业在津投资占 33%，河北企业在津投资占 10%。

河北的数据是 1–6 月份的，在经历了 2014 年缩产能、调结构的磨合阵痛期后，河北从京津引进项目 2697 个，占全省引资项目的 49%，引入资金 1474 亿，占全省引资的 46.3%。在这个小的区域格局中，要素的互动、产业的转移、分工的合作格局已经启航，尽管还处于初级阶段。

贯彻五中全会五大理念的过程中，我们用五大发展理念统领区域一体化发展。其中在创新发展方面，创新自身的发展路径对于每一个省市区、每一个城市

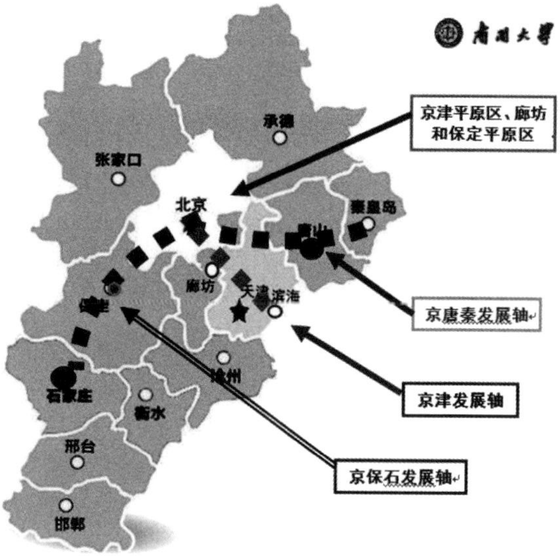

图 5：京津冀“一核、双城、三轴、四区、多节点”布局

来说，都得重新审视和创新自己的发展路径。在协调发展方面，恰恰是京津冀协同发展的主要突破点，习总书记提出的产业对接、分工合作、提高一体化水平就是现阶段协调发展的主要内容。绿色发展使命是这个区域扩大环境容量和生态空间的必由之路，而完善合作机制则是实现绿色发展的保障。开放发展方面，首先是在区域内打破“一亩三分地”的思维定式，这也是这次国家发改委制定环渤海经济区纲要所提出的基本理念。共享发展就是要破除限制要素自由流动的体制机制障碍，释放各方的能量，共同享有合作协同的发展成果。

京津冀的协同发展是一个引领、示范，它的推广相对整个区域来说起重要的引领作用，而这些恰恰是总书记对京津冀协同发展提出的七点要求，只不过我们把它扩展到环渤海地区范围内了。

通常所说的三大战略，“一带一路”、京津冀协同发展和环渤海地区的发展以及长江经济带的发展，前两个启动最快，协同最快。我们恰恰搭上了这一班快车，无论是中央的重视程度，还是我们自身的行动，都加快了这个区域的协同发展、合作发展，这将对全国的区域经济发展提供经验和示范。当然，这种引领式的发展也面临一些新的问题，需要新的突破，这些问题基本上都布局在中国的理论前沿，破解这些问题是我们理论工作者及各智库的使命。

三、近期的研究成果

借此机会我也向各位同人汇报一下我们南开大学滨海开发研究院近期的研究成果。一个成果是完成了区域经济一体化水平指标体系构建与测度研究——以京津冀13市为例。测度报告认为，区域经济一体化水平是一体化进程测度的重要基础，我们从商品市场、要素市场、产业布局、服务体系和政府政策五个维度，构建区域经济一体化指标体系，运用动态因子分析方法，对京津冀经济一体化水平进行测度。研究发现：京津冀地区已进入经济一体化发展的重要时期，北京的经济扩散效应已经显现；但是北京对其他城市的经济带动作用与二者经济实力差距和地理位置差距呈反比，表明北京对京津冀区域的经济辐射带动作用有限，经济的结构性矛盾依然是阻碍京津冀经济一体化的主要障碍。为此笔者提出了明确各城市功能定位、重构产业分工布局、构建多中心经济发展格局的政策建议。

另外一个成果是中心城市“十三五”规划编制的建议。我们调查了 7 个省市，主要是直辖市和省会城市。在“十三五”期间，以直辖市和省会城市为代表的中心城市发展，将面临外部协同与内部联动、经济发展与社会进步、人口调整与产业升级、土地储备与城市空间布局四方面关系深度调整和严峻挑战，这 7 个城市都非常突出。面对这些问题我们提出五个建议，以规划协调区域协同和内部联动，以产业对接协作理顺区域和周边地区的产业链条，以社会发展先行支撑经济转型，以分工协作优化城市发展空间，以体制创新为一体化扫清障碍。这主要是针对 7 个城市，也主要是针对中心城市，实际上京津冀协同发展主要的城市，尤其是中心城市也面临这些难题。

在中央紧锣密鼓布局的格局下，我们所在的地区，包括我们共同承担的研究使命，已经走到了理论的层面和现实的层面，我们任重道远，需要破解的难题很多。对于社会科学研究，这是一个巨大的实验场，从事科学技术和工程研究的专家若有想法可以在实验室实验，国家发展战略就是我们社会科学的巨大实验场，不仅给我们提出了很多命题，布置了很多作业，也为我们提供了科学探索和理论联系实际的施展空间，我们的理论和我们很多思路将在这里进行检验。今天智库研究仍以承接课题或“接订单”为主，未来我们的研究要逐渐走向由承接课题转向引领社会发展，进行超前的研究。

□ 参考文献

[1] 李克强. 关于深化经济体制改革的若干问题 [J]. 求是，2014（10）.

[2] 陈红霞，李国平. 1985—2007 年京津冀区域市场一体化水平测度与过程分析 [J]. 地理研究，2009（6）.

[3] 周立群，夏良科. 区域经济一体化的测度与比较：来自京津冀、长三

角和珠三角的证据 [J]. 江海学刊，2010（4）.

[4] 周立群，等. 京津冀都市圈的崛起与中国经济发展 [M]. 北京：中国经济出版社，2003.

[5] 邢元敏，薛进文，龚克. 优势互补，合作共赢——京津冀协同发展系列研究之二 [M]. 天津：天津人民出版社，2015.

关于京津率先实现同城化发展的若干思考

王立国[①]

【摘　要】从京津冀协同发展规划的要求看，京津冀协同发展的重要目标是建立世界级城市群。从世界级城市群的标准看，目前整个京津冀区域发展短板主要在内部协调性而不是人口规模和经济总量。内部协调发展的重要指标之一是北京和天津两大超级都市的协调，因此，建议以北京为核心，京津共同发挥经济中心功能，两地也要以社会事业和公共福利发展为协同的重点，推动京津冀整体实现协同发展。

【关键词】城市群　京津　同城化

① 王立国：天津社会科学院副院长、博士、研究员，“城市经济学科”首席专家。享受国务院特贴专家、天津市社科联副主席。主要研究领域为城市经济、城市金融问题，有 11 项研究成果获省部级奖。其中，天津市优秀调研成果一等奖一项、二等奖一项、三等奖两项；天津市社会科学优秀成果二等奖两项、三等奖一项。

一、从世界级城市群标准看京津冀城市群发展短板

（一）如何界定世界级城市群

世界级城市群有两点不可回避，一是城市群，二是世界级。城市群也经常被称为城市带，也有称之为都市圈，三者常被作为同义语或近义词加以使用。城市群的概念在1957年由法国著名经济学家戈特曼提出。当时的提法是大都市圈。1976年戈特曼在《城市与区域规划学》杂志撰文，认为世界存在6大都市圈，即以美国纽约为中心的纽约都市圈，占美国GDP的30%；以芝加哥为中心的环美国加拿大五大湖都市圈，占美国GDP的20%；巴黎都市圈，占欧洲GDP的30%；伦敦都市圈，占英国GDP的50%；东京都市圈，占日本GDP的60%；中国长江三角洲都市圈，占中国GDP的20%。

一般认为，城市群是在特定的地域范围内具有相当数量的不同性质、类型和等级规模的城市，依托一定的自然环境条件，以一个或两个巨型城市为中心，借助于现代化的交通和信息通达性，密切城市之间的内在联系，共同构成一个相对完整的城市集合体 。戈特曼认为，成熟的世界级城市群应具备以下六个条件：一是区域内城市密集；二是拥有一个或几个国际性城市；三是多个都市区连绵，相互之间有较明确的分工和密切的社会经济联系，共同组成一个有机的整体；四是拥有一个或几个国际贸易中转大港域内交通网络对城市群构成支撑；五是总体规模大，城镇人口至少达到2500万；六是该城市群构成国家经济的核心区域。按照方创琳编写的《2010中国城市群发展报告》观点，长江三角洲城市群位列世界6大世界级城市群行列。同时根据世界银行2015年1月26日发布的报告，中国的珠江三角洲地区超越日本东京，成了世界人口和面积最大的城市带之一。显然，在中国已经成型的三大经济圈中，长三角、珠三角已经被认可为世界级的城市群，只有京津冀城市群没有成为真正意义上的都市经济圈。

世界级城市群和一般城市群的主要区别，一是城市群中有国际性大都市存在。二是城市群构成中的大中小型城市相互之间内在联系和交换密切，且有国际大港口作为依托。三是整个城市群人口规模大，国内外经济影响力巨大。

（二）京津冀城市群与世界级城市群比较

京津冀在历史上本为一体，在现实中也相互交融、密不可分，可以说是地缘相接、人缘相亲、地域一体、文化一脉、相互依存、你中有我、我中有你的利益共同体。金元以来，北京一步步发展为北方乃至全国的政治文化中心，明清之后，天津从军事卫城变为商贸和军事重镇，1731 年升格为天津府，1860 年之后，携洋务运动之风，逐步成为中国北方最大的工商业城市和经济中心。但是京津无论如何变化，还是在河北省的地域范围之内发展。且不说京津两地河北省籍人口占很大比重，就是两大城市的日常副食品供给和水源也基本离不开河北。京津冀作为城市群被关注，主要是改革开放之后。深圳引领了中国第一波改革大潮，整个珠三角地区发展速度惊人，在华南地区形成了大中小城市密布、经济发展相互依托、携手共进的局面，珠三角城市群在 20 世纪 80 年代末实际形成。2015 年，世界银行报告认为，珠三角地区的城市群已经超越日本东京城市群，跻身世界城市群之列。长三角可以说开创了中国经济增长的第二波。与珠三角城市群不同，长三角城市群更加具有典型意义。上海的重新崛起，对周边城市产生了巨大的推动和带动作用。从乡镇企业发展到明星城市大量出现，从苏州、无锡、常州的经济实力上升，到苏州经济总量一度超越北方的天津，长三角成为中国 20 世纪 90 年代发展的代名词。到 2012 年长三角被认为已经成为世界级城市群。

地域相近的城市并不必然形成城市群。特别是不在一个行政区划内的城市，地理相近，但是经济联系不密切，则相互之间很难构成网络，构成理论意义上的城市群。从这个角度说，京津冀城市群的形成，应当从改革开放后算起。京津冀城市群是由北京市、天津市以及河北省的主要城市构成，客观上形成的是“双城做核，三带为轴、多节点城市并举”都市带。北京作为京津冀城市群和都市圈的核心，是今后这一地区成为世界级城市群的基础。没有北京作为国际大都市的存在，京津冀建成世界级城市群就无从谈起。从世界级城市群的构成特点看，都有一个国际大港口作为依托，才有周边城市群的众星拱月聚集，因此，拥有世界第四大港口的天津市，也是这个未来世界级都市圈的核心组成部分，而且是不可替代的组成部分。无论如何设计，北京、天津两大超大人口城市的协同共进，一定是基础中的基础，这是一个绕不开的命题。同理，位于河北省东北部的秦皇岛、唐山诸城市，位于河北省东南部的黄骅、沧州等，以及北京南部一线的保定、定州、石家庄城市带，则构成了三大城市发展轴。有了这三轴，才有了核心与外围、中心与众星的城市群体。

按照世界级城市群的要求，京津冀城市群目前尚不能称之为世界级城市群。主要不足是“一城独大”，群内城市间经济交换不足，总体经济影响力尚未达到占全国 GDP20% 以上的程度。

二、京津同城化发展与构建世界级城市群的关系

为了有效解决京津冀城市群的协调发展问题，《京津冀协调发展规划纲要》提出，要按照“功能互补、区域联动、轴向集聚、节点支撑”的布局思路，以“一核、双城、三轴、四区、多节点”为骨架，有序疏解北京非首都功能，构建以重要城市为支点，以战略性功能区平台为载体，以交通干线、生态廊道为纽带的网络型空间格局。规划纲要中的 “一核”即指北京。把有序疏解非首都功能、优化提升首都核心功能、解决北京“大城市病”问题作为京津冀协同发展的首要任务。“双城”是指北京、天津两个城市，京津的同城化发展是方向，同城化的目的是今后可以作为京津冀协同发展的主要引擎，共同发挥高端引领和辐射带动作用。 “三轴”指的是京津、京保石、京唐秦三个产业发展带和城镇聚集轴，它们将构成京津冀协同发展的主体框架。“四区”分别是中部核心功能区、东部滨海发展区、南部功能拓展区和西北部生态涵养区，每个功能区都有明确的空间范围和发展重点。“多节点”包括石家庄、唐山、保定、邯郸等区域性中心城市和张家口、承德、廊坊、秦皇岛、沧州、邢台、衡水等节点城市，按照规划纲要的要求，这些城市重点是提高其城市综合承载能力和服务能力，有序推动产业和人口聚集，使之能够成为整个城市群的群星闪烁之地。

三、落实京津同城化的几点思考

（一）京津同城化需要厘清的几个概念

在明确了“一核、双城、三轴、四区、多节点”的城市布局和功能界定之后，京津同城化是一个很容易被忽视的亮点。面对新规划，对北京而言，要放弃事实上的经济中心地位和发展惯性，工作重点放在有序疏解非首都功能上；对天津而言，要放弃中国北方经济中心的桂冠和城市定位，在京津冀协同发展的大布局下，充分发挥中国北方第一大港和三大试验区的优势，成为全国先进制造研发基地、北方国际航运核心区、金融创新运营示范区、改革开放先行区。河北省则要逐步建成全国现代商贸物流重要基地、产业转型升级试验区、新型城镇化与城乡统筹示范区、京津冀生态环境支撑区。

京津同城化与京津一体化，二者交叉但不相同。同城化与一体化的进程近似，结果不一定相同。同城化不仅强调经济上的联系，而且更加注重社会发展指标和城市管理方面的一致性，强调交通和生活方面的同一性。一体化侧重点在管理上的同一性，发展方面的一致性。同城化的结果不要求取消现存的行政管理格局，强调的是事实上的一致性，一体化不仅要求统一发展战略，而且期望统一发展步骤，趋势是改变行政区划，最终取消差别。

京津同城化的目标是：服从京津冀构建世界级城市群的总体目标的实现，保证“一核、双城、三轴、四区、多节点”宏观布局的充分落实，配合北京疏解非首都功能要求，与北京共同发挥全国经济发展新引擎、高端引领和辐射带动作用。

京津同城化的内涵是：北京今后不能按照经济中心的定位发展，要成为全国的政治中心、文化中心、国际交往中心、科技创新中心。天津今后不必背负建成为中国北方经济中心重任。但是整个京津冀和环渤海地区也不可能没有经济中心，没有经济中心，就无法建成世界级城市群。北京将成为京津冀城市群的核心，强调的是城市而不是经济功能，因此，北京、天津在同城化进程中，通过发挥经济发展引擎作用，通过发挥高端引领和辐射带动作用，将会形成京津双城共同构成的北方经济中心局面。简而言之，经济中心的功能要由北京、天津共同承担。这一点，从规划纲要有关北京天津双城的同城化发展任务，主要侧重经济功能的提法中就可以窥见一斑。

京津同城化的重点是：强化北京的非首都功能向外转移，强化天津对北京疏解城市功能中的承接，强化产业转移中的产业布局和产业升级，强化两地之间的交通一体化，强化两地之间的公共服务设施和公共服务标准的一体化，强化两地教育、卫生、健康养老、社会保障、文化、旅游方面的同城化，强调两地生态环境保护和资源利用的一体化。可以说，北京、天津作为京津冀城市群中的一核双城，其共存共进成功与否，与北京能否成功转型成为四个中心（而非经济中心），天津能否有效承接北京产业转移并在经济上发挥高端引领和辐射带动作用，都有着至关重要的意义。

（二）实现京津同城化发展需要解决的问题

根据中央的部署和京津冀发展现状，几乎所有在推动京津冀协同发展中遇到的困难和问题，都在京津同城化进程中会表现出来。

一是推进步骤不明确。就一核双城布局而言，如果连读成一句话，比较好理解，也容易推进。如果双城特指经济分工，就需要明确两地之间未来的产业布局和梯度转移路线。要避免天津、河北的同质招商承接竞争，避免天津北京之间在产业转移目录和承接兴趣方面的无序。

二是关键领域推进难度大。从京津冀历史发展和现实障碍分析，功能疏解、产业转移、生态保护三大重点推进领域都比较有信心，但三地的经济发展水平和人均收入水平的巨大差异，构成了公共资源配置和公共服务的明显鸿沟，也成为下一步三地协同发展的重要障碍。2013 年北京、天津的人均公共财政预算收入分别是河北的 5.6 倍和 4.4 倍，不但构成了京津冀三地的基础差异，而且形成了协同发展的现实难点。

（三）京津同城化发展的主要趋势

按照《京津冀协同发展规划纲要》的要求，下一步京津冀的协同发展有三大改革任务和五大工作。三大改革任务分别为“推动要素市场一体化”“构建协同发展的体制机制”“加快公共服务一体化改革”。五大工作主要集中在：按照规划纲要的要求制定落实的时间表和路线图；加快疏解北京非首都功能；持续推进交通、环保、产业三大重点领域的突破；强化“深化改革、创新驱动、试点示范”三个关键支撑；进一步完善协同发展工作机制，务求措施落地实处。从上述安排看，京津同城化并没有作为主要议题给出具体设计，因此，按照建设世界级城市群的要求，建议在充分理解和认真贯彻中央上述三大任务和五大工作的基础上，对京津同城化发展做出专项设计，提出时间表和路线图，让“一核、双城、三轴、四区、多节点”的总体部署得到全面落实。

京津同城化的发展，经济方面，将以北京向天津、河北转移非首都功能为主，逐步向产业分工明确、作用特点鲜明、产业层级分明、统一产业分工方向发展，最终形成要素市场的统一和产业布局的统筹。京津作为一个经济中心，起到全国经济发展新引擎的作用，共同服务、辐射周边城市。科技方面，北京主要是高端和原始创新为主，天津是应用转化创新为主，通过创新服务和中试转化量产试验，为科技创新提供全方位支撑。后续有河北的推广应用衔接。社会发展方面，京津将率先建立统一的人力资源市场，统筹教育事业发展，强化卫生医疗协作，推动社会保险衔接，统筹公共文化和体育发展，尽快缩小公共服务差距，为整个京津冀公共服务差距缩小奠定基础。交通一体化方面，京津之间将率先建立更加体现同城化特点的城际交通网络，在不久的将来，北京天津很有希望形成像日本的东京和大阪、美国的纽约和华盛顿等城市一样的格局，在地理上有生态廊道隔离，在交通上形成半小时交通圈。环境资源方面，京津将通过实现大气污染的联防联控，资源的统筹利用，使两地经济布局上统一规划，生态保护上互为依托，为京津冀可持续发展、为整个城市群的良性互动互促提供支持。

区域产业分工视角下京津冀都市圈建设探析——国际经验与启示

马若微[①] 刘可心[②] 王宇峥[③]

【摘　要】城市都市圈的建立是区域产业分工与协作的重要体现。本文从现阶段京津冀都市圈建设发展问题入手，对大巴黎都市圈和东京都市圈的规划特征以及产业分工进行对比分析，以法、日都市圈内各地区各产业的产值和就业人数为基础数据，采用区位商、克鲁格曼行业分工系数，从产业和地区两个维度分别测度了法、日都市圈产业分工化程度，以期对我国京津冀都市圈的建设提供有益借鉴。

【关键词】区域产业分工　区位商　克鲁格曼指数

① 马若微，北京工商大学经济学院教授。

② 刘可心，北京工商大学经济学院硕士研究生。

③ 王宇峥，北京工商大学经济学院硕士研究生。

一、问题提出

区域产业分工是指由于资源禀赋的优势不同而使得地区间的产业分布状况存在差异，各地区就其优势进行专业化分工。区域产业分工理论的发展，贯穿了整个经济学发展的历史，从亚当·斯密到保罗·克鲁格曼，从侧重成本的古典贸易理论到强调经济的新贸易理论、竞争优势理论，都是区域分工的理论和来源。合理的产业分工可促使都市圈内各城市形成不同的产业布局，实现优势互补和资源的集约利用。因此，区域产业分工是城市形成和发展的客观经济基础，它能促使不同城市职能出现，同时不断加强城市职能的专业化，使城市间职能进行互补和一体化，这是形成都市圈的关键。

随着经济全球化和国际分工的发展，城市化进程逐步加快，都市圈通过其在全球经济网络中的竞争优势对地区和国家的经济发展起到重要推动作用。世界范围来看，纽约、巴黎、伦敦、东京经济圈通过对服务业和制造业的集聚与分工实现了产业结构的转型和优化，促进国家经济迅速发展。而我国改革开放30多年来也逐步确立了包括长江三角洲经济圈、珠江三角洲经济圈和环渤海湾经济圈的三大经济圈。其中以深圳为中心的珠江三角洲和以上海为核心的长江三角洲经济圈的加速发展，推动了中国经济的两次腾飞。

环渤海湾经济圈广义上指辽东半岛、山东半岛和京津冀为主的环渤海经济带，又以京津冀都市圈的发展为核心引向北方腹地，是内地沿海北部通往世界的重要门户。京津冀都市圈自提出以来受行政体制约束影响较大，北京“一城独大”，一体化进程缓慢，因此，在经济总量、对外开放程度、市场化进程和区域合作一体化等方面，京津冀都市圈与长三角、珠三角都市圈还存在着一定的差距。2015年4月30日审议通过的《京津冀协同发展规划纲要》指出，推动京津冀协同发展是一个重大国家战略，核心是有序疏解北京非首都功能，要在京津冀交通一体化、生态环境保护、产业升级转移等重点领域率先取得突破。京津冀协同发展作为高层力推的国家级区域部署，将极大地改变京津冀三省市的产业格局。

在区域规划上，我国情况与日本较相似，在都市圈建设过程中始终以政府为主导，市场是基础性力量。而京津冀都市圈的核心城市北京与大巴黎都市圈的核心城市巴黎在历史文化和城市环境上有许多相似之处。巴黎较早出台了历史环境保护政策，在城镇化过程中始终注重历史风貌的完整。北京同样是一座蕴含丰富历史遗存和文化传统的古城，在人口、交通、住宅、产业结构布局方面有许多值得向巴黎借鉴的地方。

作者经过整理分析国内外文献发现，相比国外学者侧重产业结构和经济效率的测度（Hoover、Coomes Paul 、Drennan Matthew P、Mitsuta Nagaharu），国内学者主要以介绍国外都市圈发展规划为主（梁琦、张强、张晓兰、吴晓隽和高汝熹、姜玲、韦伟、刘健等），鲜有从区域产业分工角度分析都市圈经济的研究，更缺少采用产业分工指标对国外都市圈的发展模式、功能特征、分工和专业化程度的定量研究，在对国外都市圈进行分析时所采用的数据也比较陈旧，使得该方向研究无法深入。

因此，本文通过分析京津冀都市圈与国外成熟都市圈的发展现状，根据法国统计局和日本总务省统计局的最新资料，收集和整理包括日、法都市圈人口、面积、国内生产总值、交通总里程数、专利研发量、产业产值和从业人员数量等大量原始数据，分别测度区位商专业化指数和克鲁格曼专业化系数，从产业和地区两个维度，定量分析日、法都市圈的规划发展模式和产业结构安排，总结其可供借鉴的发展经验，以期对我国未来京津冀都市圈的建设提供理论依据。

本文的结构安排如下：第一部分是问题提出；第二部分是京津冀都市圈和日、法都市圈的规划特征分析；第三部分是通过定量测度区位商指数和克鲁格曼专业化系数，从地区和行业两个维度分析日、法都市圈产业分工化程度；论文最后是对我国京津冀都市圈的规划发展提出政策建议。

二、都市圈规划特征分析

京津冀都市圈包括北京市、天津市以及河北省的唐山、石家庄、秦皇岛、廊坊、保定、沧州、张家口和承德，涉及京津和河北省 8 个设区市的 40 多个县（市）。以汽车工业、电子工业、机械工业、冶金工业为主，是全国主要的高新技术和重工业基地。2014 年地区生产总值约为 66474.47 亿元。人口总量约占全国的 8.1%，经济总量占全国的 10.4%。各省市人口、面积的具体情况见表 1。

表 1：京津冀都市圈各省市基本情况

省份	面积（平方公里）	人口（万人）	人口密度（千人/平方公里）	所辖区县（个）
北京	16410	2151.6	1.31	16
天津	11946	1516.81	1.27	16
河北	18800	7383.75	3.93	11
京津冀总量	47156	11052.16	2.34	43

数据来源：2014 年中国统计年鉴

大巴黎都市圈（也称巴黎大区）以巴黎为中心，由近及远可分为近郊三省和远郊四省。近郊三省包括：上塞纳省、塞纳－圣但尼省、瓦勒德马恩省；远郊四省包括：塞纳－马恩省、伊夫琳省、埃松省和瓦勒德瓦兹省。巴黎市人口为 227.3305 万人，面积仅 105.3 平方公里，是经济圈内人口密度最高的区域。大巴黎都市圈的具体情况见表 2。

表 2：大巴黎都市圈各省基本情况

省份	面积（平方公里）	人口（万人）	人口密度	所辖市镇（个）	范围划分
巴黎	105.3	227.3305	2.15	0	中心
上塞那省	175.6	160.2043	0.91	2	近郊三省
塞纳－圣但尼省	236.8	154.5357	0.65	0	
瓦勒德马恩省	244.9	134.8290	0.55	8	
瓦勒德瓦兹省	1253.1	119.1214	0.09	121	远郊四省
伊夫琳省	2306.1	141.8185	0.06	177	
塞纳－马恩省	5928.0	136.1739	0.02	439	
埃松省	1822.6	123.8230	0.06	126	
大巴黎总量	12072.4	1197.8363	0.09	873	

数据来源：法国统计局 INSEE，市镇数据截至 2011 年，人口数据为 2013 年 1 月

东京都市圈是亚洲发展最早的经济圈。狭义的东京都市圈为一都（东京都）三县（包括神奈川县、千叶县和琦玉县），广义的东京都市圈为一都七县（包括神奈川县、千叶县、琦玉县、茨城县、枥木县、群马县和神奈川县）。本文主要是指狭义的东京都市圈。东京都市圈总面积 13369.87 平方公里，占全国面积的 3.5%；圈内人口多达 3579.3 万人，占日本总人口数的 28.1%；其中东京作为城市群的核心，是人口密度最高的地区（如表 3 所示）。

表 3：东京都市圈各区基本情况

行政区	各区所占面积（平方公里）	各区人口（万人）	人口密度（千人 / 平方公里）
东京都	2103.97	1330.0	6.32
神奈川县	2416.05	907.9	3.76
千叶县	5081.93	619.2	1.22
琦玉县	3767.92	722.2	1.92
东京都圈总量	13369.87	3579.3	2.68

数据来源：日本总务统计局，统计数据截至 2013 年

（一）都市圈经济和产业分布

京津冀地区经济发展良好，从 2014 年的统计数据来看，该区经济总量增长速度普遍高于全国平均水平，其中北京和天津核心地位显著。2013 年，京津冀 GDP 首次突破 6 万亿元，达 6.2 万亿元，占全国的 10.9%。2014 年，北京市地区生产总值达 21330.8 亿元，天津市达 15722.47 亿元，河北省达 29421.2 亿元，按常住人口计算，北京市人均地区生产总值达 92210 元；天津市人均地区生产总值达 101692 元；河北省人均地区生产总值达 38596 元。2014 年京津冀产值情况见表 4。

在京津冀地区上市公司共有 174 家，其中北京 111 家，天津 28 家，河北 35 家。按照特色产业区可具体分为：环京津装备制造区、渤海湾重化工产业区、冀中南轻工商贸产业区、张承环京生态经济区。其产业布局也正在形成：首钢搬迁到河北省唐山市，在渤海之滨新建了一个中国现代化的钢铁企业，并与唐山的

表 4：2014 年京津冀都市圈产值

省份	总产值（亿元）	城镇人均收入（元）	农村人均收入（元）
北京	21330.8	43910.00	20226
天津	15722.47	31506.00	17014
河北	29421.2	24141.00	10186
京津冀总量	66474.47	33185.67	15808.67

数据来源：2014 年中国各省市统计年鉴

其他钢铁企业一起，形成了中国最大的钢铁工业生产基地。南堡大油田的勘探开发，吸引了中国三大石油公司的投资，形成了产业聚集效应，这都将带动该地区其他产业的发展。同时，天津作为我国北方地区的重要化工基地，其化工产业的发展向好。如今滨海新区的建设，又将为天津金融业以及飞机制造业的发展提供契机。

大巴黎都市圈产值情况由表 5 可知，批发零售、运输、住宿和餐饮业为大巴黎都市圈产值最高的产业，其 2011 年产值为 102.987 亿欧元。城市群经济圈内第二大产业是科学研究和技术服务行业，其 2011 年产值为 95,429 亿欧元，然后是金融和保险业，前三大产业均属第三产业。可以看出这些从属于第三产业的优势行业都聚集在巴黎市。由此可见，作为大巴黎都市圈核心城市巴黎的

表 5：2009—2011 年大巴黎区产值（百万欧元）

年份	农业林业渔业	制造业采矿业其他	建设	批发和零售运输住宿和餐饮业	新闻和外联	金融和保险	房地产	科技活动行政和支助服务	公共管理教育健康和社会行动	其他服务活动
2009	460	42,310	23,513	94,497	51,925	37,650	62,070	89,296	83,207	19,219
2010	646	42,478	23,797	98,376	53,590	42,197	69,506	92,827	87,313	18,006
2011	686	42,150	23,970	102,987	52,005	43,636	70,228	95,429	88,023	19,258

数据来源：根据法国统计局 INSEE 数据整理

功能定位是第三产业，尤其是资本密集的金融保险业、科学研究和技术服务行业与运输、住宿和餐饮业。

从三次产业在东京城市群经济圈的构成来看：第一，城市群经济圈中第三产业占全行业的比例最高，其中，东京都第三产业的占比最高为 87.90%，这说明东京都的就业人口主要集中在第三产业；其次神奈川县、千叶县、埼玉县的第三产业占比均在 70% 以上；第二，第一产业在圈内各地占比非常小。其中，作为核心城市的东京都集中了极其多样化的产业门类，而且各类产业的规模、水平在全国的地位、引领作用非常显著。首先，从事业所数量和就业人数构成来分析。东京的各大产业中，在全国地位最为突出的是信息通讯业。该产业的事业所数量虽然占东京都全部事业所数量的比率为 3.5%，但却相当于全国的 1/3（32.4%），足以证明东京作为世界城市和日本城市体系最高端城市，在各类专业化信息生产、加工、传播方面的中枢地位。在全国比率第二高的是学术研究、专业及技术服务业，虽然占东京都全部事业所数的比率为 7%，但占全国近 1/5，也体现了东京在科学研究、新知识的创造、技术服务等知识经济活动中的核心地位。在占全国比率中居第三位的是房地产业和物品租赁业，这同

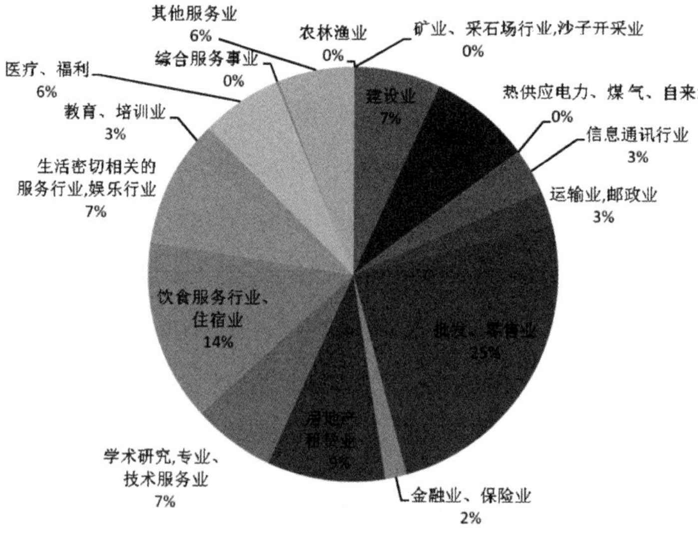

图 1：2012 年东京都产业结构分布图（事业所数口径）

东京作为世界都市，集聚了日本第一大人口和产业活动，地价昂贵，各类房地产建设、维护、租赁需求、供给规模巨大有直接关系。

（二）都市圈交通布局

京津冀都市圈交通基础设施建设落后一直阻碍着京津冀地区的发展。近年来，三地开始打破各自为政，共同加快高速公路和京津冀区域环道的建设，预计形成京、津、石之间以及相邻城市之间“一小时交通圈”。港口建设方面，天津港是京津冀现代化综合交通网络的重要节点和对外贸易的主要口岸，是北方地区的集装箱干线港和发展现代物流的重要港口，已形成了颇具规模的立体交通集疏运体系。机场建设方面，北京仍承担了大量的压力，如表 6 所示，2013 年北京首都国际机场旅客吞吐量超设计能力，三地应更好地实现机场交通网络的搭建。

表 6：2013 年京津冀都市圈机场基本情况

机场	旅客吞吐量（万人次）	设计能力（万人次）
北京首都国际机场	8371.2	8262
天津滨海国际机场	突破 1000	2500
石家庄正定国际机场	突破 500	2000

数据来源：2013 年中国各省市统计年鉴

大巴黎都市圈有着高度发达的交通网络和完善的配套设施。修建于 1962 年至 1979 年的巴黎全区快速铁路网（RER），覆盖了大巴黎地区的城际交通网络，这五条快速铁路网与地铁系统相互补充并穿过市中心连接远郊 8 个方向。巴黎近郊地铁可通过转乘 RER，到达大巴黎各区郊县。巴黎市区周围还有 4 条有轨电车线路。此外还有 5 条地区捷运线，15100 辆出租车，总里程达 2100 公里的国道和高速公路。根据法国铁路局数据整理可知，截至 2013 年，大巴黎都市圈内铁路布局的基本情况如表 7 所示，塞尚马恩省和伊夫林省、埃松省铁路铺设

表 7：2013 年大巴黎都市圈铁路基本情况（km）

	巴黎	塞尚马恩省	伊夫林省	埃松省	上塞那省	塞纳－圣但尼省	瓦勒德马恩省	瓦勒德瓦兹省	巴黎大区
铁路总长度	72	645	334	233	104	119	103	213	1,823
电动轨道	59	492	314	230	100	117	103	213	1,628
单一轨道	3	110	8	4	4	1	3	9	142

注：根据法国铁路局数据整理

长度位居经济圈前列，大巴黎都市圈铁路轨道的布局主要集中在近郊三省。

东京都市圈健全互通的交通网络奠定了经济圈高速发展的基础。东京都政府在 1964 年完成了“地铁网络规划”，经过半个多世纪的发展，东京地铁得到了全面快速的发展。目前，经济圈内已形成了由铁路、地铁、单轨列车组成的综合铁路网，年运输人口规模达到世界第一。东京市区内地铁网有 12 条干线，全长达 220 多公里，已基本上形成了一个多层次、多平面的立体快速交通网络。此外，作为国际金融商贸中心，东京特别重视作为与外界联系的港口和机场等交通基础设施的建设，在东京湾长达 193 公里的环形海岸线上，分布着东京、川崎、横滨、横须贺、木更津以及千叶六大港口，这些港口城市均为世界级的特大型港口。

三、日、法都市圈产业分工化实证研究

接下来，本文对日、法都市圈的产业分工化程度进行定量分析，用区位商指数测度经济圈相同区域各产业分工化程度，反映产业结构的差异；采用克鲁格曼专业化指数测度经济圈相同产业各地区间的分工协作程度，反映城市间区域产业分工的结构安排，衡量地区专业化分工程度和地区间产业差异度。

（一）日、法都市圈产业结构差异

首先，我们运用区位商指标分析区域内优势产业的状况。

$$Q=\frac{(q_{ij}/q_j)}{(q_i/q)}$$

其中，分子是地区j的产业i占地区j全部产业总值（从业人数）的份额，分母是产业i占样本总体区域全部产业总值（从业人数）的份额。Q值越大，则专门化率也越大，集聚度越高，反映该产业在当地具有明显的比较优势。

根据法国统计局和日本总务省统计数据，以2008—2011年大巴黎和东京都市圈各产业就业人数为基础计算两大经济圈区位商，大巴黎经济圈计算结果如表8、表9。表8为2008—2011年大巴黎经济圈各产业区位商指标值，表9是截止到2011年大巴黎都市圈各城市的第二、第三产业区位商指标值，由于第一产业在经济圈中所占份额太小，故不再计算其值。东京都市圈计算结果如表10、表11所示：表10是2008-2011年东京经济圈区位商指标值，表11是截止到2011年东京都市圈各细分产业区位商指标值。

由表8可以看出，大巴黎都市圈从2008年到2011年各产业区位商指数变化程度不大，可以发现经济圈各产业布局比较稳定。从2011年来看处于前三

表8：2008—2011年大巴黎都市圈区位商

产业	2008	2009	2010	2011
农业、林业和渔业	0.070	0.048	0.068	0.067
制造业、采矿和其他	0.721	0.661	0.633	0.617
建设	0.618	0.754	0.727	0.720
批发和零售、运输、住宿和饮食业	0.932	1.021	1.013	1.042
新闻和外联	1.674	2.178	2.144	2.043
金融和保险	1.432	1.566	1.674	1.700
房地产	1.102	0.933	0.996	0.988
科教文卫	0.366	1.438	1.426	1.439
公共管理、教育、健康和社会行动	2.136	0.734	0.735	0.727
其他服务活动	1.114	1.130	1.010	1.060

表 9：2011 年大巴黎各省第二、第三产业区位商

产业	巴黎	塞尚马恩省	伊夫林省	埃松省	上塞那省	塞纳－圣但尼省	瓦勒德马恩省	瓦勒德瓦兹省
第二产业	7.985	5.681	10.143	5.068	11.615	5.322	4.066	4.553
食品业	1.506	0.765	0.616	0.541	0.861	0.503	0.718	0.360
纺织业	18.016	0.785	0.259	0.378	2.080	5.168	1.092	0.977
木材、纸张和印刷	2.602	2.787	0.660	2.398	1.653	2.334	1.774	1.578
焦炭和提炼	0.000	131.674	12.261	0.000	132.740	39.182	2.665	0.267
化工业	3.260	2.183	1.498	1.578	7.408	2.830	1.213	3.340
制药	7.592	0.663	4.311	3.191	17.174	1.489	5.896	0.876
电子信息产品、制造和光学	1.043	0.969	7.790	5.290	5.216	0.258	1.659	2.029
电气设备制造	2.577	3.998	2.332	3.992	6.486	1.966	1.590	4.279
生产机器和设备	0.286	2.062	3.846	1.938	2.964	2.116	2.045	2.193
运输设备的制造	0.487	0.561	4.083	0.447	1.924	0.862	0.140	0.548
其他制造业	1.497	1.697	2.324	1.122	1.239	1.002	1.396	1.339
第三产业	14.446	5.918	6.179	5.408	8.542	6.709	6.134	4.564

位的是新闻外联行业 2.043、金融保险业 1.700 和科教文卫业 1.439。这说明经济圈内新闻和外联行业集聚度高，专业化程度高，是区域内优势产业；居第二位的金融保险业同样是经济圈内核心产业。从区位商指数显示的产业集聚程度逐年趋势可以看出，在 2009 年新闻和外联行业聚集程度最高，而近几年有所下降；金融保险业则呈现逐年上升的趋势。由表 9 各细分行业区位商指数可以看出，在经济圈各省中，巴黎市第三产业专业化程度最高，在第二产业中食品业和纺织业占据优势地位。经济圈第二产业专业化程度最高的为上塞纳省，其次为伊夫林省。伊夫林省电子、机器设备制造业比较发达，为优势产业。上塞纳省焦煤和提炼产业、制药业专业化程度高。

由表 10 可知，2008—2011 年东京都市圈内区位商指数变化不大，说明经

表 10：2008—2011 年东京都市圈区位商

2008	东京	茨城	栃木	群马
第一产业	0.040652	1.698582	1.444883	1.132185
第二产业	0.440976	1.338344	1.46744	1.325466
第三产业	1.230431	0.850492	0.821293	0.863616
2009	**东京**	**茨城**	**栃木**	**群马**
第一产业	0.043592	1.803662	1.49504	1.15984
第二产业	0.447936	1.283932	1.390343	1.255088
第三产业	1.227618	0.868798	0.849916	0.889083
2010	**东京**	**茨城**	**栃木**	**群马**
第一产业	0.042669	1.805222	1.468733	1.194639
第二产业	0.43799	1.158189	1.327531	1.213245
第三产业	1.231125	0.9196	0.873488	0.906886
2011	**东京**	**茨城**	**栃木**	**群马**
第一产业	0.043476	1.7797	1.401413	1.158866
第二产业	0.437012	1.25641	1.374031	1.271109
第三产业	1.23113	0.879551	0.855736	0.883587

济圈产业集聚与专业化已进入稳定发展阶段。近几年来，东京的第三产业区位商指数最高，说明第三产业主要集中在东京，专业化程度平均为 1.23。第一产业和第二产业集聚在茨城，说明茨城主要承接了东京都市圈内部分转移的产业。与此同时，我们发现，2008—2011 年茨城县、栃木县、群马县在第一、第二产业的聚集程度变化不大。这种区位商指数变化程度不明显的特征也说明东京都市圈产业分工的发展目前到了瓶颈阶段，日本政府应考虑调整城市群经济圈规划政策以提高城市群经济圈的分工协作程度。由表 11 可以看出，2011 年东京都市圈区位商指数除了农林渔业、矿业，其他产业均在东京市区集聚，其中信息通讯行业最为发达，分工化程度最高为 1.283，其次是房地产租赁业为 1.165，金融保险业为 1.150。可以发现这些领先的优势产业均为第三产业。这

表 11：2011 年东京都市圈区位商

产业	东京	茨城	枥木	群马
农林渔业	0.173176	0.52915	0.303058	0.336731
矿业、采石场行业，沙子开采业	0.37281	0.44737	0.37281	0.149124
建设业	0.91695	0.186133	0.119517	0.119517
制造业	0.66401	0.268611	0.200049	0.209441
热供应电力、煤气、自来水业	1.0123	0.153478	0.091434	0.084903
信息通讯行业	1.28318	0.029386	0.01355	0.015999
运输业，邮政业	0.98604	0.160127	0.092705	0.10324
批发、零售业	1.0378	0.12486	0.086483	0.09297
金融业、保险业	1.15038	0.075025	0.052795	0.06391
房地产租赁业	1.16588	0.064394	0.054227	0.057616
学术研究，专业、技术服务业	1.08086	0.128064	0.081961	0.051226
饮食服务行业、住宿业	1.03482	0.120244	0.095952	0.091094
生活相关服务行业，娱乐行业	0.95282	0.16334	0.119783	0.106171
教育、培训业	1.09132	0.105065	0.074562	0.071173
医疗、福利	0.91799	0.172212	0.119552	0.132361
综合服务事业	0.73946	0.232929	0.184864	0.184864
其他服务业	1.08647	0.09888	0.081998	0.074763

说明城市群经济圈内核心城市主要以服务业为主，第一、第二产业集中在外围城市。

（二）日、法都市圈产业分工布局

接下来，我们采用克鲁格曼专业化系数来分析区域内各地区产业分工的状况

$$D_{jk}=\sum_{i=1}^{n}\left|\frac{q_{ij}}{q_j}-\frac{q_{ik}}{q_k}\right|$$

其中下标 j 和 k 表示区域，i 表示产业，q_{ij} 和 q_{ik} 分别表示两地区 i 产业的产值，q_j 和 q_k 是两地区各自的总的工业产值。该指数在 0 到 2 之间，指数值

越大代表各地区行业差异度越大，产业同构化程度低，产业分工越合理。

根据法国统计局和日本总务省统计数据，以 2011 年大巴黎和东京都市圈各产业就业人数为基础计算两大经济圈服务业和制造业克鲁格曼专业化指数，大巴黎都市圈计算结果如表 12、表 13，东京都市圈计算结果如表 14、表 15。

表 12：大巴黎都市圈服务业克鲁格曼专业化系数

城市	巴黎	塞尚马恩省	伊夫林省	埃松省	上塞那省	塞纳－圣但尼省	瓦勒德马恩省
塞尚马恩省	1.390704						
伊夫林省	1.394666	1.035766					
埃松省	1.657209	1.073346	1.036457				
上塞那省	1.524758	1.509261	1.3662	1.317435			
塞纳－圣但尼省	1.294077	1.223537	1.144411	1.174284	1.082274		
瓦勒德马恩省	1.725085	1.334434	1.381294	1.283883	1.406245	1.384354	
瓦勒德瓦兹省	1.577857	1.026628	1.017283	1.026313	1.481043	1.220648	1.405909

由表 12 可以看出，大巴黎地区各城市之间服务业克鲁格曼专业化系数大都大于 1，这说明地区各县（市）之间服务业分工协作比较好，各地发展地方特色产业，实现错位发展的产业分工体系初步形成，从一个侧面验证了比较优势对地方产业发展的支撑作用。其中瓦勒德马恩省与巴黎、塞尚马恩省和伊夫林省分工化程度比较高，说明这几个地区产业分工明确，专业化程度高，存在区域协作，能够提高经济圈内部经济效率。大巴黎经济圈北部各郊区主要为制造业区。最发达的制造业项目有汽车、电器、化工、医药、食品等。奢华品生产居次。产品有贵重金属器具、皮革制品、瓷器、服装等。外围城区专事生产家具、鞋、精密工具、光学仪器等。近郊三省制药、化妆品行业、出版和印刷复制业是主导产业。可见，经济圈内分工比较明确，核心城市主要发展服务业，

表 13：大巴黎都市圈制造业克鲁格曼专业化系数

城市	巴黎	塞尚马恩省	伊夫林省	埃松省	上塞那省	塞纳－圣但尼省	瓦勒德马恩省
塞尚马恩省	0.808848						
伊夫林省	1.169016	0.876494					
埃松省	0.864843	0.439561	0.632616				
上塞那省	0.824149	0.786187	0.729653	0.698762			
塞纳－圣但尼省	0.629748	0.540527	0.759663	0.612091	0.471312		
瓦勒德马恩省	0.637287	0.478117	0.881652	0.479011	0.694942	0.662552	
瓦勒德瓦兹省	0.913532	0.308768	0.724203	0.408765	0.571964	0.512919	0.491411

表 14：东京都市圈服务业克鲁格曼专业化系数

城市	东京	茨城	枥木
茨城	1.136982		
枥木	1.136573	1.00776	
群马	1.136025	1.007623	1.008035

表 15：东京都市圈制造业克鲁格曼专业化系数

城市	东京	茨城	枥木
茨城	0.311007		
枥木	0.367035	0.056028	
群马	0.384059	0.074764	0.019236

近郊三省兼有服务业与制造业，远郊四省发展制造业，这样既能够减轻内部城市压力又能实现产业的转移，符合现代经济圈合理布局产业的安排。

由表 13 可以看出大巴黎都市圈内制造业专业化指数基本上均低于 1，说明城市间制造业分工化程度较低。但也可以看到核心城市与远郊四省的专业化分工指数大于近郊三省和远郊四省的产业分工指数，说明近郊三省与核心城市在制造业方面分工明确,近郊三省很好地实现了对核心城市制造业的承接作用。同时，表 12 与表 13 也表明巴黎城市群经济圈内服务业的分工程度好于制造业的分工程度，之后应注意制造业在外围城市间的布局，可进一步明确远郊四省在制造业方面的城市职能定位，使其分工更加明确，实现资源合理利用。

由表 14 可以得出，东京都市圈各城市之间服务业克鲁格曼专业化系数大都大于 1，说明这几个地区的服务业产业分工明确，存在区域协作。其中东京与其他各区县的分工化指数比较高，表明东京作为核心城市与周围城市分工化比较明确，核心城市功能定位明确，与周围城市实现了产业转移和职能分工。

由表 15 可以看出东京都市圈内制造业克鲁格曼专业化指数基本上均低于 0.5，说明城市间制造业分工化程度比较低，可能存在产业结构同质化，分工不明确的问题。其原因可能是狭义上一都三县的东京经济圈主要发展服务业，制造业分布较少。

四、实证结果后续分析

前文根据城市经济圈产业分工的理论和相关测度方法，对国外主要城市群功能分工水平进行了总体测度，我们进一步对每个城市群内部中心城市与外围城市间的功能分工进行了测度。实证结果表明：

第一，城市群内部存在一个具有强大辐射带动能力的区域中心城市。作为大巴黎都市圈内部的核心城市，巴黎既是一个综合性都市又是区域内部核心产业集聚区，第三产业的高度发达使其以资本优势强势带动周围城市的发展。根据以上的产业结构分析可知，巴黎最核心发达的产业为新闻外联和金融保险业，近几年其金融产业发展的速度正逐步超过新闻外联业，成为经济圈内部最集聚的产业。经济的高度发达，使得资本的流动速度加快促进产业结构升级。

东京作为全球主要的金融中心之一，为东京都市圈的建立输入大量资本，资本推动企业的大量建立和人才、技术的高度集中，从前边的测度结果可知东京都第三产业的占比最高为 87.90%，信息通讯业与金融保险业是核心产业。可见，区域中心城市要想具有强大的辐射能力就必须是金融与科技高度发达，成为第三产业集聚的中心，从而能够以资本和技术辐射外围城市，推动整个区域产业分工和升级。

第二，城市群核心城市的发展应避免“一城独大”，应注重外围城市布局实现产业承接。核心城市在发挥主体城市功能和辐射效应时，不能太过集中发展核心城市而忽略外围城市产业分层和布局。根据之前对产业分工的测度结果，大巴黎都市圈产业布局主要为：巴黎以服务业为主兼有轻工业（食品和纺织业），近郊三省以轻工业为主兼有重工业，远郊四省主要发展重工业，有色金属工业最为发达。总体看来，经济圈产业结构布局比较合理。但从近郊三省和远郊四省的克鲁格曼差异化系数来看，近郊三省轻工业的发展存在同质化倾向，产业分工不够合理，而远郊四省的重工业主要集中于上塞纳省，说明大巴黎经济圈的外围产业布局还存在需要完善的地方。

东京经济圈通过建立产业专业化与聚集化的产业布局来分散核心城区的产业发展压力。如厚木市以研究开发和信息产业为主；横须贺市主要承担医疗福利、物流等职能；成田市以国际交流和物流业为主等。由图 1 可知，第一产业主要分布在东京都外围的其他三个区域，其中千叶县所占的比重最大，达到了 49.1%；东京都的比重最小，仅为 10.8%。第一产业的区域分布表现出了由经济圈中心向周边“阶梯式”的下降特征，且该特征很明显。第二产业则开始出现由经济圈中心向周边“阶梯式”下降的趋势。东京都拥有 40.7% 的比重，是千叶县的两倍多。显然，第二产业较第一产业而言，更集中在东京都内部。本文前面对于东京经济圈区位商和克鲁格曼专业化指数的分析，说明东京城市群经济圈产业分工程度仍显不足，但随着东京城市群经济圈第三产业尤其是金融业迅速发展，制造业开始向东京周边城市转移，服务业进一步向东京集聚。

第三，城市群经济圈发展前期注重以政府为主导的区域规划政策的实施，

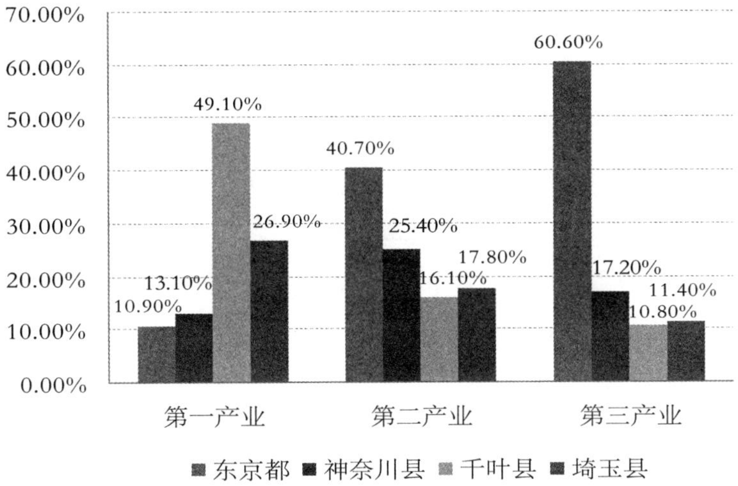

图 2：2010 年东京城市群经济圈及周边地区产业结构分析

而后期应引进民间资本，发挥市场力量，突破经济圈发展“瓶颈”。在城市群经济圈的建立前期，政府区域规划政策具有重大作用，不仅需要打破城市间的行政约束还要对整个经济圈的发展有战略眼光和全局概念，辅助经济圈空间布局和产业结构的建立，扫除行政障碍。而在进入稳定发展后期时，应积极发挥市场的引导性作用，进行产业的再分散和重组。

五、结论

随着中国经济的快速发展，世界级都市圈的建立也应加快步伐，在借鉴国外成熟都市圈发展经验的同时需要制定适合我国自身发展需要的政策措施。根据前文的分析我们可得到以下几点启示。

第一，明确核心城市产业定位——以城市集聚经济推动产业结构升级。城市经济圈应实现产业的分工与协作，明确核心城市功能定位和周边城市附属功能定位，要根据各地专业化水平实现资源的最大化利用，实现经济圈内城市间的优势互补和产业结构优化。一方面，充分发挥核心城市的带动与辐射作用，通过其强大的集聚功能有效带动城镇化发展。另一方面，在大城市充分发展的基础上，中小城镇可以以大城市生产性服务业为依托，发展制造业，实现中心城市和周围城镇的产业结构调整和升级。从国外城市群经济圈的经验来看，大巴黎都市圈核心产业为第三产业，以住宿餐饮和金融服务业最为突出，运输业也很发达。东京的核心产业为信息通讯业和金融保险业、运输业。而我国长三角和京津冀地区的核心城市上海和北京就承载了太多产业压力，核心功能定位不明确，造成周围城市间重复竞争和资源浪费。城市群经济圈内应根据城市的圈层划分，形成生产性服务业与制造业互动发展的格局，前者在经济圈中心城市集聚，而后者则在经济圈外层的中小城市集聚。对企业来说，控制中心、研发中心在核心城市集聚，而相应的制造部门应分散在外围城市。这种布局方式有助于推动产业转移，带动产业分工的优化升级。长三角、珠三角、京津冀等国家级城市群经济圈的建立应积极发挥城市群的市场带动能力与辐射能力，加快中部长江中游城市群的建立，早日完成我国多城市群经济圈的建立，实现资源在经济圈内部及不同城市群经济圈之间合理的流动。

第二，以交通基础设施的完善助力产业空间布局。发达的交通基础设施建设是经济圈实现空间构建的支撑，只有完善的交通网络才能实现经济圈高效运转。经济圈核心城市调整的重点应是逐步向中小城市转移，只有通过交通线路促进各地区之间的相互联系，才能提高核心城市之外的吸引力，使得人口和资源向外围流动，促进产业分工的实现。比如巴黎市中心有 14 条地铁线路、有轨电车和高铁，还有 5 条城际列车线覆盖整个大巴黎区。日本更是有包括新干线、城际列车、普通列车、地铁和电车的多层次交通系统。在未来发展城市群经济圈的过程中我们要加强城市轨道体系的完善，加快一体化交通基础设施的建设，以便捷快速的交通网络带动城市群经济圈产业布局。在建设长江中游城市群的过程中，可以以武汉、长沙和南昌为综合性的交通枢纽大力推进省际和城际联通。2014 年京津冀地区启动了三地公交卡的互联互通，未来将建成航空、铁路、高铁的一体化体系。通过交通基础设施的一体化发展，优化区域交通运输体系的空间布局，提高各类运输方式间的衔接和协调，不断降低区域市场的运输成本和贸易成本，为产业结构布局打下基础。

第三，区域产业平台构建打破行政壁垒。重建地方政府秩序，打破区域分割，推进跨区域产业平台建设，使得要素和资源可以在城市间合理分配，降低资源流通的成本，实现城市群经济圈的高效运作。建立城市群经济圈的一体化，就需要消除制度性障碍，建立多地互融互通机制。比如京津冀地区实现了交通路网的全接入监测，共同应对大气污染问题。同时，区域一体化需要合理的区域规划政策。可以借鉴国外城市群经济圈政府治理的实践，在目前存在的政府间合作框架基础上，建立城市群协调结构或独立的区域治理委员会，赋予区域治理组织相应的区域协调权力。比如大巴黎都市圈就设立了巴黎大区，介于中央政府和省之间，由中央政府授权进行经济管理。巴黎大区还有巴黎大区工商会致力于巴黎大区内的企业服务。我国在发展城市群经济圈的过程中需要消除体制和地方保护主义的障碍。政府可以设立独立的区域城市协调委员会并建立一个市场化的产业平台。城市协调委员会主要起区域规划政策实施的引导作用，市场化的产业平台推动经济圈城市间产业分工和调整。

第四，构建明确的产业分工体系。北京重点发展第三产业。第三产业以交通运输及邮电通信业、金融保险业、房地产业和批发零售及餐饮业为主。积极发展高新产业，以发展高端服务业为主。天津可发挥制造业优势与港口优势大力发展电子信息、汽车、生物技术与现代医药、装备制造、新能源及环保设备等先进制造业，适当发展大运量的临港重化工业。而河北省定位在原材料重化工基地、现代化农业基地和重要的旅游休闲度假区域。在构建产业分工体系过程中要注意以下几点：

一是通过产业转移调整产业结构和空间结构。京津冀协同一体化发展要充分发挥比较优势，调整不合理的产业结构，转移核心地区的落后产能，实现产业结构优化升级。北京市区城市建设上存在多方面不合理，城市交通拥堵，看病困难，产业布局不合理，应该将一些非核心的产业迁移出北京。比如可实现京津冀都市圈医疗养老产业的协同发展，京津医疗资源富集，而河北优质医疗资源相对稀缺，不均衡分布是导致京、津等特大城市出现看病难的主要原因。要想解决这种供求矛盾，缓解看病难问题，就必须把北京的医疗资源向河北转移。逐步打破行政区划界限，实行医保异地互通互认。可建立新的民营医院，政府创造平台，加大对民营医院的宣传、推广力度。

二是积极引入社会资本，实现京津冀三地交通、通讯和信息一体化建设。建设快速交通一体化，港口和机场三地互通共建，将通讯基础设施纳入城乡建设总体规划，加强卫星通信、移动通信、网络通信等建设，实现三地共网。可积极引进社会资本，实现交通基础设施的建设，比如采用PPP的合作模式或是成立产业基金平台，以市场力量推动区域建设的发展。

三是合理利用自然资源，大力发展旅游、文化休闲产业。比如张家口自然环境优美，有国家级自然保护区3个、国家级森林公园1处、省级森林公园16处、省级风景名胜区1个，其境内的崇礼、赤城是华北地区最大的天然滑雪场，而坝上草原自古以来就是清代帝王的狩猎度假地。因此应该借助自身优势推进生态文明建设，大力发展旅游业和文化休闲产业，建设可再生能源综合创新示范区和国家级生态文明示范区。

四是注重生态保护和大气治理。京津冀三地将以张承生态功能区建设为重点，深入实施水源保护林、风沙源治理等区域生态保护与发展合作项目，推进京津保中心区过渡带生态建设。积极推进京津冀及周边地区大气污染联防联控，实现空气质量持续改善。可以争取国家设立京津冀环保生态基金，协商京津建立生态补偿制度。

注：本文的研究得到了国家社科基金项目课题（14BJY197）、北京青年拔尖人才培育计划（CIT&TCD201404037）、科技成果转化－提升计划项目（PXM2015-014213-000061）、北京工商大学国有资产管理协同创新中心项目（GZ20130901）的资助。

□ 参考文献

[1]Hoover，E.M. The measurement of Industrial Location[J]. Review ofEconomics and Statistics，1986（18）：162–171.

[2]Coomes Paul，Olaon Dennis O.Using BEA and BLS Data to Monitor Metropolitan Area Economic Performance[J].Journal of Economic and SocialMeasurement，1990，16（3）：167–83.

[3]Drennan Matthew P .The Performance of Metropolitan Area Industries[J].Federal Reserve Bank of New York Economic Policy Review，1997，3（1）：49–60.

[4]Mitsuta Nagaharu， Goto Kazuo，Shishido Shuntaro.A Study on Demographic Shift from Regional Areas to Large Metropolitan Areas[J].Studies in Regional Science，2011，41（3）： 705–19.

[5] 梁琦. 中国制造业分工、地方专业化及其国际比较 [J]. 世纪经济，2004（12）：32–40.

[6] 张强. 全球五大经济圈的特点、做法及经验 [J]. 专题视野，2009（1）：26–40.

[7] 张晓兰. 东京和纽约经济发展的比较研究 [D]. 吉林大学博士研究生毕业论文，2013.

[8] 吴晓隽，高汝熹. 试析全球化时代城市群中心城市极化效应的新模式及对中国的启示 [J]. 世界经济研究，2006（11）：28–33.

[9] 姜玲，杨开忠. 日本城市群经济区划及对中国的启示 [J]. 亚太经济，2007（2）：113–117.

[10] 韦伟，赵光瑞. 日本城市群模式研究综述 [J]. 现代日本经济，2005(2): 40–45.

[11] 刘健. 巴黎地区区域规划研究 [J]. 世界都市，2002（1）：67–71.

[12] 李廉水，Roger R.Stough（美）. 城市群发展——国际经验和中国特色 [M]. 北京：中国社会科学出版社，2006.

[13] 周一珉. 区域产业分工的机理研究——以浙中地区为例 [D]. 浙江师范大学硕士学位论文，2009.

[14] 樊福卓. 区域分工：理论、度量与实证研究 [D]. 上海社会科学院博

士研究生毕业论文，2009.

[15] 覃成林，周姣 . 城市群协调发展：内涵、概念模型与实现路径 [J]. 城市发展研究，2010（12）：7-12.

[16] 陈群元，宋玉祥. 中国城市群的协调机理与协调模型 [J]. 中国科学院研究生院学报，2010（3）：356-363.

[17] 陈睿. 城市群空间结构的经济绩效研究 [D]. 北京大学博士研究生毕业论文，2007.

[18] 张旺，申玉铭. 京津冀城市群生产性服务业空间集聚特征 [J]. 地理科学进展，2012（6）：742-749.

[19] 吴国庆. 列国志——法国 [M]. 北京：社会科学文献出版社，2003.

[20] 钟纪刚. 巴黎城市建设史 [M]. 北京：中国建筑工业出版社，2002.

[21]Krugman，P.Geography. Trade[M]，MIT Press，Cambridge MA，1991.

[22]Massey D. Regionalism: some current issues[J]. Capital and Class，1978（6）: 106-125.

[23]Noyelle Thierry. Business Services and the Economic Performance of the New York Metropolitan Region[J]. Federal Reserve Bank of New York Economic Policy Review，1997，3（1）：78-82.

疏解北京非首都功能：如何把握“疏解”与“稳增长”的平衡关系

刁琳琳[①]

【摘　要】疏解非首都功能是在经济新常态背景下进行的，面对北京经济增长规律性放缓，疏解任务艰巨，把握好城市功能疏解与经济稳定增长的关系十分关键，这一平衡点的判定以“疏解”所释放的效益弥补原有对“大而全”经济体系和过度集聚发展模式的逐步限制所带来的损失为原则。借鉴已有研究经验和方法，探索建立“疏解”与“稳增长”平衡的动态监测评价体系，以综合反映、分析和监测疏解非首都功能可能带来的影响，从平衡关系分析、需求与目标分析、策略与时序分析三个层面厘清这一平衡关系的逻辑论证架构，进而对基于耦合协调度模型的综合指标体系筛选进行讨论，并从恰当权衡得失关系、以增量控制带存量疏解、疏解与统筹兼顾等方面提出现实思路。

【关键词】非首都功能疏解　“稳增长”　平衡关系　指标体系　关键问题

---

① 刁琳琳，中共北京市委党校、北京行政学院讲师，中国人民大学土地规划研究中心兼职研究员，博士。主要研究方向为区域经济政策、城市空间经济、国土与城乡规划。

推动京津冀协同发展及有序疏解北京非首都功能，是党中央、国务院在“适应新常态”“落实新定位”背景下做出的重大战略决策部署。随着《京津冀协同发展规划纲要》出台，这一国家重大战略开始进入全面实施阶段。当前，在对为何“疏解”、何为“疏解”、可以有何“疏解”等基本问题的判断趋向明晰、共识渐成之后，关于如何积极有序稳妥地推进非首都功能疏解、“疏解”可能带来怎样的影响、如何把握“调整疏解”与“稳增长”的关系等关键问题，在思想认识和实践行动层面还难归一统。城市功能疏解即意味着“瘦身”“做减法”，一方面，北京面临着新常态时期经济规律性下行的压力，另一方面，加快不符合首都功能定位产业的调整退出，必然会减少产业存量、财政收入、就业岗位，企业搬迁、停产补贴等鼓励引导政策的出台也会进一步增加财政支出负担，这都是导致经济下滑的不稳定因素，并可能对经济社会发展带来较大震动。城市功能疏解与“稳增长”间如何保持平衡?

一、已有研究梳理及启示

虽然传统城市学界并未对“功能疏解”做专门界定，但大量关于城市功能演进的理论和实证研究，提供了诸多可供借鉴的经验做法。城市功能演进理论指出：城市功能将随城市发展的外界环境、因素不断丰富和发展，呈现复杂、多变、时段性等特征，并依据不同规则和统计描述方法可划分为不同类型的城市功能组；城市功能演替与主导产业的更迭、政策规划、经济集聚性、社会与文化背景、自然与交通的区位条件等因素密切相关，其中产业变革被认为是城市功能转型的基本动力，专业化程度和城市间经济、政治、社会联系的开放性是其发生的前提条件。西方城市功能演进的历史轨迹表明，与产业结构高级化演进相对应，现代城市功能转型以服务化功能、信息化功能、国际化功能、创新功能和区域型功能为重要取向，呈现明显的后工业化特征。在这一理论框架下，城市功能疏解可被视为区域特大型城市在面对全球性经济结构大调整、技术与制度创新、国内制度转型等大背景下，为解决其功能过度集聚导致的一般性“城市病”问题，以城市产业结构优化为基础，突破原有质能规定性“锁定（Lock in）”，而实现城市功能的“能性”“能级”“能位”升级的过程。纵观发达国家城市的发展史，无一不是通过将产业定向布局（巴黎、纽约）、新城或卫星城配建（首尔、香港）、交通快线延展（东京）等作为分散城市功能战略的主要手段，来应对中心城区人口和功能高度集聚的问题。

目前我国对特大型城市功能疏解的规律性和特殊性研究还不够，“功能疏解”这一命题仅限于2014年后对北京城市功能问题的认识性探讨，更多学者遵循传统城市功能定位理论讨论疏解方向、提出疏解路径，各路观点莫衷一是。学界尚未见关于城市功能疏解与经济“稳增长”平衡关系的理论和实证研究。石正方（2002）曾指出，从城市发展的长期规律来看，城市功能与城市经济增长是互动发展的关系，城市经济增长转型与功能转型具有同质性，是“一体两面”的关系，但无法为短期内功能疏解对“稳增长”的冲击提供有力解释。基于系统论中结构与功能的对应特征，城市功能疏解即为城市功能性质和状态的结构性变迁，尤以产业结构变化最为显著，因此，关于结构优化（“调结构”）与经济增长（“稳增长”）的理论与方法研究的成果可以为这个问题的解决提供有益思路。

梳理已有研究，可借鉴之处主要有三个方面：（1）已有理论研究移植于功能疏解与“稳增长”关系分析的可能性。近年来“新常态”这一特殊阶段推动了理论界关于中国经济“稳增长”与“调结构”关系研究的第一次学术繁荣。在众多观点中，多数学者认同“稳增长”与“调结构”二者之间存在一定程度的矛盾，认为对经济增长降速的短期担忧妨碍了“调结构”长期任务的实施，“调结构”被作为“稳增长”之后的目标；部分学者持反对观点，认为“稳增长”是经济转型升级的基础，两者相辅相成；也有学者认为经济减速对结构调整既有促进作用也有抑制作用。（2）已有实证研究用于逻辑框定功能疏解与“稳增长”平衡点的现实性。在实证研究中，“稳增长”多被作为约束性条件或预期性目标用于考察产业投资、人口红利、财政政策等宏观经济变量和政策变量对经济增长的影响。朱益民等（2012）从“调结构”“稳增长”和“控通胀”

的组合视角，理论上构建了经济稳健发展的平衡模型，提出有效解决“稳增长”和“调结构”矛盾的关键在于，经济结构调整所释放的效益如何平衡对原有粗放、低效经济发展模式的逐步限制甚至放弃所带来的增速下滑的损失。（3）已有研究方法在构建反映城市功能疏解与“稳增长”平衡关系的监测评价指标体系时的可借鉴性。耦合协调度模型被最广泛应用于区域子系统间、产业结构演进－经济增长、经济－生态环境系统、经济－人口系统等两个或两个以上系统相互作用和相互影响的关系检验，并在此基础上进一步衍生出耦合度定量计算模型、灰色系统耦合度预测模型，考察未来时序动态演变过程中系统之间的优化和差异程度。此外，已有实证研究中，多借助产出波动（经济波动率）、价格波动（通货膨胀率）、就业波动（失业率）等指标考察经济增长的稳定性，主成分分析法则被用于对经济增长因素、经济增长质量指标的筛选和评价。

二、非首都功能疏解与“稳增长”平衡关系的理论建构

（一）非首都功能疏解与“稳增长”的关系判断

疏解非首都功能是在新常态背景下进行的，经济增长规律性放缓、下行压力大，功能疏解与经济发展“转方式、调结构”同时发轫，疏解任务艰巨，对经济增长降速的忧虑也会妨碍功能疏解长期任务的实施，把握好功能疏解与“稳增长”的平衡点十分关键。从长期来看，非首都功能疏解与经济增长“一体两面”的关系体现为：一方面，城市经济增长带动城市功能的发展和提升；另一方面，通过科学的城市功能定位，确立城市主导产业，促进城市比较优势的发挥和区域分工的专业化，能够促进城市经济结构升级转换，提升经济增长效率。从短期来看，“疏解”和“稳增长”的矛盾应在解决“大城市病”与“稳增长”的平衡问题中寻求破解，关键点是“疏解”所释放的效益如何平衡对原有“大而全”经济体系以及过度集聚发展模式的逐步限制甚至放弃所带来的增速下滑的损失。这意味着，要在保持经济“增速适度”的目标下谈“疏解”，既要坚持底线思维，尊重市场规律，不搞冒进运动，防止“换挡期”传统增长动力过

快衰减（如产业淘汰退出、转移）给经济造成的冲击，又要把疏解任务规划好、落实好，在治理“城市病”上能够有重要突破，向体制改革要动力、要活力，以顺利完成各项疏解任务。

现时条件下，积极稳妥有序推进非首都功能疏解有两个迫切任务：一是要认真研究首都北京城市功能疏解的特殊性，深入研究如何扬长避短，及时总结疏解的规律特点，为探索中国特大城市人口经济密集地区功能疏解模式提供经验示范；二是要探索建立“疏解”与“稳增长”平衡关系的动态监测评价体系，综合反映、分析和监测疏解非首都功能可能带来的影响，涉及三个层面的问题：疏解的目标分析——功能疏解的预期成果是什么？如何评价疏解政策是否有效？疏解的策略分析——如何积极稳妥有序疏解？是否需要特别机制和特殊政策？疏解的风险分析——疏解可能带来哪些不确定性和风险？如何做好预判，谨防疏解“后遗症”？基于此，我们提出关于疏解非首都功能与“稳增长”平衡关系研究的逻辑架构，并从需求与目标分析、策略与时序分析两个层面厘清其对应关系，如图 1 所示。

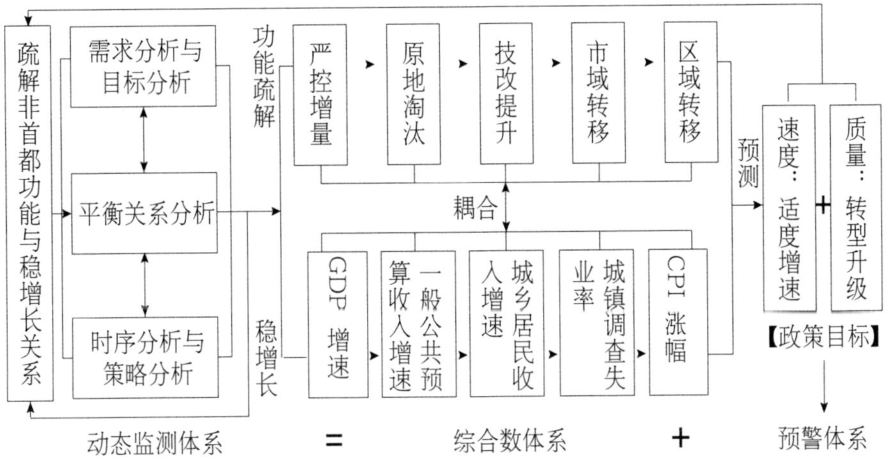

图 1：疏解非首都功能与“稳增长”平衡关系逻辑图

（二）非首都功能疏解的需求分析与目标分析

解决北京“大城市病”，优化提升首都核心功能，必须以疏解非首都功能为先导和突破口。非首都功能疏解，疏解什么？需求分析主要从中央和国家的需求、京津冀区域协同发展的需求、北京城市建设和管理的需求三个层次，对疏解非首都功能的部署、要求、态势、格局进行分析，确定疏解对象，即优先重点疏解的四大类非首都功能领域：一般性产业特别是高消耗产业；区域性物流基地、区域性专业市场等部分第三产业；部分教育、医疗、培训机构等社会公共服务功能；部分行政性、事业性服务机构和企业总部。目标分析主要回答两个问题：（1）功能疏解的预期成果是什么？（2）如何评价疏解政策是否有效？疏解的预期成果即对政策目标做出预判，包括产业疏解目标、人口调控目标、城市及区域交通质量改善目标、生态质量改善目标、结构优化目标（包括产业结构、消费结构、资本结构、布局结构等）；政策效应评价则是基于目标值的实现程度识别政策效果，根据实际数据分析并框定目标值合理波动区间，实现系统内动态监测和风险预警。

1. 概念界定与政策目标变量考量。非首都功能疏解既包括经济结构上优化升级，淘汰落后的、强化先进的，也包括空间上疏通分散，将不合理的腾挪转移，将聚集过多的功能向天津、河北疏解，降低空间密度，最终实现空间合理布局，其疏解路径包括严控增量、原地淘汰（关停退出）、技改提升和异地转移（市域或区域转移）四种方式。“稳增长”内涵为“经济稳定”“适度增速”，其外延为产业转型升级、构建“高精尖”经济结构。根据经济增长理论，参考近年来北京市政府工作报告制定的发展目标，“稳增长”目标变量由五项构成：GDP 增速、一般公共预算收入增速、城乡居民收入增速、城镇调查失业率、CPI 涨幅。

2. 平衡关系测算。基于疏解要在破解“大城市病”与经济“稳增长”之间保持平衡的基本认识，量化分析四种疏解方式对经济稳定发展可能产生的影响差异，测算不同策略选择的政策效果。包含两个层面：（1）建立综合指数体系。基于季度经济运行数据和发达国家大都市产业结构调整规律，同时结合北京经济发展实际和京津冀区域合作情况，合理筛选评价监测指标，采用加权平均法和耦合度定量计算模型生成综合指数。（2）建立预警体系。基于综合指数研究成果，构建灰色系统耦合度预测模型，预测时序动态演变过程中“疏解”与“稳增长”之间的优化和差异程度。

（三）“稳增长”目标下非首都功能疏解的时序分析与策略分析

《京津冀协同发展规划纲要》明确了城市功能疏解的“三阶段”愿景和目标，即近期到2017年“有序疏解非首都功能取得明显进展”、中期到2020年“北京市常住人口控制在2300万人以内，北京‘大城市病’等突出问题得到缓解”、远期到2030年“首都核心功能更加优化”。基于对“平衡点”的把握，我们应以时间维度和目标导向考察非首都功能疏解的战略安排问题，尤其要对不同时期“稳增长”与功能疏解的轻重缓急、政策需求加以研究，通过创新性手段对资源配置进行科学调节，不断修正非首都功能的疏解清单，做好疏解风险防控和预警。

策略分析要着力研究北京城市功能疏解的基本思路和保障措施。疏解非首都功能“政府引导与市场机制相结合”是基本原则，一方面，应着力完善市场机制，尊重市场规律，充分发挥市场机制在疏解非首都功能中的决定性作用；另一方面，充分发挥政府作用，加强对市场的引导，在破解制约市场要素自由流动的传统政策方面做文章，着力制定与城市战略定位相适应的政策机制，包括重点领域的公共投资政策、产业对接转移和合作政策、财税和金融领域的激励政策、区域补偿和转移支付政策、北京与周边地区协同疏解城市功能的长效机制，等等。需认清政府不是调整疏解的主体，虽然在功能疏解的起步阶段，仍需发挥政府“有形之手”的主导作用，但政府此时的主导是为今后市场的主导创造条件，因此，要严格限定政府主导的范围和时限。在中期和远期阶段，政府如何变“主导”为“引导”、行政手段如何淡出、经济手段如何接力行政手段等一系列问题都需要跟进研究。

三、“疏解”与“稳增长”平衡关系监测指标体系初步筛选

（一）指标体系构建

基于上述理论探讨，拟构建非首都功能疏解与“稳增长”综合指标体系，通过测算“疏解”与“稳增长”指数，对“疏解”政策效果与“稳增长”目标变量同步监测，进一步通过耦合协调度模型反映两者相互关系。第一，在“疏解”子系统指标体系构成中，增量限制、存量疏解、结构优化三个领域层满足疏解的政策目标考量，并与前述五种调整疏解方式分项对应。考虑到指标数据可获得性，该体系维度层由 11 项指标构成，并进一步细分为 19 项子指标；对“结构优化”领域层进行改进，除产业结构、消费结构、资本结构、布局结构四类传统构成指标外，加入了对市域范围内教育、医疗等公共服务职能均等化程度和绿色低碳经济发展度的考量，如表 1 所示。第二，“稳增长”子系统指标体系由经济稳定、协同发展和预警监测三个领域层构成。根据历史数据和政府工作报告年度目标要求，分别界定研究期“经济稳定”五项指标的合理波动区间：GDP 增长率、一般公共预算收入增长率、全体居民人均可支配收入实际增速指标设定分别不低于 6.5%、7%、6.5%（均为下限值），城镇调查失业率设定不高于国家平均水平 5%（上限值），CPI 涨幅指标设定为 1%–3.5% 之间。同时，我们认为，非首都功能疏解背景下北京市宏观经济走势预期同样是“稳增长”的关键目标，因此，加入了以先行指数为重点的监测预警项，如表 2 所示。

对上述指标季度数据进行标准化处理，采用加权方法，分别计算“疏解”与“稳增长”指数，进而利用耦合模型中协调发展度指标来度量“疏解”与“稳增长”系统综合协调发展水平（见表 3）：协调发展度在［0，1］区间取值，其值越大，说明“疏解”与“稳增长”系统越协调，同步性越强；反之，则越不协调，同步性越差。

表 1：“非首都功能疏解”子系统综合指数体系

子系统	领域层	维度层	序号	政策目标变量	单位	备注
调整疏解	增量限制	禁限单位	1	不予办理、审批新设立或变更不符合首都功能的单位数	个	用新设企业数或者科技服务、商务服务和文化、体育和娱乐业新设企业比重代替 / 增加
		禁限投资	2	不予审批不符合首都功能项目投资额	亿元	用本年新开工项目完成投资、禁限目录行业小类个数占全市比重、经济量占全市比重代替 / 增加
	存量疏解	产业疏解	3	累计调整退出企业个数	个	包括原地淘汰和转移疏解
			4	累计调整退出商品交易市场摊位数	个	包括撤并清退和转移疏解
		功能疏解	5	累计疏解的教育培训机构数	个	包括整体搬迁、部分搬迁、办分校和联合办学
			6	累计疏解的医疗机构数	个	包括整体搬迁、共建共管和办分院
		人口调控	7	常住人口增长量	%	比上年，逆指标
			8	城六区常住人口下降量	%	比上年
	结构优化	产业升级	9	重点产业投资额占全社会固定资产投资比重	%	包括高技术制造业、信息传输、软件和信息技术服务业、金融业、科学研究和技术服务业以及文化、体育和娱乐业
			10	战略性新兴产业增加值占规模以上工业比重	%	
			11	服务业对外开放试点六大领域增加值占 GDP 比重	%	
			12	技改投资占全社会固定资产投资比重	%	
		消费结构	13	服务性消费占总消费额比重	%	
		资本活力	14	民间投资占全社会固定资产投资比重	%	
		布局优化	15	六大高端产业功能区增加值占 GDP 比重	%	

（续表）

子系统	领域层	维度层	序号	政策目标变量	单位	备注
	结构优化	布局优化	16	城六区从业人员占全市比重	%	逆指标
		公共服务	17	核心区三级医院诊疗人次占全市三级医院比重	%	
			18	核心区高级教师数占全市比重	%	
		绿色低碳	19	万元增加值能耗下降率	%	

表 2：“稳增长”子系统综合指数体系

子系统	领域层	维度层	序号	指标	单位	合理波动区间
稳增长	经济稳定	经济增长	1	GDP 增长率	%	不低于 6.5%
		财政收入	2	一般公共预算收入增长率	%	不低于 7%
		居民收入	3	全体居民人均可支配收入实际增速	%	不低于 6.5%
		就业	4	城镇调查失业率	%	不高于 5%（国家平均水平，逆指标）
		物价	5	CPI 涨幅	%	不高于 3.5%，不低于 1%（逆指标）
	协同发展	经济水平	6	京津冀 GDP 占全国比重	%	
			7	京津冀财政收入占全国比重	%	
			8	京津冀固定资产投资占全国比重	%	
		生态水平	9	京津冀 PM2.5 平均浓度	微克 /m^3	逆指标
	预警监测	先行指标	10	全社会固定资产投资	亿元	
			11	一般公共预算支出	亿元	
			12	非制造业商务活动指数	%	荣枯线（50%）以上

表 3："疏解"与"稳增长"协调发展度指数取值区间设定

协调发展度	[0，0.2]	[0.2，0.4]	[0.4，0.6]	[0.6，0.8]	[0.8，1]
协调类型	严重失调衰退	勉强失调衰退	勉强协调发展	中度协调发展	良好协调发展

（二）关于研究方法局限性的讨论

需要指出的是，作为一项重要的区域性政策，非首都功能疏解政策效应的测算和评价有其自身的研究蔽障。首先，区域政策空间属性显著，并可能产生空间失效。空间经济学在对公共政策的分类中，将区域政策界定为空间政策，其空间性表现为在不同空间范围内对同一公共问题所制定的公共政策具有明显的差异。由于经济运行空间是非均一和板块化分割的客观，空间失效的存在将使政策成为影响区域协调发展的限制性因素，表现为：空间溢出将加速区域趋同，使同质化区域（城市聚集区）成为政策"热点"，异质化区域（非节点型城市）成为政策"凹地"；在政策交集领域或重叠空间，会形成政策协同效应；若存在使政策目标变量发生空间分异的力量，如行政区干预经济等，则形成政策"塌陷区"。因此，某项市域（或区域）内的疏解政策，如由政府主导的某个制造业链环由城六区迁出，会因政策移植的适应性障碍（突破传统利益锁定的边界、资源配置的路径依赖、行政力量干预市场规则等），在迁出地和迁入地之间产生绩效差别，在严格竞争环境下，形成"零和博弈"而非"双赢"。其次，相比目前许多国家都在试图确定区域政策评价的标准与规范的努力，国内的区域政策评价工作滞后一直是影响区域政策发挥作用的瓶颈制约。在国内，诸多学者运用经济数据分析和评价近期区域政策效果（魏后凯，2006），所得结论迥异。耦合度模型虽能反映调整疏解政策与"稳增长"相互作用的程度，却难以体现系统整体发展水平的高低，如调整疏解与稳增长都处于低水平时，其耦合度也可能较高，而且权重的确定、耦合度、协调度计算中参数的不同选取也有可能得出不同的结果。

四、“稳增长”目标下北京疏解非首都功能的几个关键问题

妥善处理城市功能疏解和经济稳定增长的平衡关系，是未来一段时期内北京市经济社会发展面临的重要任务。疏解非首都功能的核心是调整疏解不符合首都战略定位的功能和产业；保持经济平稳运行，是维持城市基本功能正常运转的重要条件，也是保障功能疏解计划有效推进的前提，两者的统一是“首都”站位与“北京”站位的统一，两者关系需要“统筹研究”，不能“顾此失彼”。协调处理好这一关系，必须突破已有思想禁锢和政策框限，创新体制机制，把握好三个关键性问题。

（一）要恰当权衡得失关系，做到疏解不“过速”也不“失速”

政府、企业作为推动城市功能疏解的主体，如何解决功能和产业“疏”与“留”的困惑？城市决策部门又如何克服“求增长”的情结和“舍不得”的纠结？一方面，疏解带来“收入减少、支出增加”必然造成损失，但这种“失”换来的是体制活力和改革效益的释放、生态环境、民生、国际形象的改善、城市宜居品质的提高等，长期看，既有利于京津冀协同发展，又有利于北京的可持续发展，这是北京的“得”。“一失一得”间如何权衡，关系到各层面疏解工作能否稳妥、有序、可持续推进，这取决于短期内执行层共识的达成、传统发展观念的革新、政绩考核方式的变化、疏解模式的创新等一系列配套改革能否及时跟进，要求政府和企业之间、功能疏解地和承接地之间相互配合、加强对接、形成合力。另一方面，首都“首善之区”地位特殊，非首都功能疏解示范性强，也对探索人口经济密集地区的经济、社会、文化、公共服务等多方面国家现代化治理体系意义重大。疏解滞后不行，“单兵突进”也走不通，需要审慎把握疏解的力度和速度，示范带动、重点突破、有序推进，才能在弯道行车中控制好速度，做到不“过速”也不“失速”、变被动为主动。

（二）要以增量带存量，创新城市存量管理的制度设计

1. 推进以规划统筹存量疏解的城市制度设计。功能疏解的难点是存量疏解。

相较于严控增量，疏解存量亟须改变的是当前传统空间规划管理的理念和机制。当既有资源产权的“锁定”效应已经发生，存量空间的更新只能通过产权转移和功能变更来实现，因此，现实中存量的退出一定是基于产权的讨价还价。但长期惯用的大扩张、大建设的增量调控手段（即扩张性规划）在向存量规划的转变过程中，传统城乡规划没有提供足够的理论和方法储备，因而制约了存（减）量规划的操作空间。城市存量管理的问题表面是规划失效，实际则是制度缺位。长期以来，我国城市规划、土地规划一直充当资源配置“指挥棒”的角色，基于图纸判断和“刚性”指标发挥技术治理层面的功用，相对于现实城市发展的规模、方向、功能始终处于不断变化中，“刚性”规划屡屡让位。制度设定就是要将规则和变更的规则变为有价值的工具，随着产权越来越复杂，制度基因也就随之植入，谁能更好地设计制度，谁就会在存量管理中获得发言权。随着疏解政策措施效应进一步显现，功能疏解将引发城市管理模式的变革。我们应从制度建设层面考虑疏解策略及方案，推动制度设计成为城市存量和减量规划的工具，推动规划管理由技术治理层面向体制管理层面转轨。

2. 推动产业调整疏解“三个目录”的制定。非首都功能的产业调整疏解应做好三个目录并行推进，即增量产业禁限目录、存量产业淘汰目录、“高精尖”产业发展目录，从而借疏解实现结构优化、推动产业转型升级。《北京市新增产业的禁止和限制目录（2014 年版、2015 年版）》采取清单模式，对非首都功能的产业“增量”做了明确限制，其严格执行保证了产业增量部分“优中选精”，但不涉及现有存量产业。目前，许多部门对存量调整存在多种顾虑和为难情绪，特别是对医疗教育资源和行政资源的存量调整。存量产业“清单”设计对后续政策出台具有重要的参考价值和导向作用，应加快推进制定，以改变当前碎片式的、以零散企业为主体的疏解模式。

（三）要疏解与统筹兼顾，以京津冀区域协同发展促首都发展

非首都功能疏解不仅仅是单向疏解的过程，更是一个统筹全局的过程。世界重要国家的首都都面临着提升功能和增强竞争力的挑战，应对挑战的有效途

径之一是寻求城市地区整体协调发展，汇集区域的整体力量来增强其在国际分工中的有利位置和控制能力。一是要做好市域统筹，即产业疏解在空间上要逐层外溢，要认真研究各区县的功能定位和产业分工问题，着力做好区县间产业转移和对接的政策机制设计。二是要做好京津冀区域统筹。现代城市功能的区域一体化表现为基于产业分工的区域城市群功能体系的发展完善，从而实现各城市间功能互补和区域整体功能的综合化。津、冀是非首都功能疏解的重要承载区，区域融合能够让北京的产业与周围腹地城市形成有机的研发、设计、生产、销售产业链（首钢、凌云化工整体搬迁），从而为加快推动北京自身产业升级和布局优化提供重要机遇。

□ 参考文献

[1] Berry B J L.City Classification Handbook： Methods and Applications[M]. New York： John Wiley&Sons，1970：67–79.

[2] Harris C D. A Functional Classification of Cities in the United States. Geographical Review，1943（33）： 86–99.

[3] 周一星. 城市地理学 [M]. 北京：商务印书馆，2004：98–122.

[4] 冯建超. 日本首都圈城市功能分类研究 [D]. 吉林大学，2009.

[5] 孙志刚. 城市功能论 [M]. 北京：经济管理出版社，1998：34.

[6] 杨开忠. 京津冀大战略与首都未来构想——调整疏解北京城市功能的几个基本问题 [J]. 学术前沿，2015（1）：72–83.

[7] 赵弘，刘宪杰. 疏解北京非首都功能的战略思考 [J]. 前线，2015（6）：74–76.

[8] 石正方. 城市功能转型的结构优化分析 [D]. 南开大学. 2002.

[9] 张占斌 . 对经济发展特殊困难时期稳增长的思考 [J]. 学习论坛，2013，29（1）：39–42.

[10] 魏杰. 对目前稳增长、调整经济结构、转变增长方式、深化改革的认识 [J]. 河北经贸大学学报，2014，35（1）：6–8.

[11] 朱益民，庞筑丹．我国经济稳健发展的博弈与平衡——基于调结构、稳增长、控通胀组合视角 [J]．商业时代，2012（25）：8-9.

[12] 李国平，葛兴，房晓．正确处理“稳增长”与“调结构”的关系 [J]．理论视野，2012（8）：42-44.

[13] 李万峰．关于当前我国经济“稳增长”的政策思考 [J]．经济研究参考，2014（27）：39-46.

[14] 肖潇．正确认识和处理“稳增长”与“调结构”的关系 [J]．中国物价，2013（1）：26-30.

京津冀协同发展视野下北京人口疏解问题研究

尹德挺[①]

【摘　要】2014 年，北京市人口为 2151.6 万，以不足 0.2% 的国土面积容纳了全国 1.6% 的人口，人口比例较 10 年前增加了 0.4 个百分点。未来，北京需要在京津冀协同发展的视域中，洞悉人口疏解的特殊性和复杂性，并在关注城市生机和民生刚需的前提下，探寻人口疏解的方向性。

【关键词】京津冀　协同发展　人口疏解　统筹

一、首都人口疏解的特殊性：源于“人口流动滞胀”

为何北京要加强人口调控？本文认为，这是因为目前北京出现了一种特殊的人口现象，本文将其定义为“人口流动滞胀”，主要表现为：

一是“滞”，即人口流出停滞。一方面，北京户籍人口流出几乎停滞。

---

① 尹德挺，博士，北京市委党校社会学教研部副主任、北京市人口研究所副所长、副教授，硕导。

2013 年将户籍迁往北京市外的人口仅 8.9 万，占户籍人口总量的 0.7%，而且其中绝大部分为大中专应届毕业生及转业军人；另一方面，流动人口“不流动”现象明显，可谓“只进不出”。2010 年第六次人口普查（以下简称“六普”）数据显示，离开户口登记地五年以上的流动人口占全市常住流动人口总量的 29.8%，长期滞留特征明显；人口流动原因中“随迁家属”的比例由 2005 年的 7.6% 升至 2013 年的 11.2%，举家迁移趋势显现。北京人口流出相对停滞，严重抑制了京津冀地区城市群的发育。对于超大城市（城区人口超过 1000 万）与特大城市（城区人口超过 500 万）数量来说，京津冀地区为 2 ∶ 0（北京、天津“双城记”），长三角地区为 1 ∶ 3（上海：南京、杭州与苏州），而珠三角地区为 2 ∶ 2（广州与深圳：佛山与东莞）。可见，北京人口的“虹吸”效应已致京津冀人口布局畸形化。

二是“胀”，即人口流入提速，导致人口规模急剧膨胀。从人口增速看，北京人口流入自 2005 年以后进一步加速。2000—2005 年北京常住人口和常住流动人口的年均增速分别为 2.4% 和 6.9%，而 2005—2014 年两者增速分别升至 3.8% 和 9.7%；从人口规模看，2000—2014 年间，北京常住人口年均增长 56.3 万，相当于每年新增一个国内县级市的人口规模，已超过了日本东京都 1949 年以来人口年增量的峰值 53.3 万；从人口激增后亟须解决的问题来看，主要有：一是全市中心城分布过密。北京户籍人口加速向中心城流动，人户分离的户籍人口在中心城所占比重由 2000 年的 41.94% 增至 2010 年的 64.06%；2010 年全市 62.5 %的非经济活动人口集中在中心城；二是北京周边地区长期人口净流出。如“六普”时，河北籍流动人口以占北京常住流动人口总量 22.1% 的比例居各省之首。在河北省 172 个县级区划中，有 105 个县（市、区）人口净流出，占总数的 61.0%，其中，邢台、张家口、承德、衡水四市人口净流出的县（市、区）比例分别高达 84.2%、76.5%、72.7% 和 72.7%；张家口市的康保县、沽源县、尚义县及张北县户籍人口流出率高达 25% 以上。

二、首都人口疏解的复杂性：困于区域“人口双循环”不畅

从系统论的角度看，北京人口疏解之难以及京津冀协同发展受阻在很大程度上源于区域“人口双循环”不畅。何为“人口双循环”的良性互动？本文将其界定为两个方面：

一是“人口与经济循环系统”的畅通。此循环包括六大核心要素，即政府税收、政府投资、产业发展、人口就业、人口服务需求、消费，要素间形成了始于也终于政府税收的正向激励循环：税收增加，政府支出能力增加—新的项目开工—区域成为增长极—发明、创造推动新产业引进或原有产业规模扩张—就业机会增加,购买力增加—合格劳动力增加,对住房以及各类服务需求增加—就业机会增加及生活质量提升，吸引人口迁入，地方财富增加—税收增加。

二是“人口与社会循环系统”的畅通。此循环系统也包括六大核心要素，即政府税收、公共服务供给、生活质量与人力资本、人口就业、人口服务需求、消费，要素间形成了始于也终于政府税收的正向激励循环：税收增加，政府支出能力增加—人口公共服务供给能力和水平提升—人口生活质量和人力资本提升—人口就业机会和就业能力提升，购买力增加—各类服务需求增加—消费拉动地方财富增加—税收增加。

在此理论框架的指导下：应如何看待首都北京出现的“人口流动滞胀”现

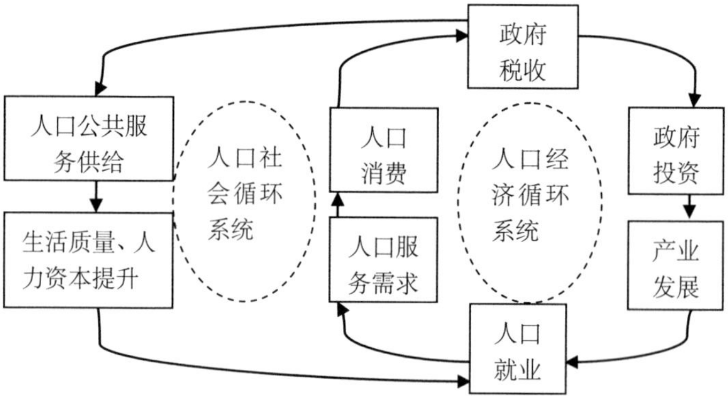

图 1：区域发展中“人口双循环”理论框架图

象？除了城镇化发展的客观规律性、区域生产力及公共服务发展不均衡性、人口服务管理体制和城市管理能力滞后性等因素之外，本文还认为这是目前京津冀地区人口与经济、人口与社会双循环系统中的四大断裂使然。

第一，人口信息整合环节存在断裂，发展规划的数据基础不实。此环节的断裂是造成京津冀"人口双循环"系统不能良性运行的基础性因素。人口信息管理主体不清、效率不高、信息不明等问题，严重制约了首都城市乃至京津冀发展规划的科学性和权威性。美国的社会安全号及日本的住民票制度将人口信息采集与税务系统、国民健康保险系统、选举系统及居民服务系统结合起来，以保证数据采集的准确性和动态性，此经验值得在京津冀地区推广。

第二，地方财力与事权之间存在断裂，京外地区吸纳人口的动力不足。此环节断裂是造成京津冀人口经济循环系统不畅的关键原因。"财权向上、事权向下"型的制度安排，必然造成地方政府对流动人口的本能排斥，流动人口社会融合受阻，城市归属感缺失。国外通常保证各级政府，特别是基层政府的征税权，形成权利和义务的统一，对地方政府提供基本公共服务形成良好的正向激励。例如，美国最基层的学区仍具有征收财产税的权利，以履行学区内义务教育和治安维护之责任。

第三，政府绩效考核与人口疏解之间存在断裂，经济聚集和人口聚集难以同步。此环节断裂是造成京津冀人口经济循环系统不畅的重要原因。唯 GDP 的绩效考核观，导致地方政府更多关注当地的经济发展，走的是一条绕开人口系统、任由经济系统自循环的"抄近路"发展之路，以致人口流动不能完全受市场力量支配，人口流动与产业布局、产业升级不相适应。

第四，区域之间公共服务均等性存在断裂，公共服务的人口疏解功能微弱。这种断裂严重影响了京津冀区域内人口社会循环系统的正常运转。一方面，户籍制度及非一体化的社会保障体系严重限制了人口流动；另一方面，北京在教育、医疗等公共服务资源方面强大的"高地"效应，导致人口加速向北京集聚。从十余年的历史数据来看，通过公共服务主动引导人口流出的效果，在首都北京目前表现得很不明显。

三、首都人口疏解的思辨性：归于“四位一体”的统筹之道

首都人口疏解是一个复杂的系统工程，需要在京津冀一体化的视野下，着力修复“人口双循环”系统中的四大断裂，并实现人口疏解与生产、生活、生态、生机之间“四位一体”的统筹协调。

一是人口疏解与“生产”的统筹。以功能疏解和规划布局为先导，修复“人口双循环”系统中人口聚集和经济聚集不同步的断裂，推动北京人口的分流。在功能疏解上，应依据国家主体功能区划对京津冀优化开发区的定位，可考虑将高污染、高耗能、高水耗产业、制造业生产环节、大型批发市场、教育机构、医疗园区、部分行政事业、公路运输等非首都核心功能向京外疏解，以引导人口流出；在产业定位上，可在首都圈内打造具有国际竞争力的高端产业链，利用市场机制，以“产业链”带动“人口链”的转移。如，北京可强化文化和国际科技创新中心等功能，精准甄别首都功能定位所需的各类人才；天津可依托港口优势及政策优势，打造国际航运中心等，以促进北京生产运输业流动人口的分流；河北可依托土地资源和人力资源优势，培育现代化高端制造业和服务业中心等，以吸引北京劳动密集型产业人口的转移等。

二是人口疏解与“生活”的统筹。以服务和管理为双轮驱动，修复“人口双循环”系统中财税环节、公共服务环节、人口信息整合环节的断裂，以引导人口有序流动。在服务上，建立与城市功能定位、人口疏解相挂钩的政府投资和公共资源分配机制，特别是探索建立财力与事权相统一的基层财税制度，将北京教育、养老、医疗、公交、文娱等优质服务资源向周边地区转移，以更好地分流北京人口；在管理上，强调居住证在人口服务和人口疏解中的重要功能。以居住证为载体，以福利梯度供给为引导，京津冀地区可尝试建立“人口生命事件信息”和“人口生活事件信息”双核心人口信息决策平台，服务于政府规划与决策。进一步明确居住证的前置性和管理性职能，在就业、就学、居住、医保、车辆驾驶等环节与居住证挂钩，体现流动人口责权利的统一。

三是人口疏解与“生态”的统筹。京津冀创新发展需要以可持续发展为前提，

并着力修复“人口双循环”中绩效考核环节的断裂。一方面，政府应建立不同节点城市“人口聚集”“经济聚集”“生态文明”三者的协同性考核，发挥绩效考核的指挥棒功能；另一方面，在设立人口疏解目标时，应注意分解人口规模与人口行为对生态环境的独立影响，以明确与城市功能定位相适应的人口疏解目标。

四是人口疏解与“生机”的统筹。这是保证“人口双循环”系统活力的重要组成部分。一方面，人口疏解不能伤害首都自身的城市活力，忽视对部分行业劳动力的刚性需求。“六普”数据显示，流动人口已成为北京黄金年龄段的就业主体，如在北京16—19岁、20—24岁、25—29岁的常住就业人口中，流动人口分别约占92%、70%和54%，部分行业对流动人口的刚需增强。此外，目前的流动人口红利还掩盖了未来北京的养老危机。北京0—14岁常住少儿人口所占比例已由1953年的30.1%急降至2013年的9.5%，2013年65岁以上老年户籍人口比例达到14.9%，常住人口家庭户均规模由1982年的3.8人/户骤降至2010年的2.5人/户，养老问题逐渐由隐性转为显性，并对流动人口产生严重依赖。更为雪上加霜的是，如果劳动生产率不提高，北京劳动力供给拐点则可能出现在2020年前后。这是因为支撑北京流动人口供给的五个大省——河北、河南、山东、安徽、黑龙江，五省15—64岁劳动适龄人口会在2020年以后呈现减少态势，合计将缩小约400万人左右，届时可能会对北京劳动力资源的补给产生一定影响。因此，北京必须明确人口疏解“适度规模”和“适宜结构”的“双适”目标，确保城市未来的生机活力；另一方面，首都人口疏解应有助于激发京津冀圈层内不同节点城市的活力，培育生机焕发的京津冀城市群。北京需要处理好“舍”与“得”的关系，给京津冀地区其他城市留下更多的发展空间，必须通过城市功能的转移、产业链条的整合、交通规划的串联以及科技文化的引领，带动首都人口的输出，促进周边城市的人口回流。

总之，首都人口疏解应紧紧围绕“经济利益”“服务需求”及“发展机会”三大人口流动的驱动因素，开展“四位一体”的人口疏解工作，其中，生产是主线，生活是辅线，生态是外围，生机是内核，而建立区域之间、部门之间特别的协调机构和特殊机制，则是实现首都人口分流的重要保障。

天津承接非首都功能疏解问题研究

臧学英[①] 王坤岩[②]

【摘　要】随着京津冀协同发展战略的全面启动，北京非首都功能疏解成为京津冀协同发展战略的先导。天津作为京津冀城市群重要的中心城市，与首都北京具有紧密的经济社会联系，在非首都功能转移中肩负着重要责任。本文通过梳理非首都功能的内涵，从天津承接非首都功能的角度，分析了天津承接非首都功能疏解的优势、存在的问题，并提出天津承接非首都功能疏解的对策建议。

【关键词】非首都功能　疏解　天津

---

① 臧学英，中共天津市委党校（天津行政学院）经济发展战略研究所所长、教授，享受国务院特贴专家。研究方向为区域经济理论与实践。

② 王坤岩，中共天津市委党校（天津行政学院）图书馆编辑，博士。研究方向为技术经济与管理。

一、非首都功能疏解的内涵

（一）正确理解非首都功能疏解

京津冀协同发展战略对区域整体和京津冀三地都赋予了明确的功能定位。其中，北京的功能定位为“全国政治中心、文化中心、国际交往中心、科技创新中心”。这“四个中心”的功能定位给北京提出了新的要求。全国政治中心要求北京提高作为首都的国家政治功能，这是保证北京发挥国际交往功能、提升国际地位的前提。全国文化中心要求北京发挥历史文化名城的独特魅力，这既是形成国家凝聚力的重要依托，也是北京提升国际地位的有利条件。国际交往中心要求北京不断提高国际交往能力、国际影响力和国际竞争力，这是打造京津冀世界城市群的关键。科技创新中心要求北京在实现自身经济发展方式转变的同时，成为全国创新发展的典范，这是实现全国经济结构调整升级的重要战略步骤。

京津冀协同发展战略下北京首都功能定位的调整，对于首都功能的充分发挥具有极其重要的战略意义。这个定位明显有别于一般的城市功能。从这一功能定位出发，目前北京作为一般城市的部分功能都应归为非首都功能的范畴。从北京城市功能与首都功能的关系看，北京作为一般城市的功能可分为两类，一是城市的基本载体功能，这是北京发挥首都功能的必要条件，包括适度的城市规模、完善的基础设施、良好的自然生态环境等；二是城市的集聚扩散功能。尽管良好的集聚扩散功能是城市发展的基础条件，但是目前北京的集聚功能过度，扩散功能不明显，使北京承载了巨大的发展压力，超越了健康城市载体功能的界限，特别是影响了首都功能的有效发挥，这些功能应是疏解的对象。

（二）非首都功能疏解对象和天津可承接的功能

《京津冀协同发展规划纲要》明确指出，综合考虑与首都功能定位和核心功能紧密关系及疏解难易程度，优先重点疏解四类非首都功能：一般性产业中的高消耗产业、非科技创新型企业和一些科技创新成果转化型企业，以及高端制造业中缺乏比较优势的生产加工环节；区域性物流基地、专业市场等部分服务行业；部分教育、医疗和一些社会公共服务功能；部分行政事业性服务机构，包括中央机关提供服务的辅助性机构。

京津冀协同发展的关键是以首都北京为核心，唱好京津“双城记”。因此，在非首都功能疏解中应充分发挥天津的优势，通过承接部分非首都功能，促使京津双城在“减负增质”中实现中心城市功能的提升，这既是强化天津城市群副中心地位的关键环节，也是支撑京津冀区域协同发展的战略举措。非首都功能的疏解中，天津可以承接并具有发展潜力的功能包括以下四个方面：

一是高端制造业。天津作为我国北方老工业基地，制造业在国民经济中占有重要地位，在产业结构调整日益加快的背景下，天津市第二产业比重仍然保持在 47.1%，说明天津经济发展的支柱依然是制造业。同时，天津制造业发展在全国处于领先地位，发展基础较好，承接北京高端制造业转移将有助于形成规模优势，打造全国先进制造业研发基地，提升京津冀区域创新发展能力。

二是仓储物流基地和新兴服务业。近年来，天津依托区县产业园区，大力发展现代物流业、会议会展经济、总部经济和楼宇经济，取得了明显成效。天津承接北京部分仓储物流基地和新兴服务业转移将有助于打造区域高端电商物流平台，推动会议会展经济、总部经济和楼宇经济发展，提升京津冀城市群集聚发展能力。

三是教育培训功能。天津海河教育园区空间广阔，基础设施条件较好，能够承接北京教育功能的转移。通过承接北京部分一二类院校和全国性教育培训机构总部转移将有助于打造世界级教育培训中心，提高京津冀区域整体国际影响力与竞争力。

四是部分中央国家机关辅助服务功能。一方面，通过承接北京部分科研院所、学术团体、新闻出版等企事业单位的转移，与教育培训功能形成相互支撑，培育强化天津文化优势。另一方面，通过承接部分中央国家机关辅助服务功能转移将有助于打造京津冀城市群副中心，与北京合唱“双城记”，提升京津冀城市群整体国际地位，为建设世界级城市群夯实基础。

二、天津承接非首都功能疏解的优势

（一）区位优势显著

天津是距离首都最近的直辖市，两市中心距离仅 120 公里，并有与北京直接接壤的区域——武清。京津之间立体交通体系发达，除两条京津联络线外，其余十几条高速公路组成的交通网也可实现两地短时间内互联互通；京津之间的高速铁路车程仅需半小时；天津滨海国际机场与首都国际机场的直线距离不足 120 公里，与刚刚起步建设的首都新机场直线距离不足 100 公里，且均有发达的高速路网联通。紧密毗邻、发达的交通运输网络和行政级别的接近是天津与北京经济社会发展关系密切的基础，这种天然优势不仅使得天津承接非首都功能转移成本较低，同时，也为功能转移后天津反馈发展成果支持北京发展提供了便利。

（二）发展条件较好

首先，天津经济实力雄厚，经济总量充足，能够提供承接非首都功能疏解所需要的大量成本。其次，天津产业结构调整空间相对较大，二、三产业的比重都处于调整阶段，同时，相对较高的 GDP 增速也使天津有能力容纳首都经济功能疏解中的部分产业功能，如高端制造业，且在承接后有足够的时间进行进一步的产业结构调整和转型升级。再次，天津具备承接非首都功能转移的空间和资源条件。以国家创新示范区“一区二十一园”为依托，能够为承接非首都功能提供良好的基础设施条件和生产资料，同时为部分非首都功能转移及其后续发展提供充足空间。最后，天津具备改革创新优势。以滨海新区和自由贸易区为平台，以金融改革与创新、宅基地换房试点、集体经营性建设用地入市改革试点等为抓手，天津可以依托先行先试的政策优势，通过体制机制创新，为非首都功能中部分社会公共管理功能的转移探索有效途径。

（三）政策、机遇叠加

京津冀协同发展赋予了天津重要职责，对天津的城市功能、经济发展方式和改革创新都提出了更高要求，既是压力也是动力。城市定位的倒逼机制将促使天津加快经济结构调整，实现发展方式转变，同时要保证强劲的发展势头。这对非首都功能的疏解是一个关键性影响因素，即部分功能向天津转移将得到强化天津优势而不是削弱。另外，从发展水平和基础来看，对于北京部分非首都功能，河北省的承接条件尚不够成熟，无法与天津相比。例如，在非首都功能疏解规划的“4+8”功能承接平台中，一个主体和四个功能区都位于天津，且与其他功能平台相比，天津的功能平台具有更好的发展基础，建设进程较快，成熟度较好，集聚优势明显。

三、天津承接非首都功能疏解面临的问题

（一）天津自身发展面临新挑战

第一，京津冀协同发展战略框架下，天津需要实现功能完善和地位提升。京津冀协同发展的功能定位对天津提出了更高的要求。其中，打造以首都为核心的世界级城市群，要求天津以世界级城市群的核心城市为发展目标，不断提升其在世界城市体系中的地位和作用，这必然对天津提出新的挑战，即要求天津不仅要跳出天津、还要跳出京津冀、环渤海，站在世界级城市群发展的角度规划设计城市的发展。

第二，新常态下天津经济发展面临转型升级。在全国经济普遍下行的背景下，天津仍然保持了较高的增长速度，但经济发展的动力和结构还存在问题。例如，近年来，天津的引资速度一直保持较高增长，但京津冀区域内资金占比较高，对全国其他区域的吸引能力有限。从资金结构看，主要以民营企业，个体私营为主，国有企业较少。新常态下，面对经济增长放缓的压力，天津亟须探索一种以高新技术为导向、以战略性新兴产业为支点的可持续发展模式。

第三，新常态下天津产业结构调整亟须破题。近年来，天津产业结构调整

面临瓶颈，制造业比重居高不下，但尚未做精做强，第三产业比重有待进一步提升提质，需要通过新的动力来推进产业结构的调整，突破目前的发展瓶颈。

（二）功能疏解中的差异对接

京津冀区域内部的非平衡发展格局造成了三地在软硬件发展条件方面的客观差距，是非首都功能疏解所必须正视的问题。与河北省的城市相比，京津属于较发达的增长极，但是与北京相比，天津在人口、经济总量、产业结构、集聚与扩散能力等方面还存在明显差距。造成这种差距的根本原因在于发展环境的差异，包括硬件环境（基础设施）和软件环境（制度）。以基础设施中的轨道交通为例，北京轨道交通线路长度为 374 公里，天津仅有 84 公里 。从软件基础来看，北京是全国政治中心，是各项政策的发源地，更是改革的总指挥部，北京具备较大政策优势，这是其他城市不可比拟的。因此，疏解出去的非首都功能能否适应发展环境的变化，能否发挥正常功能是存在一定风险的。

（三）功能疏解中的利益协调

非首都功能疏解的过程中必然伴随着利益变动，从而导致了不同利益主体间的博弈行为。在城市层面，两个城市的功能如何做到优势互补，避免冲突和资源抢夺；在产业层面，产业发展带来的经济利益面临重新分配，对 GDP 及其增长速度的影响是显而易见的。特别是在新常态下，两个城市都面临转型升级和结构调整的压力，如何平衡这种利益分配；在部门层面，随着部分社会功能和公共管理功能的疏解，行政权力面临重新分配，如何协调各部门间由此产生的权力冲突？这些都是面临的无法逾越的问题。利益的协调需要遵从京津冀协同发展总的战略原则，坚持局部利益服从整体利益、短期利益服从长期利益，各城市要客观地、历史地、辩证地看待利益调整问题。

四、天津承接非首都功能疏解的对策建议

（一）承接非首都经济功能疏解对策

非首都经济功能疏解的核心是产业转移。天津承接非首都产业转移主要是承接高端制造业转移，并以此为契机，加快结构调整和转型升级，打造高端制造业与研发基地。

1. 做强做精高端制造业，打造高端制造业与研发基地

制造业是天津经济增长的重要支柱，且有相当显著的比较优势。在承接非首都产业功能疏解中，应该以承接零部件制造业、石油化工业等为主，在进一步扩大规模的基础上，进行技术改造，推动实现转型升级，提升产业层次和整体水平。促进粗放型加工向精细化制造转变，低附加值产品向高附加值产品发展，从普通产品制造向新材料研发和专业设备研制延伸，从生产制造向研发设计、品牌营销方面拓展，由委托加工向自主设计再向自主品牌培育升级。吸引首都科技创新成果转化型企业落户天津，加强产学研结合，攻克一批核心技术，加快科技创新成果转化，实现“天津制造”和“天津创造”的双轮驱动，为实现全国先进制造研发基地目标坐实基础。

2. 着力培育生产性服务业，做强集聚优势

生产性服务业是要素进入生产过程的桥梁，是产品价值增值的重要源泉，特别是能够在多个环节支撑制造业发展，改善产业结构，实现国民经济的良性循环。同时，生产性服务业的发展也是实现城市集聚功能的基础。天津要加快实施制造业发展服务化战略，建立制造业与生产性服务业互动发展机制；加快科技创新和人才开发及配套设施的建设；优化产业布局，大力推进生产性服务业集聚式发展；加快体制改革，制度建设跟上创新步伐；推进生产性服务业自主创新，塑造核心竞争力；加强产业关联，推进集聚发展。

（二）非首都社会服务功能承接对策

社会服务功能的承接不同于产业对接，要综合考虑居住、交通、医疗、教

育等各个方面，实现多因素协调发展，适合采取集中疏解的方式 。《京津冀协同发展规划纲要》指出，选择若干中小城市，高起点、高标准建设若干定位明确、特色鲜明、职住合一、规模适度、专业化发展的“微中心”。天津的武清、宝坻、宁河等远郊区县具有较好的发展潜力，是未来京津冀城市群的重要增长点，应着重打造成为“微中心”。具体可以从以下几个方面入手：一是积极参与非首都功能疏解中的教育和医疗资源整合，打造特色教育和优势医疗资源集中带；二是建设配套居住和生活服务社区，通过不断完善基础设施，提高居住区环境质量和文化氛围，吸引在京工作人员居住，打造京津半小时工作－生活圈；三是推进体制改革，对“微中心”给予适当的优惠政策，解决工作和居住者的生活、教育、医疗等难题；四是率先通过试点进行探索，不断改进和推广。

（三）承接非首都功能疏解的保障措施

尽量减小疏解地与承载地之间的环境差异能够为非首都功能疏解创造有利条件，达到事半功倍的效果。环境差异的弥合需要从硬环境和软环境两方面入手：

1．推进京津基础设施协同发展

实现基础设施协同发展不仅是非首都功能疏解的基础，也是推进京津冀协同发展的前提条件。但区域基础设施系统是一个复杂系统，要全部实现协同难度较大，应有重点有目的有计划地选择与区域协同发展关系密切、促进作用较强的领域率先实现协同。目前，能源动力基础设施、交通运输基础设施、生态环境基础设施是实现区域资源有效配置、沟通区域统一市场、促进区域可持续发展的关键环节，同时也具有一定的发展基础，应努力推动实现协同发展。一是加强沟通协调，注重顶层设计，服从整体规划；二是加大基础设施投入力度，通过提高增量来扩大存量，缩小差距；三是积极推动交通运输、能源动力、生态环境等基础在规划、建设、运营等环节逐渐实现有效协作。

2．制度创新化解体制隔阂

非首都功能的疏解需要政府与市场的合力共同完成，一方面，疏解地需要通过规划和政令推动部分功能外迁；另一方面，承载地要创造良好的市场环境吸引相关功能迁入。而打破原有发展环境，使政府产生推力，使市场产生引力的关键都在于制度创新。天津应该进一步加快体制机制创新步伐，为京津冀区域实现集约式、内涵式发展探索出一条切实可行的新路。一方面要加快市场管理机制创新，有序引导市场机制发挥，为经营性企事业单位转移创造良好的市场环境。另一方面，要不断推动行政管理体制创新，推广行政管理体制改革中的“十个一”先进经验，进一步简政放权，为企业创造宽松的发展环境；通过金融体制改革，着重解决小微企业融资难问题，为大众创新提供有力支撑。

生态篇

京津冀生态测度核算与共建共享的市场机制

张　贵[①] 齐晓梦　原慧华

【摘　要】本文在充分认识京津冀协同发展中生态建设背景的前提下，采用成本分析法和生态服务价值法对京津冀生态补偿进行测度核算，重点分析了京津冀生态环境的共建共享，最后针对京津冀协同发展的生态建设提出了建设性的政策建议。

【关键词】京津冀　生态　共建共享　市场机制

生态问题是京津冀协同发展“三个率先突破”的内容之一。生态的问题从河北的角度来说是非常重要的议题，切入点是生态的测度。共建共享关键是要进行积极设置，积极设置一个很重要的前提是补偿标准，即生态如何进行补偿。

---

① 张贵，河北工业大学教授，博士生导师，河北工业大学京津冀发展研究中心常务副主任。研究方向为京津冀区域经济、新型城镇化、战略性新兴产业。发表学术论文50余篇，出版《中国城镇化的新探索》《高新技术产业成长》等8部学术著作；主持国家社会科学基金项目3项，参与国家社会科学重大项目和教育部重大攻关项目3项，主持省部级以上项目13项；获省市级以上学术成果奖4项。

另一个前提是首先得有一套测算的方法。

一、京津冀协同发展中的生态建设背景研究

（一）政策背景

党的十八届五中全会提出：加大环境治理力度，以提高环境质量为核心，实行最严格环境保护制度；建立健全用能权、用水权、排污权、碳排放权初始分配制度；深入实施大气、水、土壤污染防治行动计划，实行省以下环保机构检测监察执法垂直管理制度。

环保部启动京津冀等三大地区环评，保障生态文明建设。生态文明建设首入五年规划，预计“十三五”期间环保投入将增加到每年 2 万亿元左右。

（二）区域背景

京津冀环境问题日益突出，雾霾锁城、水资源短缺等问题日趋凸显，从全国看，京津冀地区大气污染最为严重，8 个城市入选全国空气质量最差 10 名；水资源环境严重超载，人均水资源 286m^2，为全国平均水平的 1/8。

（三）研究意义

河北为保证京津经济发展，在生态环境保护、资源开发利用等方面做出了巨大的让步与牺牲，尤其在水资源供给与矿产资源开发方面最为突出。

三地人均 GDP 相差巨大，2014 年北京人均国民生产总值为 99995 元 / 人，天津为 105202 元 / 人，而河北仅为 39984 元 / 人，低于全国的 46629 元 / 人。

当前河北的经济发展与生态环境建设和保护的冲突日益尖锐，要想解决京津冀区域生态环境问题必须使河北的经济发展与生态补偿相结合，只有这样，才能较少占用河北的经济发展资金，才能使其对环境治理有更大的积极性，进而从根本上强化与巩固生态环境共建与治理的成果，实现京津冀地区经济与生态环境治理可持续发展。

由此，进行京津冀生态补偿的测算和生态环境的共建共享十分必要。而这其中最关键的问题则是“如何补偿，补偿多少”，即三地生态补偿标准的确立。

二、京津冀生态补偿的测算和生态环境的共建共享

（一）生态补偿的测算

生态环境修复，大前提就是三地之间生态进行补偿，共建共享是补偿之后的措施，补偿有历史的欠账，也有现实的问题，在这个过程当中，借鉴国外的三种模式：一个是政府主导，一般是通过立法和文件。我们找到的案例里面，德国的生态税，补偿保护生态者受到损失，增加他的收益；英国北约克，为了保护野生动物，政府通过了财政补贴。二是市场主导的生态补偿，主要是通过产权的交换。比较典型的案例是法国，一个下游的自来水厂想获得水源，必须让上游的农户减少用杀虫剂。也包括澳大利亚的一些做法，这样的案例给我们很多启示。三是生态产品认证计划，如欧盟、荷兰、北欧的生态产品认证。生态产品的认证从一定程度上唤醒民众、社会组织积极参与生态空间共享。

国内的补偿采取的是政府主导。1985 年开始探讨这个问题，1990 年提出政策，原则是谁开发谁保护。我们现在谈两只手——有形的和无形的，还有第三只手，2006 年的时候，我们对这样的政策进行机制的设计，2010 年才进入立法阶段，由一个政策变为法律经历了 20 年。2015 年我们提出了一些新的设想，比如谁受益谁补偿，有一点市场机制的介入。

我们的实践更为落后一些，1999 年下半年搞了退耕还林，2008 年成立碳交易所，由市场机制去解决。虽然 2012 年进行了扩大，但碳交易寥寥几笔。有框架但实行比较艰难，总体上来看，目前京津冀之间，包括全国范围内，还没有一个完善的生态补偿机制。

京津冀之间做了一些非常有益的尝试，但是是更小的点。2009 年提出了共建生态林，可喜的是 2014 年底北京和河北承德搞了一个交易，丰宁的

林场，没有最初设想的那么多，只有3000多吨，每吨交易价格为19元。这种尝试给我们很重要的启迪，原来的一些碳交易市场机制现在也发生了。2015年，北京市做了一些补偿方法的测算，上游补偿下游，补偿的量是象征性的，即3.3亿。

京津冀搞了联动机制，也搞了“水十条”、“国十条”、《大气污染防治条例》，还搞了很多行动，这些大多数只是象征性的，对等的补偿比较少。多是水流域的，大气的补偿很少；多是政府的，少的是市场机制，这就是“三多三少”。到现在还没有一个三地共同认可补偿标准，这也是此次测度的前提。

目前要搞生态共建共享，一定要有体制的创新和尝试，因为我们以前的生态补偿和空间共享没有取得预期的效果。

在京津冀地区，如果因为生态、经济和环境发生冲突，就必须让付出生态代价的地方得到合理的补偿，但这仅仅是起点，仅仅是第一步，后面还有共建共享的其他机制。合理的补偿要进行测算，我们采用了目前比较前沿的生态补偿核算方法和生态补偿类别区分，流域的补偿、大气的补偿都算了。流域的补偿要测算它的总成本，因为有直接成本和间接成本，这是相关数值，我们测算了，2011年、2012年、2013年三年的结果。2011年，河北省为京津冀水流域投入将近54.06亿，2012年是57.34亿，2013年是50.88亿，每年基本上维持在50亿左右。这是河北省为整个流域面积的投入，这个流域主要是京津冀三地，我们测算了三地的用水量和支付的水平，将成本分摊给三地。北京和天津应补偿的是：2011年28.95亿，2012年30.42亿，2013年27.18亿。

关于能源的生态补偿核算，采用能源生态足迹和能源生态承载力两种算法，特别是生态足迹。我们测算的主要是二氧化碳，其他的没有算进来，因为有的值偏小，而二氧化碳基本上涵盖了93%，从这个角度来测算，相对的覆盖面还是比较全的。测算得出的结果有两类，一类是理论盈余，实际上就是我们应该得到的。2011年、2012年、2013年的数据，仅仅是三地理论的盈余，并没有考虑到不同土地生产不同的作物，以及不同地区的吸纳能力，所以我们增加了均衡的因子和产量因子，采用基于京津冀三地的人均GDP作为

表 1：河北省 2011—2013 年投入成本（亿元）

成本		金额（亿元）		
		2011 年	2012 年	2013 年
直接成本	林业投资（包括退耕还林、封山育林和新造林）	7.75	13.04	13.3
	水土流失治理	3.01	8.2	7.48
	污水处理厂建设投入	9.71	6.08	3.85
间接成本	限制工业发展损失成本，退耕地损失机会成本	33.6	30.02	26.73
总成本		54.06	57.34	50.88

注：由于本文关注重点在于京津冀三地间的生态补偿标准，故直接成本只列示了省投资金额，数据来源于《河北统计年鉴》和国家统计局统计数据；限制工业发展损失成本和退耕地损失机会成本数据由计算得出。

表 2：北京、天津补偿比例和金额（亿元）

年份	省份	保护流域成本	分摊系数	补偿金额	总计
2011	北京	54.1	28.48%	15.40	28.94
	天津		25.03%	13.54	
2012	北京	57.3	27.78%	15.92	30.42
	天津		25.31%	14.50	
2013	北京	50.9	27.44%	13.96	27.18
	天津		25.97%	13.22	

分配，这样算出来分为两类，北京和天津的实际补偿大于理论补偿，北京天津得到的更多。

2011 年，河北应该得到北京和天津的补偿是 27.05 亿，2012 年是 23.95 亿，2013 年是 22.93 亿，主要是通过两个方面来测算，一个是流域面积，一个是大气污染的能源领域。严格地说，三年给河北的补偿，也就是给生态付出的地方，也包括北京和天津的一些地方，补偿得少。京津冀目前整个生态环境有一定程度好转，许多地方付出的特别多，理应补偿。要重点考虑怎么补偿的问题。这是我的第三点思考。

表 3：北京、天津、河北三地的理论生态盈余

年份	省份	人均生态盈余(公顷)	单位能源生态系统效益(元/公顷)	理论生态盈余(元)
2011	北京	−0.89	697.81	−618.69
	天津	−1.48	467.79	−694.32
	河北	−0.99	420.36	−415.18
2012	北京	−0.89	697.81	−619.98
	天津	−1.54	467.79	−719.53
	河北	−1.00	420.36	−421.49
2013	北京	−0.89	697.81	−622.23
	天津	−1.59	467.79	−742.98
	河北	−1.03	420.36	−432.98

注：盈余为 − 代表该地区应该补偿金额。

（二）生态环境的共建共享

如果单纯谈补偿，单纯谈生态建设，我们尝试的结果，雾霾茫茫，外面都是这样的景色。所以我们应该换一种思路，借用吴伯凡的一句话，“我们这个地方太迷信资源，太迷信关系，我们缺乏一种新的生产组织，一种新的观念去产生产业和经济发展的模式，改变原来发展的思路。”在这种前提下，要想改变，生态共建共享就要跳出来。

首先是机制，也即新的合作机制。实际上是 2014 年区域治理除了刚才谈到的“两只手”以外，还要借助第三方力量，就是社会组织的力量。改变政府的惯性，很重要的就是加速形成合作机制，就是市场联合会议，不打破现有行政体制的格局下，在现有的京津冀最高决策机构领导小组的领导下，进行平等协商。如果没有平等协商，很多事情很难推动，在这样的情况下，共同决策，共同投票。

另外是底线思维。党的十八届五中全会通过的“十三五”规划很重要的思路就是底线思维，有资源的上线、环境的底线和生态的蓝线，水方面要有水资源开发的利用红线、水功能区限制纳污红线、水效率控制红线，还有生态基金的问题。

第二只手是市场机制，即无形的手，就是建立生态产权，推进水权交易、碳汇交易。虽然现在推行很难，但三地之间可以尝试着建立三地统一的碳交易，确定碳污的排放总量，通过技术和清洁能源的转移，使河北由原来的输血生态转化为造血生态。这是我们一直强调的绿色财富或者叫生态财富的创造者，将原来牺牲者变成受益者。这个时候就确立了补偿机制和补偿的系数。

强调社会民众的参与，除了多样化的补偿机制和政府市场的相互补充，一定要建立生态补偿的效率评价机制，让社会化的生态补偿监督、监管和评估发挥力量，第三方独立的监管机构对生态项目进行验收和日常维护。三方力量合作，这种生态共建互享也许是重大的创新。我希望通过这三方力量的介入，一方面调动政府形成利益共同体，调动市场的主体形成经济共同体，调动社会民众的参与形成命运共同体，三位一体的共同体就是京津冀未来发展的一个整体。

三、政策建议

一是建立共建共享机制，按照“谁受益、谁补偿、生态共建、资源共享”的原则，加快推动京津两市与河北建立横向生态补偿机制。

二是确立联防联治体系，河北与京津共同建立区域统一的空气污染防治法规、产业准入标准及污染监控网络，形成联防联控合力。

三是推进水权交易、碳汇交易等生态产权制度建设，明确产权的边界、类型及归属问题，确保生态补偿顺利实施。

四是完善融资体制，多渠道、多元化、多层次加大生态补偿资金融资力度。

五是推动建立环境容量分担机制，对河北承接京津产业转移项目或公共事业项目，按项目投资或利税分成比例分担能耗、煤耗和排污指标。

六是设立生态环境保护基金，重点支持生态建设和环境保护等重大生态环保工程建设。

京津冀治霾：困境与出路

牛桂敏[①]

【摘　要】本文论述了京津冀治霾所面临的尴尬困境，并分析了其深层次的原因。从完善区域环境质量考核制度，开展环境容量总量控制试点；变单纯行政手段压减产能，为综合运用多种手段，协同疏解过剩产能；创新监管体制，开展跨区域联合监管执法等方面提出了建设性建议。

【关键词】京津冀　大气污染联防联控　困境　出路

一、面临的困境

（一）减排目标完成，但环境质量改善不明显

京、津、冀《环境状况公报》显示，2014 年主要大气污染物 SO_2、NO_2 排放总量与上年相比，北京市分别下降了 9.35% 和 9.24%，天津市下降了 3.47% 和 9.44%，河北省下降了 7.38% 和 8.47%。均完成或超额完成了国家下达的目

① 牛桂敏，天津社会科学院经济社会预测所研究员，研究方向为生态经济，发表论文近百篇。

标任务（北京市提前一年完成了“十二五”的减排目标，河北省超额完成了当年的减排任务）。

从质量改善的情况来看，2014 年，京津冀的空气质量达标天数（其中还包括 11 天的 APEC 蓝）仍然比 74 个城市的平均达标天数少 85 天。重度及以上污染天数的比例高于 74 个城市 11.4 个百分点，空气质量最差的前 10 个城市中，2014 年京津冀占到了 8 个（2015 年上半年是 6 个，第三季度是 7 个）。按照国家新的空气质量标准，2014 年北京只有 SO_2、CO 浓度值达标，其他的四项指标均超标，其中 PM2.5 的超标达到了 1.45 倍 。

（二）压减产能日趋艰难，减排实效不如预期

压减高耗能、高排放行业的过剩产能是结构性减排的重要手段，京津冀区域压产能任务最重的是河北省。据了解，通过实施“6643 工程”，河北省境内属于国家产业政策标准规定的落后钢铁产能基本上已经全部淘汰，未来可供压减的空间越来越小，难度也越来越大。从压减产能的效果来看，实际效果也不理想。由于钢铁产能只是潜在的污染源，而钢铁产量才产生实际的污染排放。根据河北省统计局的数据，2014 年全省的生铁、粗钢、钢材产量分别比 2011 年增长了 9.65%、12.63%、24.60% 。产能虽然压减了，但是产量却是增加的，没有达到压减产能所希望的污染减排效果。由于河北省钢铁过剩产能较多，目前实际产能利用率只有一半多。因此，单纯压减产能，近年来对产量不会产生太大的影响，若不施以其他配套措施，钢铁生产的污染排放量也不会有明显减少。

（三）自动监控系统建设了，超标排放却未明显减少

京津冀区域都已经开展了污染源自动在线监测系统的建设，但是自动监控设施管护不当，发生故障不及时修复，不能正常使用情况时有发生；企业超标排放的现象也并没有明显减少，有的地区甚至还有所增加；个别企业偷排偷放，甚至非法恶意排放的问题屡禁不止，群众反映强烈，成为京津冀区域大气污染防治的顽疾。

二、深层次原因分析

（一）总量控制效果不理想，考核制度有待完善

减排指标完成，环境质量改善效果不明显。这种尴尬的局面反映出总量控制的效果还是不理想，考核制度也需要完善。现在的考核制度，考核对象主要是针对大气治理中的总量控制手段，而不是环境质量目标。考核手段，不考核目标，对于达成改善质量目标的约束力明显是不够的，这在考核机制上是有点错位。

（二）压产能手段单一，政策效果明显衰减

一方面单纯行政手段的作用减弱，阻力增加；另一方面，奖补政策的效果在衰减。

压产能国家是有奖励政策的，每压减一吨落后的钢铁产能，国家补助30万元。对于落后的钢铁产能国家有一个标准，压减落后的钢铁产能的补助标准企业可能是可以接受的。但问题是现在的钢铁产能多是过剩产能，并不是落后产能，国家对于淘汰落后产能的奖补标准不足以弥补压减不属于落后标准的过剩产能的地方和企业的损失。所以对于企业压减过剩产能的激励效果是不大的，政策效果明显是衰减的趋势。

如果政府单纯以行政的手段强制压减，比如提高淘汰标准强制压减，企业不仅会在与政府的博弈中讨价还价，而且还会要求更高的补偿标准。更重要的是，还会把由于市场和经营管理等各种原因积累下来的这些历史包袱，比如说金融风险的预期、就业的压力、社会保障方面的压力等，都打包推给政府，增加了政府的行政成本和财政压力。

（三）监管体制不完善，监管制度和手段有待健全

一是环境监管体制不顺。现行的以地域为主的环境管理体制的主要缺陷是：地方利益驱使，容易滋生地方保护主义，甚至包庇企业的超标排放，干预

监管执法，影响监管的效率。

同时由于上下级环境监管部门没有行政管理上的权限，造成监管执法的力量分散，有限的环境管理资源得不到共享。最需要监管力量的基层恰恰监管力量最薄弱。

二是监管制度还不够健全。主要表现在两个方面，一方面是国家的法律不完善，国家虽然已经明确了关于污染源自动监测的数据和适用环境处罚办法的相关规定，经过有效性审核的污染源在线监测数据可以作为企业超标排放的处罚依据，但是对于超标排放的调查取证仍然非常困难，并且对于超标处罚的相关细则还没有明确的规定。另一方面是区域内相关标准不统一。京津冀三地，对于超标排放的认定，对超标排放的处罚标准都是不统一的，这样就会影响区域联合监管执法。

三是监管手段还不够完善。一方面，目前自动在线监测系统监测面还比较窄，主要是针对大型重点污染企业，众多的中小排污企业没有监管，这就为中小企业的偷排偷放留下了漏洞。另一方面，监管数据很难保真。据了解，京津冀有些地方，污染源自动在线监测系统是由企业自行投资建设、安装、维护运营，设备的标准化程度不统一，每个企业采购哪一家的设备是不统一的，监测系统的维护运营也难以规范，好比企业自己给自己买了一个“手铐”。无论是从减少监测系统的建设、运营成本的角度，还是从不治理、少治理，为了达标或者是规避监管逃避责任的角度，这样的做法都很难确保监测设备的标准化程度和监测系统的规范化运行，存在着监测数据失真的可能隐患。而监测数据不准不实，就不能作为执法的依据。

三、思考与建议

京津冀治霾联防联控机制已经初步建立，必须以联防联控为核心，以协同创新为手段，在完善生态环境保护的体制机制、政策和手段等方面先行先试，率先突破，来推进大气污染防治工作取得实质性进展。

（一）完善考核制度，开展环境容量总量控制试点

1. 以贯彻国家《大气污染防治法》为契机，在地方政府对辖区环境质量负责的原则下，增加对环境质量管理的具体规定。比如说明确各地大气环境质量改善的目标和重点，并以此作为政绩考核问责的依据。

2. 在国家“十三五”规划和京津冀及周边大气污染防治的中长期规划中，以环境质量改善为核心，将大气污染物减排与大气环境质量达标挂钩，逐渐将更多的大气污染物指标纳入国家的约束性减排指标，切实使总量控制指标和环境质量达标的目标挂钩，推进污染减排由指令性总量控制向目标容量总量控制转型。

3. 在京津冀先行开展目标容量总量控制试点，将京津冀作为一个整体，以区域环境容量作为基础，以区域大气环境质量达标作为方向，以各个主要城市空气污染源的解析为依据，确定区域大气污染源总量控制的目标，坚持最严的环境标准，实行超低排放标准，推动最严的治理措施，实行最严的考核机制，倒逼京津冀在大气污染防治方面取得成效。

（二）综合运用多种手段，协同疏解过剩产能

1. 变简单的行政性的压减产能为协同疏解产能。借“一带一路”的战略契机，以京津冀产业协同为基础，在更大的范围内疏解过剩产能。“一带一路”战略的实施创造了大规模的基础设施建设需求，可以把西部有需求的过剩产能疏解出去，在更大的范围内疏解产能。

2. 综合运用多种手段来疏解产能。可以考虑既要适当提高国家奖补政策标准，还要优先考虑项目替代。把疏解产能地区和企业作为新增产业项目优先考虑地，以项目替代缓解地方与企业发展和保护的矛盾。

3. 提高环境标准的约束力。实行更严格的能耗和排放标准，倒逼企业通过成本效益核算选择继续生产还是转产停产。

4. 充分发挥市场机制的作用。对于产品仍有市场销路的过剩产能，可以运用市场机制，允许企业通过购买排污权或增加碳汇投资来冲抵自己的污染排放等。

（三）创新环境监管体制，开展联合监管执法

1. 创新管理体制。可以在京津冀区域率先创新环境管理体制，在华北区域环保督察中心的指导下，开展跨省市、跨地区的联合巡查和交叉监管执法，打破地区的利益界限，针对各类违法排污行为、夏季秸秆焚烧、燃油和油品的质量问题开展区域联动执法，对机动车的环保违法行为开展异地处罚。

2. 完善监管法律。国家尽快出台污染源自动监测数据适用环境处罚的实施细则，京津冀区域也可以率先实行统一的更严格的超标排放认证标准和处罚标准。

3. 健全监管手段。主要是针对污染源在线监测系统的建设问题。我建议，还是应该由上一级的环保部门进行统一规划、统一招标建设、统一监测技术标准规范、统一筹集资金，委托具有良好信誉的第三方机构统一运行维护，环保部门进行质控考核，政府购买真实有效的数据，避免监测机构与当地政府和企业发生利益关系，从源头上规避监测数据失真的问题，堵住企业偷排偷放的漏洞。

□ 参考文献

[1] 燕丽，杨金田，陈罕，陈潇君. 中国环境监管体制存在的问题与对策建议 [EB/OL]. （2009-02-04）. http：//www.cn-hw.net/html/32/200902/8678.html.

[2] 天津环保. 监测数据应从源头“打假”[EB/OL]. （2015-07-28）http：//mp.weixin.qq.com/s?__biz=MzA5MzY3MjExNQ==&mid=209941487&idx=3&sn=437b29addf31d7458905d8839d1a9b4f&scene=5#rd.

[3] 牛桂敏. 京津冀联手治霾需系统深化联防联控机制 [J]. 环境保护，2014，42（16）：41-43.

京津冀城市群雾霾协同治理联动机制研究

郭景涛①

【摘　要】通过分析京津冀城市群雾霾天气的现状及成因，以2014年北京APEC会议期间的雾霾治理为例，通过对APEC会议期间雾霾治理措施和手段的梳理分析，探讨常态与非常态相结合的雾霾治理协同联动机制，从而为改善京津冀城市群的空气状况提供切实可行的政策建议。

【关键词】京津冀　城市群　雾霾　治理　协同

京津冀城市群位于东北亚中国地区环渤海心脏地带，是中国北方经济规模最大、最具活力的地区，越来越为中国乃至整个世界瞩目。随着区域经济的快速发展，以京津冀、长三角和珠三角为代表城市群的复合型大气污染日益凸显，造成雾霾天气日益增加，严重影响大气能见度和人体健康。这已经成为制约区域经济发展、城市群建设与生态文明建设的重要因素。随着京津冀区域一体化

① 郭景涛（1981—），男（蒙古族），内蒙古通辽市人。华中科技大学公共管理学院公共安全预警与应急管理专业博士、内蒙古大学公共管理学院讲师。主要研究方向为应急管理、公共政策。

的不断推进，地区之间的联系日益深入和广泛，基于传统的行政区划、依靠地方政府各自为政的行政管理模式遭遇重重困难。因此积极探索有效的区域协同治理模式，形成具有特色的跨域协同治理模式和创新实践，才能应对好日益突出的雾霾问题。

一、京津冀城市群雾霾天气的现状及成因

京津冀城市群的人口规模超过 1 亿，是推动我国经济增长的第三极。然而，随着经济总量的快速增长，在为人们带来富裕生活同时，也造成了区域生态环境的恶化，近年来该区域多次出现持续大范围的雾霾天气。

（一）京津冀城市群雾霾天气的现状

2015 年 2 月，国家环保部发布 2014 年重点区域和 74 个城市空气质量状况，结果显示京津冀区域 13 个地级以上城市中，有 11 个城市排在污染最重的前 20 位，其中有 8 个城市排在前 10 位，区域内 PM2.5 年均浓度平均超标 1.6 倍以上。国家环保部数据显示，2014 年北京污染天数为 175 天，天津 197 天，石家庄高达 264 天。2013 年环保部的城市空气质量监测结果显示，京津冀区域的空气污染最重（平均达标天数比例仅为 37.5%），全国空气质量最差的 10 个城市中有 7 个在京津冀地区。2013 年全国平均雾霾天数达 29.9 天，创 52 年以来之最，而其中以京津冀地区最为严重。

一般而言，2.5 微米以下的细颗粒物（PM2.5）主要来自化石燃料的燃烧，如机动车尾气、燃煤发电、工业生产、挥发性有机物等。对于 PM2.5 来源的构成各地不同，以北京为例，大约 22% 是机动车排放的；近 17% 是燃烧煤炭如电厂、锅炉、散煤排放；16% 是 15 亿多平方米的工地扬尘排放的；16% 为工业喷涂挥发，如汽车喷漆、家具喷漆；4.5% 是农村养殖、秸秆焚烧；还有 24.5% 是外来飘浮的污染。由于在京津冀每平方公里的污染物排放量是其他地区的 5 倍以上，以至这些地区每年出现雾霾的天数在百日以上。

（二）京津冀区域雾霾天气的成因

综合分析京津冀城市群经济和社会发展的情况，其雾霾天气产生的主要原因包括以下四方面：

1. 能源消费结构仍以化石能源为主

京津冀城市群作为我国经济增长的第三极，经济社会的快速发展需要大量的能源支撑；同时京津冀处于北方地区，冬季的集中采暖使煤炭有大量的消耗。据统计，2012 年京津冀地区的煤炭消费总量分别达到 2269.89 万吨、5298.12 万吨和 31359 万吨，分别占全国煤炭消费总量的 0.64%、1.5% 和 8.89%，合计占比超过 11%。由此看出，京津冀区域对化石能源的大量消耗是造成该区域雾霾天气的重要原因之一。

2. 急剧增长的人为排放污染物

京津冀地区雾霾产生的一半原因是大量人为排放的污染物。二氧化硫、氮氧化物和可吸入颗粒物是雾霾的主要组成部分，前两者为气态污染物，颗粒物是加重雾霾天气污染的首要原因，工业生产、机动车尾气排放、冬季取暖烧煤等都会导致颗粒物浓度增加。京津冀城市群中，北京、天津、石家庄等城市，电厂、锅炉和机动车保有量较大，城市运行带来的各类污染物排放量非常大。二是扩散条件不利，华北区域天气状况稳定，气压低、湿度大、风速小，污染物被压缩在近地面层，污染物浓度急剧升高，形成空气重污染。同时因雾与霾并发共存，较高的湿度引起大气颗粒物吸湿增长，导致污染物浓度累积增高。三是秸秆焚烧影响明显。秸秆焚烧对重污染天气的形成和加重起到了推波助澜的作用。四是区域污染和本地污染贡献叠加。京津冀地区城市和中部、西部地区城市群污染物的输送和各城市本地排放污染物相叠加，使 PM2.5 污染物浓度进一步升高，客观上加重了空气污染。

3. 气象条件不利于污染物的扩散

形成霾天，大气污染物的源排放是内因，气象条件是外因。地面风速小、相对湿度高、大气层结稳定等通常是诱发大气污染事件的气象因素。其中高湿度是大雾和严重大气污染产生的重要条件，水汽以污染物为凝结核使得小水滴变大，增加视程障碍，降低能见度，另外地面的较低温度也利于水汽在污染物上附着。同时较低的气温可能促使京津冀地区供暖燃煤量的增加，一定程度上造成污染物排放。就是这种特殊的气象状况为低能见度的雾霾天气提供持续稳定的大气环境场。

4. 京津冀区域环境脆弱，无力支撑大量污染物排放

京津冀在快速发展的城镇化进程中，由于缺乏严格的资源环境空间管理措施，出现了城镇建设挤占生态空间、工业园区发展成片、污染排放监管不严等现象，引发大气污染、水资源污染和生态失衡等区域性环境问题，不断挑战资源环境承载力底线。由于京津冀经济发展不均衡，污染物超出行政区域相互影响，环境问题正倒逼三地进入政策一体化、产业一体化和环境保护一体化的新型区域治理阶段。环境保护一体化对环保部门提出了更高的要求，也为相关产业发展带来了新机遇。

二、有效治理典型：2014 年北京“APEC 蓝”

2014 年 APEC 会议是由亚太经济合作组织发起的会议，是继 2001 年上海举办后时隔 13 年再一次在中国举办。如此盛大的会议，必须保障北京空气质量的良好，这不仅关乎北京的形象，还从另一方面反映着中国经济的发展状况、人民生活质量和中国环境的好坏，这些都直接影响我国与其他国家的合作发展。因此，会议的环境保障受到党中央和京津冀地区党委、政府的高度重视。

（一）中央高度重视与周密部署

2014 年 11 月中旬，APEC 峰会在北京召开。为保证 APEC 峰会期间北京地区的空气质量状况，领导重视，提前谋划，科学论证，增进协作，周密部署安排，制订保障方案，为 APEC 会议空气质量保障工作奠定了坚实的基础。党中央、国务院领导同志高度重视 APEC 会议空气质量保障工作，习近平总书记亲自过问并多次进行批示，李克强总理会前多次做出重要批示，张高丽副总理召开会议专门部署保障工作。其实，APEC 会议保障工作自始至终都在党中央、国务院的直接领导下进行。早在 2013 年国务院发布《大气十条》后，就着手部署 2014 年 APEC 空气质量保障相关工作。2014 年初，环保部党组与京津冀及周边地区大气污染防治协作机制把 APEC 空气质量保障列入重点工作计划。北京市充分发挥协作机制办公室的牵头作用，与周边省区市积极配合，共同研究编制《APEC 会议空气质量保障方案》。

（二）京津冀各地政府的高度重视

京津冀及周边地区地方党委、政府高度重视保障方案的制订和实施工作。在北京，郭金龙书记两次主持召开京津冀协作机制会议，多次召开市委会议，研究部署空气质量保障工作,会议期间专门赴北京市环境监测中心调研和慰问。王安顺市长召开视频会对进一步提升控制措施提出要求。在天津，孙春兰书记专门听取报告，强调要坚决做好 APEC 空气质量保障和企业治污工作。黄兴国市长多次专题研究部署，过问工作进展，狠抓措施落实。在河北，张庆伟省长在部署 APEC 会议大气污染防治工作时强调，“APEC 空气质量保障工作，既是兑现年初向省人代会承诺治污任务的一次考验，也是加强生态环境建设、努力改善河北形象的重要契机。”在山东，姜异康书记在省委常委会议上提出，“APEC 空气质量保障是一项重要的政治任务，必须坚决严格落实保障措施所列的停限产措施，不得打折扣，不得弄虚作假。”在山西，李小鹏省长专门召开省政府常务会，研究空气质量保障工作，并赴太原、晋中和阳泉等地市进行环保督查，对发现的问题进行严肃处理。在中央和地方领导的支持和安排下，各地形成了联动机制，一起来抗击雾霾，以保障方案为准则，坚决贯彻落实。

为督促、指导各地做好 APEC 会议空气质量保障工作，环境保护部先后召开 6 次部长专题会和办公会，研究部署保障方案；成立了由部领导任组长的环境保护部保障工作小组。10 月 20 日至 25 日，环境保护部派出 16 个督查组，对京津冀及周边地区 24 个重点城市保障方案的部署情况进行专项督查。各级各地党委政府积极贯彻落实党中央、国务院的部署，严格执法，强化督查，政策措施发挥真效，确保了各项保障措施落实到位。

（三）京津冀各地政府制定紧急措施，保障空气质量

为准确预报 APEC 会议期间的空气质量，北京、天津、河北、山东、山西、内蒙古六省（区）市环保部门启动跨部门、跨区域的联动会商。从 10 月 26 日起，北京市环保和气象部门启动了 APEC 会议期间空气质量滚动预测预报机制，每日 15 时至 16 时开展联合会商，滚动预测未来 7 天的空气质量趋势，并预报未来 48 小时的详细情况。若空气质量出现转差趋势，则“加密”预测预报。北京市环保部门充分利用覆盖各区县的 35 个空气质量监测子站和临时启用的怀柔区雁栖岛监测子站，实时监测全市空气质量。11 月 1 日起，六省（区）市环保监测部门每日视频会商空气质量。各省市监测人员共享监测数据，依据各地近期大气条件、空气质量发展趋势等信息预判未来空气质量变化。六地根据视频会商的天气情况启动最高级应急减排措施，如机动车单双号限行、停驶七成公车、全市工地停工、企业停产限产……北京市启动了“红色预警加强版”应急减排措施，以保障空气质量。

（四）强化督查和落实责任

各地强化督查力度，对重点企业实施 24 小时专人驻厂监察，保持执法高压态势，有效地保障了会议期间的空气质量。各级政府认真落实主体责任，加强了组织领导，认真制订保障方案，部署安排保障工作。北京市张工副市长带队检查，市纪委、监察和环保部门参加，对存在问题的区县政府实施约谈。天津市尹海林副市长对重点区县逐一检查，要求各涉农区县在每个乡镇设置制高观察点，24 小时专人值守，严禁焚烧秸秆、垃圾、树叶等。石家庄市王亮市长每天召开调度会，对全市 40 家重点企业实施乡镇盯守、县级驻厂、市级巡查的责任制；唐山市对 1193 家企业严格落实驻厂、驻点 24 小时责任制。山东省 17 个地级市督导组对重点企业严防死守。河南省环保厅向豫北各市派出暗查督导组，进行暗查和督导。

从以上在保障APEC会议期间空气质量的治理过程中，我们发现，很多都是政府在高压状态下采取的一些临时性措施，但是最终使得会议在蓝天下圆满闭幕。我们认为，雾霾并不可怕，只要下定决心，从长远考虑，各省齐心协力，实现联动治理。此外，雾霾治理过程中没有实现各地政府治理联动机制，而且在治理过程中，也没有进行很好的监督和责任落实，致使很多方案和措施流于形式主义。

在北京举办重大活动期间，采取措施强化保障空气质量，领导重视、联防联控、科学组织、协同治污。2015年阅兵纪念活动期间，北京、天津、山西、河南、河北、山东、内蒙古等7个省、区、市制订了空气质量保障方案，出台了一系列针对燃煤、机动车、工业、扬尘等领域的减排措施。根据环保部发布的数据，2015年8月20日至9月3日阅兵纪念活动期间，京津冀及周边地区70个城市空气质量总体良好，北京市PM2.5平均浓度仅为18微克/立方米，同比下降73.1%，连续15天均为一级，创下PM2.5监测以来历史最好纪录。

（五）APEC会议后北京市空气质量出现反弹

从统计数据来看，APEC会议后第一天，即2014年11月15日，AQI（空气质量指数）相比14日翻倍增长，达到了124，远高于14日的AQI指数54，属轻度污染的水平，而PM2.5的数量也是14日数量的近三倍。16日各项指数均有小幅下降，同属轻度污染，17日AQI指数大幅下降，空气质量等级达到优，18日AQI指数又开始回升，空气质量等级为良。19日15时，北京空气质量达到重度污染水平，北京市空气重污染应急指挥部办公室发布空气重污染蓝色预警，这也是APEC结束后北京市发布的首个空气重污染预警。以19日的空气质量为界，从19日开始到30日，空气质量等级为优的天数为1，出现在22日；轻度污染天数为3，出现在24日、27日、28日；中度污染天数为2，出现在23日、25日；严重污染天数为4，分别出现在19日、20日、26日、29日；重度污染天数为2，分别出现在21日和30日。据此数据分析，APEC会后北京市的空气质量又回到原点甚至超过2013年同期水平 。由此可以推断出京津冀地区空气质量总体上没有太大改观。会后北京及周边地区污染物浓度快速上升的原因主要有：会后各地的停产、休假、限行等措施结束，工厂陆续恢复生产；不利气象条件致使空气中的污染物无法扩散；华北地区普遍进入采暖期。

四、实现京津冀雾霾协同治理的路径

由于雾霾污染的跨区域特点，仅靠各省市各自为政已不可能解决问题，而必须突破“一亩三分地”思维和行政区划限制，从更大区域出发，统一协调各地区的环保力量，合理统筹区域环保资源，形成区域治理雾霾的合力。因此，京津冀地区必须抓住协同发展的历史机遇，尽快建立大气污染联防联控机制。

（一）常态与非常态相结合，建立京津冀雾霾协同治理机制

通过采取有效的常态化和紧急化措施使雾霾天气能够得到有效治理，北京在 2014 年 APEC 会议期间出现了蓝天，就得益于北京及其他省份形成的联动机制。我们认为，目前有效的治理雾霾紧急性措施包括：重点污染企业停产或者限产；部分施工工地停工，减少扬尘污染；私家车单双号出行；严控餐饮油烟、露天烧烤。紧急性措施虽然不是长久之计，但是经过优化是可以成为一项常态化措施。可以将雾霾治理常态化的措施有：禁止秸秆、垃圾焚烧；加强路面清洁力度；各省形成联动机制，联合治理；加强监督，落实责任问责机制等。

此外，应建立京津冀区域雾霾监测和预警机制。加强空气质量的监测力度，及时发布空气污染信息，引导公众提前做好自我防护工作，确保公众的环境知情权不受侵害。还应加快制订雾霾天气的应急预案制度，最大程度降低雾霾天气所导致的损害。

（二）加强顶层设计，建立京津冀区域大气污染联防联控机制

京津冀根据自身实际情况，围绕区域大气污染联防联控有不同的解读，提

出不同的治理方案，无可厚非。但要打破“一亩三分地”的施政理念，将各地大气污染防治工作纳入区域战略空间考虑，制定统一的环保规划和标准，打破利益羁绊，突破行政区划束缚，从环保标准、能源供应等方面实现统一。为此，第一，要统一编制区域空气质量规划。打破京津冀在大气污染防治上各自为政的局面，将京津冀及周边地区视为一个整体，统筹考虑区域资源环境承载力、大气环境容量等制约因素，划定生态红线，使区域土地开发、城市建设和经济社会发展与区域资源环境等客观条件相适应，提出分阶段推进的区域空气质量改善目标和措施，最终实现区域空气质量的全面达标。第二，要统一区域环保标准。受区域经济发展程度差异的影响，京津冀在环保执法标准、企业排污标准、油品标准、产业准入标准等方面存在不同，必须突破这种多标准多政策的局面。第三，要统一区域能源供应分配政策。

（三）建立京津冀空气污染跨区治理府际合作机制

雾霾的治理离不开政府间的合作，应尽快建立地方政府间的区域联防联控机制。可以考虑在京津冀、长三角、珠三角等区域，设立由环保部和发改委共同牵头的区域雾霾防治联席会议制度，制订统一工作计划和方案，明确区域内各政府部门的职责和分工，共同推进雾霾的防治工作。一方面，需要充分发挥已成立的国务院“京津冀协同发展领导小组”及其办公室在京津冀大气污染联防联控中的领导作用，另一方面，还要通过建立京津冀地方政府之间各种形式的协作机制，发挥地方政府在大气污染联防联控上的核心作用。

（四）完善法律法规，强化问责与监督

我国在治理雾霾相关的大气污染防治的法律规制上，尽管立法全面，却难抵雾霾频发。其中，缺少健全的问责和救济机制是导致大气污染迟迟得不到改善的根本症结。因此，落实执法和完善环境责任追究机制是治理雾霾的关键。

1. 完善政府问责机制

当前，我国大量大气污染防治立法的实施效果不能彰显，其根本原因在于

政府环境责任的缺失。因此，在宪法和法律中明确公众环境权益和政府环境问责机制，是保障大气污染防治法在内的环境法律得以有效落实的根本保障。

2. 完善司法诉讼机制

完善的诉讼机制是实现公众环境权益和追究政府环境责任的最后保障。因此，除了和大气污染行为有直接利害关系的公民个人直接提起环境诉讼之外，还应尽快启动环境公益诉讼制度。只有完善公益诉讼在内的各种诉讼制度，才能有效保障公众环境权益，督促政府环境责任的落实。

3. 加大违法行为处罚力度，增加环保经费的投入

当前我国《大气污染防治法》中缺乏刚性约束机制，应加大对违法排污企业的处罚力度。要彻底改变“守法成本高、违法成本低”的现状，只有重典治污，才能震慑违法排污行为。此外，还应加大环保经费的投入。

4. 强化企业和公众的环境责任

除了加强对企业强制性规范遵守的监管之外，还应注意经济手段的调控作用，对那些采用清洁生产以及节能减排突出的单位予以财政补贴，鼓励和引导企业实施节能减排。在公众环境责任的落实上，绿色低碳的生活方式不能仅仅停留在宣传和教育上，还应通过法律调节和经济激励的方式予以保障。在日常消费领域，对于高能耗的消费行为，可设置消费税。

5. 落实公众参与对雾霾治理的监督作用

预防雾霾还应当重视公众参与机制所发挥的监督效果。首先，应在环评中扩大公众参与的范围，只要是对环境有害的企业项目，都应将公众参与纳入环评中。其次，还应完善公众意见的反馈机制。公众提出的意见，环保行政部门应在法定期限内给予答复，如果不予受理还应充分解释。

□ 参考文献

[1] 王芳. 京津冀地区雾霾天气的原因分析及其治理[J]. 求知，2014(7)：40−42.

[2] 张军英，王兴峰. 雾霾的产生机理及防治对策措施研究 [J]. 环境科学与管理，2013（10）：157–165.

[3] 石彦波. 京津冀怎么就成了中国雾霾最严重的地区 [J]. 中国国家地理，2015（1）：56–67.

[4] 李佐军，韦文怡. 解决京津冀雾霾须建立多层次联防联控机制 [N]. 经济参考报. 2014–12–08.

[5] 李禾 . 京津冀治污如何“联防联控” [N]. 科技日报 .2013–06–05.

[6] 刘建刚，何玲. 京津冀治霾协同联手留住“APEC 蓝” [N]. 中国改革报. 2014–12–08（005）.

[7] 张强. 雾霾协同治理路径研究 [J]. 西南石油大学学报（社会科学版），2015，17（3）：39–44.

[8] 王伟，汤爱学. 京津冀雾霾治理一体化的路径选择 [N]. 中国社会科学报. 2015–01–07（B05）.

[9] 王伟，姜楠. 京津冀空气污染治理中政府合作机制研究 [A]. 城乡治理与规划改革——2014 中国城市规划年会论文集 [C].

[10] 蔡岚. 空气污染治理中的政府间关系——以美国加利福尼亚州为例 [J]. 中国行政管理，2013（10）：96–100.

京津冀生态环境保护与建设一体化：经验借鉴及启示

李惠茹[1] 杨丽慧[2]

【摘 要】国内外典型的区域生态环境协同保护主要是以共同法律为依据，在环境政策和环境监管制度上协调性和权威性较强，成员之间联合行动协同治理，在生态环境治理上强调“源头治理”“主动预防”的理念，通过建立专项协同保护基金，形成高效的区域生态环境协同保护运行机制。因此，京津冀应最先设立京津冀区域共同环保专项资金，用于区域普遍性环境问题治理的资金投入。同时，以年度预算超收收入为突破口，进一步拓宽地市环保财政资金投入渠道；制定鼓励企业和社会治污资金投入的政策措施；加大企业与社会环保投入力度，形成多层面的生态环境保护与建设一体化资金保障体系。

【关键词】跨境环境污染合作治理 共同保护专项资金 生态服务付费

---

① 李惠茹，河北大学经济学院副院长，教授、博士生导师。主要研究方向为可持续发展、区域生态环境等。曾在《经济研究》《财贸经济》等国家级刊物发表论文60余篇。主持国家社科基金重点项目、教育部人文社科基金项目等。

② 杨丽慧，河北大学经济学院硕士研究生。研究方向为资源与环境、可持续发展。

推进区域生态环境保护与建设一体化是否有经验可循？回答是：有。

一、欧盟生态环境保护一体化的经验及启示

欧盟作为一体化程度最高的区域性国际组织，目前的区域生态环境协同保护主要是以共同法律为依据，在环境政策和环境监管制度上具有较强协调性和权威性，成员国之间联合行动，协同治理，在生态环境治理上强调“源头治理”“主动预防”的理念，形成高效的区域生态环境协同保护运行机制。

（一）形成较完善的欧盟生态环境协同保护行动依据

欧盟通过《罗马条约》《马斯特里赫特条约》《阿姆斯特丹条约》等法律规章，确立了欧盟成员之间区域合作协调的法律基础，成员国将这些法律转变成国内法，形成了高效的区域协调运行机制（见表 1）。比如 1972 年的巴黎峰会首次提出在欧共体内部形成共同环境保护的政策框架，成为协同保护的里程碑。

表 1：欧盟通过制定环境法实现共同保护的历程

《欧共体第一个环境行动规划》（1973–1976）	制定三方面行动：减少和预防污染、妨害行动，改善环境质量的行动，以及国际组织行动。
《欧共体第二个环境行动规划》（1977–1981）	重新确认规划目标和原则，重点对水、气和噪声污染领域的控制，强调预防政策的实施。
《欧共体第三个环境行动规划》（1982–1986）	强调环境政策的实施，进行环境污染的预防，实施环境影响评价。
《单一欧洲法》	正式将环境保护政策增加到欧洲共同体条约中，正式将环境保护纳入共同体议程。
《欧共体第四个环境行动规划》（1987–1992）	列出治理污染的多种方法，并建立了严格的环境标准。
《欧共体第五个环境行动规划》（1993–2001）	该规划明确规定，采取预防措施原则，把环境危害作为优先控制的原则，实施污染者付费原则。
《欧共体第六个环境行动规划》（2002–2012）	环境 2010：我们的未来，我们的选择

在欧盟生态环境保护中遵循一体化原则，体现生态环境保护在欧盟各项工作或活动中的重要地位和特点。

（二）欧盟的跨境环境污染合作治理

随着欧盟经济一体化趋势的增强，跨界污染也日益严重，整个欧洲跨界流动污染物占到 50%，如何消减这些污染物成了欧盟共同关注的问题。由此欧盟经济委员会组织成员国共同签署分别针对硫、颗粒物、氮氧化物、挥发性有机物等污染物控制减排的议定书，随后又颁布了《国家排放上限指令》并后期做了修改，对四类大气污染物做了上限设定。成员国可以自行选择实现路径，但欧盟要求成员国制定总量控制计划，定期向欧盟委员会报告，以供有关部门进行减排效果定量评估。

比如欧洲的跨界河流较多，仅多瑙河就流经 18 个主权国家。欧盟主要通过《欧盟水框架指令》（WFD）管理这些跨界河流，通过对地表及地下水体等统筹规划，明确流域管理的基本步骤和程序，共同签署保护协定、成立流域保护委员会，为跨界流域提供法律保障。同时要求盟员国以流域划分管理区域，建立相应的管理机构，以保障相关法律法规的落实，欧盟委员会负责对流域进行协调并制定统一管理计划。

（三）欧盟共同专项资金的建立

欧共体早在 1972 年成立专项基金，解决区域间发展不平衡问题。之后又重新制定安排资金和项目，以此协调不同区域的均衡发展。欧盟的基金来源于欧盟预算，主要由国民生产总值、增值税组成，欧盟按照统一的比例从各成员国的国民收入总值中提取作为基金的主要收入，此外还有从非欧盟国家进口到欧盟国家的进口产品关税部分、欧盟工作人员的工资税收、非欧盟国家对欧盟特定项目的贡献、触犯欧盟相关法律而上缴的罚款等构成基金的一小部分。

1991 年欧共体马斯特里赫特首脑会议通过《欧洲联盟条约》，以及以后陆续出台的财政税收、产业发展的法律法规，为欧盟区域一体化机制提供了法律保障，欧盟在资金筹集、管理、使用方面做出一系列法律法规，在资金筹集方面要求成员国每年上缴 GDP 的 1% 作为欧盟预算经费来源，并将 40% 的欧盟预算经费用于推进区域协调发展。在资金的使用方面规定在较为发达的地区，不少于 80% 的基金要集中投资在最少 2 个优先领域；在一些过渡发展区域，优先领域的规模是基金的 60%；在欠发达地区，该规模是 50%。

（四）欧盟经验对京津冀区域生态环境保护管理的启示

一是制定完善的法律法规，加强科学规划，为区域生态环境协同保护提供法规制度依据。京津冀应借鉴欧盟制定协同保护法律法规的做法，积极开展京津冀生态环境一体化保护的立法工作。

二是建立健全区域协调管理制度，设立国家层面的区域协调机构，建立多部门、多层次的联席会议制度进行统一保护与建设，比如设立京津冀区域生态环境保护专项基金。

三是健全环境保护信息交流互动平台。

二、美国区域生态环境协同保护经验

（一）美国生态环境跨地区治理的管理机制

美国设有两个专门的环保机构：环境质量委员会和国家环保局，国家环保局将全国 50 个州划分成了 10 个大区进行管理，在每个大区设立区域办公室。这个区域办公室只对国家环保局负责，负责辖区内联邦各项法律的执行落实和监督环境行为，办公室领导层的任命与管理完全由国家环保局决定。为增强地方政府间合作，国家环保局专门成立了地方政府环境协作网络，这个网络可以联络到 10 万个地方政府官员和环保专家，以帮助地方政府更好互动，提供更好的技术和资金保障。

（二）美国生态环境区域合作治理经验

美国在流域的生态补偿经验丰富，生态补偿在国际上称为“生态服务付费”或“生态系统服务付费”，生态服务付费的典型代表是纽约市与上游卡茨基尔流域之间的清洁水交易。纽约市用水的90%来自上游卡茨基尔河和特拉华河，纽约市政府决定购买上游卡茨基尔河和特拉华河的生态环境服务，由税务局协商确定流域上下游水资源与水环境保护的责任主体与补偿标准，通过对水用户征收附加税、发行纽约市公债及信托基金等方式筹集补偿资金，补贴上游地区的环境保护主体，以激励他们更好地保护水域的生态环境，改善卡茨基尔流域和特拉华河的水质。

曾经的洛杉矶光化学烟雾污染是汽车、工厂等污染源排入大气的碳氢化合物和氮氧化物等一次污染物，在阳光作用下发生光化学反应，生成臭氧等二次污染物，两种污染物混合而形成的。洛杉矶针对这种现象，成立了美国第一个地方空气质量管理部门——烟雾控制局，并建立了美国第一个工业污染气体排放标准和许可制度。之后颁布了《空气污染控制法》、1963年的《清洁空气法》、《空气质量控制法》为大气污染防治奠定了主要法律基础。1970年美国环保署成立，同年又修订了《清洁空气法》。1977年为实现跨区合作以应对空气污染，合理分摊治污费用，南海岸空气质量管理局成立，对区内企业和固定污染源污染物排放进行统一监管，同年和1990年又对《清洁空气法》进行了两次修订，该法成为大气污染治理体系的基础，是一项全国性的立法，具有广泛的法律约束力。在治理过程中，南海岸空气质量管理局推出“大气污染排放交易机制”，排放指标在芝加哥期货市场公开挂牌交易。同时制定汽车尾气排放标准、柴油卡车和公交车使用丙烷做燃料、发展快速公交系统，加州还成立了机动车污染控制局，在全美率先实行了减少汽车尾气排放量的措施，要求所有汽车配备催化转换器，并鼓励用甲醇和天然气取代汽油。经过几十年的治理，美国的空气质量得到明显的提高。

（三）美国的经验启示

美国的合作治理经验也给了我们一些启示：

一是健全区域合作机制。美国的区域办公室和环境协作网络的建立，启示京津冀积极建设合作交流体系，健全信息交流互动平台，为各地区政府、企业提供决策服务。

二是完善生态补偿机制。美国的生态服务付费模式很好地改善了纽约市的河流水质，启示京津冀要对生态环境协同保护，需要建立一套行之有效的生态补偿机制和配套的经济扶助政策。京津冀还应借鉴洛杉矶建立方便的轻轨系统和地铁系统，增加单人驾驶新能源汽车使用专用通道的经验，在市区增设自行车车道，大力发展公共交通系统，减少汽车用量。

三是鼓励清洁能源和新能源的开发利用。洛杉矶要求用天然气替代石油或燃煤，京津冀区域应健全鼓励使用清洁能源和新能源政策，提高京津冀能源使用效率研发。

四是引入市场机制。美国在生态环境治理中引入市场机制，南海岸区域空气质量管理通过排污许可制度、排放权交易模式，有效控制污染物排放量，启示京津冀也应引入市场机制，有效发挥市场的调节作用。

三、“长三角”“珠三角”区域生态环境协同治理的实践及启示

（一）“长三角”“珠三角”协同治理生态环境的实践

长江经济带覆盖上海、江苏、浙江、安徽、江西、湖北、湖南、重庆、四川、云南、贵州等 11 省市，面积约 205 万平方公里，人口和生产总值均超过全国的 40%。2014 年出台的“长江经济带发展规划”中提到，要建立生态协同保护治理机制，完善长江环境污染联防联控机制和预警应急体系，鼓励和支持沿江省市共同设立“长江水环境保护治理基金”，加大对环境突出问题的联合治理力度。按照“谁受益谁补偿”的原则，探索上中下游开发地区、受益地区与生态保护地区试点建立横向生态补偿机制。依托重点生态功能区开展生态补偿

示范区建设，推进水权、碳排放权、排污权交易，推行环境污染第三方治理。

“长三角”区域环境协同治理真正开始于上海世博会的承办，上海、江苏和浙江两省一市的环保部门共同制定上海世博会“长三角”区域环境空气质量保障联防联控措施。53个空气质量自动监测站组成了区域环境空气自动监测网络，并以此为依托建立区域环境空气质量预报会商小组，“长三角”的数据共享平台、区域联合监测预报为世博会环境管理提供了强有力的技术支撑，对保障世博会期间的空气质量起到了关键作用。

表2：“珠三角”区域生态环境协同保护工作

时间	“珠三角”地区生态环境协同保护工作
1990年	广东省与香港建立了粤港环保联络小组，以加强“珠三角”地区生态环境保护协调工作。
2002年	两地政府建立了粤港持续发展与环境合作的专门负责小组，建立拥有16个监测点的区域监测网络，覆盖整个“珠三角”地区，监测的数据为广东省和香港协作治理环境问题提供依据。
2004年	“泛珠三角”地区的各省政府审核并通过《泛珠三角区域环境保护合作协议》以及《泛珠三角区域环境保护合作专项规划》，重点在大气污染防治、环境信息共享、水环境保护、环境监测、环保科技和产业等方面开展合作。
2006年	广东省出台《跨行政区域河流交接断面水质保护管理条例》，规定广东省跨省内、跨县级以上河流的交接断面水质保护管理，据此条例管理和保护。
2007年	出台《泛珠三角区域跨界环境污染纠纷行政处理办法》，要求区域内各省环境主管部门建立联席会议制度，处理环境问题纠纷，并建立各省之间环境信息通报制度和审批提前介入制度。
2009年	制定《珠江三角洲大气污染防治法》，该办法提出建立关于大气污染协调、合作和监督治理机制，此办法的重要作用在于协调解决跨区域大气污染纠纷和制定区域内的环保政策。
2009年	珠海、中山、江门共同签署《珠中江环境保护合作协议》，详细规定了共同保护跨市河流水质，环境信息与设施资源的共建共享，建立水环境检测互动机制，实现环境应急资源的合作与共享，打击跨界环境违法行为等。
2010年	粤港合作联席会议决定从六个方面加快推进粤港合作进度，其中包括大力推进环境保护方面基础设施建设和区域环境污染联防联治等，并且签署了《粤港合作协议》。

“珠三角”地区工业发达，工业区遍布城乡各地，使“珠三角”地区的环境污染具有区域整体性特征。一些城市为逃避环保监管，把企业建在行政区边界上，造成跨地区污染现象凸显，为此“珠三角”地区进行跨域生态环境合作治理的积极探索。在处理经济发展与环境保护关系中，以环境优先原则，建立生态环境协同保护治理的约束机制，在决策过程中赋予环境部门在政策制定上的发言权和否决权，协助政府部门进行科学决策。“珠三角”地区还打破地方行政壁垒，加强相邻行政区环境保护工作的协同联动（见表2）。以“珠三角”为统一体，进行产业结构布局调整和基础设施建设，并编制《珠江三角洲环境保护一体化规划》《珠江三角城镇协调发展规划》，建立激励、约束、监督机制。

（二）“珠三角”建立环境保护专项资金的探索

深、莞、惠三市在推进环保一体化进程中，重点解决淡水河、石马河等跨区域河流污染治理难题。惠州方面提出优先治理跨界河流污染，设置环境保护专职机构，筹备环保专项资金，建立环保信息共享平台，编制深莞惠环境保护规划。主要按三市上年度GDP的一定比例提取资金，建立区域环境保护专项资金，用于解决跨区域突发性环境事件、重点污染源达标管理、水和大气环境功能区达标管理、跨界河流交接断面水质达标管理。研究试行排污权交易制度，通过完善和规范排污许可制度，推进建立主要污染物排放指标有偿使用和交易制度。

（三）“长三角”“珠三角”做法的经验启示

“长三角”“珠三角”的经验对解决京津冀跨区域生态环境治理提供的思路是：

一是建立区域管理组织，打破行政区域规划限制，建立具有权威性的区域管理主体机构。

二是建立协同联动的生态环境监管体系。实现区域环境空气监测网络和数据共享，强化区域环境预警应急响应联动，搭建一个标准统一、协同有序、运转高效的环境监管一体化平台。

三是建立长效机制，保障治理效果可持续。“长三角”“珠三角”建立起来的区域联防联控机制虽然具有标本意义，但有时间和地域方面的局限性，容易过分依赖临时性措施，忽略区域长效机制建设，不利于区域污染防治的持续运行，容易导致当临时性控制方案解除后污染回升的局面。因此借鉴“长三角”“珠三角”的实践经验，探索建立生态环境协同保护长效机制。

四、设立京津冀生态环境协同保护专项资金

建立生态环境协同保护的长效机制，离不开设置专项基金作为基本保障条件。依照京津冀交通一体化、生态保护一体化和产业一体化先行的发展目标，应首先安排实现生态保护一体化的资金支持。通过设立京津冀区域共同环保专项资金，满足区域普遍性环境问题治理的需求。以一定比例的财政资金作为专项资金的统筹为突破口，同时，进一步扩宽地市环保财政资金投入渠道，制定鼓励企业和社会治污资金投入的政策措施，加大企业与社会的环保投入力度。

（一）京津冀生态环境保护专项资金的筹划

京津冀要从实质上打破行政区划界限，就要在京津冀财政中建立专项环保资金，由北京、河北、天津按上年度 GDP 的一定比例或者财政收入的一定比例提取财政资金，共同建立京津冀区域环境保护专项资金。该专项资金用于京津冀管理机构的运行，用于解决跨区域环境突发性问题、重点污染源治理问题、大气复合污染和水资源问题治理、跨界河流交接断面水质达标管理，用于区域性的环境基础设施建设、对京津冀统筹的山、海、田、林、水等生态环境资源要素进行专项保护与建设，用于对区域内生态屏障地区生态补偿，用于京津冀环境监管建设、科研、规划、政策法规等方面的保障。在联席会议制度下，设立相关领导机构或者专门工作小组负责京津冀的区域环保基金的管理和使用。

京津冀在吸取经验性专项资金设立的基础上，进一步拓宽本地区环保资金

的投入渠道。考虑到年度预算超收收入的支出方向并未划定，应以此为突破口，借鉴江苏等省份的经验，规定年度财政预算超收部分的一定数量用于环境保护。用于环境保护的资金数量可以通过两种方式确定：（1）规定年度财政预算超收部分的一定比例用于环境保护。（2）以某一年度为基准年，确定基准年财政支持环保的基数，每年按照一定的比例增长。比如京津冀近5年的财政收入均值分别为：北京2873亿元，天津1437亿元，河北1704亿元，可以考虑按照其财政收入5%的比例，出资组成专项环境保护基金，筹建规模为300.7亿元，构成协同发展运作基础。以此为基数，可以形成不断按比例递增的基金构成机制。一是将统筹资金的50%用于京津冀山、海、田、林、水等生态环境资源要素的保护与建设，二是将统筹资金的15%用于对区域内生态屏障地区的生态补偿，三是将统筹资金的30%用于以京津冀为一体的环境污染治理专项投资。

（二）创新京津冀生态环境保护资金利用方式

设立专项保护基金后，还应考虑如何用。目前国内基金的资金支出一般都是基于项目前期审查方式，京津冀区域需要改革现有的资金利用机制。比如对于一部分用于扶持企业环保的基金，可以建立基于绩效的事后补贴模式。（1）对于已经建成的污染治理项目，根据其绩效，可采取直接拨款方式予以补助，重点突出对污染治理设施运行和技术补贴，提升区域环保专项资金使用效率和污染治理效果。（2）对于在建的污染治理项目，建立专项资金与金融信贷资金捆绑使用模式，专门安排一定资金用于企业环境污染设施建设贷款贴息，鼓励企业环境保护的积极性。（3）对于未建项目，尤其是对于资金筹措难度大的企业，利用京津冀区域环境保护专项资金，设立企业环境污染治理贷款担保专户，降低金融机构资金信贷风险，促进银企合作，逐步形成以政策性担保机构为主体，营利性和商业性担保机构为补充的担保体系。

同时，借鉴欧盟的资金回调机制，利用专项资金建立奖惩机制，对解决京津冀区域环境污染问题贡献较大的地区实施一定的奖励，给予一定的资金返还，对区域环境治理落后的地区实行惩罚，适当提高来年提取投入基金的比例。

（三）统筹京津冀区域环保规划

京津冀区域经济发展不平衡，自然生态资源不同，现有的环境治理标准和治理基础不同，需要统筹规划京津冀环境保护工作。欧盟在不平衡问题上采取建立管理机构和制定法律法规等区域间的协调机制，京津冀要通过区域间的合作机制开展水资源、大气污染等突出问题的治理与保护工作，发挥协调员作用。在京津冀环境保护一体化规划上要统筹考虑、统筹布局，统一所有标准，在京津冀环境保护中达成“共保共赢”，推动区域环境问题的联治联护。

（四）制定鼓励企业和社会投入的优惠政策

要发挥政府对京津冀区域环境基础设施建设的主导作用，但在环保设施运营中全面实行市场化。明确城市环境基础设施建设与运营市场化的监管服务职责，由环保部门统一监管市场化运营的污水和垃圾处理企业。设立中小企业贷款融资平台，鼓励企业治污投入。借鉴国外对企业污染防治实行延长企业还款期、降低贷款利率和实行税收优惠等政策，完善企业污染防治优惠政策。全面提高城市生活污水和垃圾处理的收费标准，达到“保本微利”。同时，适当提高京津城市的收费标准。

（五）组建生态建设公司，实施第三方治理

借鉴国外经验，采用企业化模式来治理生态环境污染和进行生态环境建设，京津冀可以按照公司法组建以生态产品生产销售为主业的生态建设公司，三地对公司可以各种政策、实物、资金、技术、智力等要素进行投入，在生态产品区根据人口承载量、生态环境承载量进行生态建设公司组建，将公司生产区域内的乡村进行改制，区域内的民众转化为公司员工，原有村落撤并后建立城镇化职工新村。生态建设公司将生态产品专业化，同时向员工支付工资，即在生态环境建设同时改善区域内的生存问题，可以作为解决环京津贫困带困境的有效路径之一。

总之，必须加快建立和完善京津冀生态环境协同保护的投入机制，环境保

护资金是落实生态环境协同保护任务的重要保障，在各地市原有治污投入的基础上，创新区域生态环境保护与建设的投入政策，设立京津冀区域生态环境协同保护专项基金。以年度预算超收收入为突破口，进一步拓宽基金投入渠道。制定鼓励企业和社会参与投资的政策措施，加大企业与社会的投入力度，形成多层面的生态环境保护与建设一体化的资金保障体系。

注：本文为河北省教育厅人文社科研究重大攻关项目（ZD201404）阶段性成果；河北大学中西部高校提升综合实力工程项目资助。

□ 参考文献

[1] 蔡守秋，王欢欢. 欧盟环境法的发展历程与趋势 [J]. 福州大学学报，2009（4）：90–94.

[2] 刘银，刘慈航，等. 欧盟区域经济协调发展制度及启示 [J]. 经济纵横，2014（9）：114–117.

[3] 吴博. 雾霾协同治理的府际合作研究：以“京津冀”与“珠三角”为例 [D]. 华中师范大学，2014.

[4] 李雪松. 东北亚区域环境跨界污染的合作治理研究 [D]. 吉林大学，2014.

[5] 国务院关于依托黄金水道推动长江经济带发展的指导意见 [R]. 2014.

[6] 吴志功. 京津冀雾霾治理一体化研究 [M]. 北京：科学出版社，2015.

京津冀生态环境协同建设的跨区市场机制平台问题刍议

李利军[①] 李艳丽[②]

【摘 要】文章认为生态环境建设必须强化直接有效的人工生态干预，而人工生态干预最终需要广泛的、具体的、持久的基层企业和民众来实现和完成，而做到这些，市场的利益引导机制效果最为典型。文章提出，应该在生态环境领域加快市场化管理机制建设，构建跨区排污权市场、生态产品市场、水权市场、碳排放市场、节能量市场等生态环境类市场，完善交易机制和配套措施，政府把握好自身位置，定规则、做保障而不直接干涉。

【关键词】京津冀协同 生态协同 生态产品市场 排污权市场 水权市场 碳排放市场 节能量市场

---

① 李利军（1971—），石家庄铁道大学经济学教授，博士，旅美学者。主要研究生态环境经济和区域经济，出版著作十余部，论文百余篇。

② 李艳丽（1969—），石家庄铁道大学经济学教授，旅美学者。主要研究生态环境经济和区域经济，出版著作6部，论文60余篇。

京津冀地区人口密集，工业和农业发达，生态环境承载能力已突破上限，属于超载型地区。要摆脱生态环境超载对社会经济发展的困扰，思路有两条：其一，实施生态环境恢复和治理，帮助其恢复自净能力，增加承载能力；其二，降低人口密度，减少工农业对生态环境的索取和破坏。这两个方面的活动，决策权在政府，而一旦政府在政策和战略层面确定主导方向和框架之后，在具体实施层面，如何组织、引导、激励企业和个人去落实，除了有热情之外，还必须有依托有平台，从而有体系化的方法、措施。京津冀是三个同等的行政主体，同时也是三个不同的利益主体，三地相关部门在具体利益诉求不一致条件下的横向合作平台必然是松散的、有隔阂的，也难以深入到企业和个人这样的底部具体活动层面，这是不容回避的现实。改革开放30多年以来，广大企业和个人已经习惯于按照利益导向的市场机制安排生产和生活活动，西方积累了大量公共事务分解转托由社会主体按照市场规律来运作完成的经验，党和国家也提出了包括生态环境在内的公共事务实行市场化管理的改革方向，把社会各部门、各层次、各群体都共同认可的市场机制作为平台，建立京津冀三地跨区生态环境市场机制，是京津冀生态环境协同发展可行而且重要的途径。

一、京津冀生态协同建设必须强化直接有效的人工生态干预

一切经济活动源头上都是从环境中获取资源、能源，消耗环境容量的过程，资源能源和环境容量枯竭将使经济寸步难行。环境制约经济、生态制约发展，良好的生态环境是京津冀全面协同发展的基础。京津是两个严重超越当地生态承载力的巨型城市，其生态系统中的生产者、消费者、分解者之间数量结构严重失衡，无法实现自身正常循环，其物质和能源输入以及废弃排放物输出严重依赖外部生态系统，这种依赖性对外部生态系统造成了强大冲击和干扰，并最终在广域范围破坏生态系统，影响广域地区人类自身的生存和发展。城市生态系统对自身和周边的索取远超过生态系统自身循环和平衡能力，要

获得长期可持续的生态环境发展支持，必须投入足量的生态干预活动，对生态系统的受损环节和循环断裂事项实施人工修复和人工替代，给生态输血、补养，恢复、优化，甚至加强生态系统自身循环和平衡能力。这种生态“帮扶”活动，包含人工、技术、资金、设备和组织，是京津冀生态环境得以协同发展的关键。

二、京津冀生态协同建设必须建立基础深厚统一稳定的机制平台

京津冀协同倡起于20世纪80年代中期，2014年初上升成为重大国家战略，纵观倡议起源到现在的30年，其长期踯躅不前的一个重要原因是没能构建起一个统一的、具有普遍公信力的、持久的、规则透明公平的、能让三地各种利害相关方客观评估自己的利益和行为取向的机制平台。

20世纪80年代中期，国家制定国土整治战略，京津冀地区作为“四大”试点地区之一，开始开展区域分工协作、发挥资源比较优势、治理生态环境、优化产业和人口布局等工作，推进区域协调发展。这次协作由国家政府部门主导，三地国土部门推进，取得了一定成绩，但随着社会的快速发展，三地之间发展的割裂性和落差不是缩小而是更大了。行业性政府部门协作工作，缺乏协作规则，重复再现性差，做完即散，也没有协作成果的维持机制。

21世纪初，国家发改委牵头，京津冀三地政府、企业和学者召开“京津冀区域合作论坛”，并达成“廊坊共识”，提出在基础设施、资源生态环境、产业和公共服务领域实现一体化。此后的十余年间，相关研讨起起伏伏，三地之间依旧渐行渐远。地区政府达成的“共识”不能对抗各自内部的利益和工作，闲时谈一谈，忙时各管各，缺乏三地共同认同的组织和规则，缺乏责任和利益的分担与共享机制。

2013年的华北大面积持续严重雾霾为京津冀生态环境敲响了警钟，2014年2月京津冀协同发展上升成为重大国家战略，2014年8月国务院成立京津冀协同发展领导小组，2015年4月中共中央政治局审议通过《京津冀协同发

展规划纲要》。国家和三地政府共同推动的京津冀协同发展局面终于形成了。但规划如何转化为行动，政府如何推动行政工作之外的事务，尤其是如何让利益孤岛相互连接起来，必须要构筑起一个稳定、务实、高效、长期的机制平台。

党要管党、政要理政，党政机关部门显然不能兼做产业、资源、生态、交通等协同事项的具体运转平台。在社会主义市场经济制度条件下，市场规则是一切资源、能源、要素流动必须遵循的规则，市场机制平台是可以跨越区域、领域、阶层、行业、贫富贵贱的基础性平台，是透明、公平、统一、持久、人人信任的平台。改革开放30多年来，基层企业和个人已经习惯于按照市场利益导向安排生产、生活活动，只要市场建设得当，国家和政府的生态环境建设战略就可以借助市场引导全体企业和个人做出相应反应，发挥全民自觉搞好生态环境建设的作用。

三、跨区市场机制是京津冀生态协同建设的基础性平台

在国家和三地政府指引下，构筑京津冀市场型生态环境协同发展平台，可以发挥类似永动机的效果，经政府政策发动引擎后，可以长期、有效推进三地自觉自发的生态环境合作。

生态环境建设和管理具有社会公共性，但也可以运用市场机制，而且可以作为基础性运作平台。公共行政理论认为，当代社会需要把行政学、经济学、公共管理学结合起来运用，在公共物品提供、分配及规则和管理方面，不应排斥市场机制，相反，应将市场机制引入公共行政领域，政府可以借助市场机制的判断，把政府公共事务管理、社会公共服务和市场机制推入一种相互倚借而不是矛盾对立的新阶段。产权经济理论认为，通过权力初始界定和组织优化，可以很好地规范外部成本和内部成本，把生态环境治理等社会公共事务的外部成本直接“内部化”到市场机制中去，借助市场机制，由区域、组织和居民自由协商解决生态环境的破坏损害与建设补偿问题。发展环保市场，利用市场机制进行减量、减排和环境治理等公共性环保工作，是公共行政理论和产权经济

理论的基本内容。

西方大约50年的生态环境市场化实践说明，生态环境事务由政府直接承担转移到借助市场机制解决是完全可行的，而且具有成本低、效率高、民众疑虑和抱怨少、公权力寻租减少等优势。

我国在20世纪80年代就注意到了西方这种公共事务市场化的管理模式，党的十八大报告提出："积极开展节能量、碳排放权、排污权、水权交易试点"；十八届三次全会决定提出："发展环保市场，推行节能量、碳排放权、排污权、水权交易制度，建立吸引社会资本投入生态环境保护的市场化机制，推行环境污染第三方治理。"《关于政府向社会力量购买服务的指导意见（国办发〔2013〕96号）》《国务院关于促进市场公平竞争维护市场正常秩序的若干意见（国发〔2014〕20号）》都为生态环境市场化管理指明了方向；《关于做好政府购买环境公共服务的指导意见》（环保部文件）更为生态环境市场化建设、市场化交易、市场化管理做了具体规定。

京津冀跨区市场机制是三地协同的平台和纽带，它建立在京津冀城市生态系统与外部水源涵养生态系统、森林草原生态系统、农业生态系统之间物质能量输入输出关系基础上，依据科学生态环境理论和公共选择理论与制度经济理论，借鉴国外实践经验，贯彻党和国家的政策，可以合理协调生态环境公共产品建设生产与生态环境公共产品采购补偿的关系。

四、京津冀生态环境协同的跨区市场类型

根据国际经验和我国目前已经开始的生态环境相关市场活动实践，京津冀三地生态环境协同发展的市场平台至少可以包括生态产品市场、水权市场、排污权市场、碳排放市场、节能量市场等五种可操作的交易市场。

（一）京津冀跨区生态产品市场

生态产品是以生态产品为交易对象的市场参与主体、市场规则和市场组织

与监管的统称。国务院《全国主体功能区规划（国发〔2010〕46号）》明确指出："生态产品指维系生态安全、保障生态调节功能、提供良好人居环境的自然要素，包括清新的空气、清洁的水源和宜人的气候等。生态产品同农产品、工业品和服务产品一样，都是人类生存发展所必需的。"关于交易的双方，规划指出"政府代表人民购买这类地区提供的生态产品"，以生态养护为主要目标的地区应着力提供生态产品。京津冀生态环境协同发展战略中，环京津冀地区生态功能定位明显，其"提供生态产品的主体功能主要体现在：吸收二氧化碳、制造氧气、涵养水源、保持水土、净化水质、防风固沙、调节气候、清洁空气、减少噪音、吸附粉尘、保护生物多样性、减轻自然灾害等"。京津冀跨区生态产品市场可以明确生态养护生态建设活动的承担者、出资人及出资渠道和方式，双方的供求数量质量等权利义务关系，构建起跨区域的由市场驱动的订单化生态养护平台体系。

（二）京津冀跨区水权市场

水权市场是流域区域间在水资源取用量初始分配的基础上，相互协商付费交易水资源取用指标数量的交易关系的总称。水权市场是西方国家成熟的水资源管理模式，是我国黄河、塔里木河、长江等多流域成功试点的模式。水是生态之源，是京津冀生态协同建设的灵魂。京津冀生态建设的关键是解决水资源管理的问题，应在民主协商和行政调控相结合实现京津冀初始水权分配的基础上，尽快建立水权市场，以市场的价格体现使各用水主体充分认识到水的资源属性，达到节水、保水、高效使用水的目的。同时为生态补偿提供连续的市场信号，使补偿数量和补偿标准明确化、市场化、具体化。进而以持续的水权制度创新和政策调整引导京津冀各方及各相关用水主体全面加强生态环境建设，探索一种生态法则和市场法则规制下的生态－市场经济模式，全面优化京津冀生态环境。

（三）京津冀跨区排污权市场

排污权市场是环境区域在总量控制的基础上，允许企业自主买卖其依法获得的排污权（环境容量消耗权）的市场交易关系的总称。排污权市场于20世纪70年代兴起于美国，90年代开始在我国试点，是一种减少排放养护生态的典型性市场机制。雾霾问题是当前京津冀生态环境协同治理最迫切需要解决的问题，排污权市场制度是雾霾问题的有效杀手，河北和天津是国家级排污权市场试点地区，具有5年多排污权市场的建设经验，构建京津冀跨区排污权市场具有先期基础，并具有非常好的跨区补偿和排放治理前景。

（四）京津冀跨区碳排放市场

碳排放市场是在总量控制的基础上，专门针对碳排放物开展的允许企业自主买卖其依法获得的碳排放权（碳环境容量消耗权）的市场交易关系的总称。碳排放权市场缘起于京都议定书对缔约国碳排放指标的义务规定，跨国交易市场发展较快，随着国内环境管理日益加强，国内交易也开始起步。与排污权市场一样，京津冀跨区碳排放市场可以有效减少生态环境的污染损害并有利于规范生态环境掩护资金的跨区补偿流转。

（五）京津冀跨区节能量市场

节能量市场是着眼于减少化石能源消耗从而在开采地和排放地保护生态环境的源头性市场化生态环境管理制度，是在划定能源消耗指标额度的基础上，允许有偿出让节能指标从而鼓励节能减排的市场措施。节能量市场与排污权、水权、碳排放权市场是党的十八大报告明确指出的四种市场化管理模式。能源消耗减少，比如煤炭消耗减少，可以有效改善京津冀的大气环境质量，对生态环境改善非常有利。

五、京津冀生态环境协同发展的跨区市场平台建设注意事项

（一）应该是国家和地方政府支持的市场平台

国家和三地政府的顶层设计和顶层认可是市场平台建立的基础。目前，党

和国家相关部门在文件和制度上对生态产品市场、水权市场、排污权市场、碳排放市场、节能量市场等做了战略性安排，有的出台了具体办法或意见，但在实践中多数局限在行政区域内和试点阶段，除水权交易外省际跨区市场尚未有明确意见。国务院京津冀协同发展领导小组对跨区市场平台的认可，相关部委对跨区市场的办法和意见，三地政府对跨区市场平台的认可和支持，决定了该平台能否顺利构建起来。

传统行政性生态环境管理的市场兼容是市场平台运行的前提。生态环境市场的交易对象，如生态产品、水资源、排污权、碳排放指标、节能量指标，其初始设定和交易后的指标认可，都需要相关政府部门来操作，政府部门对该种交易结果的认可情况，决定了市场交易能否持续开展。

地方政府在生态建设活动组织、交易补偿资金使用等方面的认可与支持是激发市场平台活力、发挥生态建设效果的根本所在。借助生态环境市场，生态建设方、减排方和节能方可以从交易中获得报酬，从而补偿其相关活动的成本并产生激励效果。如果该笔资金的获取和使用受到过多的限制，或者不能顺利交付最终的市场主体，该生态市场的持续性会受到打压。

（二）应当是三地统一、交易自由的市场平台

京津冀生态协同市场平台是跨省级行政区的市场，要求三地相关生态环境政策统一，至少要相互兼容认可，京津冀市场总部及各地具体分支市场的交易遵循统一的规则。

市场交易按照交易主体组合可分为三地政府间交易、市场主体间交易、政府与市场主体间交易三种，无论哪一种交易，都必须遵循自由、公开、公平的基本市场原则，政府监管可以设定规则，但规则设定后，在交易平台上任何部门和机构都必须按照交易规则公开市场活动。

三地政府间交易对象一般应是区域性总量指标，比如区域森林覆盖总量、草原总量、某污染物排放总量、某能源消耗总量、水资源转移总量等，由相关生态环境资源管理行政部门，比如林业、农业、环保、能源等部门具体充当交

易主体。

政府与市场主体间交易是在总量既定情况下，某地政府部门为改善区域某种生态环境指标，实现政府对生态建设、节能减排的预算和追加支出，在生态环境市场上购买生态环境产品的活动。依据生态产品市场理论，政府的这种购买支出是该市场的常态；而排污权、碳排放权市场的操作也可以用作政府的减排投入方式，同时还属于典型的政府“公开市场业务”，是市场调控行为。

市场主体间的交易行为是生态建设、节能减排主体与付费方的直接交易，付费方是生态产品、排放指标、能量指标的消费方，比如生态旅游人、水资源使用人、排污权使用人等，有利于生态建设和节能减排成本的直接市场体现，实现“使用者付费”“排污者付费”，从而在三地广域范围内实现“成本倒逼”和“利益引导”的双重作用，有利于生态环境的改善。

（三）应当是政府严格调控监管下的市场平台

生态环境市场强调的是生态环境资源流转与使用的市场化配置和市场化补偿，但生态环境的公共物品属性不会因市场化而改变，政府对公共物品天生的监控管制地位也不会改变。市场化不是政府放任不管，而是政府改变管理的地位和方式，由台前走向幕后，由直接转向间接。

政府调控监管的重点是权力初始界定、总量控制的逐层落实和严格监控、企业生态建设和排放水平的严格执法。以批代管、以费代管、指标不清、监控不力、执法不严，既违背生态环境的“市场性”，也违背生态环境的政府调控性。

生态环境资源市场初次配置（资源产权确认）的使命主要不是“收费”，而是定量控量。费收得再多，量控不住，环保也会成为空话。生态环境资源市场应把主要作用点放到总量调控和利益引导方面。总量调控包括初次配置时的区域生态环境资源总量控制，生态环境资源初次确权到期后再次进行配置总量控制，根据环境政策、区域环境质量或突发环境事件进行的灵活调控，在二级市场上以环境调控为目的以市价进行的买进和卖出活动。利益引导是市场性环境管理的精髓所在，目的在于生态环境资源市场总量受到控制的前提下，发挥市场配置资源的作用，把环境资源用到市场生存能力最强，也就是盈利能力强而耗用量少的行业、企业和地区，最终实现产业结构调整和企业转型的效果。

可见，生态环境资源市场制度不是单纯的审批、收费和简单控制，而是在审批、收费之后，要不断地根据环境质量需要，在事中加强监控，同时借助各种手段调控数量和使用情况，在事后加强违规查处力度并改进制度和办法，以实现“市场起决定性作用”和“更好发挥政府作用”的效果。

注：河北省软科学项目：大气环境改善与主导产业能源消耗类型和数量相关性分析及治理对策研究（15453712D）。

河北省教育厅高校科技重点项目：河北省大气雾霾治理中基于刷卡计量的排污权数量配置技术方案（ZD2014070）。

□ 参考文献

[1] 李利军，李艳丽，刘霖. 环境补偿制度研究 [M]. 北京：冶金工业出版社，2013.

[2] 李利军. 京津冀水源涵养区生态保护体系研究 [A]. 连玉明 . 京津冀协同发展的共赢之路 [C]. 北京：当代中国出版社，2015：325-336.

[3] 李利军. 京津冀大气污染跨区转移特点及联防联控平台建设建议 [A]. 河北省哲社科学规划办. 2014—2015 京津冀协同发展形势分析与预测 [C]. 石家庄：河北教育出版社，2015：215-224.

借鉴世界城市经验，提高北京宜居水平

黄江松[1]

【摘　要】根据国际权威宜居城市评价机构的调查和评价，北京的宜居水平与东京、纽约、伦敦、巴黎等世界大城市的宜居水平存在很大差距。世界城市在发展过程中都经历了人口激增、产业集聚的过程，人口、产业过于密集必会影响城市的宜居水平。但是，没有一定的人口规模、产业规模又不可能发展成世界城市。北京应从城市规划、建设、治理三方面，充分借鉴伦敦、纽约、东京三大世界城市建设宜居城市的经验与教训，提高北京的宜居水平。

【关键词】城市　宜居城市　城市规划　城市建设　城市治理

---

① 黄江松，首都社会经济发展研究所副所长，研究员。研究领域为城市管理、城市营销，著有《城市营销——提升城市竞争力》，参与编写《北京：走向世界城市》《首都：构建和谐社会首善之区》等，主持40余项市级课题。

一、北京的宜居水平较低

自北京提出建设宜居城市目标以来，社会各界争议很大，认为北京人口多、城市规模大、城市功能集聚、资源承载力有限，北京不可能建成宜居城市。北京作为特大城市（联合国有关部门把 800 万人口以上的城市定为特大城市），而全球最宜居的城市都不是特大城市，人口都在 800 万以下，如温哥华 210 万、维也纳 170 万、多伦多 250 万、日内瓦不到 20 万。东京、纽约、伦敦三大世界城市的 GDP 在全球城市分别排第一、第二、第四，人口总量都在接近 800 万或 800 万以上，人口密度在每平方公里 5000 人以上。北京有 2000 万人口，与东京、纽约、伦敦同属特大型城市之列，北京与人口较少、规模较小的城市比宜居水平，显然有失公平。因此，北京要建设的宜居城市，应瞄准东京、纽约、伦敦等国际性、特大型城市的宜居水平。

根据国际权威宜居城市评价机构的调查和评价，北京的宜居水平与东京、纽约、伦敦、巴黎等世界大城市的宜居水平存在很大差距。这些世界大城市虽然不是宜居城市排行榜上最宜居的城市，但都已进入宜居城市之列，而北京的宜居水平总体上相当于它们的 75%。差距主要体现在国际化文化环境、生态环境和城市基础设施方面：（1）饮用水的洁净程度。（2）空气污染。（3）垃圾处理和污水处理状况不乐观。（4）交通拥堵。

二、借鉴世界城市的经验和教训，北京提高宜居水平的城市规划重点

世界城市在发展过程中都经历了人口激增、产业集聚的过程，人口、产业过于密集必会影响城市的宜居水平。但是，没有一定的人口规模、产业规模又不可能发展成世界城市。从伦敦、纽约、东京三大世界城市建设宜居城市的经验与教训看，我们应合理规划，将城市建设对城市宜居水平的影响降到最低。

（一）采取有效措施疏散人口和产业，从控制城市规模转向关注城市空间布局

1. 人为控制城市规模贻误城市发展时机

二战结束后东京进行战后重建，城市迅猛发展，出现了“大城市病”。为解决这些问题，东京坚持“控制超大城市发展的理念”。1959 年颁布了《首都圈建成区内工业等设施控制的法律》，将东京市下辖的 23 区和部分市划为控制区，控制一定规模以上的工业新增项目。这一政策对于控制大型工业设施的增加起到了明显的效果，但造成东京工业设施小型化。1959—1979 年间，东京就业人数在 300 人以上的大型工厂减少了约 40%，但同时就业人数在 30 人以内的小型工厂数量却增加了 2 倍。可见，用行政手段人为控制城市规模，不符合城市发展客观规律，不仅达不到应有的效果，还贻误了发展时机。试想，东京如果一直延续“控制超大城市发展的理念”，东京绝不可能发展成为世界城市。

2. 积极疏散城市中心区人口与产业

伴随日本经济进入高速增长期，各类产业设施进一步向东京及首都圈地区聚集，东京城市规划界进行了一场有关城市发展的大争论，争论的焦点在于是控制城市规模还是积极发展特大城市。1966 年东京都政府公布的“今后的东京——20 年后的展望”中，肯定了东京发展成为巨大都市圈的必然趋势，因而提出东京的城市发展政策不应是消极被动地控制城市规模，而是通过疏散过度集中和膨胀的城市功能、促进副中心地区的发展来提高东京城市的整体活力，从一味关注城市规模转向关注城市空间布局。

1937 年英国政府为解决人口过于密集的问题，成立了“巴罗委员会”。该委员会于 1940 年提出“巴罗报告”，认为伦敦地区工业与人口不断聚集，是工业所起的吸引作用。据此，他们提出了疏散伦敦中心区工业的建议。1945 年通过了《大伦敦规划》，提出伦敦要保持较低的人口密度，剩余人口迁至距市中心 20 英里—35 英里的新建和扩建的城镇中。伦敦卫星城的兴建，大多是先由政府出资建造一批厂房、商店、学校、住宅和公园，然后吸引大城市的企

业和居民自愿迁来。这些新城镇的企业税比较低，政府还给予了一定的补贴，居民的生活费用也比较低，为人口和工业的外迁提供条件。

3. 依托大都市圈解决城市功能集聚与城市发展空间有限的矛盾

世界城市都依托大都市圈来疏散人口和产业，解决城市发展空间有限的问题。1956年，日本制定了《首都圈整备法》，这一法律首次明确了以东京为中心、半径100公里的首都圈地域范围。经过数十年的发展，东京都市圈形成了明显的区域职能分工体系，即各核心城市根据自身基础和特色，承担不同的职能，在分工合作、优势互补的基础上，共同发挥出了整体集聚优势。例如，横滨市是日本最重要的对外贸易港、企业总部和国家行政机关的聚集地，川崎市是重工业基地；埼玉县在一定意义上成了日本的副都，承担行政、居住、商务等功能；千叶承担国际空港、港湾、工业聚集地、国际交流、商务等项功能。

纽约坐落在世界最大都市区的核心地带，中心城周边城市群的广阔发展空间是重要的城市发展腹地。伦敦成立大伦敦政府负责协调大伦敦地区治理，伦敦城外围的20个市区共1263平方公里，再往外是大不列颠岛上的诸多重要城市。

（二）不能强化城市功能分区，避免城市功能单一

在城市规划建设中不能过分强调城市功能分区，建设纯粹的商务办公区，或是住宅区，或是商业区，城市功能太单一会降低城市活力，极大地影响城市的宜居水平。

纽约曼哈顿地区最有名的两个商务区是华尔街金融区和中城商业区，这两个商务区由于承担的城市功能不同呈现了截然不同的情况。华尔街金融区汇聚了近3000家大大小小的金融机构以及成千上万个贸易公司和律师事务所。华尔街最大的问题是夜里“空洞化”，像座“鬼城”，周末像座“死城”。中城商业区是许多著名大公司的总部所在地，也是一个以洛克菲勒中心为主要区域的商业区，第五大道聚集了名声赫赫的大型百货公司和世界一流品牌的名店，中城是个“不夜城”。两个商务区都在曼哈顿地区，为什么会出现这样两种截然不同的情况呢？究其原因，华尔街金融区仅仅发挥了城市的单项功能：办公。

而中城商业区不仅发挥了办公功能，还使商业发展与城市生活——娱乐、休闲完美结合在一起，将城市综合功能发挥到极致。

东京的金融贸易功能高度集中在三个市中心区（千代田区、中央区和港区），日本 85% 的支票交易额、70% 的股票交易额都在三个市中心区实现。中心区金融、商务功能的集聚，常住人口从东京都向周边地区迁移，导致区域居住功能与就业功能严重失衡。2000 年，在东京三个中心区，日间人口是夜间人口的 8 倍（日间为 234.1 万人，夜间为 26.8 万人）。昼夜人口不均衡，一方面造成城市中心区空洞化，社会治安恶化，城市活力下降；另一方面，造成通勤通学时间延长、人口增加，东京都市圈内通勤通学时间在 1 小时以上的人口达到了 553 万人，东京素有“通勤地狱”之称。东京为了促进中心区常住人口的增加，1991 年东京都制定的《东京都住宅总计划》中专门设定了“都市中心区居住回复地区”，要求这些地区应建造一批集商业、商务和住宅为一体的大楼。

（三）充分开发和利用城市地下空间，实现城市精明增长

由于城市开发密度高，土地和空间资源有限，把地下空间当成地上空间的必要补充，统一规划、协调，合理开发，是世界城市实现城市精明增长的一条有效路径。同时，世界城市的现代化绝不仅体现在地上空间的现代化，看看每一个世界城市的地下空间，无不进行着有序、综合、多功能的开发与利用。世界城市地下空间开发、利用呈现以下趋势：

1. 地下空间开发形式的多元化

根据城市发展的需要，在地下建有各种商业设施、市政基础设施、防灾设施、交通设施、文化体育娱乐设施，极大地拓展了城市发展的空间潜力。

2. 地下空间开发的网络化

地铁网络与地下商业街、地下通道、地下停车场相连接，形成了以地铁车站为节点、由交通空间和商业设施组成的新型地下城市空间单位，这些单位又通过地铁网络形成了一个庞大的地下城市。同样，市政管线、共同沟系统、地

铁系统隧道空间等各种类型地下基础设施在经过严密细致的规划之后，开发利用有序、协调地进行，并逐渐形成了网络化布局。

3. 地下空间开发的深层化与分层化

随着地下浅层部分已基本利用完毕，深层地下空间资源的开发利用已成为未来城市现代化建设的主要课题。东京地下开发，要深入到地下 100 米。在地下空间深层化的同时，各空间层面分化趋势越来越强。这种分层面的地下空间，以人及为其服务的功能区为中心，人、车分流，市政管线、污水和垃圾的处理分置于不同的层次，各种地下交通也分层设置，以减少相互干扰，保证了地下空间利用的充分性和完整性。

三、借鉴世界城市的经验和教训，北京提高宜居水平的城市建设重点

（一）让市民在出行方式上拥有充分的自由选择权，建设平衡、高效、公平的交通系统

目前世界城市都把建设平衡、高效、公平的交通系统作为现代交通的发展目标。建设平衡、高效、公平的交通系统所遵循的基本原则，就是让所有市民在出行方式上拥有充分的自由选择权，而不是强制他们接受某一种交通方式。具有充分自由选择权的交通系统，一定不是最环保的，也不是最自由的，但却是最平衡、最多样化、最和谐、最可持续的。建设平衡、高效、公平的交通系统需要做好三个方面的工作：

1. 建设以轨道交通为核心的多元交通方式一体化换乘的公共交通系统

世界城市都经历了私人汽车高速发展导致交通拥堵、转而大力发展公共交通的过程。完善的轨道交通系统是东京高居全球宜居城市排行榜的三个主要原因之一（另两个是低犯罪率和良好的公共服务）。世界城市的公共交通系统呈现以下特点：一是公共交通系统以轨道交通为核心。东京、伦敦、纽约轨道交通承担城市交通客运量的比例分别为 86%、35%、54%。二是轨道交通密集。

东京市中心的轨道交通网密度高达约1010米/平方公里，伦敦市的轨道交通密度为740米/平方公里，纽约市的轨道交通密度为410米/平方公里。三是轨道交通覆盖都市圈，在都市圈都可以乘坐轨道交通当日往返中心城区通勤。四是轨道交通与其他交通方式一体化换乘。多数放射状线路与环状线路交接，在节点处形成了大型换乘中心，大大方便了轨道交通线路间以及轨道交通与其他交通方式的衔接和转换。伦敦地铁与轻轨线开往英国各地的42个火车站和长途汽车站连接、换乘。

表3：世界三大主要城市轨道交通比较

城市	轨道交通网密度（m/km^2）	轨道交通承担城市交通客运量的比例（%）
东京	1.01	86
伦敦	0.74	35
纽约	0.41	54

2. 加快建设慢行交通系统，将自行车纳入公共交通领域

自行车在现有公共交通系统中具有不可替代的特殊地位，可以解决市民公交出行中第一公里和最后一公里的问题。中国曾是“自行车大国”，但在小汽车进入家庭后曾遭遇了严重衰落。慢行交通模式低速但绝不低效，这一理念已被世界城市所接受，并由此带动了慢行交通的复兴。北京要提高慢行交通出行比例，应当废止和完善不利于自行车出行的交通管理规定；要给予自行车交通以更多的路权，尽快着手恢复城市自行车交通网络建设；要加快建设公共自行车租赁系统，2008年5月1日，杭州在全国率先运行公共自行车租赁系统，伦敦、巴黎都推出了低廉、方便的自行车租赁服务。

3. 适度调节私人轿车使用频率

在世界上宜居水平较高的大城市或特大城市，私人轿车拥有率虽然很高，但使用率不高，主要用于购物和旅游，而非上下班通勤。北京要通过采取经济、行政、法律等手段，调控私人轿车的使用率，如在高速公路、市区道路，特别是繁华的中心商业区等处，收取高额的行驶费和停车费。

（二）加强以污水、垃圾处理为核心的市政基础设施建设

根据美世的报告，北京在自来水的直接饮用、污水处理和垃圾处理方面与世界城市存在很大差距，其中污水处理和垃圾处理的状况直接影响城市生态环境。

2008 年，全市污水处理率为 79%，其中城八区污水处理率为 93%，郊区中心城污水处理率为 75%，乡镇及镇以下污水处理率为 32%。而世界城市的污水处理率均达到 100%。

近几年北京的垃圾产生量平均每年以 8% 的速度增加，垃圾处理设施超负荷运行，90% 以上的垃圾处理为卫生填埋。世界城市一直面临垃圾产生量随经济发展同步增长的问题，垃圾的污染问题越来越受到人们的关注。在不断探索的基础上，世界城市变革传统的垃圾管理理念，发展形成了“三个尽可能”的新理念，即尽可能避免和减少垃圾的产生，尽可能对产生的垃圾进行回收利用，尽可能提高垃圾处理过程中产生的能源利用率。

（三）建设城市绿色空间

城市绿色空间不同于传统的城市绿地概念，它是包括城市森林、园林绿地、都市农业、绿色廊道、滨水绿地以及立体空间绿化等在内的复合生态系统中的绿色空间。绿是生命之道、城市之魂。对女性而言，一白遮百丑；对城市而言，一绿遮百丑。城市绿色空间具有重要的生态服务、景观美学、休闲娱乐等功能。城市绿色空间通过植物蒸腾作用，降低城市环境空气的温度。城市绿化覆盖率与热岛强度成反比，当一个区域绿化覆盖率达到或大于 30％时，绿地对热岛有较明显的削弱作用；覆盖率大于 50％时，绿地对热岛的削减作用极其明显。

城市绿化是建设宜居城市的基本指标。中国城市科学研究会提交建设部并通过建设部科技司验收的《宜居城市科学评价标准》中，将 35% 的绿化覆盖率、人均 10 平方米公共绿地面积确定为宜居城市必需的基本指标。伦敦人均公园面积超过 25 平方米，绿地和水面占据伦敦 2/3 地表，这使得伦敦成为公认的“绿

色城市”和“最适宜居住的城市”。

城市绿色空间的建设应当注意以下几个问题：

一是城市绿地的建设规模应保证在 3 公顷以上。一般情况下，面积大于 3 公顷且绿化覆盖率达到 60% 以上的绿地在城市内部才可能形成以绿地为中心的低温区域，形成“绿岛效应”。

二是将城市绿色空间与都市农业布局有机契合，实现资源的循环利用，为城市绿色空间赋予都市农业的生态经济功能，实现经济效益与生态效益的双赢。

三是要考虑绿色空间距离居民区的距离和自身容量（承载力）。研究表明，人们使用绿色开放空间的理想距离是 500 米之内，儿童、老人、残疾人和弱势群体由于体力和客观条件所限，其理想距离是 280 米之内；人均拥有城市绿色空间的面积为 9 平方米。通过研究老年人的健康状况与亲近自然之间的关系发现，经常在公园和林荫道散步的老人，其平均寿命会延长 5 岁，其患疾病的概率明显降低。

四、借鉴世界城市的经验和教训，提高北京宜居水平的城市治理重点

习近平总书记在北京考察工作时提出，“建设和管理好首都，是国家治理体系和治理能力现代化的重要内容”。“十三五”时期，要全面深化改革，实现城市管理向城市治理转型，着力点体现在：

城市管理与城市治理只有一字之差，但是在权力主体、权力运行机制、方向、范围等方面二者存在本质不同。简而言之，城市治理 = 政府管理 + 社会自我管理。

（一）提高政府精细化管理水平

1. 以需求为导向，解决干什么的问题

亚里士多德曾说过：“人们来到城市，是为了生活；人们居住在城市，是为了生活得更好。”如何让他们生活得更美好？首要的是了解他们的需求。没

有市场需求的产品，终将被市场淘汰；不考虑需求的城市管理，干得再多、投入再多也不能得到老百姓的点赞。

2. 责任全覆盖，无盲区，解决谁干的问题

一方面，要明确相关部门、各级政府在城市管理中的责任，避免相互推诿、踢皮球现象的发生。另一方面，由于政府部门林立，市民并不清楚部门的职责范围，对市民的需求，任何一个政府要成为“全责政府”。新加坡政府2004年实行“没有进错门（No Wrong Door Policies）”政策。老百姓随便找到哪个政府部门，该部门就要帮他找到能为他提供服务的部门。

3. 标准细化，解决干成什么样的问题

十八届三中全会指出，为加快转变政府职能，“政府要加强发展战略、规划、政策、标准等制定和实施。”美国的应急管理在2001年的“9·11”事件后迅猛发展，十多年来，美国应急管理标准建设覆盖从应急准备、应急处置、应急恢复、应急管理的各个阶段，包括应急机构建设、应急资源调度、应急通讯与信息共享、应急救援技术、救援队伍、培训、标志标示。标准层次分明、粗细结合，尤其注重增强应急救援软实力的标准建设。北京市应急办成立10年，还没有出台一部标准。

4. 监督、考核主体社会化，解决谁评价的问题

目前，我们在认识上往往存在误区，一提到监督主体多元化，就想到发挥专家学者的作用，其实，城市管理事关百姓日常生活，百姓完全可以成为称职的监督员。日本环境省官员表示，企业在做好所有环保措施的同时，还必须公开排放的污染物信息，以便公众监督。东京都有明垃圾处理厂展示大厅里，就摆放着污染物排放信息资料。该厂排放气体信息每小时更新一次，并且通过计算机打印出来，供附近居民和环保团体随时查看。另外，企业官网也公示这些信息。香港为鼓励市民监督环卫工作人员的工作表现，香港食物卫生环境署在垃圾箱上注明垃圾每天倾倒次数，还印上热线号码，以便市民查询和投诉。

（二）推进制度化的公众参与

《美国的民主》一书的作者托克维尔说，“一个好政府最需关切的应当是使人民逐渐养成不需要政府也能自我治理的习惯。”

1. 宣传、教育与处罚并重

众所周知，新加坡一向以重罚著称。早在20世纪60年代，新加坡规定随地吐痰者要被罚500新加坡元，这在当时是数额非常大的一笔钱。如果乱丢垃圾被多次抓到，就不仅要罚款还必须穿着印有“CWO”（纠正服务令）标志的衣服在公共场所清扫垃圾。政府还会把那些违法人的照片登在报纸上。在新加坡各种“罚款”的标志无处不在。地铁站、购物中心、主要建筑物里都张贴着罚款标志。尤其是在地铁站，从入口到通道、买票口、进站口再到车厢里，都在醒目的位置贴着三张提示标志：“禁止吸烟，违者罚款1000新加坡元”（1新加坡元约合5元人民币）、“禁止饮食，违者罚款500新加坡元”、“禁止携带易燃品，违者罚款5000新加坡元”。但是，处罚绝不是城市管理的唯一手段。新加坡前总理李光耀在回忆录里这样写到：“我们先教育和规劝人民，待多数人都接受了，我们就通过立法惩罚叛逆的少数人。”通过宣传教育提高公众的认识水平，达成共识，形成社会规范，才使得随后法律的制定和执行成为可能。新加坡在中小学积极推行公德教育，尤其是文明行为的养成教育，从小学一年级开始，就有“如何做好公民”的课程。而且新加坡的公德教育无处不在，比如动物表演中饲养员不忘宣传垃圾分类。

2. 通过各类媒体，开展城市管理重点、难点问题公共讨论

无论大事小情，不同的人总会有不同的立场，加以不同的解读，表达不同的情绪，但讨论能带来理解，交流能产生交融。尤其是屡禁不止的城市环境中的痼疾顽症，有的涉及人的文明素质，有的涉及人的利益，通过激烈的讨论和思想碰撞，许多有价值的观点逐渐沉淀下来，达到积聚智慧、凝聚共识、市民自我教育的目的。否则，难以达成共识，影响执行效果。2013年年初北京媒体开展的少放烟花爆竹的讨论就取得了很好的效果，当年春节北京烟花爆竹累计销售量同比减少近40%。针对城市管理问题出现的季节规律，可以提前开展

公共讨论，如在夏季来临之前，集中开展室外烧烤的大讨论；春节之前，开展文明燃放烟花的讨论。

3. 推进基层自治

美国屋主协会（Homeowners Association）是专门管理某一特定住宅小区事务和服务该小区居民的团体。根据美国 2012 年的统计，全美共有 32 万个屋主协会，管辖近 2600 万个房屋单位，6300 万也就是 20% 的美国人在屋主协会的管辖下。每个屋主协会都制定规约，规约既规定公共区域的绿化、卫生、设备维修、水电、安全等公共事务，对私人物业范围内的事项也有规定，如是否允许晾晒衣物、是否允许养宠物、养宠物的行为、种植花草的种类、草坪草的高度、是否允许出租房屋、垃圾桶的摆放位置。规约是强制性的，而不是推荐性的或是建议性的，如果违反了，屋主协会将通过警察和律师来解决问题。唐华在《美国城市管理——以凤凰城为例》一书中提到，一位社区居民因疏于屋前草坪修剪，还在后院种菜，引起邻居的不满，屋主协会要求他改正，起初他觉得别人多管闲事，最后被告到警察局并被罚款。

在中国传统社会，“皇权”和“绅权”的界限是分明的，前者治理国家，后者治理社会，因此出现了“皇权不下乡”“绅权不上朝”的现象。传统社会是一个农业社会，国家控制的资源非常有限，皇权的力量不足以触及乡村社会，此时乡村社会就必须依托于“绅权”通过乡规民约来实现治理。

宋代陕西蓝田吕大均制定的《吕氏乡约》是我国历史上第一个有文字记载的民间行为规范，它包含的“德业相劝，过失相规，礼俗相交，患难相恤”四项内容对我国传统社会的乡村治理模式具有重要的里程碑意义。

（三）实现“大数据 +”城市管理

大数据，既是资源、技术，也是思维方式。大数据具有的 4V 特征在业内已达成共识。即容量大（Volume）、数据种类多（Variety）、产生和更新速度快（Velocity）、价值高（Value）。大数据最主要的功能特征是预测、比较和实时监控。麦肯锡研究指出：与其他部门相比，政府在应用大数据时所面临的困难最小，获得的收益最多。因而，大数据为分析处理复杂社会问题和把握潜在社会矛盾提供了新途径，有助于前瞻性、精准性地解决城市环境建设与管理中的难题。

政府通过引领政务数据开放、鼓励社会主体对政务数据进行增值业务开发、购买大数据分析产品推动大数据应用的政企合作来实现“大数据 +”城市管理。

中关村大数据产业联盟与北京市交管部门就公交一卡通的使用情况做过大数据分析。通过一卡通刷卡地点和时间，分析出人流集中区域和高峰活动时段，为此，交通部门提前安排车次和人员进行疏导，地铁安检部门合理安排人力。

美国联邦政府2009年开办了Data.gov网站。成立之初，只有47个数据集合，经过5年发展，目前已有10.5万个数据集合，44.7万个数据源，220多个机构在网站上发布信息，普通民众和企业可以从中免费获取政府部门信息。

上海建立了全国首个“居民经济状况核对信息系统”。该系统存储、整合了廉租房、共产房、低保户和因病返贫家庭申报的各类信息，如家庭基本信息、财产信息、收入信息。通过对系统的挖掘分析、比对，申请低保户的51万家庭中，发现14%的家庭不符合条件；申请保障性住房的17.4万户家庭中，发现1.7万户家庭不符合条件。累计节约财政资金19亿元。

□ 参考文献

[1] 黄江松，鹿春江. 北京要建设什么样的宜居城市 [J]. 前线，2007（1）.

[2] 孙逊，杨剑龙. 全球化进城中的上海与东京 [M]. 上海：上海三联出版社，2007：10.

[3] 王郁. 城市管理创新：世界城市东京的发展战略 [M]. 上海：同济大学出版社，2004：12.

[4] 张暄. 聚焦东京 [M]. 北京：中国城市出版社，2004：1.

[5] 卢明华，等. 东京大都市圈内各核心城市的职能分工及启示研究 [J].

地理科学，2003（4）.

[6] 虞震. 日本东京“多中心”城市发展模式的形成、特点与趋势 [J]. 地理研究与开发，2007（5）.

[7] 王鸿春，等. 日本东京治理大气污染对策研究 [N]. 北京日报，2007-12-20.

文化篇

打造京津冀世界级城市群 增强文化引领软实力

刘铁娃[①]

【摘　要】文章通过分析文化软实力和世界级城市群的概念与特征，并结合京津冀的实际情况，试图解答在把京津冀打造成世界级城市群的过程中，应该如何增强文化引领的作用以达到增强城市群吸引力，提升国家软实力的效果。作者指出，京津冀在建设世界级城市群过程中应该发挥其在政治和社会文化方面的优势，改善自然文化，以增强文化软实力。

【关键词】京津冀　世界级城市群　文化　软实力

2015年4月30日，中共中央政治局审议通过了《京津冀协同发展规划纲要》。京津冀的协同发展是国家的一个重要发展战略。根据规划，京津冀的整体定位是“以首都为核心的世界级城市群、区域整体协同发展改革引领区、全国创新驱动经济增长新引擎、生态修复环境改善示范区”　。这里面包括了京

① 刘铁娃，北京外国语大学国际关系学院副教授，北京外国语大学“北京对外文化交流与世界文化研究基地”副主任，联合国与国际组织研究中心副主任。

津冀三地的经济、技术、文化、政治等各方面的内容，但整体目标是要打造一个世界级城市群。本文主要回答的问题是，在把京津冀打造成世界级城市群的过程中，应该如何增强文化引领的作用，达到增强城市群吸引力、提升国家软实力的效果。

一、什么是文化软实力

自从党的十七届六中全会明确提出了“增强国家文化软实力，弘扬中华文化，努力建设社会主义文化强国”的战略任务之后，文化软实力已经成为国内媒体、学者十分关注的一个问题。软实力是国家综合国力的一个重要组成部分，特别是在全球化的背景之下，软实力对国家形象、主权国家在国际社会上的地位以及国家利益的实现等方面的影响力已经不亚于硬实力的影响力。

那么，什么是软实力？软实力（soft power）这一概念最早是由美国学者约瑟夫·奈（Joseph Nye）明确提出的。他在1990年出版的《美国定能领导世界吗》一书中指出，国际政治的力量结构和性质正在发生变化，国际政治力量结构呈现出力量分散、制衡和相互依赖的新趋势，并且军事和经济实力已经不再是权力的唯一来源。“在评估当今国际力量的过程中，科技、教育和经济增长已成为比地理、人口和自然资源更为重要的因素”。他认为，当今世界上的国家应该学会以“同化实力（软实力）”作为新的力量来源，而这种软实力就是“一个国家造就一种形势从而使其他国家发展出与之相仿的喜好或仿效该国界定其利益的能力。这一实力往往来自文化和意识形态的吸引力、国际机制的规则和制度等资源”。在约瑟夫·奈看来，与作为命令性力量的硬实力不同，软实力是一种能够影响他人喜好的同化性能力。一个国家有可能在国际政治中获得其所期望的结果，是因为其他国家被该国的价值观所吸引，希望能够达到其繁荣和开放水平而愿意模仿并跟随它。而在《软实力：世界政坛成功之道》一书中，奈进一步指出文化、政治价值观和外交政策是一个国家软实力的三个重要来源，其中文化方面的软实力多指美国的大众娱乐文化和高雅文化在国际

上的传播与交流 。同时，他认为，虽然“军事实力、经济实力和软实力，都是必不可少的，尽管在不同场合具有不同的作用。然而，只要目前的经济和社会发展趋势继续下去，信息革命的领导作用和软实力就会变得更加重要” 。

随着中国的现代化与参与全球化的进程，国内的学者也开始从西方话语体系的范畴内去研究文化软实力，并提出了自己的看法。1992 年，黄硕风在其著作《综合国力论》中提出了文教力的概念，认为文教力、政治力和外交力都是“软国力”的精神和智力形态，虽然没有直接指出，但这里的文教力可以认为是狭义的文化力。1993 年，王沪宁在《作为国家实力的文化：软权力》一文指出文化因素构成了软实力的支柱，而软实力“构成了当代国际政治的变革……一旦一种文化成为其他国家和国际社会的基本价值或主流文化时，发源这种文化的社会自然就获得了更大的‘软实力’” 。可以说，在他看来，国家的文化力事实上等同于国家软实力，而且这种文化力包括了政治体系因素、民族士气、民族文化、经济体制和意识形态等方面 。

如果说，这两位学者偏向于认为文化力是软实力的重要组成部分或等同于软实力，那么在其之后越来越多的学者开始将二者结合在一起，提出文化软实力的概念。河南大学的刘德定博士指出，国内学界当前对文化软实力的概念和内涵仍未有一个统一的定论，但主要表现为以下几种观点：（1）文化软实力是软实力的基础构成内容，体现在国家的政治和意识形态等方面，并渗透到国家的行为之中；（2）文化软实力与硬实力相对，这里的文化是一种广义的文化概念；（3）文化软实力是“一个国家的文化和智慧的集中体现；知识体系、价值体系、战略决策、外交手段、教育体系的资源、能力和创造都属于文化软实力……‘文化软实力’或‘文化力’的资源或体现不只是传统文化或文艺产品，而是一种能够改变社会和世界的制度和知识、价值的创造力与影响力，是赢得社会和世界支持和认可的魅力，也是一种赢得拥护和认同的内部凝聚力”。但不论是哪种理解方式，我们都会发现，文化软实力所包含的内容极为广泛，更多侧重的是价值、制度、传统、风俗、自然环境等方面。而在笔者看来，文化软实力的来源总的可以分为三个方面：政治文化软实力（主要是先进的治理体制、良好的治理效果、姐妹城市等对外交往以及在国际组织、国际制度中的主导地位所带来的吸引力、渗透力）；社会文化软实力（主要基于传统社会、思想文化的吸引力、渗透力）；自然文化软实力（主要基于良好的、有特色的自然环境带来的吸引力、渗透力）。传播国家的文化软实力可以通过中央政府层面，也可以通过民间的自主交流进行。不过，要想能够更加综合、全面地展示我国的软实力，增强城市软实力、打造世界级的城市群不失为一个重要的渠道。因为城市是国家文化的一个重要载体，它既能够体现国家的制度、战略、产业，又能够体现民间的传统、习俗与宗教等方面。即是说，它既能够体现国家的宏观文化，又能够体现社会的微观文化；有一定的官方色彩，却又不那么强烈。

二、世界级城市群的文化软实力

“城市是一种心理状态，是各种礼俗和传统构成的整体。换言之，城市绝非简单的物质现象，绝非简单的人工构筑物。城市已同其居民们的各种重要活动密切地联系在一起，它是自然的产物，而尤其是人类属性的产物”。因此，不同城市自身都具有相应的文化软实力。在主权国家的领导之下，城市的文化软实力可以被有效地用来为促进国家软实力和国家利益服务。如复旦大学陈志敏教授所言，“非主权性意味着次国家政府的国际活动以共赢为基调。只要中央政府具有权威，次国家政府从事破坏性和冲突性国家活动的概率就不大。这从消极的方面限制了中央和次国家政府卷入零和游戏的可能性。从积极的方面说，通过建立各种形式的沟通、协商和决策过程，地方利益可以在中央外交中得到体现，中央的意愿反过来也可以融入地方的国际活动之中，从而保证地方个别利益和国家整体利益之间的和谐。” 上海社科院黄仁伟教授在论述上海建成世界城市对中国的意义时说，“创建世界城市与服务全国是相互促进、互为因果的。上海对全国的服务功能是由城市的能级所决定……随着上海向世界城市的目标不断推进，中国在世界市场的空间半径也将不断得到拓展，中国的文化凝聚力也更具有世界的意义”。

城市群指的是“在特定的区域范围内具有相当数量的不同性质、类型和等级规模的城市，依托一定的自然环境条件，以一个或两个超大或特大城市作为地区经济的核心，借助于现代化的交通工具和综合运输网络的通达性，以及高度发达的信息网络，发生与发展着城市个体之间的内在联系，共同构成一个相对完整的城市集合体。这种集合体就叫城市群”。“城市群代表国家参与国际分工和国际竞争。城市群不仅是国家经济力量的集中体现，也是世界经济活动能量的集中体现。城市群集聚的产业、金融、贸易、科技、信息等力量在全球经济活动中也具有较大的影响，是国际分工和国际竞争的主要力量”。

世界级城市群肯定需要有世界级的城市。根据一位国内学者的总结，“世界城市不同于一般意义上的国际性城市或国际化城市。前者强调的是在世界城市体系中最高等级的中心地位，凭借其强大的综合实力成为人类社会、经济、文化等多方面的控制中心；后者位于世界城市的不同等级，只是在某一个或某一些方面在世界上有较大的影响力，如日内瓦是国际政治城市，耶路撒冷是国际宗教城市”。世界级城市群与普通城市群的一个很大区别就在于其规模与国际化的程度。目前世界的六大世界级城市群，分别为以纽约为中心的美国东北部大西洋沿岸城市群、以芝加哥为中心的美国五大湖城市群、以东京为中心的日本太平洋城市群、以伦敦为中心的英伦城市群、以巴黎为中心的欧洲西北部城市群和我国的长三角城市群。这每一个城市群中，都至少有一个国际性的世界城市，如纽约、芝加哥、巴黎、伦敦、东京、大阪等。

彼得·霍尔（Peter Hall）在1966年出版的《世界城市》一书中认为，世界城市具有以下主要的特征：（1）世界城市通常是政治权力中心，是最强大国家的政府和某些国际机构的所在地；（2）这些城市也是贸易的中心，是大的港口、公路铁路的交汇点以及大型国际机场的所在地，也聚集了各国的中央银行、商业银行总部等金融保险机构；（3）世界城市也是各类专业人才、信息的密集中心；（4）世界城市也是最富有人群的聚居地，服务业非常发达；（5）娱乐业成了重要的产业部门。世界级城市群以世界城市为核心，不仅具备强大的经济实力，而且往往在城市的治理和对外交往（政治文化软实力）、社会文化特色（社会文化软实力）、生态宜居（自然文化软实力）方面具备强大的吸引力和全球辐射能力，是全球人才的集中聚集地，也是全球游客的集中聚集地，是国家开展对外交往的核心窗口，是其他城市学习和模仿的对象，从而极大地提升了本区域乃至全国的影响力。例如伦敦的金融城，作为全球金融中心，在英国的外交中发挥了十分显著的作用。习近平主席访问英国时专门访问了伦敦金融城，与企业家们举办了对话会。这对于中英经济和政治交流来说都是十分重要的一次活动和机会。事实上，“当今世界的国际大都市都是人文城市，都关注自己的人文品位、人文魅力。可以说伦敦是文学城市，是戏剧城市，又是大学城市；巴黎是服饰城市，又是文学城市；维也纳是音乐城市，是历史文化城市。它们也都是国际人文城市”。

三、京津冀世界级城市群的软实力

因此，京津冀要建成世界级的城市群，不仅应该实现城市群所具备的几个基本特点，还应该具备世界级城市的文化软实力，发挥文化引领作用，而北京、天津、河北的有效的分工定位以及一体化，或许能够建设这样的一个核心。过去很多学者对于国际大都市的认同都聚焦于其经济中心的地位。但随着全球化的发展，国际交往中心、文化中心的作用已经越加重要。事实上，这一点在规划中其实已经体现了。规划纲要对京津冀三地是有明确的功能定位的。北京市定位为“全国政治中心、文化中心、国际交往中心、科技创新中心”；天津市为“全国先进制造研发基地、北方国际航运核心区、金融创新运营示范区、改革开放先行区”；河北省为“全国现代商贸物流重要基地、产业转型升级试验区、新型城镇化与城乡统筹示范区、京津冀生态环境支撑区”。北京的文化中心、国际交往中心、政治中心、科技创新中心的定位，事实上处处都蕴含着政治文化和社会文化引领的因素；天津在国际航运、金融创新和改革开放三个方面的定位与城市治理体制的改革紧密相关，这是典型的政治文化引领作用；而河北作为新型城镇化与城乡统筹示范区、京津冀生态环境支持区，突出了政治文化和自然文化方面的引领作用。

（一）政治文化软实力

这里主要指的是城市外交（友好城市、对外访问、为中央外交做好服务、作为国际会议中心和国际组织所在地等）。城市是展现中国政治发展和进步的核心窗口。城市外交已经成为全球化时代一个重要的新外交现象。从英法、法德姐妹城市，到中美省州长之间的定期交流，不同城市之间以及城市与其他国家和行为体之间的互动，对于各国实现自己的国家利益、树立良好的国家形象，起着十分重要的作用。习近平主席在 2015 年 9 月的中美省州长论坛上指出，"国与国关系归根结底需要人民支持，最终也服务于人民。地方是最贴近老百姓的。地方合作搞得好不好，关系国家层面的合作能否落地生根"。时至今日，中国 31 个省区市同美国 50 个州建立了 43 对友好省州关系，以及 200 对友好城市关系 。

这里我们重点以北京为例。北京是京津冀城市群中的"文化中心、国际交流中心"，它的城市形象、城市文化的传播对于国家软实力的提高有着十分重要的作用。而这点，完全可以通过友好城市机制得到发挥。截至 2015 年 4 月，北京已经先后与 52 个城市建立了国际友好城市关系。而且北京在与友好城市交往活动中已经创造了不少成就，其主要内容涉及不同的领域：（1）政治经济领域：组织并参与大型国际活动，举办中非合作论坛北京峰会、以友城为参与主体的城市可持续发展论坛、中国（北京）国际服务贸易交易会、北京国际设计周、国际节能环保展等。这些活动涵盖了政治领域、经济领域，在一定程度上也促进了北京与国际友城的文化交流，传播了北京的文化和形象。但更多的是为国家的政治策略服务，或为北京在电子信息、生物医药、新材料、新能源及旅游等经济领域的国际化合作提供了机会。（2）城市治理领域：与许多国外城市在环境保护、大气污染治理、城市垃圾处理等城市项目进行合作交流。北京市环保局与伦敦市、巴黎大区、首尔市和洛杉矶市环境监测部门就城市空气质量检测、空气污染成因分析以及环保扶持政策等进行了深入交流。北京市交通委与东京都、首尔市的交通部门共同探讨特大型城市的交通管理问题。这些活动促进了北京的城市建设，有利于北京的进一步发展。

北京在友城交往中已经取得了很大的成绩，有效地配合了国家的总体外交政策。例如，“2012 土耳其中国文化年”，以及举办的魅力北京展和北京之夜文艺演出，在一定程度上是落实 2010 年温家宝总理访问土耳其成果 。再如，发挥首都的文化优势，积极参加各种国家年活动。2014 年 6 月，总理李克强访英时，中英两国政府发表联合声明，宣布 2015 年为“中英文化交流年”，上半年英国在华举办英国文化季活动，下半年中国在英举办中国文化季活动。中英两国将互相举办一系列代表各自文化艺术和创意产业最高水平的活动，并以此进一步加强两国的文化交流和产业合作，推动两国文明交流互鉴，增进两国民众间的相互理解和友谊 。这是由北京作为我国首都的政治地位所决定的，也是北京在城市外交过程中必然承担的一种职能。当然，在发挥政治文化软实力方面，北京也还存在一些可以进一步改善的地方，例如作为一个全球性大国的首都，总部落户在北京的政府间国际组织数量还不够多。如果能吸引比较多的国际组织把总部设在北京，将有力促进北京以及中国的国际影响力的拓展。

（二）社会文化软实力

不管是发展对外经济关系，还是人员之间的关系，都必然承载着相当丰厚的人文意义，本质上就是一种对外文化交流。京津冀城市群对外文化交流的工作做得好不好，不仅影响这一区域的国际国内形象，甚至在一定程度上也影响中国的国际形象和国家软实力的建构与提升。不管是在制造业的产品特色（材质特色、包装特色、设计特色），还是在旅游业的文化特色展现方面，可以看到，社会文化软实力贯穿在城市经济社会生活的方方面面。现在，就是没有去过东京的人，也知道东京塔、浅草寺的樱花等，同时日本的其他城市在利用文化推广自己的方面也做得非常好。它利用动漫产业很好地推广了很多城市，例如鸟取县就以动漫人物柯南的创造者的故乡而出名，以及静冈的樱桃小丸子博物馆、川崎的哆啦A梦博物馆、灌篮高手中的镰仓高校站，等等。

京津冀有着十分深厚的社会文化底蕴，不管是建筑文化、饮食文化、文学艺术、产品特色等，都有自己的特色和影响力。以首都北京为例，作为近几个朝代的皇城，北京有着深厚的文化底蕴，包括故宫、颐和园、圆明园等皇家建筑，也有颇具特色的胡同文化、四合院文化、京剧、满汉全席、北京烤鸭、老北京涮羊肉等。的确，首都圈有许多独特的文化值得我们去发掘、去传承、去宣传，使我们具备“在文化上引领”的资格。例如，天津既有清朝末年中国最早的与外来文化的交流，也有浓厚的皇家贵族文化资源，张园、静园就是西方文明与中国古典文化的结合。同样，河北梆子、吴桥杂技、河间皮影戏、保定官府菜也都是人们耳熟能详的特色社会文化。社会文化特色是城市文化软实力中人们最看得见、最感兴趣的部分。通过凸显不同城市、不同地域的社会文化传统，京津冀的世界城市群建设可以在国际文化交流中扮演更大的角色。这里面需要打造高端、独特的文化品牌，把社会文化特色贯彻到城市经济生活的方方面面。

（三）自然文化软实力

京津冀打造生态宜居城市、绿色城市，建设美好的城市环境。北京有着3000余年的建城史和850余年的建都史，拥有故宫、长城等众多名胜古迹以及名人故居、北京胡同等大量自然和社会人文景观，是全球拥有世界文化遗产最多的城市。天津濒临渤海，海洋和河流资源丰富，在建筑上天津小洋楼闻名遐迩，有着万国建筑博物馆之称。河北省地处华北中部、渤海之滨，是中华传统文化起源地之一，也是全国唯一兼有高原、山地、丘陵、盆地、平原、湖泊和海滨的省份，自然文化资源极为丰富。北戴河、南戴河、坝上草原都是人们耳熟能详的著名景点。2022年，北京和河北张家口将联合主办冬季奥运会，更是凸显了河北的自然文化软实力。

不过，自然文化软实力可能是京津冀打造世界级城市时最大的短板，也是最有可能加分的方面。目前来看，京津冀地区所面临的主要问题是大气污染和水资源污染。如果不能提供清洁的空气、展示干净的河流，那么京津冀地区的自然文化软实力将大打折扣。对北京而言，2013 年入境旅游人数 450.1 万人次，同比减少 10%，仅占北京旅游接待总量的不足 2%。雾霾天气是其中的一个重要原因 。当然，改善空气质量的工作一直在努力，也是制定《京津冀协同发展规划纲要》的一个主要目标。例如，在打造绿色北京方面，北京在 2012 年与后来被称为“欧洲绿色之都”的哥本哈根正式结为友好城市，双方在经济贸易、科学技术、文化教育、可持续发展、环境保护和绿色交通等领域开展交流合作。此外，在水资源节约方面，两城在自来水防渗漏技术上也开展了密切合作 。在京津冀协同发展的过程中，通过产业布局的合理分配，努力控制污染排放，实现蓝天白云和青山绿水，是增强自然文化软实力的根本途径，也是京津冀建成世界级城市群的必然要求。

四、小结

在后工业时代和全球化的今天，文化软实力已经是国家综合国力的重要因素，并对民族、国家在国际社会的声望、形象和影响力等方面将继续起着举足轻重的作用。鉴于城市是国家文化的一个重要载体，它既能够体现国家的制度、战略、产业，又能够体现民间的传统、习俗与宗教等方面；既能够体现国家的宏观文化，又能够体现社会的微观文化。因此，通过增强城市的文化软实力来扩大国家文化的宣传，不失为全面综合地发展和展示国家软实力的重要方式。京津冀城市群要建成世界级的城市群，不仅应该实现城市群所具备的几个基本特点，更应该具备世界级城市的文化软实力，从而达到引领文化软实力的目标。在这一过程中，我们可以通过开展更加广泛和有效的城市外交来宣传中国的政治文化、社会文化和自然文化，发挥京津冀地区在政治文化和社会文化方面的优势，大力改善其自然文化，以增强京津冀在国际上的吸引力和影响力，继而扩大中国文化在国际上的传播和影响力。

□ 参考文献

[1]Joseph S.Nye,Jr. "Soft Power"［J］. Foreign Policy，No. 80，Autumn，1990：153－171.

[2]Peter Hall. "The Metropolitan Explosion," [C],Neil Brenner and Roger Keil,The Global Cities Reader,New York： Routledge,2006：23–25.

[3] 鲍宗豪. 世界城市与人文精神［J］. 上海改革，2003（4）：77–79.

[4] 蔡来兴. 国际经济中心城市的崛起 [M]. 上海：上海人民出版社，1995.

[5] 陈志敏. 次国家政府与对外事务 [M]. 北京：长征出版社，2001.

[6] 黄仁伟. 中国和平崛起的新道路与上海建设"世界城市"的定位 [J]. 世界经济研究，2004（10）：4–8.

[7] 李丽萍. 国际城市的理论与实践——国际城市的形成机制、发展模式与形成路径 [M]. 北京：新华出版社，2005.

[8] 刘友金，王玮. 世界典型城市群发展经验及对我国的启示 [J]. 湖南科技大学学报（社会科学版），2009（1）：84–88.

[9] 帕克，伯吉斯，麦肯齐. 城市社会学——芝加哥学派城市研究文集 [C]. 北京：华夏出版社，1987.

[10] 约瑟夫·奈著. 何小东，盖玉云，等译. 美国定能领导世界吗 [M]. 北京：军事译文出版社，1992.

[11] 约瑟夫·奈著. 吴晓辉，钱程，译. 软实力：世界政坛成功之道 [M]. 北京：东方出版社，2005.

[12] 约瑟夫 · 奈著. 郑志国，等译. 美国霸权的困惑：为什么美国不能独断专行 [M]. 北京：世界知识出版社，2002.

[13] 王沪宁. 作为国家实力的文化：软权力 [J]. 复旦学报（社会科学版），1993（3）：91–96.

文化休闲旅游引领京津冀区域协同发展

徐　虹[①]

【摘　要】在实施京津冀区域协同发展战略中，探寻更为有效的切入点成为协同发展效果和可持续性的关键问题之一。本文提出文化休闲旅游是京津冀区域协同发展的最佳切入点，在分析协同发展中的问题的基础上，提出了借助区内营销与区外营销实现形象趋同与个性趋异的协同发展、因地制宜开发新型文化休闲旅游产品以提高市场整体竞争力以及科学构建区域发展规划以合理布局文化休闲旅游产业体系的对策建议。

【关键词】文化休闲旅游　区域协同发展　形象趋同　个性趋异　整体竞争力

一、旅游与休闲的概念与关系解析

旅游业和休闲业从来就是一种混合经济，作为社会现象，两者存在部分

---

① 徐虹，南开大学旅游与服务学院副院长，教授，博士生导师。研究领域为旅游产业生态、旅游目的地竞争力研究、旅游供应链管理、旅游企业战略与创新管理、服务管理与财务管理。发表论文80多篇，论著和译著20多部。

重叠。休闲，在中国文化传统中可谓意涵深刻而富有哲理，休，“人倚木”为休，意味着人与大自然的融合统一，也意味着人在大自然中的悠然与闲适。闲，隐喻着“漫步闲庭”“花前月下”的生活情趣与盎然惬意。中华民族是一个懂得利用闲暇时间进行文化和艺术创造的民族，在源远流长的五千年历史长河中形成了独具魅力的休闲文化。总之，休闲可以被定义为人们自由开展的非工作活动。

随着知识经济时代的到来，休闲必将成为人类生活的重要组成部分。据美国国家休闲研究院主席杰弗瑞·戈比教授预测：休闲、娱乐活动、旅游业将成为下一个经济大潮，并席卷世界各地。专门提供休闲的产业将主导劳务市场，新技术的应用和其他一些趋势，可以让人们把生命中三分之一以上的时间和金钱用于休闲，休闲经济在促进国民经济和人类发展中意义重大。

旅游活动则是指人们出于就业和移民之外的目的，暂时离开自己生活的惯常环境，前往他乡开展的旅行和逗留访问活动 。因此，没有离开惯常环境的休闲活动不能称之为旅游，同样，出于商务等非消遣目的的旅游活动则不能被纳入休闲的范畴中，其基本关系如图所示。

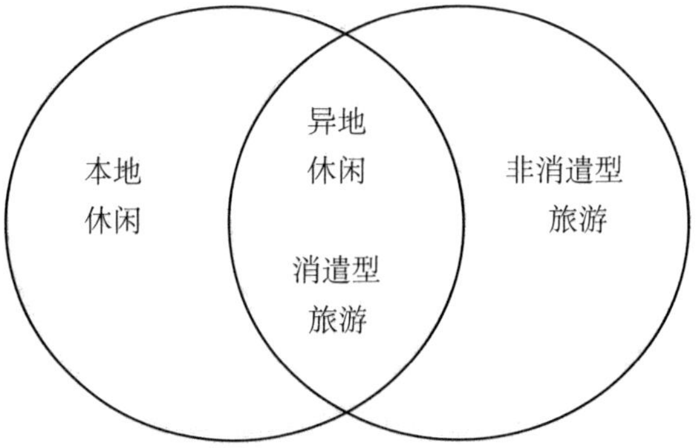

图 1：旅游与休闲的关系

在产业发展中，旅游业与休闲业会因重叠关系而自发的一体化运行，如旅游者探访的目的地景点、博物馆等吸引物，常常也是服务于当地居民的重要休闲设施；面向当地人经营的餐厅、购物、娱乐等场所也不乏外来旅游者的消费。更进一步，旅游业运行所凭借的公共服务机构和基础设施正是由于当地休闲业的发展而逐步完善起来的。这种“你中有我，我中有你”的依存关系构成京津冀文化休闲旅游一体化发展的基础。

二、文化休闲旅游是京津冀区域协同发展的最佳切入点

（一）京津冀协同发展的最大障碍所在

最大障碍在于公共资源配置不均衡，影响了人口、产业及功能在区域内的合理布局，是导致特大城市人口过于膨胀、中小城市吸纳力不足、难以形成多中心城镇格局的重要原因。从更深层次来看，京津冀公共资源配置不均等，是由地方经济发展水平和财力差距过大造成的。

当前我国最大的发展差距仍然是城乡差距，最大的结构性问题仍然是城乡二元结构（温家宝在《求是》发表“中国农业和农村发展的道路”）。

京津冀地区是我国城乡差距最显著、城乡问题最突出的区域之一。环京津贫困带受到关注，北京市还有 400 多个低收入村庄，呈现发达的中心城市与落后的农村腹地并存格局

（二）文化休闲旅游已成气候且成为促进京津冀区域协调发展的最佳切入点

1. 三地间文化休闲旅游市场已连在一起

2013 年旅京的 1.47 亿人次国内游客里，数量居前的 10 省区提供了 64.4% 的客源，其中前 5 位就是环京的河北、山东、河南、山西和内蒙古；而在 2013 年河北省接待的 1.78 亿人次国内游客中，京津冀游客更是占了 2/3。

2. 三地文化休闲旅游资源具有协同发展的基础

京津冀共同的文化底蕴和文脉源远流长，不仅有慷慨悲歌的燕赵文化，辉煌大气的明清皇家文化，还有风云变幻和温文婉约的民国文化。这些深厚丰富

的共同文化底蕴为区域协同发展奠定了基础。

3. 文化休闲旅游发展的前提就是公共服务体系的健全和完善

当今的旅游需求多元化和个性化，自助游已成为旅游的新常态，为此对公共服务设施的空间布局的均衡化提出了更高的要求，公共交通服务、公共信息服务和卫生服务等的加快建设将有助于弥补目前三地公共资源配置不均衡的状态。

4. 文化休闲旅游发展为新型城镇化发展道路提供了新的探索路径

以旅游引领新型城镇化建设以成为一种新的发展路径。目前乡村旅游市场已占了全国旅游市场的半壁江山，乡村旅游发展为缓解乡村空心化、改善乡村产业结构、促进美丽乡村和升级乡村产业结构都发挥了重要作用，也为京津冀形成完善的城市结构体系并推动区域协同发展奠定了基础。

三、文化休闲旅游协同发展中的问题

文化休闲旅游协同化发展，包括产品市场协同化、产业结构协同化、政策法规协同化等多个方面，作为一个开放的经济系统，依据共生理论，其协同化发展的可行性取决于四个条件：首先是共同的利益诉求；其次是空间联系的便利性；再次是地域文化、历史的相互交融；最后是旅游休闲资源的异质性和旅游休闲产业的互补性。正是由于具备了这四个条件，才促使京津冀文化休闲旅游有所发展。

京津冀文化休闲旅游协同化虽有发展，但进展迟缓，要素配置尚未优化，尤其是区域间旅游经济发展基础差异巨大，难以形成平等的对话平台，不仅文化休闲旅游产业的整合难度较大，而且区域协同化机制形成障碍较大。具体来说在以下几方面问题尤为突出：

（一）对文化休闲旅游协同化的认识水平有待提高

文化休闲旅游协同化既是一个集合的概念，也是一个分工的概念。由于各地文化休闲旅游发展程度差异较大（以旅游外汇收入为例，2011年北京市的外汇收入达到54.16亿美元，天津市旅游外汇收入约是北京的1/3，为17.56亿美元，而河北的旅游外汇收入不足北京的1/10，仅达到4.48亿美元），因此各地担心协同化后获利不均衡，于是各方不顾资源条件限制，一味追求“大而全”投资，导致重复建设较为严重。这种缺乏科学分工基础上的协同化集合是难以成功的，因为各方难以从区域利益出发统筹兼顾。北京虽然是首都经济圈的核心，但也不能将所有资源都揽在自己麾下，降低其区域辐射力；天津作为次中心也要与北京错位发展，才能提高特色吸引力；河北作为京津后花园要明确定位，才能增强服务支撑力。各方以开放的心态各司其位，共谋一体化发展大计，才能在国际旅游市场竞争中脱颖而出。

（二）对文化休闲旅游一体化的协调机制有待完善

协调机制是一个复杂的有机系统。首先从政府协调机制来看，高层次的合作磋商协调机制并不完善，尤其是就如何展开跨区域的文化休闲旅游发展规划问题尚未有突破性进展；在休闲设施与服务尤其是公共服务提供方面尚未见系统性解决方案；旅游产业政策之间也缺乏系统的匹配性，旅游休闲产业因而尚未形成地域间合理的分工体系，没有达到共生模式所要求的集聚扩散、链式发展模式；北京作为三地的核心尚需要处理好区域中心与全国中心的关系。其次从市场协调机制来看，由于协同发展区内国有资本占比较大，所以市场运行机制和协调机制尚不活跃和健全；大型旅游休闲企业在区域内的扩张动力不足，激励不够，市场配置资源的作用并不充分。再次从政府与市场双向协调机制来看，尚需要健全两者间的沟通渠道和沟通方式，行业协会间的对话协商及共同行动的影响力没有充分发挥出来。

（三）对文化休闲旅游协同化的营销推广有待加强

文化休闲旅游协同化的实现很大程度上取决于营销推广的思路和力度。目前的主要问题是营销推广什么不清楚、如何营销推广不得力。首都圈以北京为核心区域，其聚集效应常常大于辐射效应，导致优质资源不断向中心移动，从而形成“空吸效应”，使周边地区发展相对迟缓。《中国旅游统计年鉴》历年的数据表明，在旅游接待过程中，无论是国际游客还是国内游客，在北京的人均天消费均大于在天津和河北的消费。三地文化休闲旅游协同化营销推广的产品体系没有形成，对区域内和区域外各主推什么产品系列不甚清楚，各自为政的产品研发和销售形式还比较盛行。这种偏中心型发展格局不利协同化的实现，北京的皇家文化优势、天津的民俗文化优势与河北的生态文化优势没有发挥出协同效应。三地不仅没有实现共生、共赢局面，还容易导致价格战、顾客欺诈等恶性竞争。

四、以文化休闲旅游引领京津冀区域协同发展的对策思考

（一）借助区内营销与区外营销，实现形象趋同与个性趋异的区域协同发展

协同不是要消灭个性和差异，而要使具有差异的要素形成相互配合、相互补充、相互促进的结构。要处理好分与合的关系，分要立足三地的文化特性，强化互补性和差异化发展格局；合要打破行政区思维方式，强化整体性和联合化发展格局。

1. 加强区内个性趋异的营销以促进区域内协同发展

要充分开展区内营销，强化各地区的品牌个性。开展区内营销，突出各地的品牌优势，科学规划旅游休闲产业发展，形成区域内互补型的文化休闲旅游基地，以市场换市场，是形成协同化协同发展的重要途径，以开创共享内部客源市场的区域互惠共赢局面。

2. 加强区外形象趋同营销以提升区域整体竞争力

要加强京津冀区域旅游形象整合营销传播力度，建立区域营销战略联盟，加深区外游客对京津冀的整体印象，从而延长游客停留天数，扩大其游览范围。以文化旅游为例，北京的皇城文化、天津的市井文化、河北的乡村文化共同构成了中华文化感知之旅，可以既满足游客深度体验愿望，又实现了京津冀协同

化发展。区域整合营销传播，将区内局部对立转化为更大空间的共存，着眼于保护和发展共同优势，扩大各自共享领域，借助区域互惠共生，塑造独特的竞争优势。

（二）因地制宜开发新型文化休闲旅游产品，提高市场整体竞争力

文化休闲旅游产品的开发，具有很强的资源、环境依托性，因此，各地区应借助自身优势，因地制宜，依据市场需求，不断创新，重点发展邮轮、露营、低空飞行、马术等现代文化休闲旅游一体化产品，深度开发历史文化、华北文化等特色体验型项目，大力挖掘动漫、游戏等创意型产品的市场潜力。

（三）科学构建区域发展规划，合理布局文化休闲旅游产业体系

1. 区域文化休闲旅游合作机制构建

文化休闲旅游产业涉及的部门十分广泛，需要建立跨行业的协调管理机构解决发展中的问题，可通过组建“文化休闲旅游协同化合作委员会”及其协调机构“文化休闲旅游协同化协调委员会”整合跨界行政力量，前者负责制定协同化目标和政策，审批项目提案和监督项目执行，后者具体负责政策执行及政策工具的运用。还可共同推出协同化发展基金，投入力量扶持和推出跨界旅游精品线，同时建立必要的利益补偿机制，对由于经济发展不平衡导致的受益不均衡的目的地给予补偿，以鼓励有关方面保持积极的合作态度和行动；建立人才培养共同基金，支持优秀人才在区域内挂职交流；共同组织编制一体化发展规划，为无障碍旅游区建设提供规划指导。

2. 区域文化休闲旅游服务体系规划

文化休闲旅游服务体系一般包括两个部分，由企业提供的商业服务和由相关部门联合提供的公共服务。从完善商业服务体系来说，可组建跨界资源整合利用的“区域旅游产品研发中心”及“区域旅游企业战略联盟体”，针对具体情况分步实施，设计开发不同的文化休闲旅游产业链，这些链网之间有供给上的分工、市场上的错位、政策上的协调、客源上的保障，进而形成

协同化发展态势。

完善的文化休闲旅游公共服务体系是区域协同化发展成熟的重要标志。其具体内涵包括四个方面：一是游客公共交通体系，在基础设施方面能提供无缝换乘、便捷租赁、旅游专线，游客能够使用一张卡片就可以在区域内各地区乘坐公交、地铁、出租车，并享受相关优惠；二是信息咨询服务，以互联网咨询、电话咨询、面对面人工咨询等多样化的服务方式满足不同游客的需要；三是空间导识系统，区域内应设置与国际接轨的规范、易识别、多语种的道路、景区、设施等标志系统；四是旅游服务平台，准确的安全预警、及时的医疗援救、有效的投诉处理等机制是促进现代服务业发展、提高区域文化休闲旅游竞争力的重要举措。

□ 参考文献

[1] 维尔著. 李天元，徐虹，译. 休闲和旅游供给：政策与规划 [M]. 北京：中国旅游出版社，2010：2.

[2] 李天元. 旅游学概论 [M]. 天津：南开大学出版社，2009：46.

[3] 吴巧红. 创新京津冀文化旅游产品 [J]. 旅游学刊，2014（11）：22.

京津冀长城绿宝石项链国家游径系统构建

张　威[①] 谢　芳[②] 杨雪松[③]

【摘　要】京津冀长城在中国长城体系中具有重要的地位。通过构建链接北京、天津及河北秦皇岛、唐山四颗长城绿宝石的国家游径系统，配以交通支撑系统、资金筹集系统、游径维护系统和社区服务系统，使旅游者在利用游径游览过程中，以徒步、骑行等方式，对京津冀长城获得独特的旅游体验。

【关键词】京津冀区域　长城　游径系统

一、引言

京津冀长城在历史、军事与社会层面，均具有重要的参观与研究价值。目

① 张威（1977—），男，博士，天津财经大学商学院旅游系主任，副教授。研究方向是旅游管理。

② 谢芳（1961—），女，博士，天津财经大学商学院旅游系教授。研究方向是旅游生态与环境。

③ 杨雪松（1989—），女，天津财经大学商学院旅游系硕士研究生。研究方向是旅游管理。

前，北京、天津、河北、山西、内蒙古、陕西、甘肃、宁夏8省区市已成立“中国长城旅游市场推广联盟”，整合长城沿线区域旅游产品资源，以京津冀长城为依托，建立国家游径系统，有助于实现把长城打造成为世界级精品旅游线路。

在全球范围内，许多国家都已经构建了国家游径系统。美国逐步完成建设了11条国家风景游径、19条国家历史游径，还有超过1050条的国家休闲游径及许多边道与连接游径，遍布了全美50个州，它们共同构成国家游径系统；英国共有19条游径，包括15条英格兰和威尔士的国家游径，以及4条苏格兰的远足道；日本形成了9条游径及子系统，连接了日本47个都道府县中的46个覆盖全国的游径网络 。

在中国，深圳、南京、苏州、海南等地正在逐步建立城市绿道系统，北京门头沟区已规划建立我国首个国家步道系统，但国家游径系统较国外发展相对缓慢。随着京津冀协同发展进程的不断推进，构建京津冀长城绿宝石项链国家游径系统，对开发保护并有效利用长城文化资源、满足人们户外游憩需求及未来国家游径系统建设和发展具有重要意义。

二、游径系统的概念与功能

美国国家游径系统主要负责单位之一的国家公园管理处将游径定义为：一条用于步行、骑马、自行车、直排轮、滑雪、越野休闲车等游憩活动的通道。绿道是国家游径系统的一部分，绿道系统是指通过自然廊道（如滨河、溪谷、山脊线等）或人工廊道（如废弃铁路、风景道路等）组成的开放空间网络，将居住区、城市中心区、公园、自然保护区、历史古迹等进行连接的系统 ，是重要的生态、休闲娱乐、体现着历史文化价值的走廊 。

马萨诸塞州立大学景观与区域规划系的杰克·埃亨（Jack Ahern）教授总结奥姆斯特德的绿道有三大战略优势：（1）空间效能最大：因绿道构成了廊道的主体，而廊道上的资源又相对集中，所以绿道以最少土地保存最多资源。（2）政策支持最大：绿道保护的实现可将不同利益群体结成互惠互利的共赢体，此时政策共识与支持往往更容易实现。（3）连通性最强：既然绿道资源都集中在廊道内，则连通的好处会在生态、空间和文化层面都得以体现 。

作为一种重要的户外休闲游憩资源和设施，国家游径系统经过近一个世纪的发展建设，具有了以下一些功能：

（一）满足户外游憩需求

游径为民众提供了可以平等享受多样化户外休闲游憩的机会。为民众提供经济上能够承担的类似远足、登山、骑自行车、骑马等简单、便利而快乐的户外休闲游憩活动，以最简单的方式满足人们户外休闲游憩需求。

（二）构建户外游憩空间

游径发展有助于构建国家优良的户外休闲游憩空间。随着社会发展与城市化进程的加快，以及人们对户外休闲游憩需求和生活品质要求的不断增长，人多地少、公共空间缺乏、人地矛盾突出等问题也越加凸显。游径是解决这些矛盾的非常有效的方式，能够更加灵活和便捷地构建优良的户外公共休闲游憩空间。

（三）串联区域文化资源

国家游径系统通常涉及地域范围较大，跨越多个地区，能够将许多展示国家重要自然地理特征的风景区和文化遗产保护地有机地串联起来，从而形成数万公里的自然和文化景观网络，体现了区域化、系统化地保护区域自然文化景观的思想，促进自然文化资源的区域整合与保护。

（四）促进区域协同发展

国家游径系统保护的不仅仅是游径本身，还包括游径周边环境以及自然文化遗产地之间的联系，从单一个体保护走向跨边界、连续完整的空间格局保护。为此，要求与之相适应的管理体制也要从单一政府保护的“孤岛”管理模式转变为多方参与的伙伴管理模式，促进区域合作与协作管理体制的建立。

三、京津冀长城绿宝石项链国家游径系统

一篇名为《城市，如何损坏我们的大脑》的文章报道，科研人员正在研究过度刺激、紧张、精疲力竭的城市行走体验如何损伤人们的感知，他们称之为“脑钝化”。想要精神恢复，大脑则必须在自然体验中寻求放松。弗雷德里克·劳·奥姆斯特德（Fredrick Law Olmsted），这位美国最杰出的风景园林师和创造纽约中央公园的远见卓识之士，早在100年前力主创建休闲场地时就对此深信不疑，正如他所说“……以最大可能性突显被逼无奈去接受连走路都要小心谨慎、前瞻后顾……的状态”。为了提升品质，波士顿人要求奥姆斯特德清理出一片沼泽地以建设城市排水和防洪改造工程，但奥姆斯特德却提议通过蜿蜒的溪流直接将水导入查尔斯河（Charles River），向波士顿公园局提交的成果就是一个公园与园路融合的网状绿地系统，即后人熟知的“绿宝石项链”。这个400余平方公里的线状城市公园落成于1896年，为城市居民提供了10多公里长的步行、自行车路线，并把全美第一座公园——波士顿公园，以及富兰克林公园和其他“绿宝石”串起来，成为美国第一个市级公园体系。查尔斯·艾略特（Charles Eliot）——奥姆斯特德的学生，后将“绿宝石项链”扩展成为一条区域绿道。

根据对京津冀长城资源的研究，可以将京津冀长城构建成为“绿宝石项链”国家游径系统。

（一）宝石打造系统

在宝石打造的路线选择上要经过一系列考察，广泛征询长城沿线居民意见，选择出景色优美、适宜户外游憩且安全的线路，包括主游径和边道游径（包括进入游径、替代游径、支线游径）的打造，以充分发挥每一段游径的作用。在设计过程中，确保每段游径之间的可连接性，建立开放式的步道系统，为扩展建立长城国家游径系统奠定基础。通过对北京、天津、河北长城地理位置、历史背景、本体建筑和周围景观的挖掘与整理（见表1、表2、表3），可以将京津冀长城打造成四颗绿宝石（见图1、图2、图3）。

（二）项链链接系统

四颗宝石以北京长城宝石为龙头，串联起天津与河北的长城宝石（见图4），共同发展，形成各具特色的长城旅游线路，并构建起国家游径系统，以满足旅游者的需求，促进我国旅游产业的更好更快发展。

表1：北京长城简介

长城名称	地理位置	历史背景	本体建筑	周围景观
八达岭长城	位于北京延庆县境内，距市区60公里	明弘治十八年，八达岭关城建成，嘉靖十八年重修。万历十年重建关城西门，先后经历的八十多年，建成城关相连、烽火报警的防御系统	有敌楼19座，下面建有大门，顶部为长方形城台，四面筑有垛口，城台两侧各建敌楼一座，以墙连通	长城博物馆、长城全周影院、詹天佑纪念馆、八达岭野生动物园、明十三陵等
居庸关长城	位于昌平区境内，距北京城约60公里	现存的云台是元代修建的过街塔台基，是研究元代佛教、古代文字和各民族文化交流史的重要史料，是现存元代雕刻艺术的精美杰作	居庸关是指挥中心。居庸关关城建筑完备，设有衙署、仓储、书馆、神机库、庙宇、儒学等各种相关设施，文化内涵极为深厚	有“关沟72景”的美称。清乾隆皇帝亲笔题写“居庸叠翠”四字，并立碑于此，至今犹在
慕田峪长城	位于北京市怀柔区境内，距北京市区约70公里	慕田峪长城建于明朝，迄今有600余年的历史，是明长城中保存最好的长城段之一，被评为“新北京十六景之一”“北京旅游世界之最”	长城西接居庸关、八达岭，东连古北口、金山岭，海拔最低处为486米，最高处上升到800多米，被长城专家称为“危岭雄关”	万里长城第一缆车，中华梦石城，施必得滑道，俗称“旱地雪橇”，是一种集体育和娱乐为一体的交通工具，全长1580米
司马台长城	位于密云县的古北口镇境内，距北京市区约120公里	始建于明洪武初年。隶属明代“九镇”中蓟镇古北口路所辖。东起望京楼，西至后川口，全长5.7公里	司马台长城山势陡峭，整段长城构思精巧。堪称中国长城之最	长城的峡谷中深藏两泉，两泉汇成一湖，湖水冷暖各半，堪称一绝

（续表）

长城名称	地理位置	历史背景	本体建筑	周围景观
古北口古长城	位于密云县与河北省滦平县之间	金代曾于此处修建铁门扼守。清朝，在古北口河西村增设柳林营，建提督府，开辟御道，修行宫，置重兵驻守关口	古北口关城及其水门，密布着84座敌楼，“将军楼”和“二十四眼楼”是这段长城的建筑精华	东有蟠龙山，西有卧虎山，潮河由北向南穿关而过。长城腾飞过潮河，似一条纽带把两山联系在一起
金山岭长城	位于北京市密云县与河北省滦平县交界处	始建于明洪武元年，为大将徐达主持修建。金山岭长城西起龙岭口，东止望京楼，全长10.5公里	金山岭长城有10多公里长，共筑近百座敌楼。其密集程度，在我国万里长城上是罕见的	春有鲜花,夏有彩霞,秋有红叶,冬有白雪。蜿蜒起伏的长城，像飘落在万山丛中的一条玉带
黄花城水长城	位于北京市怀柔区九渡河镇境内，距北京市区65公里	此处长城不仅是守卫京师的北大门，而且成为护卫明皇陵“十三陵”的重要门户，是明长城的精华所在	建于明永乐年间的长城盘旋于山脊之上，环绕在灏明湖畔,景色秀美壮观，湖水将三段长城自然断开。明代板栗园,古树盘根错节，形态各异	景区最西端有黑龙潭，四面环山，有泉眼从潭底涌出，有诗云：瀑落岩下一小渊，千古溪流聚为潭；水静波平澈见底，坐岸小酌尽以欢
水关长城	坐落在关沟的崇山峻岭中	水关长城修建于明代，是八达岭长城中保存最精固的一段	景区特色为古代军事防御工程，以水拒敌，形成关口，是古代战场上罕见的古代建筑，水关长城也因此而得名	周围有成吉思汗行宫、滑道、长城碑林，有“关沟72景”中的石佛寺、骆驼峰，不远处更有闻名遐迩的詹天佑“之”字形铁路
鹿皮关长城	位于密云县城北部25公里处	是明代长城的重要关口之一，它北通河北省的丰宁县，在西北与怀柔接壤	鹿皮关就在白河的西岸边，口门较小，仅容一人一骑通过，可见其地理位置之险	白河流经鹿皮关下，关近河流，绝对是易守难攻
箭扣长城	位于怀柔渤海镇绿宝石泉村西北	明代万里长城最著名的险段之一，是各种长城画册中上镜率最高的一段，向来是长城摄影的热点	长城在此的走势富于变化和韵律，有建在海拔1000多米山顶的“牛犄角边”“鹰飞倒仰”和“箭扣”长城	神堂峪峡谷，可捞小鱼。在溪中的巨石上可以晒着太阳休息

表 2：天津长城简介

长城名称	地理位置	历史背景	本体建筑	周围景观
黄崖关长城	位于蓟县北30公里的崇山峻岭之间，东达河北省遵化的马兰关，西接北京平谷的将军关	是古长城的一部分，全长42公里，有敌楼52座，烽火台14座，是京东军事险要之地	黄崖关城构成了完整的防御工事体系。关城内的街道就是著名的“八卦迷魂阵”，关城之外建有圆状空心敌楼，为著名的凤凰楼	长城向东是太平寨长城游览区，有著名的“寡妇楼”，山巅之上还筑有一个黑色的圆形石楼，为北齐天保年间所建的北齐敦台
北齐古长城	位于蓟县梨木台自然风景区的山脊上	建于北齐时期的古长城，距今已有1400多年。这段古长城比蓟县黄崖关的明代长城整整早了800多年	此段长城就地取材，用块石垒砌，中间不加浆灰，建有敌楼5座，部分已经坍塌	天津九龙山国家森林公园梨木台自然风景区
三界碑长城	属蓟县前干涧村，离黄崖关只有十几公里	1996年，国务院在京津冀三省市北部交界的山上立了一块正三棱体的水泥“三界碑”	北京段明长城的起点，由此向西便是北京长城的第一座关口（彰作关）	甘露山风景区

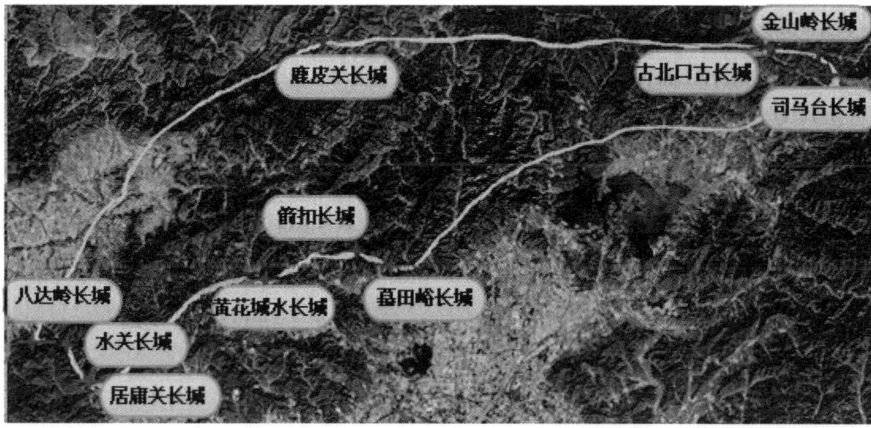

图 1：北京长城绿宝石示意图

表 3：河北长城简介

长城名称	地理位置	历史背景	本体建筑	周围景观
山海关长城	在秦皇岛市以东10多公里处，山海关的城池周长约4公里，是一座小城，整个城池与长城相连，以城为关	山海关长城修筑于明洪武十四年。北依燕山，长城纵贯，一关雄踞	明万里长城的东起点老龙头，长城与大海交汇，碧海金沙，天开海岳，气势磅礴，驰名中外的“天下第一关”	“老龙头”“孟姜女庙”“角山”“长寿山”“燕塞湖”，中国北方最大的天然花岗岩石洞——悬阳洞
董家口长城	河北省抚宁县驻操营镇东北部的崇山峻岭之上，距秦皇岛市区38公里	明代军事名将戚继光上疏修筑的蓟镇长城的重要关塞之一，护卫“天下第一关”——山海关关城的北翼要塞	筑有36个敌台、28个战台、16个烽火台，3座城堡。在李家楼、陈家楼、耿家楼三座敌台	城子峪长城，是唯一的一座大型明代军火库。板厂峪景区内有天然寺、板厂峪塔、长城砖窑遗址、亿年火山口等百余处景点
唐山古长城	位于唐山境内蜿蜒220公里，有名关险隘29处	明朝开国后的1373年，明太祖朱元璋派大将徐达开始修建，直到1571年才完成	位于迁西大岭寨，是迄今发现的长城沿线最大最完整的砖料基地，解开了长城砖的来源之谜。迁安大理石长城城底、敌楼基础多为大理石，在万里长城中十分罕见	遵化鹫峰山长城、迁西潘家口水下长城、迁安大理石长城、青山关、喜峰口、冷口关、监狱楼、七十二券楼、水门、长城砖窑、养马圈等皆为长城独秀

（三）交通支撑系统

建立京津冀公共交通运输联盟，包括铁路和公路，使旅游者仅凭一张车票就能游览京津冀的全部长城。设计精美的线路，使旅游者在乘车过程中能够感受大自然的美景，确保旅游者能够到达京津冀长城国家游径系统的任何区域，满足旅游者的需求。

（四）资金筹集系统

资金筹集系统可以由京津冀当地政府、企业、个人三方构成。由政府主导，

图 2：天津长城绿宝石示意图

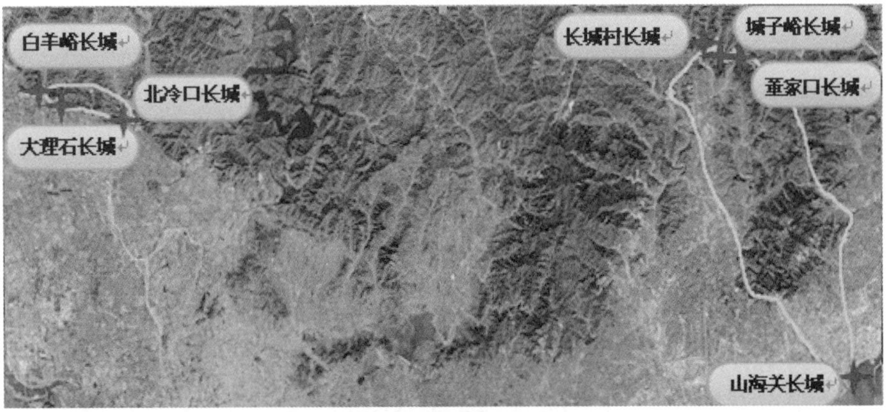

图 3：河北长城绿宝石示意图

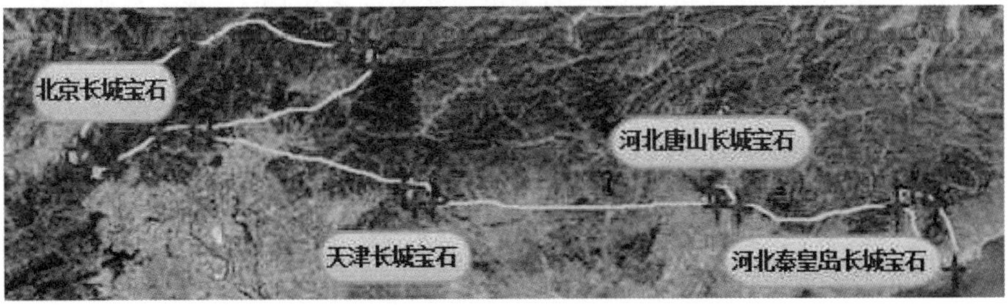

图 4：京津冀长城绿宝石项链示意图

企业以及个人可申请投资并命名某段游径。

（五）游径维护系统

建立志愿者管理体系，由志愿者对游径进行日常的维护，将环保理念带给旅游者，保证游径系统的规范化。仅在长城关键节点允许旅游者参观，减少对长城本体的破坏。

（六）社区服务系统

长城游径系统经过的社区可提供导游、住宿、餐饮等服务，充分挖掘当地民俗文化，举办长城美食节、长城摄影展、长城绘画展等。根据长城本体的特点和当地居民对长城历史的了解，形成不同区域的文化展示主题，增强社区对旅游者的吸引力。

□ 参考文献

[1] 余青，林盛兰，莫文静. 美国国家游径系统开发与管理研究——以阿巴拉契亚国家风景游径为例 [J]. 国际城市规划，2013，28（4）：108-114.

[2] 杨松 ."统筹整合"策略下的城市绿道系统规划——以北京市顺义区绿道系统规划为例 [J]. 城市交通，2012，10（4）：35-41.

[3]F á bos J.G.Greenway Planning in the United States：its Origins and Recent Case Studies[J].Landscape and Urban Planning，2004（68）：321-342.

[4] 林盛兰，余青. 基于法案的美国国家游径系统 [J]. 国际城市规划，2010，25（3）：81-85.

[5] 朱莉安娜·迪加多著. 张振威译 .城市金项链：南加州地区以区域综合功用为导向的游径系统 [J]. 中国园林，2011（2）：31-34.

[6]Lehrer Jonah Source.How the City Hurts Your Brain…And What You Can Do About It[J].Taproot Journal.Winter,2011/2012,21（2）：4-8.

京津冀协同发展视角下河北省智慧旅游的路径探索

张 葳[①] 王 杨[②] 王 然[③]

【摘 要】旅游信息化建设智能化、多样化发展迅速，多种技术和应用交叉渗透到旅游业的各个方面，全面的智慧旅游时代已经到来。随着国家级、河北省层面发展智慧旅游战略方针的逐步贯彻落实，河北省智慧旅游建设成效显著，但各地市旅游信息化及智慧旅游建设参差不齐，要深刻认识自身发展形势和存在问题，借力京津冀协同发展的快车，用区域的视野，以创新为驱动，协同构建互联互通的智慧旅游圈，打造延伸河北旅游空间的“智慧旅游全产业链”，建设服务河北、辐射京津的区域智慧旅游智库工程。

【关键词】京津冀协同 智慧旅游 发展路径

---

① 张葳（1980.6—），女，河北石家庄人，河北省社会科学院旅游研究中心助理研究员。研究方向为旅游经济、区域经济。主持省级课题 5 项，厅局级课题 10 余项，编写专著 1 部，发表学术论文 20 余篇，其中核心期刊 8 篇。主要研究成果有《博物馆旅游开发模式研究——以河北省为例》《河北省爱国主义教育基地设施规范》等。

② 王杨，河北师范大学旅游系讲师。

③ 王然，河北省旅游局旅游规划咨询服务中心干部。

旅游是软硬兼备、融合度高、覆盖面广、拉动力强的综合性实力。新常态下，互联网作为一种生产力工具，已经或正在为每个行业带来效率的大幅度提升。旅游业更是离不开互联网，人们进行旅游活动，从计划到选目的地，从预订往返机票、住宿、景点门票到餐饮等，行前、行中、行后都通过互联网获取参考意见或进行预订，也通过互联网实时跟亲戚朋友分享旅行的感受。旅行需要智慧，旅游更需要智慧的手段来增强满意度。智慧旅游需要借助互联网这个重要载体，在“互联网 +”的浪潮中做好加法，做好服务质量的提升，做到资源的互联网化。

一、河北省智慧旅游发展面临的形势

从国际来看，2008 年 11 月 IBM 公司首先提出“智慧的地球”理念，从而衍生出智慧国家、智慧城市、智慧酒店等概念与方案，但严格来说，国外并无“智慧旅游”这一专业术语，因此国外的“智慧旅游”建设是智慧城市在旅游城市和城市旅游两大领域的推广型应用，多以专项建设为主，尚无全面的建设方案。2006 年，新加坡推出“智慧国 2015 计划”，全面实施“从传统城市国家向‘智慧国’转型”的发展战略。韩国首尔基于智能手机平台，开发了“I Tour Seoul”掌上移动旅游信息服务平台，通过网站和移动手机网站来进行旅游咨询服务。比利时首都布鲁塞尔于 2012 年 6 月正式推出基于智能手机的微电子旅游大全“标识都市”（TAGTAG CITY）项目，使布鲁塞尔成为世界上第一个数码移动旅游城市。2009 年，英、德两家公司在欧盟资助下协作开发了一款智能导游软件，用以促进文化旅游发展。该软件以“增强现实”技术为基础，让游客通过声光与影像，“亲身”体验被遗忘的历史时光 。

从国内来看，从《国务院关于加快旅游业发展的意见》提出要以信息化为主要途径提高旅游服务效率以来，《中国旅游业“十二五”发展规划信息化专项规划》、2014 中国旅游宣传主题“智慧旅游年” 、国家旅游局《关于促进智慧旅游发展的指导意见》（2015 年 1 月 10 日印发）、《关于实施“旅游 +

互联网”行动计划的通知》（2015 年 9 月 18 日）等一系列文件和利好政策的出台为旅游信息化和智慧旅游建设提供了有利条件。“智慧旅游”概念 2010 年由江苏省镇江市率先创造性提出，2011 年在全国正式兴起，国家旅游局将 2014 年定义为“中国智慧旅游年”。目前，全国已有 20 个省、53 个市提出智慧旅游发展计划，江苏、浙江、福建、四川、北京、上海等 28 个省市取得了相应成果，全国范围内已拥有旅游电子商务企业 4000 余家，智慧旅游建设正如火如荼，超便携终端普及程度越来越高，云计算、物联网、移动通信 / 移动互联网等旅游信息化技术日臻成熟，电脑、传统手机等终端设施不断优化。“智慧九寨”“智慧黄山”“智慧黄果树”“ITRAVELS 象山手机导航平台”“数字峨眉山”等一大批智慧旅游景区使旅游服务资源动态优化配置，实现了游客分流智能化管理。杭州黄龙酒店、厦门凯宾斯基酒店等智慧酒店实现了智慧服务、智慧管理、智慧营销。北京智慧旅游联盟、江苏 7 市智慧旅游联盟、云上贵州等区域性的智慧旅游平台纷纷建立。在“互联网 +”环境下，智慧旅游的大数据时代已经到来，从国家到地方的旅游城市、旅游景区、旅行社、旅游网站、旅游酒店的网络舆情评价，使旅游业的整体环境更加公正、公平、公开。

全省来看，“十二五”以来，河北省加速智慧旅游体系建设，从政策利好到资金扶持，智慧旅游发展取得较大进展。《河北省国民经济和社会发展信息化“十二五”规划》《河北省智慧景区建设指导意见（试行）》《“智慧河北”建设战略合作协议》《河北省智慧景区建设战略合作框架协议》《关于促进旅游业改革发展的实施意见》（冀政发〔2015〕11 号）等纷纷落地，《河北旅游信息化及智慧旅游建设规划（2015—2025 年）》的专项规划也即将出台，“三网一库”的建设和旅游网升级改造工程已全部完成，智慧旅游发展环境逐渐优化，智慧旅游建设平台逐步畅通。2014 年河北省初选西柏坡纪念馆等 12 家景区试点智慧旅游。秦皇岛市 2012 年 12 月被列入“第二批国家智慧旅游试点城市”，之后该市智慧旅游的公共服务、行业服务、管理服务三大体系建设不断取得阶段性成果。该市北戴河区的“互联网 + 旅游”模式，利用最新的信息技术整合旅游要素，重点实施智慧旅游网、免费 Wi-Fi 上网服务、360 全景展示、智能手机APP导游系统、电子书柜等工程，智慧旅游发展已走在全省乃至全国前列。张家口市、承德市、石家庄市等智慧旅游建设也取得了一定成绩，实现了重点景区的无线网络覆盖，为智慧旅游的发展奠定了网络基础。

二、河北省智慧旅游发展的现状与问题

（一）智慧工作平台不断强化，但支撑平台相对薄弱

河北省旅游信息化发展的工作平台包括功能平台、电子商务平台、电子政务平台和公共服务平台四个子平台，智慧旅游工作平台不断强化。从全省情况来看，旅游信息化及智慧旅游建设主要集中在旅游电子政务系统的开发、更新和应用方面。目前河北省旅游局正在使用和正在开发的信息化项目共有24个（见表1），其中河北省旅游景区服务质量社会监督管理系统、河北省旅游局官方微博等16个已正常使用，河北省旅游局办公平台、河北省智慧旅游营销平台等8个正在开发。旅行社网上审批系统、旅行社综合管理系统、导游资格

表1：河北省旅游局部分业务系统列表

平台	系统	网站	其他
河北省旅游局办公平台 河北省智慧旅游营销平台	河北省旅游景区服务质量社会监督管理系统 河北省旅游投融资官方网站及项目库管理系统 河北旅游统计调查分析系统 河北省旅行社管理系统 河北导游员资格上机考试系统 河北省电子导游应用系统 河北导游考试网上报名系统 导游员管理系统 河北省旅游局电子邮件系统 河北省旅游局网上举报系统 河北省旅游局数字党校系统 红色旅游信息管理系统	河北省旅游协会官方网站 河北旅游虚拟体验网 河北旅游媒体资源网 河北旅游政务网 河北旅游资讯网 河北省旅游规划库网站 河北旅游英文网	河北省12301旅游服务热线 河北省旅游局官方微信 河北省旅游局官方微博

考试管理系统不断优化；旅游项目管理系统、乡村旅游管理系统、抽样调查分析系统、住宿设施与旅游接待统计系统、旅游景区服务质量社会监督管理系统等专业管理系统，运用这些专业系统，行政办事效率大幅度提高。河北旅游网、虚拟体验网、媒体资源网和 12301 旅游服务热线等公共服务平台的建设和开发不断完善。如河北旅游虚拟体验网使游客通过先遣体验，提前“探路”“踩点”，引导潜在客流；河北旅游媒体资源网全国首创性地建立了具有版权的新闻素材数据库；2009 年正式开通的河北省 12301 旅游服务热线运行平稳。

河北旅游信息化及智慧旅游起步相对晚，基础薄弱，总体发展水平还比较低，主要城市的旅游信息化及智慧旅游建设参差不齐。虽然旅游信息化及智慧旅游建设遍地开花，但无线网络基本上仅重点景区能够实现覆盖，信息化和智慧旅游建设缺乏统一规划和标准，各平台、各系统之间、平台与系统之间资源共享性较差，缺乏有效整合，导致部分重复建设，信息孤岛现象严重，支撑平台相对薄弱。

（二）智慧产品营销成效显著，但技术平台仍显滞后

信息时代网络宣传的影响力越来越大，成效十分显著。在主流网络媒体推广方面，与新浪网、新华网、乐途旅游网、长城网、河北新闻网等省内外重点网站合作的模式不断创新，综合运用网络专访、软文推荐、专题页面、广告投放等方式加强宣传报道和营销。在第三方在线推广方面，委托专业互联网营销机构，密集宣传全省精品景区和线路，制造网络热点（热词），提高了河北旅游曝光度和知名度。在自媒体推广方面，通过在微博和微信等新媒体，邀请省内 100 多家景区、300 余家旅行社以及多家酒店举办了“晒旅游照片，赢旅行神器”活动，引导游客在享受旅游的同时不忘回顾和评价整个过程中的感受。智慧营销方式的不断创新，不仅促进了游客对河北旅游的认识，更是强化了河北的旅游品牌。

河北省旅游信息化及智慧旅游整体水平还较低，高新技术应用不足，技术平台的开发程度和质量远没有达到市场的要求，档次较低。全省旅游网站的功能

没得到充分发挥，绝大多数旅游资源没有上网，导致日趋个性化的旅游需求未得到满足。旅游资源的摸底工作不深入，旅游资源的数据库建设尚存在诸多缺口。

（三）智慧应用平台迅速拓展，但创新与内容仍显苍白

作为最重要的自媒体推广方式之一，近年来河北省旅游微博、微信等新媒体逐渐普及。在人民网的《2013 年上半年的新浪政务微博报告》中，河北省旅游局官方微博进入全国旅游行业综合排名第六名，在 2014 国家级旅游行业评选“金足迹”活动中获得“十大影响力省级旅游官方微博”荣誉。2014 年 3 月，省旅游局开通了河北旅游官方微信平台，每天推送图文消息和优惠景区信息，以节日和社会热点为契机，先后开展了丰富的优惠活动。这些智慧应用系列活动的开展，大大增强了广大网友对到河北旅游的浓烈兴趣，短短几个月的运营，服务号粉丝数量已达到 1.7 万个，平均每天以 20–30 个的速度稳步攀升。目前，河北省旅游局正在使用和正在开发的信息化项目共 24 个，其中河北省旅游景区服务质量社会监督管理系统、河北省旅游局官方微博等 16 个已正常使用，而河北省旅游局办公平台、河北省智慧旅游营销平台等 8 个正在研发 。

肯定成绩的同时也要直面问题，目前河北省旅游信息化及智慧旅游多停留在内部办公网、业务管理网、公众商务网和公用数据库的笼统建设方面，三网一库建设的内容较为片面，项目往往集中在信息化平台的开发与景区设施的建设方面，单一性凸显。服务对象较为局限，忽略了旅游产业及游客本身需求，忽略了服务细节。智慧旅游需要智慧，但“技术”不等于“智慧”，在当今信息化时代，智慧旅游的关键是融合创新，既包括科技和产业的融合，也包括社会和产业的融合。

（四）智慧人才平台不断壮大，但难掩结构断层现象

智慧旅游是旅游业与科技创新融合发展的典范，是旅游业未来发展的趋势，也是旅游业成长为现代服务业的关键。推进旅游信息化是智慧旅游首当其冲的环节，而实现旅游信息化，首先就必须解决人才的问题。近几年全省旅游

信息化建设愈加重视，地方旅游主管机构和旅游企业人才储备意识也不断加强，但省一级的智慧旅游人才平台还没有建立，缺乏深入合作的技术团队，人才供应严重不足的情况普遍存在。整体来看，全省乃至全国旅游行业无论是一线还是高端的管理人才都短缺，智慧旅游人才更是匮乏，结构断层现象突出，精通信息技术的专业人才缺失，旅游信息化和旅游电子商务复合型人才缺失。在旅游新业态下，如何完善智慧旅游人才服务平台，学生如何学，老师如何教，企业如何用，成了旅游相关行业、企业、院校等亟须共同思考和面对的新问题。

三、京津冀协同发展视角下河北省智慧旅游的路径

（一）加快构建省级和地方多层面的“旅游 + 互联网”云平台

学习“云上贵州”大数据平台的经验，加快构建省级和地方多层面的“旅游 + 互联网”大数据云计算平台。在省旅游局官方网站开设平台或单独成立云平台，汇集省内智慧景区、智慧旅行社、智慧酒店、智慧购物中心、智慧旅游乡村、智慧旅游小镇等，旅游者可以自由获得相关信息和服务，并有投诉权和建议权，实现智慧旅游的运行、监管、营销等功能。随着张北云联数据中心、“京北云谷”云计算与智慧产业基地等项目先后落户张北，目前已吸引投资超百亿元，腾讯、阿里巴巴、百度等纷纷与河北签订合作协议，张北地区充足的风电、光伏电能和优良的空气质量完全有条件承接全省乃至京津冀全行业的大数据平台，建议有关部门加快与大的电商或者大企业签订大数据合作协议，比如华为、京东等，同步在多级电商上开设省级或地方的旅游旗舰店。

京津冀协同发展已经上升为国家战略，京津冀世界级城市群正在形成，河北应抓住机遇，推动具有河北特色的智慧旅游项目。目前乡村旅游已经占据了国内旅游的半壁江山，借助阿里巴巴与河北省签订“互联网 + 扶贫”备忘录的大好机遇，在阿里巴巴的技术支持下，河北省智慧旅游乡村建设应首当其冲，运用互联网和移动互联网，全面提升乡村旅游的管理、服务、营销水平，积极支持社会资本和企业发展乡村旅游电子商务平台，推动更多优质农副土特产品

实现电子商务平台交易，带动农民增收和脱贫致富。积极支持有条件的地方通过乡村旅游 APP、微信等网络新媒体手段宣传推广乡村旅游特色产品，支持有条件的贫困村发展成为智慧旅游示范村。鼓励各地建设集咨询、展示、预订、交易于一体的乡村民宿在线预订、农产品线上销售等智慧旅游乡村服务平台。

（二）以京津冀为视野，协同构建互联互通的智慧旅游圈

旅游产业发展方式的转型升级需要信息化手段来支撑和助推，需要大数据的支撑。河北联合京津协同发展旅游无疑是最佳的突破点和着力点，“协同”就要时刻有一盘棋的捆绑意识，摸清底数，完善资源的数据库建设，统筹并整合区域内的景区（点）、旅行社、酒店、购物、娱乐等信息的大数据，构建真正互联互通捆绑销售的京津冀“智慧旅游圈”，建立以北京为中心的区域旅游节点。

近年来，京津冀三地旅游部门围绕推进“旅游组织一体化”“旅游市场一体化”“旅游管理一体化”“旅游协调一体化”，以共同打造国际旅游目的地为目标，合力推动旅游协同取得实质性进展。具体来讲，京津冀智慧旅游圈应着力从京津冀全局的视角规划智慧旅游的服务、管理、营销等，加快提升智慧旅游所需要的各种信息技术的保障能力，建立京津冀区域旅游导览系统、手机 APP 客户端等多种应用软件，并重点在旅游服务智慧化的领域寻求突破，也就是智慧的人文属性。构建京津冀一体化的旅游综合服务平台和旅游电子商务平台，用智慧化的旅游信息服务提升用户的旅游体验和旅游品质，推动传统旅游方式向现代旅游方式转变。

（三）打造延伸河北旅游空间的“智慧旅游全产业链”

旅游作为一个整体产业，它的附加值是比较低的。智慧旅游就是通过信息技术手段来提升旅游者的体验和整体满意度，进而使旅游产业的附加值递增。目前，整个河北省旅游信息化及智慧旅游建设仍较多地依赖于全国知名信息技术企业，对当地的信息技术、设备等利用较少，未能很好地“就地取材”，造

成了本地资源的浪费。要加快整合全省信息技术企业、银行等金融机构、高校和科研院所等可依托资源，重点培育本土若干实力雄厚的旅游企业，积极促进河北本地中小信息技术企业积极投入区域旅游信息一体化及智慧旅游的建设中，发挥中小企业的独特优势，增强智慧旅游体系自身的“造血”功能，以项目为抓手，以产业融合创新为目的，用智慧旅游来延伸旅游产业链，用智慧旅游带动旅游业纵向和横向的可持续发展，实现河北旅游的全产业链发展。

加快智慧旅行社、智慧酒店、智慧景区等旅游服务商智慧化建设。搭建业内高效的资源整合平台，实现旅游企业与旅游者、旅游者与目的地之间的信息最有效的沟通，给游客、政府、景区都带来创新的发展思路。通过网站、手机APP等多渠道全方位地提供多种方式多种组合的旅游信息推送，让游客的游览过程更加便捷，提升旅游者游前、游中、游后的整体体验与满意度；建立可追溯的公正、公平、公开的智慧旅游全过程监管平台，引导旅游企业诚信服务，实现政府对全省旅游更高效的监督和引导，通过区域旅游大数据研究抓住新兴的旅游业态发展机遇，促进区域旅游的可持续发展。打造从研发到小型装备制造，能够延伸河北旅游空间的“智慧旅游全产业链”。例如在京张联合申奥与京津冀协同发展上升为国家战略的双重机遇下，充分发挥京津的智库优势和张家口的装备制造业优势，打造京津冀滑雪旅游产业集群，将滑雪旅游相关产品的研发、生产到销售做一条龙的整体规划。

（四）建设服务河北、辐射京津的区域智慧旅游智库工程

智慧旅游是科技创新与旅游业深度融合发展的典范，智慧旅游不能忽略人本身的智慧，需要团队规模和数量的不断可持续增长，需要理论与实践结合完整的人才培训体系。要积极推动以政府为主导、以企业为主体、以高校为人才培养基地、以研究机构为技术创新主要场所的智慧旅游创新体系建设。加速河北省智慧旅游人才梯队的建设，尽快建立省一级的智慧旅游人才交流平台，实现官方智慧旅游人才平台与民间旅游行业人才的资源互通，建设和完善面向京津冀全区域的智慧旅游智库工程。河北省要充分利用京津知名大学林立的资源

优势，由政府牵头跟资深院校签订智慧旅游人才特别是大数据人才培养协议，积极引导大学生由旅游就业向旅游创业观念的转变，依托行业领军企业，建设智慧旅游的学术研究、技术研发、产品研发、人才培养的智力基地，积极组织开展旅游企业的智慧旅游行业培训，提高旅游企业的智慧旅游应用水平，为区域智慧旅游的发展提供强大的智力及人才支持。建立起一支既懂旅游又懂智慧旅游技术的专业化复合型人才队伍，借助京津强大的教育资源，大力促进智慧旅游专业人才、营销人才、外语人才、导游和网站编辑队伍等智库资源的培养，建立健全符合区域实际并与国际接轨的旅游人力资源开发体系，不断探索人才培养、引进的新机制，使旅游人才在数量、质量和结构上都能满足国际一流智慧旅游目的地建设目标。

（五）继续完善“河北省旅游投融资平台管理系统”，打造河北省旅游升级版

2014年省旅游局组织研发了“河北省旅游投融资平台管理系统”，包括“三库一网”，即河北省旅游项目库管理平台（项目库）、河北省旅游招商库管理平台（招商库）、河北省旅游发展专项资金申报平台（申报库）和河北省旅游投融资官方网站等四大板块。这个系统在运行初期推进了全省旅游项目管理信息化、规范化，同时也引导了社会资本加大对旅游产业的投入，给全省旅游业的可持续发展提供了有利条件。接下来，应该继续完善此系统的深层次建设，进一步创新投融资方式，重点抓好河北旅游产业引导股权投资基金运作，引导撬动社会资本更多地投向全省旅游产业，从而进一步推动全省旅游产业转型升级，逐步打造河北省旅游升级版。

京津冀智慧旅游创新模式探究

刘邦凡[①] 张 贝[②]

【摘 要】本文基于京津冀智慧旅游发展现状和制约因素的现实基础，从创新模式的构建、平台的建设、组织协调机制以及保障机制四个方面探究京津冀智慧旅游创新模式，旨在通过构建政府主导的京津冀智慧旅游创新模式，为区域智慧旅游发展提供一般范式和实践指导，从而实现京津冀智慧旅游发展的深层次应用价值。由此，本文论述以下四个部分：首先，通过分析模式构建的必要性和可行性、构建原则、参与主体确立了京津冀智慧旅游创新模式框架；其次，通过对京津冀智慧旅游云服务平台建设、政务网站建设、智慧景区建设、信息服务建设、行业管理建设五个方面的系统规划确立了京津冀智慧旅游平台建设；再次，通过对京津冀智慧旅游组织机构、利益协调机制、信息协调机制三个方面的分类建设确立了京津冀智慧旅游创新模式的组织协调机制；最后，通过对京津冀智慧旅游的市场运行机制、

---

① 刘邦凡（1967—），男，重庆涪陵人，博士，燕山大学公共管理学院党委书记、教授、博士生导师。主要从事公共经济管理研究。

② 张贝（1991—），女，河北保定人，东北大学秦皇岛分校教师。

投融资体制以及绩效评估机制的合理构建明确了京津冀智慧旅游创新模式的保障机制。

【关键词】京津冀　智慧旅游　创新模式

智慧旅游在智慧地球和智慧城市的基础上得到快速发展，改变了传统旅游信息服务模式和应用机制，革新了旅游者高效便捷地获得旅游信息的途径。总体看，智慧旅游指的是以物联网、人工智能、云计算以及移动终端通信技术等为支撑，建立在终端旅游者对旅游信息服务需求的基础上，通过对旅游信息和资源的感知、整合以及互动利用，提供多层面、多载体、多形式的旅游信息服务的全新旅游发展业态。旅游信息化发展的高级阶段形成了智慧旅游，它能够以旅游者需求为根本，通过全方位的感知了解最新旅游信息动态，通过多种媒介提供信息化服务和应用。

一、京津冀智慧旅游创新模式构建

（一）模式构建的必要性

随着信息技术与现代旅游业的高度结合，智慧旅游应运而生，为旅游者提供了便捷、高效、个性化的服务模式，同时促使旅游业管理和运营机制的系统集约化革新。为此，加快智慧旅游在我国的发展，不仅是信息时代以及国家政策发展的需要，更是旅游业可持续发展的方向。京津冀作为区域旅游合作发展的先行者，在区域经济、旅游资源、政府合作、政策支持以及信息化的基础上得到一定的旅游合作和发展，取得了一些成绩，但是至今为止未形成区域旅游联动效应，距离与世界性的区域旅游竞争还有很大差距。同时由于京津冀三方主体的特殊性，使得京津冀区域旅游面临合作机制不健全以及组织效率低下困境，区域旅游行政壁垒严重使得旅游信息面临孤岛现象。目前京津冀智慧旅游发展受平台建设、组织协调制度以及保障机制等因素的制约，使得京津冀旅游发展很难向更深层次的合作推进，阻碍了京津冀旅游一体化进程。不利于京津冀旅游合作的可持续协调发展的诸多问题，使得区域智慧旅游创新模式具有必要性和可行性。鉴于此，以智慧旅游为突破点，旨在通过构建政府主导的京津冀智慧旅游创新模式，为区域智慧旅游发展提供一般范式和实践指导，从而推动京津冀智慧旅游的可持续发展，实现京津冀智慧旅游发展的深层次应用价值。

（二）模式构建的原则

1. 系统化

京津冀作为一个区域整体，内部存在很多个体和部分，如何进行整体规划和协调，形成系统凝聚力是构建京津冀智慧旅游创新模式的重中之重。此外，鉴于京津冀旅游合作的复杂性和大范围化，使得不同主体间由于社会经济、政治地位、文化发展、旅游业所处发展阶段以及地区结构差异影响，在京津冀智慧旅游整体模式的构建中所处的层次和具体运行方式会有所不同，这就使得以系统化的思想和原则出发构建相应模式成为客观需要。

2. 智能化

智慧旅游的发展建立在信息化以及智能化的基础之上，需要对数据资源进行技术分析和处理，以满足旅游者多样化的旅游信息需求。京津冀智慧旅游创新模式应该也必须建立在智能化的基础之上，如智慧景区、智慧旅行社、智慧酒店等都是在对旅游信息的智能化应用和处理中得以实现。鉴于此，智能化成为京津冀智慧旅游构建的必要原则之一。

3. 可实施性

京津冀智慧旅游创新模式是一项系统工程，它的可实施性决定了模式构建的成败。京津冀区域整体和内部存在着很多结构化和制度性的矛盾和问题，这就需要跨行政区划的组织协调机制的构建以及保障机制的实施作为支撑，确保其顺利运行。

（三）参与主体确立

京津冀智慧旅游创新模式的构建涉及很多利益主体和相关旅游生产要素，作为一个系统工程，为确保模式构建的系统性、智能性以及可实施性，需要强有力的主体去支持、运作和调控。在我国现有国情下，政府作为推动区域旅游合作的关键力量，在区域旅游合作中发挥着政策制定者、合作倡导者以及利益协调者的角色，所以政府无疑是京津冀智慧旅游发展初期模式构建的主体第一选择。同样鉴于智慧旅游是一个主体层次复杂的工程，涉及的主体除政府外，还应涵盖旅游者、旅游景区、目的地商家、旅游行政部门等，所以京津冀智慧旅游创新模式的构建是建立在政府主导下的涵盖旅游者、旅游景区、目的地商家、旅游行政部门的多元化主体运营机制。

（四）创新模式构建

京津冀智慧旅游创新模式是在大数据时代背景下区域旅游合作的必然选择，在明确区域创新模式构建的系统化、智能化以及可实施性原则下，应建立在政府、旅游者、旅游景区、目的地商家以及旅游行政部门等参与主体的基础之上进行整体性、多层次构建，如图 1 所示。

二、京津冀智慧旅游平台建设

（一）京津冀智慧旅游云服务平台建设

京津冀智慧旅游作为一个复杂工程，需要对海量的旅游信息进行筛选、整理、分析和预测，其中包含各行各业、多层次、多目标主体的全方位应用服务，这些使得信息共享和交互变得至关重要。云服务平台的建设可以通过云计算实现对旅游信息的按需使用，使得旅游资源服务能够大规模实时性提供，在一定程度上可以减少智慧旅游的建设成本，加快京津冀区域智慧旅游的系统集约化建设，避免信息孤岛现象。京津冀智慧旅游云服务平台建设是建立在京津冀实际需求的基础上，通过云交换和云搜索实现自下而上的多层次构建，将各类云

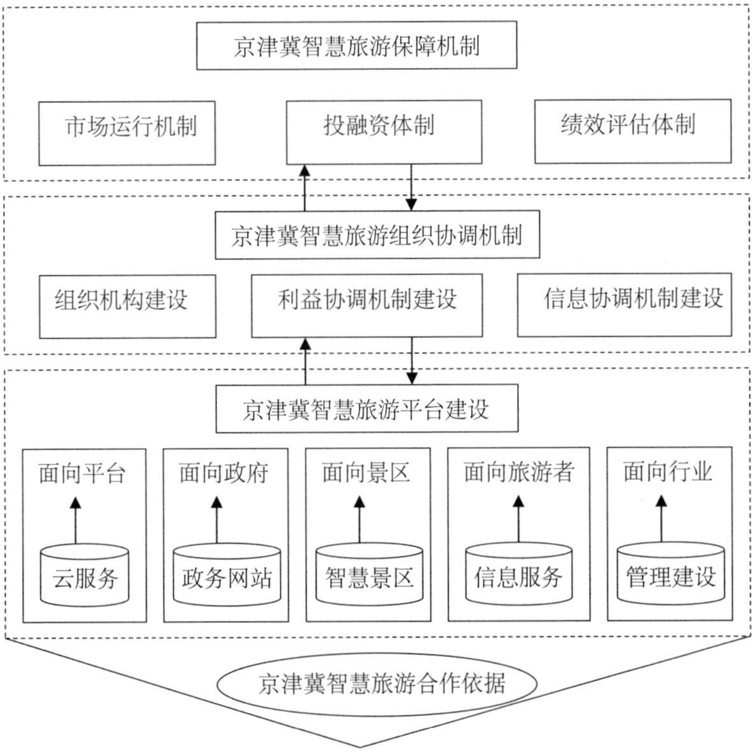

图 1：京津冀智慧旅游创新模式框架

数据进行调度管理，以实现区域整体的集约化、高效化运作，如图 2 所示。具体而言，包括首先是基于主机、存储器、网络以及 I/O 等物理资源的京津冀智慧旅游云基础设施建设，运用 Iaas 理念的用户与基础设施间的资源虚拟化转换,使用户能够按需查询和使用相应的信息计算资源。其次,基于旅游基础信息、业务信息、服务信息以及决策信息的京津冀智慧旅游云数据中心建设，其目的是将京津冀旅游信息进行集中管理，并通过云交换和云搜索实现旅游信息的共享。再次，基于政务云、公共云、企业云的京津冀智慧旅游云应用体系，是整个云服务平台建设的关键，是 PaaS 和 SaaS 功能的集中反映，主要通过对游客、政府部门、旅游相关企业提供全方位的旅游信息服务，满足各层次主体对旅游信息的需求。最后，基于云管理、云安全以及云运维的京津冀智慧旅游云支撑体系，通过对京津冀旅游云数据的管理、安全监控和运行维护实现流程标准化

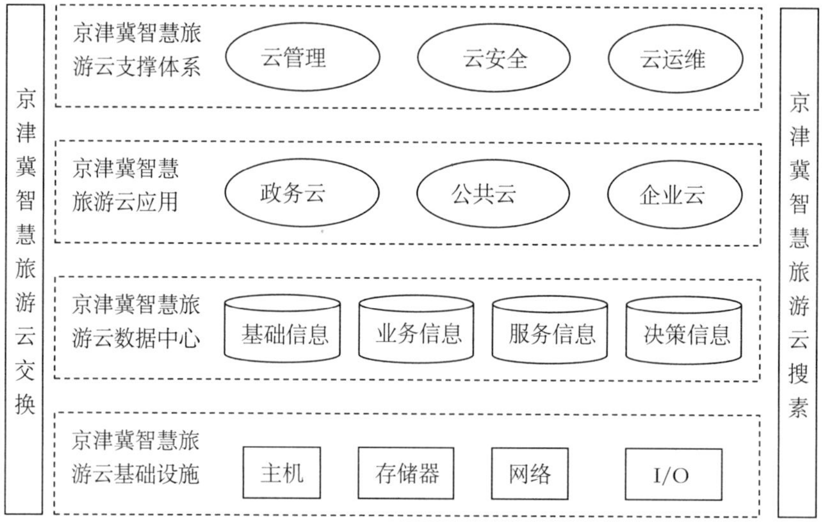

图 2：京津冀智慧旅游云服务平台体系框架

支撑，同时运用 PDCA 循环相应提升京津冀智慧旅游云数据，促进京津冀智慧旅游云服务平台的可持续发展和运营。

（二）京津冀智慧旅游的政务网站建设

京津冀智慧旅游政务网站的建设能够提升组织效率，提升旅游目的地政务部门的工作实绩。鉴于京津冀智慧旅游的发展必须建立在三个特殊主体之上，京津冀智慧旅游建设需要做好三地独立个体以及整体区域的政务网站建设。首先，京津冀区域整体智慧旅游政务网站的建设应做好包括公共信息服务、政务信息公开、公众参与、在线实时办事以及招商引资工作。通过公共信息服务以及政务信息公开将整体相关旅游信息进行分类整合，及时发布；通过增加公众咨询、公众投诉、公众调查以及意见箱等形式实现公众参与；通过为公众提供京津冀旅游区域信息的专业目录以及各类办事流程及指南实现京津冀智慧旅游政务网站的在线办事功能；通过及时公布相关招商引资政策和具体操作流程实现京津冀智慧旅游政务网站的招商引资。其次，京津冀三地独立个体的智慧旅游政务网站建设在参考区域整体的基本模块外，应增加旅游目的地的门户资讯网站，如天津旅游信息资讯网，将各个地区的旅游相关生产要素信息，如餐饮、住宿、娱乐、旅行社等，进行整合形成一站式旅游服务，方便旅游者对区域内部个体的旅游信息的查询；此外，还可在政务网站上开展电子商务，增加景区门票预订、酒店住宿预订、餐饮预订、交通查询、旅行社预订、导游预订以及相关购物商店预订等功能，在方便游客的同时增加京津冀旅游收益。

（三）京津冀智慧旅游的智慧景区建设

京津冀智慧旅游的构建不是形式主义，需要借助智慧景区的建设，完善其旅游目的地景区的系统化平台。目前京津冀地区智慧景区的建设尚处于初步探索阶段，未形成具体运营机构和框架，鉴于此，首先应构建属于京津冀地区的

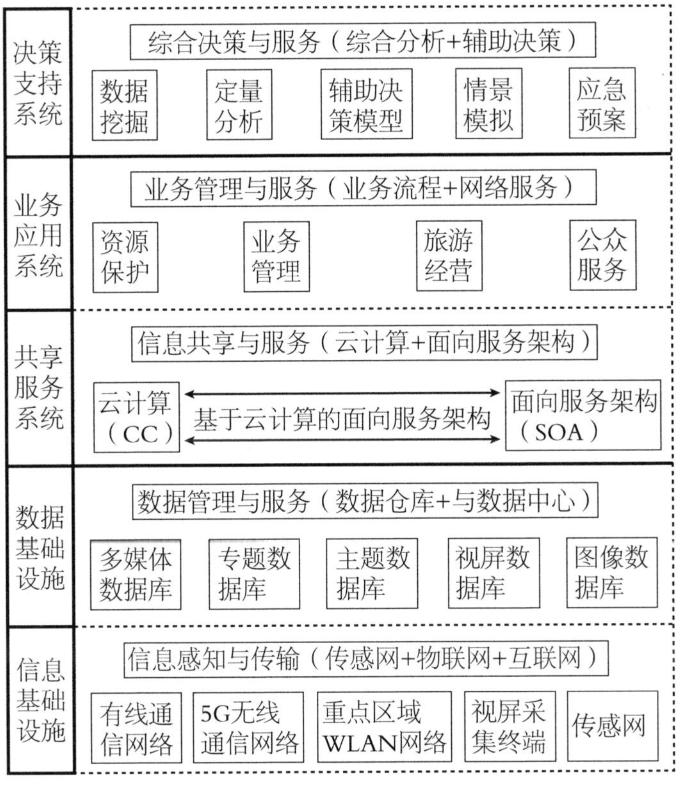

图 3：京津冀智慧旅游景区总体构架

智慧景区框架，明确其具体模块和相应的操作系统，如图3所示。京津冀智慧景区应建立在智慧旅游的发展背景下，明确景区的实际需求，建立基于信息基础设施、数据基础设施、共享服务系统、业务应用系统以及决策支持系统模块的主体框架。其次，京津冀地区旅游资源丰富，智慧景区的建设不可能普及化，所以在京津冀智慧旅游初期，针对京津冀地区的国家级风景名胜区或者高级别的景区进行试点，然后应用到具体景区的建设中。目前北京、天津以及河北省的5A级景区15个，可初步对其进行相关规划和建设，在起到带头作用的同时增强京津冀整体智慧景区的阶段性建设成就。再次，京津冀智慧景区的建设应建立在信息服务、宣传营销以及运营管理的具体相关应用的基础上，利用信息设施实现景区预订以及虚拟导游导览功能，同时利用全景照片以及全球眼四线景区实时体验。此外应利用RFID技术实现景区电子门票系统，对景区进行监控、环境监测等多功能服务，实现京津冀智慧景区的智慧旅游。

（四）京津冀智慧旅游者信息服务建设

京津冀智慧旅游者信息服务的建设是智慧旅游的应有之意。智慧旅游时代旅游者对旅游信息的需求不再只是简单的查询，而是包括预订、交流以及相关流程办理等多样性需求。鉴于此，京津冀智慧旅游者信息服务建设应从以下两个方面入手：首先，京津冀地区应进行旅游移动网站建设，建立包含旅游相关资讯、虚拟化的旅游体验模块、移动电子商务以及旅游社区等模块的现代化网站，为旅游者提供泛在化的旅游信息服务。其次，成立京津冀智慧旅游者信息服务中心，适时获取和监控京津冀整体及局部区域信息，保证为旅游者提供最新、最准确的旅游信息服务。同时对旅游信息进行区域调控，方便北京、天津、河北地区对信息的需求，加快实现旅游者信息服务建设的高效性和准确性。

（五）京津冀智慧旅游的行业管理建设

京津冀智慧旅游是一个系统工程，其中参与主体涉及政府、旅游者、旅游景区、目的地商家以及旅游行政部门等，这就需要进行行业管理，避免恶性竞争引起的分裂旅游现象。首先，应明确在京津冀智慧旅游发展初期，政府在智慧旅游者的主导地位，以此建立相应的基于行政审批、旅游执法、评级评星、12301 呼叫中心以及旅游投诉等方面旅游行政服务系统。其次，鉴于京津冀地区旅游业发展迅速，国内游、出境游、入境游等市场的监管系统不完善，应成立京津冀旅游团队管理系统，涵盖省（市区）、地（市州）以及县三级系统，为旅游管理部门、旅行社以及旅游者提供各个层次的管理服务平台。再次，完善京津冀智慧旅游的检测预报系统，针对京津冀各级旅游信息进行统计、整理、分析和相关预测实现旅游信息的高效全面性。

三、京津冀智慧旅游创新模式组织协调建设

（一）京津冀智慧旅游组织机构建设

京津冀智慧旅游组织机构的建设建立在长期的旅游合作基础之上，为实现区域旅游合作的实质性进展，加快制度化组织机构建设应构建有实权的、专门负责进行京津冀旅游管理协作的权威机构。同时京津冀区域内部各主体经济发展方向、旅游业发展战略不同，区域性的旅游合作面临很多制度性客观障碍，这就需要借鉴粤港澳地区模式，通过在长期的合作中积累经验，召开“旅游协作区联席会议”，定期进行信息交流以改变市场信息的不对称，加强区域合作，避免出现旅游信息孤岛现象。其中京津冀智慧旅游组织模式可以分为两类，一类是旅游主管部门发起的联席会议，这类会议侧重于区域智慧旅游发展的微观具体方向层面；另一类是除旅游主管部门外，其他政府相关部门举办的以旅游合作为专题讨论的联席会议，这类会议侧重于区域发展的宏观重大方向层面。

具体而言，可首先成立京津冀区域智慧旅游发展领导小组，负责京津冀区域的宏观组织管理工作和政策制定，组织召开“京津冀区域联席会议”以及“京津冀智慧旅游协作会议”等，突破区域行政壁垒，加强对区域旅游合作的交流和进展。其次，在其下设立北京、天津、河北地区智慧旅游领导小组，负责推

进智慧旅游产品的开发、大型会展及节庆活动的召开、区域智慧旅游建设、区域旅游资源的共享与保护、旅游市场的管控与治理、旅游客运网络及集散中心的建立、京津冀区域旅游形象的塑造、智慧景区服务标准及培训等具体智慧旅游合作事项。再次，在京津冀区域个体正式组织之下鼓励成立各类非正式组织，扩宽旅游者信息表达渠道，通过非正式组织实现旅游信息的合理配置，提升旅游正式组织的效率。

（二）京津冀智慧旅游利益协调机制

鉴于京津冀政府间处于多边多级格局，各个区域从旅游地方保护主义和个体利益出发，对智慧旅游合作造成了重重障碍，这就使得建立区域智慧旅游利益协调机制变得至关重要。虽然目前存在非制度化的区域协调机构，但这根本不能满足京津冀智慧旅游系统工程的利益模式要求，所以首先应在公平、平等和互利的基础上建立京津冀智慧旅游利益协调机制，通过制定京津冀地区利益共享和协调机制的相关约束性法律协议在保障区域智慧旅游合作规则，加快京津冀智慧旅游利益协调和补偿机制的制度化。其次，借鉴欧盟旅游一体化相关政策，成立京津冀智慧旅游发展委员会，设置合作公用基金，该基金的使用和审批权隶属于京津冀智慧旅游发展委员会，该合作公用基金的来源是北京、天津以及河北省三地每年的旅游年收入按一定比例的提留，同时按照三地地域空间以及常住人口的比例进行加权综合衡量计算具体缴纳费用。这一做法可以实现京津冀智慧旅游发展的利益补偿机制，使暂时性损失的地区能够从利益补偿中得到短期利益保障，有利于实现京津冀智慧旅游的可持续快速发展。

（三）京津冀智慧旅游信息协调机制

京津冀智慧旅游信息协调机制的建设可以从以下两个方面出发：首先，建立区域旅游信息共享机制。京津冀智慧旅游的发展离不开区域信息的资源共享，三地应就该区域旅游信息合作平台进行讨论分析，建立区域旅游信息共享机制。其中涉及旅游网站的建立、旅游目的地营销系统的研究、区域政府间的合作以及相关信息技术的支持，通过各地旅游信息数据库的交流和共享，实现智慧旅游信息无缝隙合作。其次，建立区域网络无障碍旅游。借鉴“长三角”无障碍旅游区的网络化创新模式，京津冀区域首先可以召开区域会议商讨具体运作模式，通过依托信息化技术建立旅游超市，完善交通网络体系和建立中心旅游城市集散中心实现区域网络无障碍旅游。区域内部各个集散中心在网络上可通过建立各自的专用网站，使得旅游者可以在任何时间、任何地点、任何一家网站查询到京津冀旅游地区其他城市的相关旅游信息，为旅游者出行和旅游提供便利。同时集中网络上的信息可以用于适时反馈到联网系统中，使得集散中心及时安排各类接待工作，为自助旅游者提供可靠保障。

四、京津冀智慧旅游创新模式保障机制建设

（一）京津冀智慧旅游市场运行机制

京津冀智慧旅游市场运行机制的构建是对智慧旅游区域良好运行的可靠保障。首先，鉴于京津冀三地主体差异性的存在，应构建统一的区域智慧旅游市场，建立区域统一的市场竞争规则，明确区域智慧旅游市场分工模式。京津冀三地由于存在旅游资源的差异性，各自发展旅游业的重心以及其依托的旅游市场不同。这就需要根据不同地区间旅游发展水平的不同梯度，对不同城市的旅游功能和产品进行地域分工与协作。为实现优势互补，克服旅游产品同质化倾向，杜绝低水平的重复建设和恶性市场竞争，京津冀地区各城市应确定不同的旅游业发展方向，在工作的基础上实现区域智慧旅游的合作。其次，应平衡京津冀智慧旅游市场和行政力量，在政府的相关行政指导下，充分尊重旅游市场资源配置的客观规律，发挥旅游企业的主体作用。智慧旅游的功能体现需要具有市场敏感性的旅游企业的高度配合，发挥智慧旅游资源的市场价值。所以这就要求政府宏观调控地区壁垒，为智慧旅游企业提供公平、自由、跨地区资本整合以及人力资源自由流动的良好信息化环境，保障京津冀智慧旅游的市场运行。

（二）京津冀智慧旅游的投融资体制

京津冀智慧旅游的投融资体制是整个系统的动力要素，也是任何组织开展的首要具备条件。京津冀区域智慧旅游的发展除依赖国家的财政拨款、银行贷款、地区旅游收入、政策资助以及项目投资等渠道外，应建立具备多样性以及灵活性的智慧旅游投融资体制。首先，加强与金融机构的合作，创新智慧旅游金融信贷支持方式，扩大京津冀旅游投融资的规模，通过建立智慧旅游项目的银行企业以及政府企业的合作开发机制，实现智慧旅游的信贷投入资本。其次，采用 BOT 方式对旅游项目进行融资开发，利用具体运营模式拓宽京津冀智慧旅游的融资渠道，通过借鉴国外先进智慧旅游资金管理经营经验，实现智慧旅游项目的开发和合理运作；再次，京津冀智慧旅游投融资渠道应多角度利用民间资本，实现民资对智慧旅游产业的大范围参与，在扩宽渠道的同时实现智慧旅游公司的融资发展。

（三）京津冀智慧旅游绩效评估机制

京津冀智慧旅游的长效保障机制实现需要绩效评估体制对智慧旅游单位进行相应的考核、监督和评价，以明确其实际建设效益和未来发展方向。首先，京津冀智慧旅游应建立具体评估标准，针对各行各业的具体操作规范和程序进行调研确立具体衡量标准。同时，明确绩效评估对象——智慧相关企业，包括景区、旅行社、酒店等，以及公共服务体系。通过对其实际操作与规范的对比评估，推动智慧旅游的绩效评估进展。其次，设立具体评估指标，鉴于京津冀智慧旅游建立在智能化、信息化的基础之上，其评估指标应注重智慧与旅游的双重结合，避免片面性指标的设置多造成的评估不全面现象。同时，还应对具体指标进行权重计算，实现京津冀智慧旅游绩效评估的科学化。再次，将评估结果及时反馈到京津冀智慧旅游的实际操作和项目中，同时根据绩效结果进行智慧旅游政策和实施细则的具体调整和更新，以保障京津冀智慧旅游的健康可持续发展。

□ 参考文献

[1] 陈涛，徐晓林，吴余龙．智慧旅游：物联网背景下的现代旅游业发展之道 [M]．北京：电子工业出版社，2012.

[2] 李彦丽，路紫．京津冀旅游信息化合作模式及策略研究 [J]．情报杂志，2006（2）：112–114.

[3] 白翠玲，李占乔，苗泽华．京津冀区域旅游发展中政府合作机制研究 [J]．商业时代，2008（18）：93–94.

[4] 杨荣斌，郑建瑜，程金龙．区域旅游合作结构模式研究 [J]．地理与地理信息科学，2005（5）：95–98.

[5] 王虹，廖文喆．政府主导型智慧旅游创新模式研究 [J]．社会科学论坛，2014（5）：194–201.

京津冀文化创意产业协同发展的问题及对策研究

贺　艳[1]

【摘　要】产业协同发展是实现京津冀协同发展的实体内容和重要支撑。京津冀文化创意产业的协同发展在产业延伸转移、项目合作对接等方面发挥着举足轻重的作用。为了推进三地文化创意产业的协同发展，文章通过对京津冀发展文化创意产业优势的比较，从加强区域联合，形成新的合作机制；实行分层管理，强化产业示范集聚区带动作用；完善产业链建设，提高文化产业区域关联度等方面，提出协同发展的对策建议。

【关键词】京津冀　文化创意产业　协同发展

文化创意产业是文化、科技和经济深度融合的产物，是当代社会经济发展的重要支撑。文化创意产业的发展程度和规模，已经成为一个国家或城市综合竞争力高低的重要标志之一。近年来，京津冀地区文化创意产业快速发展，成

---

① 贺艳，北京市委党校经济学教研部副教授，经济学博士。研究方向为产业经济。研究成果包括主持和参与省部级课题 7 项，在核心期刊发表论文十多篇。

为推动地区发展的重要动力。随着《京津冀三地文化领域协同发展战略框架协议》的签署，京津冀三地的文化产业将依据优势互补、共建共享、统一开放的原则，充分发挥各自优势，形成一体化发展的新趋势。2015 年 4 月 30 日，中共中央政治局审议通过了《京津冀协同发展规划纲要》，为进一步推动区域文化创意产业的协同发展带来了机遇。但目前在京津冀文化创意产业的协调发展中还面临不少问题，需要不断探索和解决。

一、京津冀文化创意产业发展现状

京津冀有着各具特色的发展文化创意产业的丰富文化资源条件，依托这些条件，京津冀地区近年来的文化创意产业得到了快速发展，也为三地文化创意产业的协同发展奠定了基础。

（一）京津冀发展文化创意产业的基础

北京作为国家的文化中心和现代化国际城市，兼具历史内涵和现代气息，发展文化创意产业的城市资源非常丰富。一是北京城市发展的目标定位是“弘扬历史文化，保护历史文化名城……多元化的世界文化名城”。在城市发展进程中集聚了大量的现代文化的形态和观念，为文化创意产业的发展提供了条件和动力。二是北京的高校、科研机构密集，人才储备充足，文化机构集中，文化活动众多等，为文化创意产业的发展提供了人才保障。三是北京以服务型经济为主导产业，市场需求不断增长，文化消费市场巨大，为文化创意产业发展奠定了市场基础。四是文化创意产业的政策推动。北京市政府不仅出台促进文化创意产业的一系列相关政策、制定“十二五”文化创意产业发展规划，而且投入大量资金扶持文化创意产业发展，为文化创意产业发展提供了政策保障。

天津文化产业发展依托天津独特的地域文化。第一，天津是多元文化的汇聚地。天津有着最早通商口岸之一的“租借文化”，传统建筑保留完好，形成自身的品牌；天津的曲艺是形成城市特别的文化景观。第二，天津既是商埠文化的集散地，又是近代民族工业的发源地，保留了大量建筑和工业遗存，成为文化创意发展的物质依托。第三，天津是近代高等教育的发祥地，具有教育文化历史优势。如有著名的南开大学、天津大学等高等学府。第四，天津滨海新区以国家改革试验区的战略位置，为天津发展文化产业提供了经济条件。

河北是文化资源大省，为文化产业发展提供了丰富的创意资源。河北有世界文化遗产 5 处，国家级文物保护单位 168 处，居于全国第三。民间的文艺资源也十分丰富，既有全国著名剧种，又有众多民间艺术和民间工艺品知名品牌。河北还拥有丰富的红色文化旅游资源。这些文化资源为文化创意产业的发展提供了有利条件。同时，河北创新文化产业发展理念，把发展文化创意产业确定为影响未来发展的战略产业，先后出台了建设文化大省、加快文化事业和文化产业发展、推动动漫产业发展等一系列政策，推动了文化创意产业的大力发展。

（二）京津冀文化创意产业发展现状

1. 北京文化创意产业发展状况

近年来，北京文化创意产业增加值一直保持稳步增态势（如图 1 所示），2005 年文化创意产业开始起步，经过不到十年的发展，2013 年已经达到

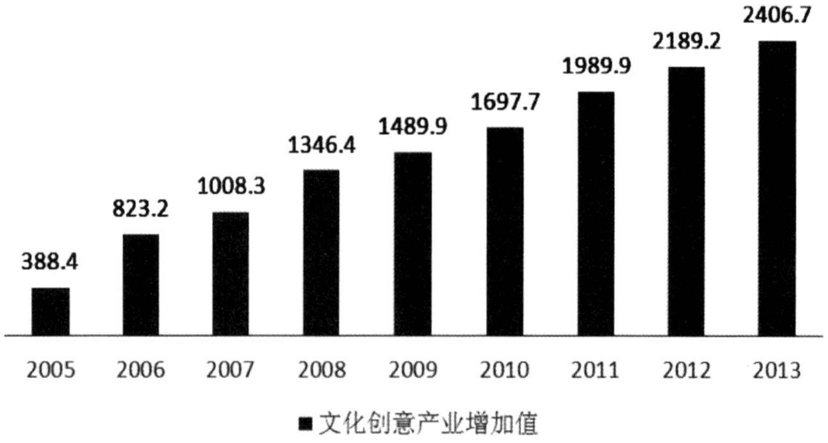

资料来源：《北京统计年鉴》（2006-2014）

图 1：2005—2013 年北京市文化创意产业增加值（亿元人民币）

2406.7 亿元人民币，增长了 5.2 倍。文化创意产业增加值对北京市经济发展的贡献也逐年显现（如图 2 所示），近年来，一直保持在 12% 左右。文化创意产业增加值对于北京市经济发展的贡献越来越大，文化创意产业已经成为北京市的重要支撑产业之一。

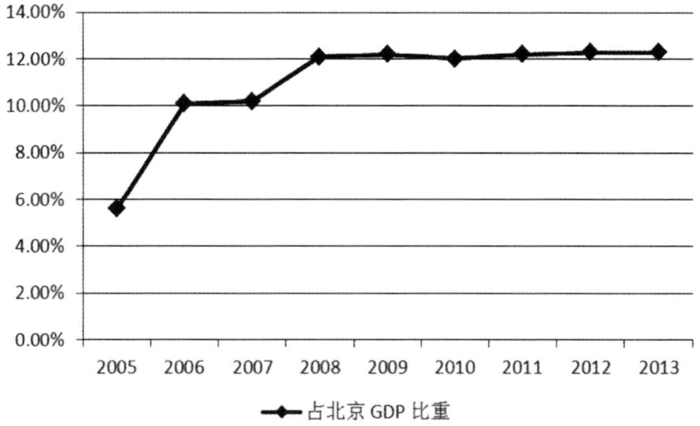

资料来源：《北京统计年鉴》（2006—2014）

图 2：2005—2013 年北京市文化创意产业增加值占北京 GDP 比重

作为北京市第三产业的重要构成部分，文化创意产业在解决首都就业方面做出了较大贡献。2005 年北京文化创意产业的总体就业人数就已经达到了 55 万

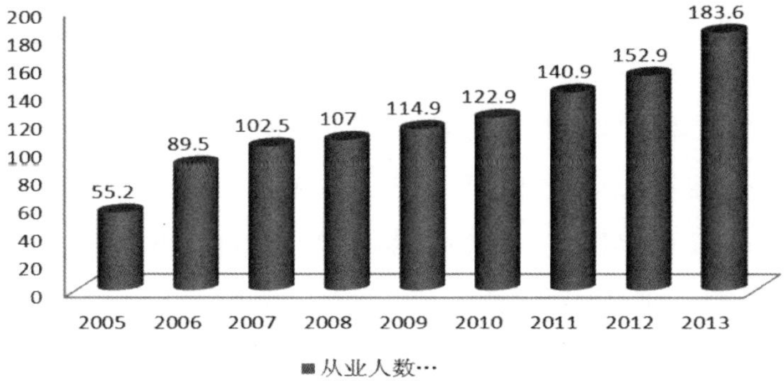

数据来源：《北京统计年鉴》（2006—2014 年）

图 3：2005—2013 年北京市文化创意产业吸纳就业人数（万人）

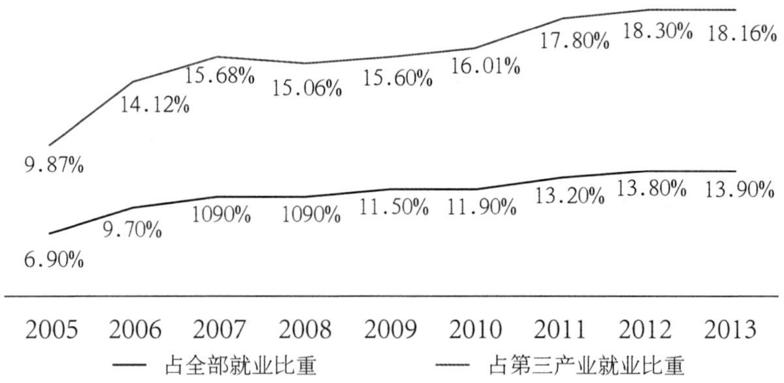

数据来源：《北京统计年鉴》（2006—2014 年）

图 4：2005—2013 年北京市文化创意产业就业所占比重变化

之多，近年来随着首都常住人口的剧增，这一数字也在逐年递增，截至 2013 年全市文化创意产业吸纳就业人数已经达到 183.6 万人（如图 3 所示）。北京文化创意产业吸纳的就业人数占总体就业人数的比例也在逐年上升（如图 4 所示）。

北京文化产业的发展带动了文化创意产业集聚区的发展。截至 2012 年底，30 家市级文化创意集聚区内 779 家规模以上文化创意产业法人单位，共实现收入 1323.2 亿元，同比增长 10%，占全市文化创意产业产值比重 14.2%。北京市以骨干文化企业和战略投资者为主体、市级文化创意产业集聚区为依托的发展格局初步形成，集聚区已经成为北京市文化创意产业发展的重要载体和经济发展的新引擎。为了支持集聚区的进一步发展，2012 年，北京市成立了文化发展专项基金，文化发展专项基金每年投入 100 亿元用于支持文化创意产业发展。为了避免集聚区间的同质恶性竞争，北京市把各个区县的功能定位跟集聚区的建设有机结合，对文化创意产业进行整体布局，规划建设成为 20 个文化创意产业功能区（如图 5 所示），形成特色化、差异化、集群化的发展态势。但北京文化创意产业还存在创新力不足、科技、文化、金融没有真正融合、产业链不完整、高端人才缺乏等问题。

2. 天津文化创意产业发展状况

近年来，在天津市政府的大力推动下，天津文化创意产业得到快速发展。

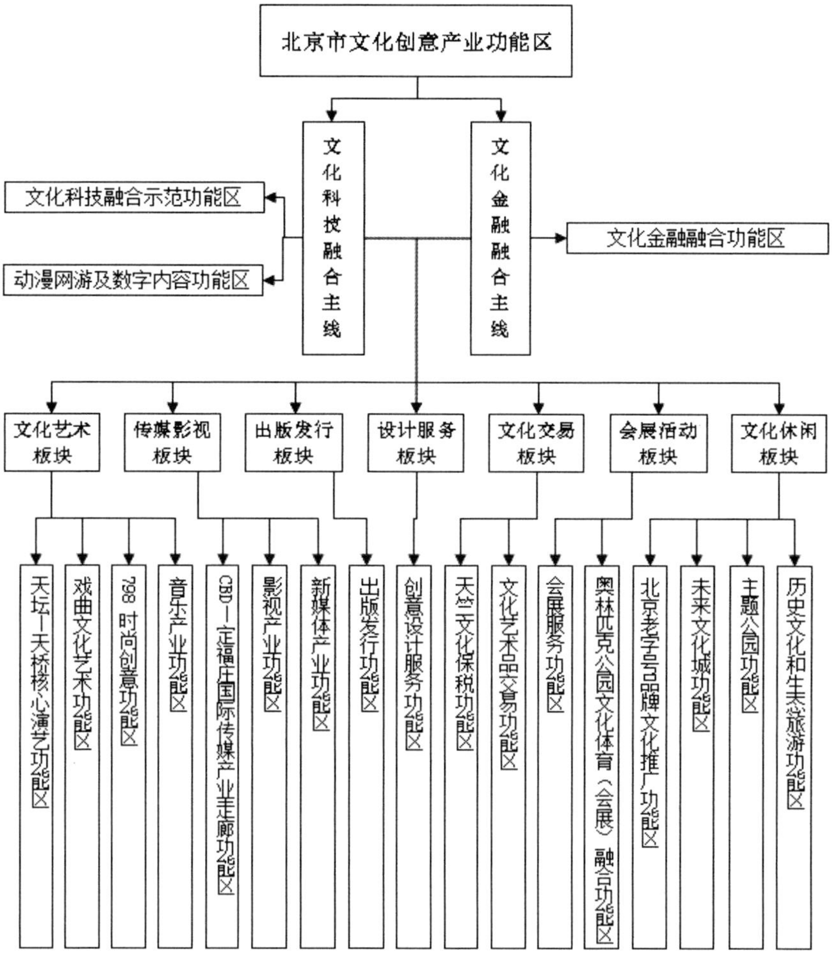

资料来源：北京文化创意产业中心网站

图5：北京市文化创意产业功能区产业发展体系

全市文化产业增加值连续保持年均20%以上的增长速度，2013年全市文化创意产业增加值为1070亿元，占全市GDP比重达到7.5%。天津依托海河和南北运河两岸自然和历史文化资源及沿海先进的制造业基础，充分挖掘和利用城市工业遗存和风貌建筑，大力建设创意产业园或集聚区，形成了文化创意、广播影视、出版发行、演艺娱乐、数字内容与动漫、文化旅游、文化会展、艺术品交易等文化产业集聚区格局。包括国家动漫产业综合示范园、国家级滨海新区文化示范区等国家级文化创意产业集聚区 9 个，其中滨海新区拥有“国家影视网络动漫实验园”和“国家影视网络动漫研究院”两大“国字号”品牌，汇集了完美世界、人人网、奇虎 360、北方电影集团等 100 家全国知名的文化创意企业。天津还成立了文化创意产业的发展资金，资金总数达到 7 亿元，每年以贴息的方式资助文化创意企业发展。天津文化创意产业在发展中也面临着不少困难，如缺乏高端人才聚集、自主创新能力不足、产业集聚效应不突出、企业规模较小等问题，阻碍着产业的进一步发展。

3. 河北文化创意产业发展状况

河北省文化创意产业得到了很大发展。2012 年河北省提出围绕 “红色太行、壮美长城、诚义燕赵、神韵京畿、弄潮渤海”五大品牌建设文化产业集聚区。其中，影视制作、动漫游戏、出版印刷、文具生产、艺术品业等行业集聚效应较为明显。2013 年河北省文化产业增加值达到 950 亿元，占 GDP 的比重为 3.25%，对经济贡献率达到 3.3%，吸纳就业人员达到 69.4 万人，文化创意产业成为经济发展的重要推动力。为了支持文化创意产业的发展，河北省规定集聚区享受省级经济开发区的待遇，在土地利用、税收优惠等方面与工业园区同等的优惠政策。同时，政府设立了文化发展引导资金，组建了股权投资资金，用于扶持文化创意企业发展。尽管河北文化创意产业发展较快，但制约产业发展的因素也较多。主要有文化产业的同质化发展、品牌建设与创新不足、文化产品市场消费不足、人才匮乏等，这些因素严重制约着河北省文化创意产业的发展。

二、京津冀文化创意产业协同发展存在的问题

尽管京津冀三地依托各自的资源优势，文化创意产业都有了很大的发展，但问题也不少。而且在京津冀协同发展方面，问题更为明显。长期以来，京津冀地区文化创意的发展各自为政，缺乏区域联动和合作机制，造成了产业发展的趋同和集群效应的弱化，这些问题直接影响到各地产业的发展。

（一）缺乏统一规划，发展方向趋同

长期以来，由于缺乏协调机制，京津冀地区文化创意产业没有一个统一的规划和布局，北京、天津和河北都在各自的体系里规划发展，没有考虑整个区域文化创意产业发展的布局和结构。在这种各自为政的机制下，区域内文化资源未能充分整合、统筹，造成发展思路单一，出现了产业的同质化发展，重复建设和资源浪费严重。就拿动漫产业来说，天津有国家动漫产业园，北京有国家动漫游戏产业园，河北有石家庄动漫创意产业园、保定动漫基地等，涉及动漫产业的集聚区就有几十个，同质化倾向严重。

（二）区域联动不足，没有形成合作效应

京津冀文化创意产业联系松散，各地区间缺乏比较优势基础之上的产业合作。北京和天津作为该地区两个特大型中心城市，在争做区域经济发展“龙头老大”的过程中，出现了明显的主导产业趋同现象，这点也表现在文化创意产业的发展上。三地没有发挥各自的资源优势，形成文化创意产业的错位、互补、合作发展格局。目前的财税政策体制也使得各地区只追求本区域发展而忽视相互间的合作，这导致了产业对接的障碍及公共服务产生落差，直接的后果就是各地发展的不平衡。即使有合作，由于缺乏政策支撑体系，也是浅层次的合作居多，深层次的产业合作甚少，合作方式单薄，影响了区域产业竞争力的提升。

（三）产业关联性不强，没有发挥产业集群的协同效应

多数文化创意产业之间的产业关联性不强，没有形成完整的产业链，不能形成产业集群的协同效应，企业之间也没有通过交易、合作的形式形成固定的网络化组织构架，正式或非正式的联系所形成的知识和信息外溢，劳动力共享等集群优势在集聚区并没有充分显现出来，企业并没有因集聚而导致竞争力增强。

三、京津冀文化创意产业协同发展的对策建议

当前文化创意发展恰逢京津冀地区产业布局重组、区域分工、产业转移等协同发展重大战略实施的良机，文化创意产业发展也面临着区域联动、产业对接的整合发展机遇。为此，京津冀地区文化创意产业协同发展应从以下几方面着手：

（一）加强区域联合，形成新的合作机制

随着我国文化体制改革的推进，京津冀地区文化创意产业的发展客观上需要加强区域间合作，打破行政壁垒，形成区域内合理的产业分工。各地政府应对本区域比较优势进行梳理，选择具有本地特色的产业部门，做大做强优势产业，充分发挥文化创意产业集群跨地域辐射的能力。在中央提出京津冀协同发展的重大国家战略背景下，文化创意产业的协同发展成为重要内容。首先，京津冀地区文化创意协调发展要打破“一亩三分地”的思维定式，站在统领京津冀文化产业发展的战略视角，把京津冀文化产业放在全盘大局里进行统筹规划。制定相关的政策，弱化行政干预，打破行政区域的壁垒，使资源、要素自由流动，切实发挥文化创意企业在产业、项目、要素转移方面的主体作用。第二，加强京津冀等城市群的规划和协调，既要发挥北京作为文化创意产业中心城市的领军作用，又要与其他城市联合互动，构建形成城市群之间文化创意产业链。第三，京津冀地区文化创意的协调发展，还要立足比较优势，推进错位发展。区域竞争是正常的，但是如果忽视自身条件，盲目追求优质资源会加剧同质化竞争，浪费优势互补的发展机会。京津冀地区通过有效配置资源，实现区域产业转移、合作共赢的目标，建设资源共享、优势互补、分工合作的文化创意产业集聚区。第四，要制定人才发展规划，完善人才培育合作机制。制定京津冀创意人才发展规划，建立人才培养和流动的合作机制，统筹协调区域创意人才一体化发展，发挥中关村国家自主创新示范区人才特区的辐射带动作用，为文化创意产业的协同发展培养高素质的复合型创意人才。第五，创新文

化创意产业合作模式。京津冀文化创意产业要在传统合作模式的基础上，运用创新精神和“互联网+”精神，实现文化创意产业省际融合，并着力推进体制机制创新、内容创新、融合创新以及商业模式创新。

（二）实行分层管理，强化示范集聚区带动作用

推动京津冀地区文化创意协调发展，要坚持政府引导和市场主导相结合。尤其在合作之初，政府的引导作用至关重要。京津冀文化创意产业的发展需要资源整合，实行分层发展。一方面，打破行政区划，对区域内重复设置、经营不规范、发展不好的文化创意产业实行重组，优化集聚区结构，避免同质化竞争；另一方面，鼓励文化创意产业集聚区的强强联合，打造旗舰型的示范文化创意产业集聚区。要实行文化创意产业集聚区的分层管理，做好各级文化创意产业集聚区发展规划。在区域内要重点建设一批具有国家战略意义的示范集聚区，使它们成为实力雄厚、带动性强、规模大的具有示范效应的集聚区，充分发挥其辐射、带动的作用。这些国家级文化创意产业集聚区的建立，不仅对引领国内文化创意产业发展，而且对提升我国文化创意产业的国际竞争力都会起到重要作用。除了国家级的示范园区外，还要加强其他园区的整合，形成区域性、综合性的集聚区，使集聚区结构更加优化、合理，实现差异化发展。

（三）完善产业链建设，提高文化产业区域关联度

成熟的文化创意产业园区引进企业时非常重视地域产业链的建设，关注产业的上游产品和下游产品的组合，提供和接受服务与产品的企业之间的互惠性，以及不同企业之间的互补性在园区范围内形成不同程度的产业链，并逐步优化。文化创意产业园区内的企业之间有一定互需互补的关联性，各种不同的企业、产品形成共生互补的“生态系统”。京津冀地区各类文化创意产业要形成产业链，以产业链为核心，以资本为纽带，形成各具特色的文化创意产业集聚地，突出资本、人才、技术和市场优势，形成竞争合力。如动漫产业的发展，可以整体规划京津冀区域内文化创意产业园区的功能，北京可以构筑面向国际动漫

产业市场进军的领头羊，确立北京作为京津冀地区动漫产业的创意中心地位；天津发挥动漫产业自身优势，进行动漫的研发、孵化、认证、培训等；石家庄利用地域优势，提高动漫产品的制作水平，打造京津冀地区动漫产业的生产基地，从而真正形成具有国际竞争力的京津冀地区动漫产业集群。

□ 参考文献

[1] 李建盛编. 北京文化发展报告（2013–2014）[M]. 北京：社会科学文献出版社，2014.

[2] 张京成，王国华. 北京文化创意产业发展报告（2013）[M]. 北京：社会科学文献出版社，2013.

[3] 刘光宇，张京成. 打造首都经济圈协同发展京津冀文化创意产业 [C]. 2011 京津冀区域协作论坛论文集，2011.

[4] 刘丽影，路剑. 河北省文化产业集聚区发展对策研究 [J]. 石家庄经济学院学报，2013（4）.

[5] 向勇，刘静. 中国文化创意产业园区实践与观察 [M]. 北京：红旗出版社，2012.

[6] 史征. 文化产业园区发展研究——机理 · 评价 · 对策 [M]. 杭州：浙江工商大学出版社，2013.

[7] 邹锐. 天津创意产业发展的思考与建议 [J]. 求知，2010（6）.

[8] 天津文化体制改革工作领导小组办公室. 天津文化产业发展的研究报告 [J]. 求知，2011（4）.

[9] 孙诗雨，高峰. 天津文化产业发展现状及问题研究 [J]. 商场现代化，2013（30）.

京津冀文化创意产业协同发展的现状与对策

商建辉[①]

【摘　要】本文以区域经济一体化为思考问题的出发点，以“共赢”为总体理念，研究涵盖京津冀文化创意产业协同发展的“发展现状”“突围策略”两个方面，在充分借鉴和吸收前人研究成果的基础上，运用协同学、都市圈理论、商业生态学、区域经济学等理论工具和研究方法，提出建立京津冀跨城际文化创意产业协调体系、打造京津冀文化创意企业协同发展产业链、建构京津冀文化创意企业与外部主体间协同创新体系等策略。

【关键词】京津冀文化创意产业协同发展　产业链　协调创新体系

文化创意产业作为无烟产业，不靠自然资源，主要借助智力、知识、信息等无形资源，并因与其他产业具有广泛的关联度，能带动产业链上下游及相关产业共同发展，比如文化娱乐业能推动旅游、餐饮、交通、演艺市场的发展。

---

① 商建辉，河北大学新闻传播学院院长助理、教授、博士，河北传媒与社会发展研究基地研究员。

在区域经济协同发展的国家战略背景下，京津冀以其地理接近性、空间集聚性，资源的可得性以及产业的发展空间、特点等，具有极大的协同发展潜力。协同发展作为一种发展思路，它能够实现资源和要素有效汇聚，通过突破主体间的壁垒，充分释放人才、资本、信息、技术等协同发展要素的活力，是整合文化产业资源、提高文化协同发展的效率、增强文化协同发展效果、传播文化协同发展成果的重要途径。

一、京津冀文化创意产业协同发展的现状

（一）政府间的“坚冰”已打开，但协调机制尚需探索

多个研究表明，政府政策对企业的突破性创新具有积极作用，尤其表现在政府财政投入、政府采购和税收优惠政策上。随着京津冀协同发展的升温，2014 年 8 月，北京市文化局、天津市文化广播影视局、河北省文化厅三方签署了《京津冀三地文化领域协同发展战略框架协议》。协议指出，京津冀三地应在优势互补、共建共享、统一开放的原则下，推动三地文化发展实现同城化谋划、联动式合作、协同化发展。除了省级间的协议，地区间的协议也时有动作，10 月 29 日，北京市房山区文委与保定市文广新局在房山签署了《北京市房山区文化委员会与河北省保定市文广新局文化合作协议书》，标志着双方在文化方面的全面合作正式开始。虽然有这些协议，但是三十多年来，京津冀地区协同发展的现实大多“写在纸面上的多，落实在现实中的少”。中国人民大学经济学院区域与城市经济研究所所长孙久文教授道出了背后的原因，“‘两市一省’格局导致的行政主导型经济特征，是阻碍区域协同发展的主要障碍，‘分灶吃饭’的财税政策激励各地区追求本区域发展而忽视相互间合作，产业对接存在的障碍和公共服务存在的落差使空间不平衡十分严重”。打破行政壁垒，构建协同发展协调机制是京津冀文化创意产业形成有效的资源整合平台的关键。

（二）京津冀文化创意企业间初步合作已展开，但构建文化创意产业链尚需时日

以新闻出版广电为例，2014 年 9 月 28 日，京津冀新闻出版广电行政部门签署了《京津冀新闻出版广播影视协同发展项目合作推进协议》，明确鼓励支持三地新闻出版广电产业园区（基地）打破区域限制，开展项目合作，探索园区（基地）规模化、集约化、专业化发展道路。协议共规划了 6 个项目：产业园区（基地）建设项目、有线电视互联互通项目、网络广播电视台协同发展项目、京津冀电影院线合作项目、印刷委托书网上备案项目和人才交流培养项目。除此之外，京津冀三地广播已开始探索信息共享、节目共享、联合采访机制，如推出大型环保主题联合采访以及京津冀交通一体化专题媒体活动，还创办了节目《对话京津冀》，三地电台实现同步播出。2014 年两会期间，《天津日报》《北京日报》《河北日报》同步推出《京津冀协同发展》专栏，并在此基础上召开专题座谈会，共同研究建立京津冀协同发展联动报道和党报合作的长效机制，签署了合作纪要，从宣传报道到广告经营，达成了 7 个方面的合作意向。主要包括：一是建立联席会议机制，加强三报全面合作的顶层设计；二是建立重大报道联动机制。组建起联合报道团队，集中采访，结合各自实际分别发稿；三是建立信息共享机制。对于各自省市出台的推进京津冀协同发展的重大部署等，三方及时互相提供报道线索；四是建立专家库互通机制；五是建立相互供稿机制；六是建立异地采访协调服务机制；七是三方在做好联动报道的同时，加强宣传各地企业及旅游资源等，在广告经营活动中深度合作。虽然京津冀文化创意企业间的合作已展开，但是要实现从文化价值链向产业价值链转换，涉及协同增值链的上中下游问题，谁在上游，谁在下游，需要实现产业分工协作机制。

（三）京津冀内部文化创意产业协同发展网络初现，但尚需构建跨城市协同发展网络

京津冀文化创意产业协同发展网络是由不同子系统间的协同和系统内各要素的相互作用所形成，其要素主要包括文化创意企业、各级政府、中介机构、

研究组织。目前各地政府已通过“动漫北京”、“艺术北京”、中国艺术品产业博览会、中国（天津滨海）国际文化创意展交会、河北省特色文化产品博览会等专项产业门类交易展会，为三地文化创意企业在企业融资、授权交易、人才培养、市场拓展等方面搭建平台。研究组织（高校和研究机构）已通过人才培养、项目咨询、联合研发、共建实体等产学合作方式，实现双方的共赢目标。中介机构如银行已通过金融创新的方式解决文化创意产业缺乏抵押物的贷款难题。目前虽然在协同方面已进行一系列的探索并有一定成效，但由于行政体制局限，京津冀三地尚缺乏整合与互动，协同发展的跨城市协同发展体系尚未建立。

二、京津冀文化创意产业协同发展的对策

（一）建立京津冀跨城际文化创意产业协调体系

在京津冀的行政主导型经济与“分灶吃饭”状况在短期内无法改变的前提下，协调体系可能是解决跨城际文化创意产业合作的不二法门。因为协调体系的核心是各级政府部门在追求共同的合作目标时，不会丧失各自的战略自主性，也不会放弃各自的特殊利益。这个协调体系可以从以下三个层次展开：

一是京津冀跨城际文化创意产业建设领导小组会议。这属于省一级层面，由国家有关部门和三省市文化部门主要领导参与，会议每年举行一次，主要是研讨协商有关重大问题。

二是联席会议。由三省市文化部门主要领导和有关部门参加，可以就一个或几个专题进行协调研讨，会议每年举行一次，在建设领导小组会议之前举行。

三是京津冀跨城际文化创意产业建设领导小组办公室。这主要是针对一些日常协调工作，由涉及需协调问题的相关部门负责人参加，不定期举行。

除了以上政府协调模式之外，还可以通过组建区域性的民间协调机构，如京津冀文化产业协会文化部、新闻出版广电总局京津冀办民间协调协会等，对京津冀文化发展和产业发展进行协调。这类机构独立于政府之外，由企业、高校、科研机构与政府人员组成。

（二）打造京津冀文化创意企业协同发展产业链

京津冀各城市文化创意企业在规模、资源、产业结构、消费水平等方面落差较大，不宜普遍采用国内流行的“模仿创新”发展模式，应该构建“头脑—四肢”有机结构布局，推动自我发展。无论从大学和科研机构的数量、质量，还是从文化产业从业人员的素质、城市的软硬件环境来看，北京都具有相对于京津冀其他城市的绝对优势地位。因此，从发展京津冀文化创意产业角度看，北京不仅承担着发展本市文化创意产业的重任，还必须承担京津冀文化创意产业“头脑”的角色，适当侧重创意、策划等行业的发展，注重高科技在文化创意产业中应用的研发，注重开发文化创意产业链的上游产品。天津、石家庄、保定、承德等城市是“四肢”，它们是京津冀文化创意产业的重要组成部分，也是先进创意策划、先进技术和产品“落地生根”，转化为具体文化创意产品、文化创意活动和文化创意消费的执行者和管理者。

（三）建构京津冀文化创意企业与外部主体间协调创新体系

Meijers 指出，都市圈协同创新体系是由节点（城市、组织）、节点之间的链接（基础组织、关系网络、纽带）、要素流动（人才、物质、信息、资本）和网点构成。京津冀各地的文化创意产业必须将自己从独角戏变为协奏曲，通过文化创意企业间协同发展，将企业、高校及科研机构、政府、社会服务体系纳入发展体系中，构建京津冀文化创意企业与外部主体间协同创新体系。

1. 文化创意企业与高校及科研机构之间的协同创新

文化创意产业外部环境变化和市场内部竞争不断加剧的现阶段，文化创意企业不仅要寻求行业之间的战略合作，增强竞争力和分担风险，也要尝试建立跨行业联合以获得高水准的智力和科研力量的支持。文化创意产业是一种智力资源集中的产业，具有学术研究资源的高等院校及科研机构在文化创意学术方面的优势不言而喻，媒体在寻求自身发展过程中，逐渐认识到高校及科研机构在文化创意产业的潜在资源优势，开始通过各种形式与高校及科研机构建立战略性联合，以高等教育机构的学术资源支持一线媒体的实践。

这种协同发展资源供给可以是订单培养、联合办学、校企共建研究基地；或者是高校及科研机构与文化创意企业通过建立智力支持项目，这是将智力资源从单纯的学术活动转向实际领域的有效方式；或者是文化创意企业根据生产和市场需求提出项目合作要求，由高等院校及科研机构与媒体双方共同参与进行联合攻关；还可以是文化创意企业与高等院校及科研机构联合建立开发机构，双方基于自身资源，谋求经济效益最大化为目的的合作方式。

2. 文化创意企业与政府之间的协同创新

政府在协同发展体系中，主要发挥宏观调控、资金支持、协调促进等服务性职能。政府应扮演服务者的角色，通过政策、资金、计划项目等为中小企业提供一个良好的协同发展平台，同时为文化创意企业创造一个良好的协同发展环境。长沙市工信委的做法值得京津冀文化创意产业政府部门借鉴。一是政策制定从“供给侧”向“需求侧”转变。政府依据企业协同发展链条中的最薄弱环节，在项目引导资金和人才、信息及公共平台方面提供实际帮助。二是服务模式从“授人以鱼”向“授人以渔”转变。政府不仅在项目、资金上为企业提供支持，更在建制度、搭平台、引人才、给方法上提供帮助。“协同创新”通过为企业导入发展的方法和工具，使企业建立长效的发展机制，实现了政府服务模式的转变。三是扶持方式从“点上支持”向“面上支持”转变。扶持企业的方式逐步走向平台化，出资金服务一批企业，梳理典范，带动京津冀文化创意产业协同发展格局的改变。

3. 文化创意企业与服务体系之间的协同创新

社会服务体系主要包括银行、管理咨询机构、中介机构等，应通过协同发展体系，充分调动服务体系各主体积极性，针对文化创意企业普遍存在的融资难、信息缺、管理散等问题，帮助文化创意企业做出银行贷款决策，提供市场信息服务，建立文化创意企业社会化服务体系，积极为文化创意企业提供信息、指导和培训，建立多种形式的文化创意企业融资渠道，从而达到协同发展的目的。

创新篇

构建协同创新系统的驱动模式和效果研究

——基于京津冀协同发展

李珊珊[①]

【摘 要】京津冀一体化战略的实施，为协同创新带来新的机遇和挑战。北京是区域协同创新的重要策源地。文章以走好协同创新第一步为研究目的，在梳理京津冀协同创新驱动机理的基础上，归纳了协同创新可借鉴的驱动模式、创新成效和创新流程三大“堵点”，尽可能从市场需求的角度为京津冀协同创新体系的建设提供一些认知和建议。

【关键词】协同创新 驱动模式 创新堵点

一、引言

习近平总书记“2·26”讲话后，北京市委、市政府全面推进科技创新中

---

① 李珊珊，国家统计局北京调查总队综合处主任科员，中级统计师。研究领域为宏观经济。研究成果有《战略新兴产业的增长点、难点和对策研究》《北京市高精尖制造业统计体系研究》《北京实现“两个同步”研究》等。

心建设，实施发布《关于进一步创新体制加快全国科技创新中心建设的意见》（以下简称《意见》），构建了“1+N”的创新政策体系。《意见》明确表示，要支持科研机构深入开展协同创新，深化“首都科技条件平台”建设，完善科研机构成果转化的平台载体，鼓励科研机构将仪器设备、科学数据、科技文献等科技资源向社会开放。同时，北京将鼓励科研机构与企业联合共建重点实验室、工程（技术）研究中心、技术转移中心和产业技术创新战略联盟，开展重大课题攻关和科技成果转化。2015 年 4 月 30 日，《京津冀协同发展规划纲要》（以下简称《规划纲要》）审议通过，区域一体化发展正式进入实施阶段。为贯彻落实《规划纲要》精神，北京市委、市政府出台关于京津冀区域协同创新的审核意见，在产业技术创新战略联盟、科技成果登记制度、新技术新产品（服务）采购、技术交易联盟、技术转移转化平台、科技服务机构、科技创新投融资体系等方面做出重大部署。北京创业孵育协会与石家庄高新区科技局、石家庄市科技创新服务中心签署战略合作协议，积极推进跨区域的园区合作。从政策的发展轨迹可以看出，京津冀协同创新已经被摆在了一个愈来愈重要的位置。

在全国经济社会发展进入新常态的大背景下，京津冀一体化驶入提速快车道，首都调整疏解和稳增长的要求并存，客观上为协同创新带来新的机遇和挑战。北京是区域协同创新的主要策源地，做好北京原始创新、天津研发转化、河北推广应用的衔接，构建分工合理的创新发展格局的关键在于协同创新的第一环是否成功。文章以走好协同创新第一步为研究目的，探索协同创新驱动模式和实施效果，破解省际要素流动和区域创新网络的形成障碍，为京津冀协同创新及全国科技创新改革提供参考和示范。

二、京津冀协同创新机理

京津冀协同创新的本质是通过构建创新平台打破专业、地域和体制壁垒，促进人才、资本、信息等要素有效配置及充分共享，以追求整体最优为目标实现各个创新主体的局部最优，从而实现各个创新主体的多元协同，最大限度地实现全面创新。在自发市场机制的作用下，微观主体基于市场机制形成的共性需求是协同创新的基础和前提，也是促进创新主体合作的核心驱动力。通过满足微观主体的共性需求，京津冀协同创新将克服信息不对称问题，降低技术资本之间的交易成本，推动产业转型升级、首都功能优化和京津冀协同发展（见图 1）。同时，作为协同创新的实践主体，企业为科研院所新知识、新技术、新方法的实践和创新型人才的培养提供了良好的实践环境和机会，促进了理论与实践的结合，有利于强化创新意识、提高创新能力以及加强创新成果应用。各个创新主体之间相互合作的内在需求提高了协同创新的稳定性，为协同创新的长期合作和实现路径提供了保障。以中国医学科学院药物所与北京五和博澳医药投资有限公司合作开发的“桑枝总生物碱片”项目为例，企业在早期介入新药研发，为研发机构提供资金支持、市场分析、技术支持等支撑，共同协商

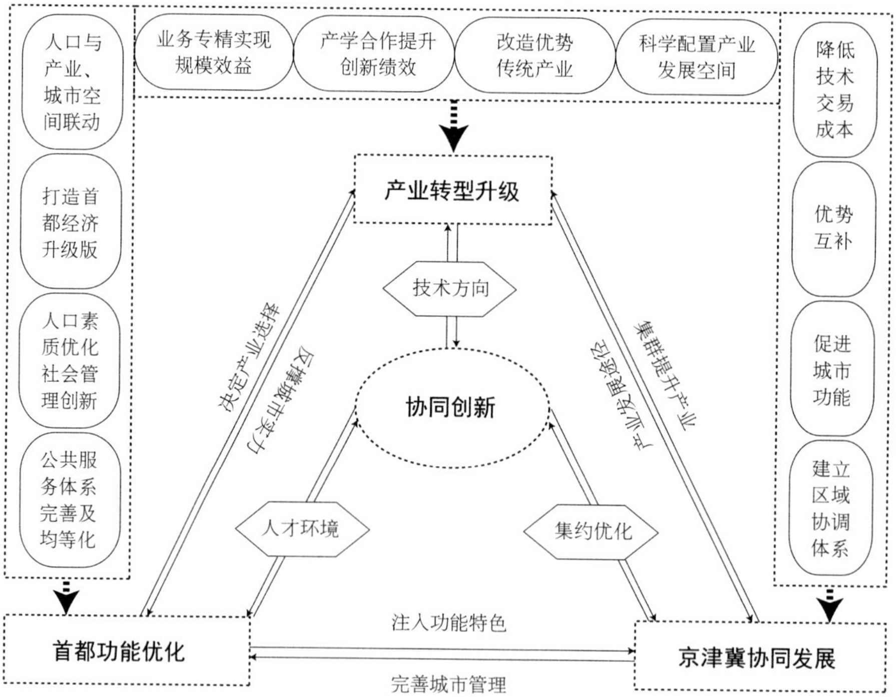

图 1：京津冀协同创新驱动机理

项目的研发进展。院企双方的优势互补为新药研发及产业化起到了积极的推动作用。

三、协同创新可借鉴的驱动模式

主体协同是协同创新的支撑平台。京津冀的协同创新主要还停留在技术转让、合作开发和委托开发等较低层次的合作上，共建研发机构和技术联盟等高层次的深度合作还比较少。发达国家产学研合作的历史和现实表明，协同创新经历了技术转让—委托研究—联合开发—共建实体的演化历程。共建实体正逐渐取代技术转让、委托研究和联合开发，成为产学研合作的主导模式。通过共建合作实体和技术联盟搭建创新平台，协同创新将无序的创新要素和资源进行扩散、融合和转化，从而形成有序的知识与技术创新。例如，美国“大学-工业合作研究中心”“工程研究中心”，在企业集群之间建立的研发同盟以及在大学与企业之间建立的“科技园”等，都是建立产学研实体组织开展合作创新的成功案例。综合协同创新衍化历程和发展特征，京津冀协同创新的驱动模式可统筹为一个涵盖点对点、点对线、点对面、点对体以及线对线、线对面和面对面的多层次系统（见表1）。

表1：协同创新主要驱动模式

模式分类	特征	具体模式
传统模式	点对点的直接合作模式	高校自有成果的推广与转化
技术孵化器模式	点对线的过程推进模式	科技园、国家工程中心、研究院、联合研发机构
技术转移平台模式	点对面的平台服务模式	技术转移中心、产学研合作办公室、院企合作委员会
技术创业企业模式	点对体的技术创业模式	高校以技术创立高新技术企业
孵化器或园区合作模式	线对线、线对面或面对面的开放式创新平台模式	孵化器、园区双向交叉合作

（一）点对点的直接合作模式

传统的协同创新模式是一种校企点对点的模式，科研院所是技术的提供方，企业是技术的接纳和使用方。合作双方基于信任合作，但由于信息的不对称性和参与主体的有限性，该模式不能很好地将技术合作和信息交流扩展开来，合作规模和技术交易额普遍较小，科技成果相对简单成熟，对高科技领域的技术创新和突破贡献不大。

（二）点对线的过程推进模式

技术孵化器模式是一种点对线的过程推进式创新模式。这种模式以已开发或待开发的技术成果为点，以技术转移孵化的整个过程为主线，通过不同技术转移机构来实现科技成果的转移。较为常见的技术孵化器管理机构包括政府部门投资建立、某些机构自主创立或联合创建的科技园、研究院、技术研究中心以及科技研发机构等。与传统的点对点技术转移模式不同的是，技术孵化器模式的协同创新和技术转移活动带有明显的市场拉动型特征，孵化任务的制定更加针对技术的市场需求和企业在技术转移实践中所遇到的具体问题，大大缩短了科技成果转移的周期并提高了转移的成功率。

（三）点对面的平台服务模式

协同平台服务模式是通过设立中介性质的技术服务平台来管理和推动技术成果研发和产业化的一种创新模式。技术转移平台模式是一种点对面的协同创新模式，以技术需求为点，对应着整个技术转移平台层面上的所有技术使用方，即技术转移中心、产学研合作办公室和校企合作委员会。协同服务平台模式不再局限于特定科技项目或科技成果的转移，同时包括了科技人才培训、科技信息交流以及科研人员实践等相关方面。

（四）点对体的技术创业模式

高技术企业创业模式作为一种新兴的技术转移模式，是指以先进技术资源为依托，以高新科技成果的研发和产业化为主要职能的技术转移经营管理实体。技术创业企业模式是一种点对体的技术转移模式，以院所的技术资源为起点，对应因该技术成果转移需要而设立的一个特定的企业实体。在技术创业企业模式下，技术方不再需要与企业或其他科研成果的使用者进行接洽或谈判，而是以入股的方式直接参与到创业企业的设立和日常运营中去，有利于相关技术转移和产业化的顺利实现。

（五）线对线、线对面或面对面的开放式创新平台模式

开放式创新平台模式是指通过“顶层设计、中层推动、基层落地”的运营机制，通过孵化器、园区双向合作或共建等模式有力地推动京津冀创新合作和企业转移，实现孵化器和园区管理模式的输出和承接，推动各类资源和要素的互联互通与平台建设。该模式是一种线对线、线对面或面对面的协同创新模式，以技术转移孵化为线、平台服务为面，服务京津冀三大群体，即科技型中小企业、科技金融服务商、科技产业园区，解决京津冀创新成果产业化过程中的招商、引资、产学研、服务、信息、人才等难题。

（六）多层次协同创新系统建构实例

在协同创新探索前行的道路上，北京已经积累了许多宝贵的经验。清华大学的协同创新模式建构形成了一个包含点对点、点对线、点对面、点对体等多个层次的技术创新转移体系（见图2）。李路明教授团队研发的“植入式迷走神经刺激系统”，在工研院北京分院的积极推动下，完成了植入式迷走神经刺激系统样机制造，落地北京品驰医疗设备有限公司进行产业化，并有望在2015年获得生产批件。

由清华大学国际技术转移中心发起设立的经营性实体——科威国际技术转移有限公司投资成立的北京科威拜沃生物技术有限公司，则是“点对体”技术创业模式的最好诠释（见图3）。通过初创期投入种子基金和发展期的资金、人才、技术支持，科威国际形成了一套技术熟化、风险可控、全程参与的技术

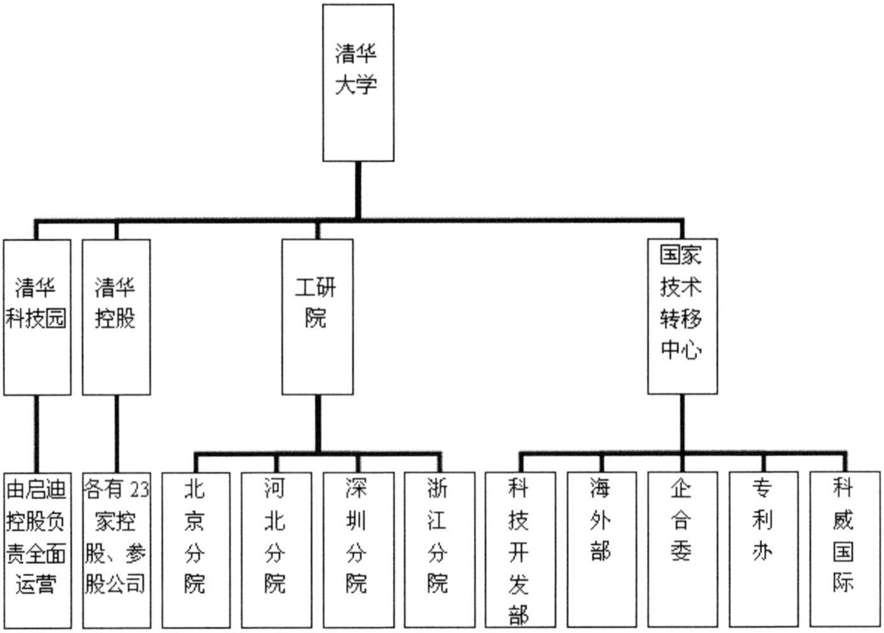

图 2：清华大学多层次协同创新系统建构

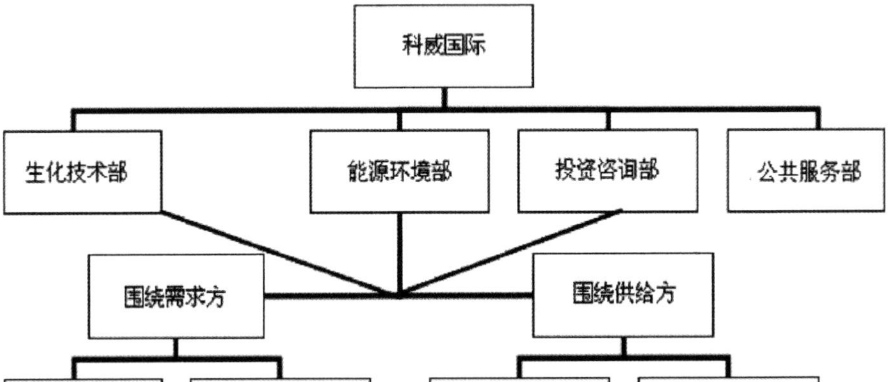

图 3：科威国际“点对体”创新模式

解决方案，实现了高科技专业人才与风险投资者相结合的共同参与创业。目前，科威拜沃公司已有产品上市并创造了良好的经济效益和社会效益，承担了北京市重大科技成果转化示范项目。

四、京津冀协同创新“第一步”实施效果

（一）协同创新初显成效

1. 协同创新生态系统初步建立

作为京津冀协同创新的重要源头，2014 年北京技术市场交易额占全国比重高达 36.6%；大量高端创新资源和平台在京集聚。以北京国家技术转移集聚区为例，集聚区汇集大型科技研发类企业 100 多家，天使投资、创业投资、信用担保等金融机构约 250 家，技术转移链条上下游科技服务企业约 1800 家，整合国内外技术供需有效信息近 3000 条，吸引归国留学人员近千人和亚洲产业科技创新联盟（亚创联）、北京大学科技开发部、中科院国家技术转移中心、全球顶级认证服务机构英国西海岸实验室、北京弘顺国际技术服务有限公司等 52 家国际化创新服务机构入驻；众多科技服务品牌，如中关村软件城、知识产权与标准化一条街、创新创业孵化一条街和科技金融一条街发挥作用。协同创新的生态系统初步建立，奠定了创新转化为生产力的重要基础。

2. 协同创新意愿增强，创新成果初步显现

在协同创新发展战略带动下，北京加快科技体制改革步伐，改善金融支持，强化激励机制，不断加大科技创新投入。2014 年，北京研究与试验发展（R&D）经费支出比上年增长 8.6%，相当于地区生产总值的 6.03%。“十二五”前四年 R&D 经费支出占地区生产总值比重年均达到 5.9%，每万人拥有发明专利 51.7 件，均优于上海 2015 年发展预期（3.6% 以上和 26 件左右）。在市场化创新机制引领下，北京全年签订技术合同 6.7 万项，技术合同成交金额 3136 亿元，比上年增长 10%，实现技术交易增加值占地区生产总值比重为 9.5%，成为全国最大的技术商品和信息集散地。高技术产业、文化创意产业和科技服务业实

现增加值 9121.2 亿元，年均增长速度为 26.8%，占地区生产总值的 42.8%，比 2011 年提高了 17.8 个百分点。企业协同创新意愿有所增强。2013 年，中关村企业与高校、科研机构以及其他企业合作科研项目 0.6 万项，比 2008 年增长 79.6%，占全部项目比重为 16.3%，比 2008 年提高 2.4 个百分点。

在市场与政府的合力推动下，协同创新成为驱动产业发展、促进发展方式转变和产业结构调整的重要推动力。2014 年北京市科技服务业实现增加值 1662.6 亿元，占地区生产总值比重为 7.8%，近五年年均增速达到 16.2%。金融、信息服务和科技术服务分别比上年增长 12.3%、11.7% 和 11.1%，3 个行业对经济增长的贡献率达到 50.5%。

3. 协同创新推动区域协同发展

协同创新的发展促进了技术要素的跨区域流动，打破了资源分布和区域经济社会发展不平衡状态，推进了区域协同发展。2014 年，北京半数以上的技术辐射到外埠省市，流向外埠技术合同项数和成交额分别为 3.7 万项和 1722 亿元，占比分别为 55.3% 和 54.9%。分地域看，北京流向中西部地区和东部地区技术合同成交额分别为 892.0 亿元和 830.0 亿元，占北京流向外埠总量分别为 51.8% 和 48.2%。其中，北京输出到津冀技术合同 0.3 万项，比上年增长 9.4%；成交额 83.2 亿元，增长 16.8%。从流向领域看，航空航天、生物医药、新材料等高新技术领域完成技术合同成交额共计 8.1 亿元，比上年增长 43%。交易类型主要以技术开发、转让为主，成交额占比达到 80.2%。

（二）三大堵点制约协同创新发展

根据协同创新发展历程，其流程可大致分解为四个阶段：第一阶段是产学研相关方的研发投入阶段；第二阶段是实现科技成果产出的转化过程，专利、技术以及论文专著是阶段成果的直接体现；第三阶段是将知识成果转化为生产力，在京落地的产业化阶段，是将具有实用价值的科技成果进行新产品、新工艺、新材料的开发，发展新产业直至产品的生产与消费达到社会承认的规模程度；第四阶段是实现高端业态的引领，充分发挥科技创新中心辐射带动作用的过程。研发投入—科技成果转化—科技成果落地—业态引领和辐射带动，构成了协同创新的整个流程。流程的第二和第三阶段分别反映了技术转化和技术对接的能力。

从协同创新阶段流程图来看，研发投入阶段的“不协同”、成果转化阶段的“不畅通”以及成果落地阶段的“不对接”成为北京协同创新过程中的三大堵点。

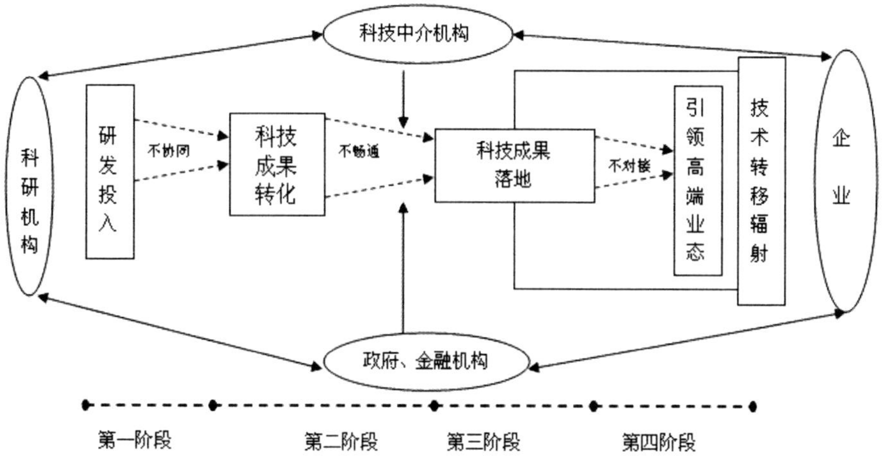

图 4：协同创新阶段流程图

1. 堵点一：研发投入阶段“不协同”

洞察 2013 年科技创新资金流向发现：北京产业创新投入以企业为主，知识创新投入以科研机构为主，两个主体的科技进步大部分是在相对封闭的系统内部完成的。经济实体与研究机构投入阶段“不协同”的问题依然突出。从资金来源和流向看，2013 年北京 R&D 经费的 57.3% 来源于政府资金，33.8% 来源于企业。但政府资金的 9 成以上流向科研机构和高等学校，流向企业的仅占 6%；企业资金中的 85.9% 流向企业自身，13.8% 流向科研机构和高等学校。从研究与试验发展项目看，由于院所高校来源于国家、地方科技项目的比重为 56%，来源于企业的委托项目仅占 7.9%，在一定程度上使研究项目向政府方向倾斜。从项目合作形式上看，独立完成 R&D 研究课题的占 74.9%，与境内注册企业合作的仅占 5.7%。中关村企业与境外机构、境内院校、科研机构及其他企业合作的研发项目仅占企业研发项目总数的 16.3%，八成以上研发项目靠企业独立完成。科研投入阶段的“不协同”客观上造成了供需双方难以顺利对接。在这样的情况下，产业技术进步主要依靠从国外引进技术，许多重要产业没有形成自己的创新能力，一些重要领域甚至形成对国外技术的依赖。产学研互为支撑的研发环境有待优化。2013 年，北京汽车制造业 R&D 投入强度为 0.7%，远低于全市平均水平。这也从另一侧面说明行业没有形成自己的创新能力，科技投入意愿不足，创新活力较弱。

2. 堵点二：成果转化阶段“不畅通”

一方面，科研院所对市场需求缺乏深刻了解，更多注重单纯技术方面的突破，造成成果转化的“不畅通”。根据全国 R&D 清查结果，北京院所高校科技创新产生直接经济效益的投入产出比（即实现专利所有权转让与许可收入和所耗费 R&D 经费的比值）仅为 0.9%，低于全市平均水平 0.1 个百分点，低于工业 0.4 个百分点。从研究领域上看，2013 年试验发展项目投入占全市的 67.6%，应用研究投入占全市的 21.5%。院所高校产生的科技成果更多体现为发表科技论文等学术性指标，共发表科技论文 11.3 万篇，人均发表论文 1.6 篇。技术卖方中，院所高校、企业的成交项数分别为 1.1 万项和 5.6 万项，占比分别为 16.1% 和 83.3%；成交额分别为 106.1 亿元和 3023.3 亿元，占比分别为 3.4% 和 96.4%。

另一方面，配套承接服务的不足将使得创新成果缺乏转化渠道。2013 年，中关村研究和试验发展业收入增长率为 16.1%，专业技术服务业收入增长率 34.1%。而以科技配套服务为主的科技推广和应用服务业收入增长率仅为 6.2%，低于中关村平均水平。

3. 堵点三：成果落地阶段“不对接”

2014 年，北京技术合同吸纳主要聚焦在破解“城市病”难题和支撑构建“高精尖”经济结构等重点技术领域，吸纳环境保护资源利用、新能源与高效节能、城市建设与社会发展、电子信息以及生物医药和医疗器械领域技术合同成交额比上年分别增长 92.7%、25.7%、5.2%、24.3% 和 13.1%。其中，吸纳京外战略性新兴产业技术 1.6 万项，成交额 467.7 亿元，比上年增长 28.6%，占北京吸纳全国技术合同的比重为 45.8%。同年，北京输出到京外的技术合同项数和技术合同成交金额分别为 3.8 万项和 2418.8 亿元，占全部技术交易合同的比重分别为 57.1% 和 77.1%。其中，东部地区吸纳北京电子信息、生物医药、新材料等战略性新兴产业的技术合同项数和成交额分别为 1.3 万项和 173.7 亿元。综合上述分析得知：北京科研院所研究开发成果的技术水平虽高，但与区域发展定位匹配度相对较低，距离引领高端业态仍有一定差距，近一半企业发展所需技术成果仍需从外部吸纳。

综合来看，京津冀协同创新取得初步成效，但由于多元化创新主体的利益诉求和出发点不一，产学研的深度合作不能自动自发形成，政府、科研院所、企业、市场不能有效对接的现象依然存在，客观上造成科研成果供求市场结构性失衡，导致大量科研资源的浪费，这也是北京科技优势未能转化为产业升级优势的重要原因。

五、推进京津冀协同创新对策建议

破解协同创新在实践中存在的阻力，主要途径是推动创新体制机制建设，注重协同模式因地因时制宜，实现优势互补，共同攻关。

（一）政策先行，推动协同创新体制机制建设

协同创新体系的形成，不可能自动自发实现，需要政府发挥主导作用，破除协同创新主体和要素对接障碍，构建体制、机制、市场、科技、金融等多位一体的创新体系。一是整合区域创新资源，成立不同的协同创新合作载体，健全开放合作机制。如京津冀国家级开发区共建跨区域合作园区或合作联盟、中关村联合共建科技成果转化基地、科技园区“一区多园”、基础公共信息平台建设等，为三地的协同创新提供保障；二是构建多元化融资投资体系，

深化科技金融试点，建立三地机构完整、制度规范的创新基金运作体系，以科技金融引导和带动社会资本参与科技创新，为广大中小微型企业提供发展资金，支持自主创新成果转化与产业化；三是建立完善的知识产权保护体系，详细规范成果归属、利益分配、促进技术转移等方面的问题，把政府资助研发课题形成专利申请数量和专利技术转移作为考核指标；四是以科技政策和科技计划为载体，强化科研力量与产业未来发展的密切联系，通过早期介入高校、院所的成果开发，为研发机构提供资金支撑、市场分析、技术支持实现科技成果由供给型向需求型转变；五是改革科研管理体制，建立符合创新规律的科研项目管理体制。

（二）分类施策，注重协同模式因地因时制宜

客观地看，协同创新每一种驱动模式都有独特优缺点和适用范围（见表2）。充分发挥全国科技创新中心的辐射带动作用，实现京津冀一体化发展，要分类施策，注重协同模式因地因时制宜，最大程度发挥各个驱动模式的效用。如依托北京优势特色学科，通过国家工程中心、研究院、联合研发机构等技术孵化器开展基础研究和前沿技术研究，突破一批核心、共性和基础性技术；再如，

表2：协同创新主要驱动模式应用范围

模式分类	优点	缺点	适用范围
传统模式	基于信任合作，门槛低	规模小，层次低	市场前景良好的成熟技术
技术孵化器模式	集群化创新，政策优越，资金、智力等资源具有长期保障	重研发轻转化，技术目标不明确	基础、共性技术和行业前沿技术
技术转移平台模式	技术标的明确、信息畅通、服务多元	成果权属需要进一步明确	跨学科前沿技术
技术创业企业模式	后期研发能力强，跟进快	经营水平欠缺，市场需求认知相对不足	行业领先技术
孵化器或园区合作模式	集中区域要素优势	体制创新摸索阶段，管理、对接经验不足	区域优势互补产业技术

通过科技园、院企合作委员会、技术转移中心等技术转移平台模式支持京津冀科技服务企业实现跨区域合作交流，提高创新成果转化效率。

□ 参考文献

[1] 杨继明，李春景. 麻省理工大学与清华大学技术转移做法比较研究及启示 [J]. 中国科技论坛，2010（3）：147-151.

[2] 肖江平. 如何构筑我国战略性新兴产业集群的政策支撑体系［J］. 商业时代，2011（5）：125-126.

[3] 张力. 产学研协同创新的战略意义和政策走向［J］. 教育研究，2011（6）：18.

[4] 张平，黄贤涛. 高校专利技术转化模式研究［J］. 中国高校科技，2011（7）：15.

[5] 张亚明，张心怡，唐朝生. 京津冀区域经济一体化的困境与选择——与“长三角”对比研究［J］. 北京行政学院学报，2012（5）：75.

[6] 邓峰，张永安. 跨国公司全球内部 R&D 网络组织模式与环境适配性研究［J］. 科技进步与对策，2014（7）：61-64.

[7] Duin H，Jaskov J，Hesmer A，Thoben K. Towards A Framework for Collaborative Innovation[M]. Boston Springer，2008：193-204.

协同发展背景下津冀港口群资源优化配置研究

环渤海经济研究会港口课题组[①]

【摘　要】本文基于《京津冀协同发展规划纲要》精神，阐述优化港口资源配置对推动京津冀协同发展的重要意义及其与打造现代化津冀港口群之间的关系；深入分析目前津冀港口群资源配置中存在的突出问题及其成因；在此基础上，提出优化港口资源配置，构建现代化津冀港口群的总体思路、基本原则和国家、省市和天津港三个层面的对策建议。

【关键词】优化港口资源配置　津冀港口群　统筹规划　协同发展

党中央国务院将京津冀协同发展作为国家重大发展战略，为京津冀地区可持续发展提供了千载难逢的历史机遇。近年来，京津冀认真贯彻习近平总书记讲话精神，协同合作发展迈出可喜步伐。与此同时，发展中尚存在诸多矛盾，

---

① 刘东涛，天津市环渤海经济研究会副理事长，研究员。长期从事经济发展理论和实务研究，有专著3部，论文和调研报告200余篇；张新宇，天津社会科学院发展战略研究所助理研究员，主要从事经济发展战略研究。

三省市在参与规划和共同发展中的博弈亦很激烈。其中，津冀港口资源配置不合理、各港口之间的恶性竞争尚未得到有效遏制就是一个突出表现。《京津冀协同发展规划纲要》（以下简称《规划纲要》）的出台，进一步明确了京津冀协同发展的总体要求、定位布局、重点推进领域以及相关任务等一系列重大问题，标志着京津冀协同发展战略从统一认识、战略研究和规划编制进入全面实施阶段。本文围绕《规划纲要》的贯彻落实，仅就优化港口资源配置，构建现代化的津冀港口群问题，略述己见并提出政策建议。

一、优化港口资源配置是京津冀协同发展的有力支撑和重要抓手

（一）优化港口资源配置对推动京津冀协同发展具有牵一发动全身的重要意义

港口发展不仅是牵动京津冀交通体系等一系列重大问题的关键点，更是服务区域空间和产业布局的着力点。由于港口是国内、国际两个市场的重要节点，通过津冀港口资源整合、优化，实现港口协同发展，有助于打开津冀沿海区域整体协同发展进而带动内陆地区对内对外开放的新局面。具体而言，一是有利于更好地推动京津冀交通一体化建设，充分发挥港口在交通物流领域的枢纽作用，以港口群协同发展推进区域港口集疏运交通体系的完善；二是有利于以港口协同发展带动港口产业合理分工和区域生产力合理布局，优化津冀沿海地带临港产业结构，共同打造沿海经济带；三是有利于发展和完善区域市场体系，通过合理发挥各港口比较优势，推动各类大宗商品交易市场和专业化交易市场建设；四是有利于提升区域整体对外开放水平，通过港口资源优化配置，使港口群对外开放岸线得到合理开发、充分利用，使保税港区、自由贸易试验区等特殊政策优势得到有效分享，从而为京津冀对外开放提供更便利的贸易条件、更完善的物流服务、更优惠的政策优势，发挥其作为国际、国内两个市场资源配置的枢纽作用；五是优化津冀港口资源配置也为天津港实现转型升级提供了良好机遇，有利于进一步确立其区域枢纽港地位，突出天津港核心业务优势，

推动港口产业业态升级，提升港口整体运营效率，增强北方国际航运中心对外竞争力。

（二）京津冀协同发展需要强有力的港口群优势来带动

从面向21世纪中叶的发展任务来看，京津冀协同发展的一个重要目标是要建成世界级城市群，成为与长三角、珠三角实力相当的中国经济第三增长极。港口作为发展外向型经济的关键要素，是服务城市发展的重要基础设施，对于所在城市及周边发展具有重要的支撑和带动作用，是辐射和带动区域发展的前沿枢纽。拥有丰富的港口资源，特别是拥有自由贸易试验区，这是京津冀城市群发展的重要比较优势和核心战略资源。要实现京津冀协同发展的战略任务，就要充分激发这一资源的效率和效益，发挥其引擎作用。通过港口群的协同发展，打造发达的港口物流服务体系，共享群内自由贸易试验区优势，从而推动京津冀城市群发展。

（三）打造现代化的津冀港口群必须优化港口资源配置

基于京津冀协同发展的战略目标，未来津冀港口群要着眼于服务区域整体发展需求，要与京津冀城市群发展定位和生产力空间总体布局相适应。因此，各自为政、主要依靠扩大投资增加产能、追求吞吐量增长并以此论实力的港口发展模式将不再适用。未来津冀港口群要做大做强，必须以协同发展、提升效益为根本，通过港口资源整合、优化，实现港口群合理分工、合作共赢、合力发展，使各港口比较优势得以充分发挥，共同实现转型升级，从整体上提升津冀港口群物流服务能力、腹地扩展能力、产业资源配置能力以及国际航运地位。同时，优化港口资源配置，实现港口群协同发展也是应对国际航运业船舶大型化、航运企业联盟化发展趋势的必然要求；是响应国家提出的港口转型升级发展政策导向的必然选择。

表 1： 2012 年津冀各港口分货种吞吐量统计

港口	货物吞吐量（万吨）						集装箱吞吐量（万吨）	汽车吞吐量（万辆）	旅客吞吐量（万人次）
	合计	矿石	煤炭	钢铁	油品及天然气制品等	其他散杂货			
天津港	47697	9833	9392	2752	5495	20225	1230.3	82.6	29.3
秦皇岛港	27099	655	23791	519	970	1164	34.4	–	4.21
唐山港（京唐港区）	17002	8766	5406	1549	103	1178	35.2	–	–
唐山港（曹妃甸港区）	19456	5728	9752	1827	1241	908	10.2	–	–
黄骅港	12630	1796	10436	–	47	351	10.2	–	–

二、津冀港口群资源利用中的突出问题和原因分析

（一）目前存在的突出问题

1. 各主要港口功能定位和产业分工亟待调整优化

近年来，河北省各港口纷纷谋求功能定位的突破和产业规模的扩张。前不久，河北省出台了《关于加快沿海港口转型升级为京津冀协同发展提供强力支撑的意见》，提出打造环渤海第一大港口群和重要港口商贸物流枢纽，并将秦皇岛港、唐山港京唐港区、唐山港曹妃甸港区定位为国际性综合大港，黄骅港定位为区域性综合大港，同时在临港产业方面规划了化工、装备制造、钢铁、物流、加工、高新技术等产业。从而导致河北诸港与天津港之间在港口功能规划上产生冲突，在临港产业规划上出现重叠。

2. 发展中缺乏高层协调机制，无序竞争导致资源浪费严重、不能有效形成核心竞争力

津冀港口群各主要港口位置临近、分布集中、腹地高度重叠，彼此竞争十分激烈。由于竞争缺乏高层协调，导致竞争层次较低，重复建设问题严重，整体核心竞争力不强。

一是港口竞争高度集中于散杂货领域，比拼吞吐量成为竞争着眼点。目前，各港口对货源的竞争高度集中于矿石、煤炭、钢铁、油品等大宗散货领域。激烈的同类竞争，导致各港口纷纷加大对货源的争夺，对码头吞吐能力的扩建，在比拼吞吐量的同时，港口整体经济效益提升缓慢。

二是在外贸运输，特别是集装箱运输业务领域，缺乏内支线相互喂给，未形成协同发展合力。一方面，天津港作为地区综合枢纽港的航线资源优势、中转加工优势、保税港区优势在港口群内部没有得到充分的分享利用。另一方面，唐山港曹妃甸港区、黄骅港绕开天津港，积极与大连港开展集装箱外贸内支线业务，成为津冀港口群外部竞争者的喂给港，加剧港口群间竞争压力。

三是在港口基础设施建设方面，重复建设和资源浪费问题突出。近年来，各港口着眼于自身定位的升级转型，不断扩大投资，提升产能，扩建港口码头设施，而缺乏对港口群整体吞吐能力、码头资源、功能定位及市场需求的系统考虑和彼此协调。这种分割发展的态势继续下去，势必造成较大的产能过剩，为进一步恶性竞争埋下极大隐患。

3. 港口物流交通体系发展滞后，不能满足港口资源合理配置和腹地经济社会发展要求

目前，津冀港口群各港口物流交通体系缺乏区域统一规划，各港口在集疏运通道上各谋出路，难以统筹协调，导致港口群通往腹地的交通网络不畅，制约了港口群对腹地的辐射带动能力。天津市的行政区域面向内陆一面完全被河北省所包裹，同时又受北京交通枢纽地位的制约，使得天津港口的运输大通道建设，特别是铁路通道建设始终受到诸多限制，通往西北要绕行北京和德州、石家庄，通往东北腹地的货运铁路技术水平低、运力小。目前，天津港进出港货物约 60% 都是通过公路交通运输，既增加了企业物流成本，又造成了城市环境、交通压力。

（二）根本原因的简要分析

导致津冀港口群竞争关系紧张、缺乏协同的深层次原因主要有以下几方面：

1. 思想和体制层面——“一亩三分地”的思维定式

长期以来，由于体制上的复杂原因，以及中心城市的“极化效应”，京津冀之间合作一直不够顺畅，发展常常不能有效协同。要真正推进京津冀一体化必须贯彻中央全面深化改革的精神，按照习近平总书记关于打破“一亩三分地”的思维定式的要求，探索打破行政分割的新模式，建立三地协同发展的长效机制，开拓三地融合发展的新路子，实现三地“一盘棋”发展的新局面。

2. 地区发展战略层面——外向型沿海经济发展战略的碰撞

河北省于2006年底对以往以内陆支撑为重点的“环渤海、环首都”两环战略进行调整，提出建设沿海经济社会发展强省的目标，从而和天津一样将经济发展战略重心投向外向型的沿海地带。港口作为沿海地区发展的前沿和枢纽，势必成为两省市生产力布局和政策布局的焦点所在。

3. 产业结构层面——天津、河北产业结构趋同的冲击

天津与河北省发展水平有所差异，但总体上都处于工业化阶段，在产业结构方面，均以第二产业为主，制造业在经济结构中占很大比重。这种产业结构同样反映在港口经济层面：一方面货物装卸业仍然是各港口最重要的业务种类；另一方面临港工业规划种类趋同，均倾向于石化、装备制造等产业项目。

4. 市场层面——腹地货源结构约束导致的同质化竞争

津冀港口群的腹地省份，如山西、内蒙古大多处于工业化发展初级阶段。从这些省份内外贸货物结构看，能源和资源型货物是最主要的货物类型。这种腹地市场货源结构决定了津冀港口群各港口经营货类集中于大宗散货商品的现状。

当然，津冀港口群资源利用中存在的突出问题和矛盾，其更深层次的原因，与现行分灶吃饭的行政区划体制以及国家对各省市领导干部政绩的考核制度密切相关。对此也需要进行深入探索，但这不是本文的重点。

三、优化津冀港口资源配置的总体思路和对策建议

（一）总体思路

《规划纲要》明确提出了“构建现代化的津冀港口群”这一重要任务。津冀两地要紧紧围绕这一总体任务，着眼于服务世界级城市群发展定位和国家“一带一路”战略，并带动中西部加快发展的需求，以建设具有国际竞争力的现代化津冀港口群为目标,以统筹各主要港口功能定位和分工布局规划为抓手，以发挥天津港北方航运核心区作用，做强河北港口散货运输与港口服务功能为导向，努力提升津冀港口群总体运营效益和经营质量。要充分发挥政府的宏观指导作用，积极运用产权投资、合作经营等市场化机制，推动和引导各主要港口协同合作、错位发展、资源共享、有序开发，实现港口资源优化配置，在良性竞争中实现港口群整体转型升级，协力打造北方国际航运中心，提升港口群整体竞争力。

（二）基本原则

基于以上思路，在推进港口群资源优化配置进程中，宜坚持以下三项基本原则：

1. 在资源配置机制上坚持政府推动引导、企业市场化运作

优化港口资源配置直接涉及各港口所在地经济利益格局的调整，因此必然要求政府主动打破行政区划和管理体制上的籓篱，建立起基础性、引导性的合作机制，为港口资源跨区域、跨企业配置创造环境和条件。另一方面，优化港口资源配置最终要进入到企业层面，运用股权投资、契约协议等市场化手段，实现实质性、紧密型整合配置。

2. 在资源配置推进层次上坚持内外结合

津冀港口群资源优化配置，实质上涉及津、冀港口之间以及天津港自身资源优化配置两个层次。天津港自身资源优化配置的主旨在于打破港区各自为政的局面，推动港口整体转型升级。津冀港口群资源优化配置，现阶段重点在于

加强港口分工协作，实现优势互补、错位发展，建立良性、有序的竞争合作关系。只有实现天津港资源开发管理的统一，并在转型升级方面继续走在河北省港口前面，双方开展合作才能真正做到全盘规划、整体统筹。另一方面，津、冀港口之间的资源优化配置正是天津港自身转型升级的良好机遇和催化剂。因此，这两个层次的资源优化配置需要一体考虑，统筹配合进行。

3. 在市场化操作层面，宜坚持先建立资源整合的共同利益平台，再推进港口业务层面的具体合作

通过一定的投融资机制，建立各方共同参与、统一开发管理的开发建设平台，是协调各方利益，实现港口资源整合利益共享的最直接、最彻底的手段，是保障港口资源深入整合的前提。在天津港自身资源整合层面，宜通过资产整合方式形成一个统一的港口开发建设控股主体；在津冀港口群资源整合层面，宜依托已经成立的共同投资平台，通过投资项目的展开，积极引导港口资源朝着更加合理高效方向流动。

（三）具体对策建议

1. 国家层面

（1）在京津冀协同发展领导小组的领导下，设立京津冀港口交通协同发展委员会，构建顶层推动机制。统一组织编制区域港口交通网络规划，对各港口功能定位、航道开发、产能扩张、业务合作进行指导和协调。

（2）以《规划纲要》为指导，抓紧研究编制津冀港口群协同发展实施细则规划。研究制定相关政策，细化落实规划纲要中对天津港与河北诸港定位的要求；认真研究建立津冀沿海航区海事统筹监管新模式。

（3）完善天津港以及周边港口集疏运体系。一方面，加快贯通从天津经保定、石家庄、太原直通宁夏中卫的货运铁路通道以及天津经保定、大新、准格尔、东胜、独贵加汉到石嘴山的货运铁路通道。其中，关键是增开津保线货运功能。同时，通过技术改造提升相关沿线铁路运能。另一方面，争取国家支持，规划建设天津（绕开北京）经保定、张家口、大同、呼和浩特、包头、银川、兰州、乌鲁木齐，至阿拉山口电气化铁路通道工程，提升津冀港口通往新疆的铁路运能。

2. 省市合作层面

（1）充分发挥渤海津冀港口投资有限公司的资源整合平台作用，通过投资、参股、收购等投融资机制逐步整合港口群资源，促进津冀港口间集装箱、散货合理配置，形成吞吐量和运营收益的合理分享机制。推动港口间人才、技术交流与合作，实现港口发展利益分享。

（2）充分发挥天津自贸区特殊功能和政策优势，积极建立区域共享机制。要依托自贸区大力发展国际航运、国际中转、国际转口贸易、国际旅游、国际金融租赁、离岸金融等业务，形成以京津冀为龙头，以辽东半岛、山东半岛为两翼，进而带动中国北方全方位开发开放和可持续发展新格局。建立区域共享机制，包括加快启运港退税政策在河北的试点，增加津冀港口间中转业务量；通过港口费收政策优惠等措施，引导港口及航运企业增加津冀港口间内支线班轮运输；探索建立保税港区投资企业财税分成机制，鼓励河北省相关金融、贸易企业在天津自贸区投资发展等。

（3）进一步落实一体化通关相关政策和业务对接，推动津冀港口信息一体化建设，完善港口群信息服务水平。进一步优化货物中转进出港、进出境管理机制和环节，提升中转效率。

3. 天津市自身层面

围绕天津港自身转型升级和津冀港口群资源优化配置，进一步加快天津港自身港口资源整合步伐。

（1）进一步强化《天津港总体规划》的约束效力，保障港口资源开发建设规划的统一。要明确要求各港区在港口开发建设上保持与《天津港总体规划》的一致。对各港区提出的本港区具体建设规划方案要由有关主管部门进行规划一致性审查。

（2）具体落实市委、市政府有关文件规定，强化天津港集团作为各港区开发建设运营主体的地位。2013 年《天津市关于进一步深化国有企业改革的意见》中明确提出“围绕建设国际航运中心，以天津港集团为依托，多种方式整合我市港口资源”。围绕这一规定的落实，可以考虑采取以下具体措施：一是借鉴前两次天津市港口工作会议的历史经验，明确授权天津港集团统筹整合天津港口资源；二是支持和鼓励天津港集团通过资产划拨、合资入股、新设合并等方式对各港区开发建设主体进行有效整合，推动港口资产管理体制改革。

（3）着眼于港口生产经营管理的统一，以天津港航道调度指挥中心为主体，在各港区设立调度指挥分中心，对各航道使用实施统一调度和安排。

（4）以资产为纽带推进各港区多元投资经营主体资源整合。对大沽口港区，可以考虑以天津临港产业投资控股有限公司填海造陆形成的土地资源置换天津临港港务集团有限公司参控股的公共码头和部分货主码头岸线资源，或天津临港港务集团有限公司以其拥有的码头资源出资入股参与临港经济区南部码头合资公司运营和物流地产项目的开发。对于大港港区等新建港区，可以考虑以租赁岸线使用权的方式实现岸线资源价值化，即“地主港”模式。由天津港口集团负责港区的规划建设、经营租赁、港口设施维护等，建成后把港口经营权按不同租期出让给港口经营人，收取租赁费。

（5）进一步明确岸线资源价值，促进岸线资源统筹开发与合理利用。建议对天津港口岸线资源进行评估，确定岸线资源等级，并以此为基础形成岸线资源合理开发和提高利用效率的市场化机制。

（6）适当调整对天津港口集团的考核指标

为促进港口资源合理配置，优化提升港口功能结构，建议市和滨海新区政府适当调整对港口集团的考核指标，适当降低散货吞吐量指标在考核指标中的权重，提高集装箱吞吐量指标、经济效益指标（营业收入、净利润），特别是安全、环境以及服务功能等指标的权重。尤其要把港口安全生产放到更加突出的位置。

最后，要积极推动天津港借“一带一路”重大机遇，加快实施“走出去”战略，寻求与更多国际港口合作发展，为国家更多更好利用国际市场资源开拓新的国际通道和国际市场。

注：本文是在2014年天津市社会科学研究委托项目TJZWT130301和2014年天津市政府决策咨询重点项目ZFZX2014–XX研究成果基础上，根据实际情况发展变化，对题目和内容做了适当修改调整而成。课题组长：刘东涛；副组长：李增军；执笔人：张新宇、刘东涛、朱正清；陈月生、秦昕、刘伟等参加了调研。

□ 参考文献

[1] 汪传旭．区域港口合作竞争及其物流系统[M]．上海：上海交通大学出版社，2010：71–77.

[2] 赵亚鹏．国际港口功能演变与国际强港建设研究[M]．北京：经济科学出版社，2013：65.

[3] 赵娜．港口战略协同[M]．杭州：浙江大学出版社，2013：40.

[4] 中国港口年鉴（2014年版）[M]. 上海：中国港口杂志社，2014：65–76.

[5] 王任祥．我国港口一体化中的资源整合策略——以宁波—舟山港为例［J］．经济地理，2008：5–8.

[6] 孙光圻，杨丽韫．中国港口资源整合的现状、问题与对策［J］．世界海运，2010（4）：26–29.

[7] 朱容正. 河北省沿海港口资源整合问题及对策[J]. 中国港口，2012(7)：26–27.

[8] 秦昕，封云．加快第四代港口建设促进天津港港口功能转型升级［J］．交通企业管理，2014（6）：26–27.

基于京津冀一体化下的产业协同机制研究

唐少清[①]　姜鹏飞[②]　李剑玲[③]

【摘　要】京津冀协同发展已经上升为国家战略，并形成政府、企业、公众的共识，而产业协同是京津冀协同发展的根本点和落脚点，也是京津冀一体化的动力所在，因此对协同机制研究就具有现实意义和前瞻考量。本文从京津冀区域各产业比较分析出发，寻找协同机制的突破点，然后选择可操作的运作策略，并以首钢、北汽为例，探索产业协同的发展路径。

【关键词】区域一体化　都市圈　产业协同

区域一体化（region integration）是城乡一体化（rural-urban integration）

① 唐少清，男，管理学博士，教授，北京联合大学商务学院副院长，中国软科学研究会个人会员，河北大学经济学院硕士生导师。研究方向为企业战略管理、项目评估与管理、第三产业、产业经济。

② 姜鹏飞，女，管理学博士，副教授，北京联合大学商务学院国际商务系。研究方向为产业经济、服务经济。

③ 李剑玲，女，博士、副教授，北京联合大学商务学院国际商务系。研究方向为产业经济、服务经济。

的高级阶段，是城乡一体化发展到一定阶段的产物。而京津冀一体化实现的关键是产业协同发展，产业协同机制的作用是在京津冀都市圈内各个产业分工协作，实现共同发展、多方共赢。

一、问题的提出

在 2014 年 2 月 26 日召开的京津冀协同发展工作座谈会上，习近平总书记明确提出，“实现京津冀协同发展，是一个重大国家战略，要加快走出一条科学持续的协同发展路子来”。要实现京津冀协同发展的战略，必须解决产业协同发展，因此，实现京津冀一体化的关键或者说落脚点是产业协同，只有实现京津冀产业协同发展，才能确保实现京津冀可持续、稳定增长的发展。

二、京津冀内部各产业比较分析

自 1982 年北京市城市建设总体规划首次提出“首都圈”概念，到“京津冀经济一体化”和“京津冀都市圈”，再到今天升级为国家战略层面的“京津冀一体化”，这一过程已经走过了 32 年，其间经历了四个主要发展阶段。第一阶段从 1982 年到 1995 年，为利益交易型经济协作阶段。区域合作交流的主要标的是物资、技术，合作交流整体上处于自发试探阶段，短期性特征较为明显，并受行政首长人事变动等方面影响较大。第二阶段从 1996 年到 2003 年，主要特点是项目开发型双边合作，区域合作的意识有所提高，合作形式以项目开发为主，政府主导投入的项目居多，合作以资金等要素为主，缺乏公共服务、基础设施、公共政策等方面的交流与合作。第三阶段从 2004 年到 2010 年，各方初步形成了区域合作的共识和框架协议，“廊坊共识”和《环渤海区域合作框架协议》是京津冀区域协作的标志性成果。在区域规划、商业发展、旅游合作、交通合作、卫生合作、工商行政管理合作等领域建立了三地联席会议制度，区域合作从交通基础设施、产业、金融等经济领域，逐渐向旅游文化、公共安全、公共卫生和人力资源等公共服务领域延伸，机制化合作渐成主流。

从2011年至今，京津冀一体化协同发展进入区域战略引导型治理阶段。交通拥堵、环境污染等诸多“城市病”的严峻挑战，从中央到地方、从政府到社会的一致共识，使得区域协同发展从自发上升到自觉，由区域利益驱动发展到国家战略驱动，内容上从基础设施合作、产业协作等发展到公共服务、公共政策合作，重点从双边推动上升到多边合作与协调机制建构、完善（见表1）。

表1：京津冀合作发展的阶段性特征

项 目	第一阶段	第二阶段	第三阶段	第四阶段
时间区间	1982—1995年	1996—2003年	2004—2010年	2011—至今
合作主体	个体	政府	政府、产业	政府、企业、社会组织
合作形式	物资、技术	项目和资金	基础设施、公共服务	多样化、全方位
合作特征	自发、试探	项目开发与投资	合作框架、联席会	政府引导、市场主导

（一）京津冀第一产业比较分析

京津冀区域中第一产业，除河北占较大比重外，北京、天津占的比重较小，因此，解决河北第一产业问题，就是解决京津冀的第一产业问题，解决农业、农村、农民问题（见表2）。

2009—2014年间，北京第一产业尽管增加值有所增加，但是所占比例一直在下降，2014年所占比例和增加值均下降。天津第一产业与北京相似，唯有河北增加值在持续增加，所占比例基本保持不变。也就是说河北“三农”问题依然存在，解决农民问题，也是第一产业的人口逐步向第二产业、第三产业转移，实现产业间的有序转移。

从京津冀区域整体看，在2009—2014年间京津冀区域的第一产业的GDP增加值每年小幅度地增长，但所占比例却不断降低。

表 2：2009—2014 年京津冀第一产业比较（亿元）

项目		2009	2010	2011	2012	2013	2014
北京	GDP 增加值	118.3	124.3	136.2	150.3	161.8	159
	比例	1%	0.9%	0.9%	0.8%	0.8%	0.7%
天津	GDP 增加值	131.01	149.48	159.09	171.54	188.45	201.53
	比例	1.7%	1.6%	1.4%	1.3%	1.3%	1.3%
河北	GDP 增加值	2218.9	2562.8	2905.7	3186.7	3500.4	3347.5
	比例	13.0%	12.7%	12.0%	12.0%	12.4%	11.7%
京津冀	GDP 增加值	2468.21	2836.58	3200.99	3508.54	3850.65	3708.03
	比例	5.23%	5.07%	4.77%	4.7%	4.83%	4.57%

注：根据 2009-2014 年北京统计公报、天津统计公报、河北省统计公报的数据整理

（二）京津冀第二产业比较分析

在京津冀区域中，天津、河北第二产业所占比重较大，而且结构相似（见表 3）。

2009—2014 年间，北京第二产业尽管增加值在持续增长，但是所占比例却持续下降；天津的第二产业增加值也在持续增长，但是所占比例却持续下降；

表 3：2009—2014 年京津冀第二产业比较（亿元）

项目		2009	2010	2011	2012	2013	2014
北京	GDP 增加值	2743.1	3323.1	3744.4	4058.3	4352.3	4545.5
	比例	23.2%	24.1%	23.4%	22.8%	22.3%	21.4%
天津	GDP 增加值	4110.54	4837.57	5878.02	6663.68	7276.68	7765.91
	比例	54.8%	53.1%	52.5%	51.7%	50.6%	49.4%
河北	GDP 增加值	8874.9	10705.7	13098.1	14001.0	14762.1	15020.2
	比例	52.1%	53.0%	54.1%	52.7%	52.1%	51.1%
京津冀	GDP 增加值	15728.54	18866.37	22720.52	24722.98	26391.08	27331.6
	比例	43.37%	43.4%	43.3%	42.4%	41.67%	40.63%

注：根据 2009-2014 年北京统计公报、天津统计公报、河北省统计公报的数据整理

而河北的增加值增加较多，但是所占比例基本保持不变。

从京津冀区域整体看，在2009—2014年间京津冀区域的第二产业的GDP增加值每年也增长，但所占比例却不断降低。

（三）京津冀第三产业比较分析

京津冀第三产业数量比较，各地发展不平衡（见表4）。

2009—2014年间，京津冀三地第三产业的绝对值和所占比例均持续增长，说明三地第三产业结构的调整在不断优化。但是北京第三产业优势明显，无论是数量还是质量均保持绝对第一，基本接近发达国家的产业结构，而天津与河北则与北京分别相差30%与40%，是典型的工业化阶段的产业特征。

从京津冀区域整体看，京津冀区域第三产业的GDP增加值和所占比例在2009—2014年间持续增长，说明区域第三产业的发展呈现持续发展的态势。

表4：2009—2014年京津冀第三产业比较（亿元）

项目		2009	2010	2011	2012	2013	2014
北京	GDP增加值	9004.5	10330.5	12119.8	13592.4	14986.5	16626.3
	比例	75.8%	75%	75.7%	76.5%	76.9%	77.9%
天津	GDP增加值	3259.25	4121.78	5153.88	6049.96	6905.03	7755.03
	比例	43.5%	45.3%	46.1%	47.0%	48.1%	49.3%
河北	GDP增加值	5932.8	6928.6	8224.4	9387.3	10038.9	10953.5
	比例	34.9%	34.3%	33.9%	35.3%	35.5%	37.2%
京津冀	GDP增加值	18196.55	21380.88	25498.1	29029.7	31930.4	35334.8
	比例	51.4%	51.53%	51.9%	52.93%	53.5%	54.8%

注：根据2009-2014年北京统计公报、天津统计公报、河北省统计公报的数据整理

（四）北京第三产业具有高技术、新领域的独特优势

北京第三产业具有绝对优势，不仅数量上有优势，结构也相对合理，新领域产业、高技术服务业在北京第三产业具有较大比例（见表5）。

表 5：2009—2014 年北京第三产业中各产业结构所占比重

项 目	2009	2010	2011	2012	2013	2014
1. 交通运输、仓储和邮政业（F）	3.9	4.6	5.3	4.4	4.5	4.4
2. 信息传输、计算机服务和软件业（G）	9.3	9.0	9.3	9.0	9.0	9.7
3. 批发和零售业（H）住宿和餐饮业	13.2	13.6	13.3	12.8	12.2	11.5
	2.3	2.0	2.2	2.1	1.9	1.8
4. 金融业（J）	14.5	13.3	12.8	14.6	14.5	15.4
5. 房地产业（K）	7.5	6.8	6.8	7.0	6.9	6.2
6. 租赁和商务服务业（L）	6.9	7.0	7.1	7.4	7.9	8.0
7. 科学研究、技术服务和地质勘查业（M）	6.7	6.6	7.1	7.0	7.4	7.8
8. 水利、环境和公共设施管理业（N）	0.5	0.5	0.5	0.5	0.6	0.6
9. 居民服务和其他服务业（O）	0.5	0.6	0.7	0.7	0.7	0.8
10. 教育（P）	3.4	3.5	3.6	3.7	3.9	4.0
11. 卫生、社会保障和社会福利业（Q）	1.6	1.7	1.9	1.9	2.1	2.2
12. 文化、体育和娱乐业（R）	2.1	2.2	2.1	2.2	2.3	2.2
13. 公共管理和社会组织（S）	3.1	3.4	3.1	3.2	3.0	2.7

注：根据 2009-2014 年北京统计公报的数据整理

从表 5 中看出，2009 年至 2014 年，第三产业各产业的绝对值均有所增加，除批发和零售业、房地产业、公共管理和社会组织等 3 个子产业外，交通运输、仓储和邮政业等 10 个子产业的相对值所占比例均有所提高。2014 年超过 1000 亿元的产业有金融业、批发和零售业、信息传输、计算机服务和软件业、科学研究和技术服务业、租赁和商务服务业、房地产业等 6 个子产业，其中信息传输、软件和信息技术服务业、批发与零售业超过 2000 亿元，金融业超过 3000 亿元。具体地说：

1. 交通运输、仓储和邮政业 GDP 占比下降了 0.1 百分点，但产业绝对数比 2013 年增长了 6.8%，与此相应的产业绝对值增加了 64.47 亿元。说明该产业尽管已经成为北京的骨干产业，但是随着非首都功能疏解，比重有所下降。

2. 信息传输、计算机服务和软件业是北京的主导产业，所占 GDP 增长了 0.7 个百分点，产业绝对数比 2013 年增长了 11.7%，绝对值增加了 241.25 亿元。说明北京作为中国科技创新中心，创新驱动对经济增长贡献不断增加，成为北京“高精尖”经济结构的重要组成部分。

3. 批发和零售业所占 GDP 降低了 0.7 个百分点，产业绝对数比 2013 年增长了 5.5%，与此相应的产业绝对值增加了 134.62 亿元。说明在京津冀协同发展战略下，北京的区域性批发市场外迁津冀，在 2014 年尽管增速降低，但是总量较大，依然是第二大主导产业。

4. 金融业是北京第三产业中的第一大产业，GDP 占比大幅度增长了 0.9 个百分点，产业绝对数同比 2013 年增长了 12.3%，与此相应的产业绝对值增加了 407.23 亿元。北京作为中国金融机构总部聚集地，资金流占中国城市之首，呈现“一业独大”，并保持稳定增长。

5. 房地产业所占 GDP 降低了 0.7 个百分点，产业绝对数同比 2013 年降低了 2.2%，与此相应的产业绝对值减少了 29.24 亿元。国家房地产调控政策的实施和北京的限购措施，对北京的房地产有较大的影响，造成其增速降低，但它依然是北京的重要骨干产业。

6. 租赁和商务服务业 GDP 占比提高了 0.1 个百分点，产业绝对数比 2013 年增长了 5.8%，绝对值同时增加了 98.62 亿元。说明该产业在此期间是快速发展的产业，已跃升为北京的重要骨干产业。

7. 科学研究、技术服务和地质勘查业 GDP 占比提高了 0.4 个百分点，产业绝对数比 2013 年增长了 11.1%，绝对值同时增加了 184.55 亿元。说明该产业在 2014 年得到更快发展，也成为北京的骨干产业。

8. 水利、环境和公共设施管理业 GDP 占比与 2013 年持平，产业绝对数比 2013 年增长了 11.4%，与此相应的产业绝对值增加了 15.5 亿元。说明北京在此期间重视水利、环境保护和有关公共设施，但是力度有限，该产业也成为北京的新领域产业。

9. 居民服务和其他服务业 GDP 占比提高了 0.1 个百分点，产业绝对数比 2013 年增长了 13.2%，绝对值同时增加了 21.44 亿元。说明北京在 2014 年增加对生活服务业的投入，为建设国际一流的宜居之都在努力，尽管重视发展生活性服务业，但是力度有限，该产业也成为北京的新领域产业。

10. 教育业 GDP 占比提高了 0.1 个百分点，产业绝对数比 2013 年增长了 9.7%，绝对值同时增加了 83.32 亿元。说明北京在 2014 年持续增加教育投入，重视发展教育事业，该产业也成为北京的骨干产业。

11. 卫生、社会保障和社会福利业 GDP 占比提高了 0.1 个百分点，产业绝对数比 2013 年增长了 10.7%，绝对值同时增加了 50.08 亿元。说明北京在 2014 年持续加大投入，重视发展卫生、社会保障和社会福利事业，增速较快，该产业也成为北京的新领域产业。

12. 文化、体育和娱乐业 GDP 占比降低了 0.1 个百分点，产业绝对数比 2013 年增长了 1.9%，绝对值同时增加了 8.94 亿元。说明北京 2014 年对文化、体育和娱乐业的投入增加比例不大，但该产业也成为北京的新领域产业，丰富了文化创新产业的内容和基础。

13. 公共管理和社会组织 GDP 降低了 0.3 个百分点，产业绝对数比 2013 年降低了 2.6%，绝对值同时下降了 15 亿元。说明北京在此期间实施八项规定和党的群众路线教育实践活动，降低“三公”经费，该产业也是北京的新领域产业。

综上所述，教育和文化、卫生事业也保持快速发展，并持续增长，这种状况与发达国家第三产业发展状况非常相似。

（五）京津冀产业协同发展分析

京津冀一体化发展可基于以下四个维度来分析与思考。

1. 中央与地方政府间共识，形成协同发展。协同发展是指区域内部不同地区之间以及不同区域之间为了共赢发展而开展的地方政府合作行为。在区域合作过程中政府的作用主要是促进要素资源合理流动，纠正市场失灵，以实现区域协同发展，而市场的作用是在京津冀区域内产业融合、分工协作发展。京津冀有着特殊的历史渊源，经济社会发展具有梯次性、互补性和共生性等特征，具备区域合作的良好基础。

2. 因产业结构不同，形成梯次性发展。梯次性是指不同地区之间由于存在经济社会发展差距而形成的阶段性特征。梯次性构成了区域合作的内生动力，在梯度发展理论下，各地区可以通过合理分工以及技术转移实现区域协调发展。京津冀区域发展具有比较明显的梯次性特征。按照世界银行对不同国家收入分组标准，北京市和天津市已经达到富裕国家水平，而河北省只有中等收入水平。2014 年北京市第三产业比重达到 77.9%，而天津市和河北省分别为 49.3% 和 37.2%，经济社会发展存在较大差距。梯次性为京津冀区域合作提供了理论前提，通过推动产业有序转移，可以实现三地互利共赢。

3. 因资源禀赋不同，形成互补性发展。互补性体现了各地区基于比较优势而从交易中获益的可能性。根据比较优势理论，各地区应集中发展具有比较优势的产业，并通过地区贸易使双方获得收益。京津冀要素禀赋不同，北京市教育、科技和文化资源丰富，天津市具有航运、物流和制造业优势，河北省拥有劳动力、土地等成本优势，在发展过程中应形成有效互补，以放大本地优势。互补性还为各地区借力发展创造了条件。单个地区发展到一定阶段往往会受到本地要素资源的约束，如果地区之间具有互补性，则可以有效缓解约束，为区域发展提供持续动力。北京市、天津市拥有丰富的科技、文化和教育资源，但是也都面临着人口过度聚集、交通拥堵、空气污染严重等“大城市病”，河北省具有广阔的产业承载空间，但由于发展资源不足，产业转型升级压力较大。开展区域合作，可以实现区域优势互补，推动区域可持续发展。

4. 因一体化，形成共同发展。共生性是指区域内部各地区之间所具有的相互依赖的特性。共生性存在的原因在于区域公共物品的外部性。诸如空气污染、水资源开发与利用、水环境污染、食品安全等都具有跨域流动特征，无法在单个地区内部解决，只能通过区域协同在一体化框架内才能提出系统解决方案。

当前，京津冀面临着空气污染严重、水资源紧缺等共性问题，亟须加强区域合作，有序推进区域整体的一体化发展。

三、协同机制的突破点和策略选择

要把唐山和曹妃甸建成东北亚区域合作的窗口、环渤海新型工业化基地、首都经济圈的重要支点，在此基础上，天津、唐山、秦皇岛、沧州形成京津冀沿海经济带。2014 年 7 月 31 日，河北省与北京市共同签署了《共同打造曹妃甸协同发展示范区框架协议》等七项协议。

（一）曹妃甸的地理特征与园区特征

曹妃甸拥有 69.5 公里的可利用岸线，不冻不淤，深槽达 36 米，是渤海沿岸唯一不需开挖航道和港池即可建设 30 万吨级以上大型船舶的天然港址。目前，曹妃甸已建成矿石、煤炭、液体化学、集装箱、散杂货、装备制造、LNG 七大类型码头，港口吞吐能力达到 3.15 亿吨，增幅居全球十大港口之首，到 2015 年末吞吐能力将达 5 亿吨。曹妃甸综合保税区已于 2014 年 4 月封关正式运行，在级别上仅次于上海自贸区，享受上海洋山保税港区的相关政策。曹妃甸已经成为京津冀产业协同发展的示范区、首都产业外迁的最大承载地，曹妃甸拟拿 100 平方公里土地与北京共建产业园区，而北京承诺五年投入 200 亿。曹妃甸具有“面向大海有深槽，背靠陆地有浅滩，腹地广阔有支撑”的地理优势。

2003 年 3 月，以通岛公路开工为标志，至 2014 年，12 年间曹妃甸累计投入资金 3000 多亿元，曹妃甸已建设了港口物流、钢铁电力、化学工业、装备制造、综合保税、新兴产业、高新技术七大产业园区，同时不断加快产业聚集，形成了大港口、大钢铁、大化工、大装备四大主导产业。百年前，孙中山在《建国方略》里提出在这里建设“与纽约等大”的北方大港构想，已经成为现实。只有 4 平方公里的沙岛通过围海造地已形成一个近 220 平方公里的新型工业化基地；整个曹妃甸新区总面积达1943平方公里，已成为京津冀区域最有竞争优势和发展潜力的滨海新城，面积相当于两个香港、三个新加坡，并纳入国家“十二五”规划，成为国务院正式批准的国家级经济技术开发区。目前，具有以下显著特征。

1. 重化工产业积聚。首钢入驻曹妃甸以来，极大地促进了曹妃甸矿石港、原油港、煤炭港等港口群的建设。这些港口群犹如一个强大的磁场：1500万吨精品钢、1000万吨炼油和100万吨乙烯、1500万吨原油储备、400万千瓦火力发电、日产30万吨海水淡化，以及超大型造船、LNG等相关重化工产业竞相向曹妃甸集聚配套。

2. 企业间形成产业链。循环经济是曹妃甸立区之本，这里上下游产业链关联度非常高，招商时，也要看企业是不是在产业链上。在京唐首钢公司内部，炼钢形成的100摄氏度低温废气用于加热进行海水淡化；海水淡化后的高浓度浓盐水用于唐山三友集团制碱制盐；炼钢生产出的废渣被作为冀东水泥、汇鑫嘉德等企业生产原材料，副产品煤焦油则可输送至中泓碳素项目进行深加工。

2014年7月17日，中国石化北京燕山分公司曹妃甸千万吨级炼油项目环评获得了国家环保部批复，年内有望正式落地。该项目的亮点在于成品油生产标准高，高于欧V标准，是中国同行业最高标准。此外，该项目与其他行业循环发展，利用首钢京唐钢铁厂副产的焦炉煤气提取氢气，所产生的二氧化碳用于油田采油作业等。这些企业之间的循环链，仅仅是曹妃甸打造“中循环”的一个缩影。企业和与社会之间也有循环体系，如企业生产过程中的余热、蒸汽并入官网集中回收、统一调配，用于供暖、洗浴等，并可作为循环水、补充水、城市绿化和景观用水等加以利用。

3. 曹妃甸跟滨海新区完全是同一种发展模式，都是依托港口建设一些适合大进大出的中大型项目。无论在产业发展、港口腹地，还是经济条件上，都形成了非常明显的竞争关系。相距仅38海里，两个新区“亦敌亦友”。既要共同为京津冀区域协同发展出力，又因依托的资源、产业结构相似而相互竞争。

港口是争夺的焦点，不同的是，曹妃甸是天然深水良港，滨海新区是每年要花数亿清淤费的人工大港。相似的是，曹妃甸港位于天津航道上游，航道也几乎与天津港航道重合。

（二）滨海新区新目标、新起点、新方向

天津滨海新区已有新目标、新起点，其产业配套比较完善、产业环境较好，同时对于加工制造、装备制造产业的政策比北京、河北更有比较优势，对科技含量比较高的创新型企业扶持力度也在加大，成为新区科技创新领域的新方向。

滨海新区积极依靠首都科研资源，加快科技成果转化和产业化工作，建成了国家“863计划”成果展示交易平台、中科院工业生物技术研究所、北大新一代信息技术研究院等高水平科研成果转化平台。2013年，滨海新区共有863项目106项落地转化，中科院项目落地52项，达成产学研合作项目18项。有6个项目获得2013年度国家科学技术奖，全年完成技术合同登记75.72亿元。

从北京科研院所引进科技成果落地转化，是滨海新区与北京科技协同发展的重要举措之一。依靠首都科技资源主要表现在，一方面北京的一些研究院所、大学的成果和技术直接进行产业化；另一方面由新区企业提出诉求，科研院所帮助解决，进一步建立长期的产学研合作。

（三）优先次序

京津冀一体化的首位，是政府发挥在交通路网建设和环境治理两项工作上先导和主导的作用。因为这两项工作是政府必须做的工作，政府做好了这两项基础性的工作，才能让市场机制发挥作用，使“看不见的手看得见”，才能使人流、物流便捷地流动起来。只要政府层面想做，财政肯投入，马上就能运转起来。尤其是城市间轨道交通便捷性和互通性要加强，降低物流成本，提高人在城市之间交通方便。在目前政府财政投入有限和管理效率不高的情况下，可采取PPP模式，既解决资金不足的问题，也可提高公共基础设施运营效率的困境，使公益性、基础性的项目发挥政府、民间投入的积极性，又提高其可持

续运转功能。

其次是产业对接、迁移，企业合作，最容易进行三地交流转移的是国有企业，因为国有企业受政府主导，可以通过行政命令安排，所以会先选择一些有代表性的企业带动。例如，迁至廊坊的廊坊市新动批红门服装城，就成功对接了北京大红门和动物园批发市场，并在不到一个月的时间内招商成功，成为很好的成功范例，为河北各城市对接北京外迁产业提供了一定的实操经验。廊坊新动批红门服装城一期招商已经顺利完成，80% 的招商部分 9 成以上是大红门和动物园的实力商家，而且新进了不少直营厂商，成为首个真正落地的承接项目。2014 年 9 月，已面向市场启动投资，并为市场预留 20% 的投资机会，预计未来投资价值将大幅提升。服装城计划于 2015 年元旦正式开业。还有河北高碑店新发地农副产业物流园，凭借其得天独厚的地理位置、现代化物联网管理运营模式以及完善的渠道产业链条优势成为农副产品领域的先头军，高碑店新发地的建成将大大缓解北京压力，成为京津冀一体化产业创新转移的标杆。该项目的落成不仅能减少 45% 进京农产品物流车辆，有效缓解京南地区交通压力，同时还可疏解近 20 万的从业人口。高碑店农副产业物流贸易港是高碑店市对接北京、承接北京产业转移的河北省重点项目，是一项具有自身发展优势的现代农副产业物流项目，也是北京新发地“内升外扩”的一项战略布局。北京第三产业的外迁，不仅为廊坊市、高碑店市的第三产业增加了增量，而且还会带动相关产业的发展，带动产业结构的调整和转型。

最后是民营资本，则会根据自己的市场意愿自由调配，现在北京一些大的网上交易平台，已经在河北、天津组建仓储基地，三地的物流网络也更加紧密。最不容易转移的，可能是医疗、教育这类公共服务产业。现在能够做到的，设立分部或者分支机构，发挥科技、教育产业的辐射和扩散作用。例如，北京师范大学承德附属中学的设立，充分利用北京师范大学教学、科研、培训等方面的资源优势，提升承德高新区基础教育水平，完善承德南部新城的教育配套服务功能。这种尝试不仅是将北师大先进的教育理念，优质的教育、教学资源注入北师大承德附属学校，对承德市的基础教育质量起到引领示范作用，而且可在教育改革进入深水区、攻坚区的背景下，探索出基础教育改革创新的承德模式。还有北京天坛医院与河北燕达医院合作共建天坛·燕达脑科中心于2014年11月18日正式签约，形成资源共享、联盟共建和可持续发展的“燕达模式”。

（四）首钢搬迁模式：产业迁移和融合的标杆

首钢在北京面临一污染、二缺水、三没铁矿石的三重困境，因此首钢必须向“海”外迁，已获得水和相对成本较低的铁矿石，还可通过技术改造降低工业废物排放，向唐山曹妃甸转移是必然的选择，也是正确的选择。2003年，首钢决定迁址曹妃甸，到今天已经11年。不仅为北京腾出了8.56平方公里主厂区用地，昔日的钢厂变成了附加值更高的文化创意产业区、综合办公区、滨水生态休闲区和城市综合服务区四大板块，成为京西新地标。北京因为首钢搬迁减少的税收，也因环境的改善吸引了更多企业进驻，得到了更高的经济效益和社会效益、环境效益。

首钢的搬迁调整是创新重生，凤凰涅槃。在25万吨级的矿石码头，从澳大利亚、巴西、韩国运来的煤矿和铁矿石用连续式链斗卸载机或抓斗运送到皮带链，再通过这条皮带链输送到首钢的炼钢厂。而生产出来的成品钢只需移动200米，就直接可以出港运往上海等地，大大减少了运输成本。在首钢京唐钢铁厂的建设中，约有76亿元用作环境投资，占首钢一期全部投入的11.2%，是国内最高水平。每吨钢材在环保方面的投入是170元左右，远超同行业水平。2014年5月，首钢京唐公司扭亏为盈，成为京津冀产业转移的典范。在首钢京唐公司8500多名职工中，除京籍职工外，还有近4000个岗位吸纳了河北当地就业，并创造出近1.2万个相关生产性服务业岗位，为河北唐山的发展奠定了基础。

“首钢搬迁模式”将在曹妃甸成为第二产业外迁的标杆，曹妃甸目前正以积极承接北京高端产业制造环节和一般制造业转移为重点，积极引导北京的加工制造业向曹妃甸转移，引导装备制造、航空、高铁零部件等要素向曹妃甸集聚，在曹妃甸形成高端装备制造产业集聚。

（五）产业协同发展的策略选择

京津冀产业协同发展过程中，可有如下策略选择。

1. 京津冀三地要错位发展、产业分工，区域内产业梯度转移。北京、天津、河北三地要根据各自优势，坚持错位发展，协同发展，互相促进，实现有序发展。北京充分发挥第三产业，尤其是科技和教育业的优势，对津冀两地产业进行扩散，发挥强辐射作用。如发挥中关村国家级创新中心的作用，在津冀设立分园；发挥北京研究院、高等学校、医院等优势，在津冀设立分支机构或者合作机构。发挥北京 CBD 高端化、服务化的优势，推进 CBD 的转型升级，提升参与国际分工和经济全球化的档次，提高国际竞争力、自主创新能力和可持续发展能力。形成京津冀新的战略定位：中国经济增长的北方极，世界级的都市圈，中国创造和中国制造的高端产业集聚区，全球创新与发展的引领区。

2. 京津冀区域内各个城市要先定位，每个城市要重点发展产业，关键要看自己有没有这个能力，比如保定可以发展光伏产业，北京可以在中关村发展高科技产业园区。沧州打造黄骅“汽车城”，北汽集团加大与黄骅市的对接力度，在北汽 40 万辆整车项目顺利投产后，并筹划了“整车制造 +3+3”的长远产业规划。黄骅汽车产业链将拥有整车制造、零部件生产、汽车进出口及物流、废旧拆解、再制造、汽车高速试验场和通用航空制造业。北京于燕郊就像昆山之于上海，要解决燕郊经济模式，关键是解决产业发展问题。而燕郊开发区的经济模式是房地产独大，基建滞后，产业空心，“高新技术”的发展还没有规划和定位。

3. 产业链中的梯度发展。京津冀一体化中，河北相对落后，地位也比较尴尬。比如河北省各城市在定位上较为雷同，没有突出重点，应在一体化过程中重点选择，根据区域自身突出重点。对此，一体化既不能成为地方盲目发展非环境友好型经济的借口，也不能成为地方扩展房地产市场的借口，更不能成为地方盲目扩展工业园区的借口。

4. 实施循环经济战略，达到京津冀产业有序对接。三地产业对接最大的分歧，是作为转出方的北京对高端产业不愿意放，而作为承接地的天津、河北对低端产业也不想要。承接北京和天津的产业，不污染环境，这是京津冀都要坚持的，也是可持续发展之路。但传统产业通过技术改造、转型升级，可以将废物作为资源再利用，降低污染，实现循环经济和绿色经济。如华润电力其副产品热能可以供给周边的企业和居民，余热可用作海水淡化；同样，首钢的余热也可用作海水淡化，海水淡化出来的浓缩盐可以供给三友化工。曹妃甸的海水淡化项目将成北京的重要水源地，不久，每天将有100万吨淡化后的渤海水供给北京。还有“汇鑫嘉德”是曹妃甸本地的首家上市企业，该企业可以从钢铁企业冶金烟尘等废物粉尘中提炼出氯化钾、铁精粉，在近乎“零成本”的废料中取得良好效益。

5. 践行科技创新驱动的国家发展战略，在京津冀一体化的过程中探索科技创新发展，因为创新是自生力量和中国经济自生发展的必然要求。过去30年，中国经济的发展确实依靠大量要素的投入和人口红利，但随着经济的发展，要素投入收益递减和人口红利逐步消失，而且新技术、新产品、新产业、新模式远远比我们的要素投入更具有发展潜力。从这个角度来讲，京津冀产业协同发展，一定是可持续的、有长远生命力的发展，一定要摆脱过度的要素投入，污染排放，选择创新驱动发展的新道路。其次是创新驱动战略的实施，有助于解决三地共性的一些问题，比如严重的产能过剩，尤其是河北的传统产业如钢、水泥、玻璃。

中关村的新发展、新动力，已经孕育了大量的科技型企业，而且未来还应成为一到两个战略产业的发源地。京津冀产业协同发展是中关村发展的新纪元，一是国际化发展和京津冀协同发展同步，一方面大量引进国际上最新的技术，最尖端、最前沿的创新团队，使这些国际上的先进技术、先进创新团队和文化、创新要素在中关村更好更快地发展，使首都的创新功能更加彰显，这种外溢的效应和辐射带动的效应一定有助于京津冀协同发展的产业整合和集成。二是中关村应该做更多的产业培育和引领服务。实际上，很多科技型产业的研发、销售、管控在北京，甚至大量的制造也在北京。中关村从协同发展的角度不可能不在北京，但如果京津冀有一个发达的交通设施，一体化的产业结构，一体化的研发和销售，而且城乡互动，将来可以像珠三角、长三角一样，在产业协同、技术协同方面取得更大的成效。三是园区的建设运营和产业组织互动。中关村有16个园区，另外在天津建设中关村科技园，这些都有示范的作用。同样，还可以在石家庄、唐山、沧州、秦皇岛等地设立中关村科技园。

四、结论

京津冀一体化的产业协同发展，首先在京津冀区域规划的指导下，通过政府制定京津冀产业发展政策引导，发挥市场机制的作用，合理配置各网络城市的产业分工，实现有序的产业链，形成利益共同体。其次要充分利用地上资源（垃圾、废物品等），依靠新技术、新工艺，发挥生产性服务业的功能，实现循环经济（据测算：空气污染的85%是工业污染，15%是其他污染），减少废气、废物排放，形成命运共同体。最后，要重构京津冀第一、第二、第三产业的结构，实现京津冀的可持续发展，实现中国经济的南北均衡发展，形成价值共同体。

□ 参考文献

[1] 许德才，唐少清. 北京城乡一体化新趋势研究[J]. 生态经济，2013(9): 92-95.

[2] 唐少清，姜鹏飞. 基于京津冀一体化视角下的都市圈比较分析[J]. 中共青岛市委党校学报，2014(5)：15-19.

[3] 唐少清. 可持续推进京津冀协同发展[J]. 前进，2014：55-57.

京津冀产业协同发展的主要障碍及其破解

赵晓晨[①]

【摘　要】在经历了一段时期的快速增长之后，京津冀目前都遇到了经济发展的瓶颈，协同发展、合作共赢成为三地的必然选择。本文从 GDP 考核机制、现行分税财政体制、行政区划思维和产业结构等方面，分析了阻碍京津冀产业融合的主要制约因素，并有针对性地提出突破制度障碍、推动京津冀产业协同发展的对策措施。

【关键词】京津冀产业协同发展　体制机制制约　利益共享机制　产业链分工体系

改革开放 30 多年来，京津冀经济获得了快速发展，目前三地处在不同的发展阶段，但同时又都遇到了发展瓶颈，特别是出现了产业结构同质同构、市场分割严重、要素流动受阻、资源利用效率低等问题，不仅妨碍了区域经济的可持续发展，也成为制约各地继续前行的障碍，客观上要求京津冀携手

① 赵晓晨，天津财经大学经济学院国际经济贸易系教授。研究方向为国际贸易政策、开放型经济。

共同面对。三地要树立合作共赢的理念，遵循市场运行规律和产业发展规律，围绕比较优势形成区域间产业的合理分工和上下游产业链关系，促进三地经济共同发展。

一、京津冀产业协同发展的主要障碍

（一）阻碍京津冀产业协同发展的制度因素

制度是对经济行为的一种导向或约束，是一种激励或抑制。多年来中央政府“唯 GDP”的考核机制和不完善的分税财政体制，抑制了各地政府区域间经济合作的欲望，成为京津冀协同发展的制约因素。

由于在反映经济状况变化和经济增长速度等方面的直观性和可操作性，长期以来我国一直以 GDP 作为各级官员政绩考核的主要指标和职务升迁的重要依据。在 GDP 的指挥棒下，地方政府无暇顾及产业结构调整、生活质量提高、发展方式转变等经济发展的长远目标，而倾向于采取急功近利、竭泽而渔的短期行为，以经济建设为中心被简化和演绎为以 GDP 指标增长为中心。特别是以行政区划为单位的 GDP 增长速度排名，使地方政府自觉或不自觉地陷入 GDP 增长竞赛，形成规模扩张和争抢项目的投资冲动，导致地区间的恶性竞争和政治博弈，甚至明知合作对双方有利，但是为了不让竞争对手获益，却宁可选择保护主义的地区发展策略。GDP 竞赛激发了地方政府潜意识中对合作的抵触，竞争的欲望大大超过合作的渴望，同时形成了越是经济实力相当、排名接近的地区，越是缺乏合作和难以合作、竞争愈是激烈的现象。这也是导致一些地区盲目投资、重复建设、产能过剩、经济发展模式粗放以及部分地区产业结构失衡、地区间产业结构趋同现象的重要原因。

1994 年的分税制改革，为有效缓解当时中央的财政困境发挥了重要作用。但是随着时间的推移和市场经济的深入，其弊端和不良影响逐渐显现。特别是财权与事权的不匹配、税收返还与地方两税的平均增长速度挂钩 、中央过度集权以及税收与税源不一致等，促使地方政府在经济发展上首先追求本行政区的利益最大化，而不去考虑其他区域的发展。在自身利益的驱动下，各地竞相采取各种优惠政策吸引能够带来大额税收的项目，甚至不惜动用行政手段干预地方经济发展，政府成为投资的主体，而非公共服务的提供者，导致地方政府职能扭曲和功能的异化。引导市场经济行为和调节利益分配机制的财税制度设计不合理，客观上制约了区域间的经济合作，引发了以邻为壑、恶性竞争的局面。此外，我国长期以来采取单一的自上而下的纵向转移支付制度，缺少地方政府之间的横向转移支付，致使地方政府之间的利益机制难以协调，地区合作难以推动，地区间经济发展的不平衡难以消除。

（二）阻碍京津冀产业协同发展的行政区划思维

在以行政区划为单位的考核压力和现行财政体制的影响下，京津冀三地政府均以本地区的利益最大化为追求目标，区域合作意识淡薄，缺少从区域利益整体出发的产业发展统筹与协调，形成了各自为政、大而全的产业结构和自成体系的经济发展路径。在这种自成体系的路径依赖下，地区保护主义和市场分割严重，市场壁垒林立，企业之间、地区政府之间无序竞争、恶性竞争频发，项目争夺大战愈演愈烈，甚至采取逆市场化的举措干预和阻止纳税大户的迁移或是设置一些不利于行政归属不在本地的企业或个人的规定，限制了资源和要素的市场化流动。如北京市迁出一个厂需要市委常委会、市政府常务办公会研究通过，市长签字后才能迁走。天津市地方法规规定，凡是外地施工企业施工产值达到 1000 万元及以上，就必须在当地工商部门注册，企业所得税全部在当地缴纳。各自为政的行政区划思维，限制了三地之间生产要素的有效配置和自由流动，割断了三地市场和经济的内在联系，导致京津冀地区区域内的贸易占比不到一半，甚至只占到三分之一，明显偏低，而占绝大部分比重的则是区外贸易。

此外，行政定位固化了地方政府行政边界的思维理念，加剧了三地之间的理念冲突和利益冲突。从理论上讲，一个地区在某一方面的突出功能，是其区位优势、要素禀赋和经济发展水平等多方面因素决定的，是一个自发形成和逐渐被接受和认可的过程，而不应该是政府的规定或行政定性。缺乏客观基础、违背经济运行规律的区域行政定位，必然会引起各地政府间追求本地利益和位置的地区之争，强化了京津冀经济运行中的行政区域利益特征。长期以来，三地特别是京津之间以各自的经济利益对行政定位进行诠释和考量。北京为了“加快推进首都经济圈建设”，凭借其巨大的政治和经济资源优势，大量吸收各种资源，同时又对优质资源的流出施以限制，其资源的吸收能力大大超出其经济的辐射和带动效应。天津则致力于打造成“北方经济中心”，热衷于体现其在环渤海经济发展中的核心地位。由此可见，各地政府感兴趣的不是京津冀三地的协同发展及其实质进展，而是在这个区域中的定位概念和相应位置。为了争夺区域的中心和“龙头”，三地之间在产业项目、基础设施、机场港口建设、重化工项目布局等方面竞争激烈，其结果是削弱了政府间通过协商机制实现区域产业合作的愿望和三地间经济互补的动力，导致长期以来各地行政区经济分散型的发展模式，阻碍了京津冀产业的协调发展和有机融合。

（三）阻碍京津冀产业协同发展的结构障碍

虽然京津冀产业结构显示出一定的梯度性差异，但三地之间产业结构的相似程度则更高。多年来，在地方政府各自为政、自成体系行政区划思维的引导下，三地间的产业发展和经济联系被人为割断，形成了地区间产业结构相似、产业发展重点雷同、产业融合度低的局面。三地产业间的相互依赖性和上下游关联性小，区域内以比较优势为基础的合理分工和以市场为导向的产业链条和产业集群无法形成。

从表 1 可以看出以下几个问题：1. 北京与天津、北京与河北、天津与河北之间均存在不同程度的产业同构现象，尤其是天津与河北产业同构现象更加严重；2. 从三次产业结构相似系数、工业结构相似系数、制造业产业结构趋同系数 3 个指标的变化趋势看，北京与天津、北京与河北之间的产业同构程度不断下降，而天津与河北之间 3 个指标则均不降反升，说明两地之间产业结构雷同的现象越来越严重；3. 从反映产业市场化分工程度的区域分工指数来看，

表 1：京津冀产业结构及主导产业比较

	京津	京冀	津冀	京津冀
1991–2010 年三次产业结构相似系数 *1	0.981–0.857	0.964–0.768	0.958–0.976	
2006–2011 年工业结构相似系数 *2	0.921–0.672	0.399–0.380	0.555–0.794	
2003–2010 年制造业产业结构趋同系数 *3	0.980–0.735	0.511–0.462	0.572–0.786	0.688–0.649
2005–2010 年京津冀区域分工指数 *4	0.419–0.649	0.907–0.919	0.832–0.647	
2010 年三地重合的主导产业 *5	交通运输设备制造业 通信设备计算机及其他电子设备制造业 石油和天然气开采业 医药制造业 科学研究技术服务与地质勘查业 租赁和商务服务业 金融业	电力热力的生产和供应业 黑色金属矿采选业	黑色金属冶炼及压延加工业 金属制品业 交通运输及仓储和邮政业 批发与零售业	石油加工炼焦及核燃料加工业 煤炭开采和洗选业
“十二五”规划中三地重合的战略性新兴产业 *6	新一代信息技术 生物技术与健康 新能源产业 新材料产业 节能环保产业 高端装备制造 航空航天业	新一代信息产业 生物医药产业 新能源产业 新材料产业 节能环保产业 高端装备制造	新一代信息技术 生物技术与健康 新能源产业 新材料产业 节能环保产业 高端装备制造	新一代信息技术 生物技术与健康 新能源产业 新材料产业 节能环保产业 高端装备制造

资料来源：*1、3、5 引自王海涛、徐刚、恽晓方：区域经济一体化视域下京津冀产业结构分析，东北大学学报（社会科学版），2013 年 7 月

*2：国务院发展研究中心信息网统计数据库

*4：引自齐子翔：京津冀产业区际转移利益协调机制研究，《工业技术经济》，2014 年第 10 期

*6：京津冀三地政府“十二五”规划纲要（2011–2015 年）

2005–2010 年，北京与天津、北京与河北之间分工程度不断加深，从 0.419 和 0.907 分别升至 0.649 和 0.919；而同期天津与河北之间则出现了反向变化，从 0.832 降到 0.647。说明津冀两地之间产业分工水平下降，竞争大于分工合作；4. 从三地政府确定的产业发展方向来看，并没有充分反映出自身的区位优势和比较优势，而是盲从和趋同。从横向地区比较，津冀两地的产业同构现象大于京冀；从纵向的时间比较，三地在其“十二五”规划纲要中都提出要大力发展或加快发展战略性新兴产业，使“十二五”期间三地间产业的相似度大幅度高于“十一五”期间。在各地确立的战略性新兴产业中，北京与天津之间除了新能源汽车以外，其余完全一样；天津与河北之间在航空航天和海洋经济上有所不同；北京与河北之间的差异在新能源汽车、海洋经济和航空航天产业。

由此可见，如果按照目前三地制定的产业发展规划推进和实施，那么京津冀地区特别是天津、河北两地今后主导产业的趋同趋势会进一步加强，三地之间产业结构的同构化现象将不断恶化，其后果将是区域内产品市场的恶性竞争、要素市场的低效率、部分产能的严重过剩、资源的浪费和低效配置以及价格扭曲导致的市场失灵。虽然三地政府都致力于发展经济，但是经济的发展却可能最终止步于政府间的行政壁垒和恶性竞争，出现三败皆伤的局面。

二、突破京津冀产业协同发展障碍的对策建议

（一）建立有利于推动区域经济合作的绩效考核机制和利益共享的财政体制

京津冀三地的产业冲突实际上反映的是政府间的利益冲突和行政边界的刚性约束。冲破地区割据的行政藩篱、促进京津冀产业协同和经济协调发展的关键，是建立鼓励区域经济合作的考核机制和利益共享的财政体制。一是完善跨行政区总分机构企业所得税的分配办法，合理调整和分配设在不同地区总部和分支机构所在地的税收利益，确保税收与税源的均衡；二是建立公平的税收分享机制，设计科学的税收分享办法，按照京津冀三地政府对产业的贡献率分

配合作所得的总收益，以充分体现不同地区的产业区域税收贡献率；三是在京津冀地区试行以权利义务平衡为原则、以促进区域经济协调发展为目标的跨区域横向转移支付机制。这一机制运行的关键是科学合理地确定地区间转移支付的标准和比例。可以以发达国家在该方面的成熟做法为鉴，分别测算出京津冀全区域居民的平均税收额和区域中各地居民的平均税收额，当某一地的居民平均税收额超过整个区域居民平均税收额的一定比例时，则有义务向区域内低于平均税收额一定水平的地区进行横向转移支付。这种方法，兼顾了政府间财权和事权划分基础上的利益与贡献的平衡，有利于缩小地区差距，推动京津冀三地之间的协调发展、合作发展和平衡发展。此外，这一机制还应包括京津冀三地区域生态补偿的横向转移支付。通过地方政府间财政资金相互转移的制度安排，对在该区域内为保护和恢复生态环境而付出代价、为整体利益而牺牲局部利益的地区进行经济补偿；四是调整 GDP 考核指标一刀切的模式，适当增加能够反映各地区区位优势和比较优势的产业指标的权重，同时将地区间横向转移支付的绩效纳入考评体系。

总之，通过建立完善的经济考核机制和利益共享、风险共担的互补型财政体制，化解地方政府间的利益冲突，突破行政边界刚性约束的羁绊，变恶性争斗为携手共进，消除地方割据，构建区域大市场，实现京津冀三方共赢。

（二）构建充分反映三地利益诉求和促进产业协同发展的区域合作与协调机制

京津冀三地产业的协同发展、平衡发展，有利于降低区际资源流动障碍和市场交易成本，促进要素的合理配置。但长期以来，三地之间存在着比其他地区更为复杂的中央与地方、省与市、市与市之间纵横交叉的错综复杂关系和利益之争，使三地区域间的协调发展、共同发展成为空谈。因此，有必要建立一个从宏观到微观、从政府到部门的促进区际产业融合和利益融合的协调联动机制。该机制可以包括以下几个层面：一是定期召开由京津冀三地省市长出席的联席会议，沟通、对接和协调各省市间的经济发展思路，协调产业发展规划，确定区域合作方向和重点合作领域；对跨行政区或是对整个区域发展产生影响的重大项目，或是三地共同关注和面临的共性问题，在协商的基础上达成共识；二是形成日常的信息沟通与对话协商制度，对涉及三方利益但又难以通过几次会议简单解决的深层次问题进行反复的沟通与磋商，如区域间利益均衡和税收分享机制的建立，横向分税比例的确定，区际产业转移等；三是三地政府相关职能部门间的合作，如交通、旅游、环保等部门的专项合作、联合开发等；四是成立专门的课题组或研究机构，对涉及京津冀区域发展的相关问题进行从理论到实证的合作研究，推动京津冀区域合作深层次、高水平和全方位的发展，促进京津冀区域发展合力的形成和整体潜力的充分释放。

（三）构建区域间以比较优势为基础的合理分工体系和上下游产业链关系

京津冀三地的产业层次和发展水平存在一定的梯度性，各自处于产业链的不同位置。但长期以来，由于种种原因，三地产业之间的合作与联系较少，大多数产业的选择或发展并不是按照反映产业发展规律的产业链分工展开的，而是追求各自独立和自成体系，产业结构雷同、主导产业相似、重点项目重复，甚至出现违背规律的逆向选择，其结果是阻断了反映产业发展规律的上下游产业链体系的形成和区域间的产业聚集，产业链残缺或断裂，导致区域内资源、资金、要素等的无序流动和经济的低效运行，形成互相掣肘的多败俱伤局面。

目前三地间进行的产业梯度转移或大类产业的整体迁移，是围绕不同产业在地区间的梯度分工，在一定程度上减轻了三地产业的同构现象，但从某种意义上说，仍然带有某种制度安排和行政色彩。在以区划为单位的 GDP 考核机制和财政体制的驱动下，难免会出现地方政府将某些污染重、耗能高、附加值低、不适宜本地发展的产业，甚至是淘汰产业转移到产业梯度较低的地区。这样不仅不能实现区域间产业的真正融合和协调发展，反而会恶化地区间的利益矛盾，加大地区间发展差距。要真正实现三地的产业融合和兼顾各地长远利益基础上的长远发展，就应遵循比较优势基础上的合理分工原则，将着眼点由区域内产业发展的梯度关系转向以市场为导向的上下游产业链关系。

随着科学技术的进步和国际分工的不断深化，传统的产业间分工逐渐向产业内分工和产品内分工甚至工序分工发展，形成了以工序或生产环节为对象的垂直型产业链分工体系；产品价值的实现边界也由产业间到产业内、产品内，继而细化到产品的某一生产环节。这表明某个国家或地区的比较优势不仅可以通过某个产业（农业、工业或服务业）或某个行业、某大类产品的生产体现出来，而且可以在某个产品、产品的某个生产环节乃至某道工序上得以体现。也就是说，产品价值可以在产业链的每一个环节上得到实现。这种不断细化的分工模式和获利形式，是国际分工的发展趋势，也是一国内地区间产业深层次融合、互利共赢的分工模式。

要实现京津冀三地产业的互补发展、协调发展、互利发展、共同发展和持续发展，特别是避免获利不均、差距拉大的局面，就应遵循产业发展规律和市场运行规律，坚持市场导向，发挥市场机制的作用，尽量减少地方政府的撮合和行政干预，坚持有所为有所不为。地区政府应摒弃自成体系、自我利益最大化的理念，按照新型产业分工的思维，根据各自的要素禀赋和比较优势确定产业发展规划和产业发展结构，重点发展自身具有区位优势的产业，形成区域内技术和资本密集的地区主要从事价值链高端的研发设计和产品核心部位或整机（整车）的生产，而自然资源丰裕和具有劳动力成本优势、但技术相对落后的地区主要从事产业链低端的产品配套和零部件生产的上下游产业链关系和垂直型分工体系，形成以优势产业或具有竞争力产品为龙头的合理分工格局和相关研发产业或零部件配套产业在区域内的自发聚集，从而真正捋顺三地间的产业发展关系和利益关系，使各地在符合产业发展规律和比较优势原则的产业链分工中获得最大利益，并在共同发展的基础上提高整个区域融入全球分工体系的能力和在全球价值链分工中的地位。

□ 参考文献

[1] 李博．河北正因为靠着京津才发展落后 [N]．21 世纪经济报道，2011-

11–28.

[2] 齐子翔. 京津冀产业区际转移利益协调机制研究［J］. 工业技术经济，2014（10）：3–13.

[3] 王小广. 市场壁垒广泛存在京津冀产业优化症结破解［J］. 人民论坛，2014（15）：40–41.

[4] 孙久文，丁鸿君. 京津冀区域经济一体化进程研究［J］. 经济与管理研究，2012（7）：52–57.

[5] 王浩，郭传辉. 发达国家政府间转移支付制度的经验借鉴及启示［J］. 特区经济，2012（9）：87–89.

协同发展战略下京津冀跨区域临空产业布局分析

——基于“行政区经济”向“产业区经济”转变的视角

魏丽华[①]

【摘　要】协同发展的本质要义就是通过要素之间的相互配合、相互协作，使整个区域经济系统由旧结构状态发展变化为新结构状态，从而实现经济要素合乎规律发展、区域内部与外部经济互惠共赢发展、区域经济社会全面协调可持续发展。因此，协同发展是区域经济发展的内在要求和客观规律。具体到实践中，就需要突破“一亩三分地”的行政区划限制，变当下的“行政区经济”为“产业区经济”，走产业协同发展之路。京津冀协同发展战略下，以临空产业为切入点，立足三地临空产业发展各自所面临的困境，深入探讨实现三地空港资源整合，推动三地临空产业的协同发展，对京津冀协同发展战略的深化具有重要意义。

【关键词】协同发展　行政区经济　产业区经济　临空产业

---

① 魏丽华，女，（1979—），河北易县人，回族，中共河北省委党校副教授，中央党校博士研究生。研究方向为政治经济学、产业经济学。

一、协同与协同发展战略的基本内涵

协同现象是自然、社会和思维发展中常见的一种客观现象 。对这种现象进行深入认识并系统概括，形成了协同学理论。协同学理论是研究开放系统内部各子系统之间通过非线性的相互作用产生的协同效应，使系统从混沌状态向有序状态、从低级有序向高级有序，以及从有序又转化为混沌的具体机理和共同规律的一种综合性理论 。20 世纪 70 年代以来，协同学和系统论的发展和广泛应用范围日益广泛，人们开始用系统科学的思想方法去解决自然、社会和思维中的复杂问题。改革开放 30 多年来，伴随着我国区域经济的次第崛起，催生了专家学者对我国区域经济发展研究的关注。区域经济作为一定地域范围内经济发展的内部因素与外部条件相互作用而形成的开放的复杂系统的演化系统，人们开始将协同学理论引入其中，进行区域经济发展深层次领域的研究。

基于协同理论发展而来的协同发展战略认为，人口、资源、科技、环境等是构成区域经济系统的重要经济要素。这些经济要素既存在各自的独立运动，又存在相互影响相互制约的关联运动；经济要素各自的独立运动与要素之间的关联运动既斗争又统一。王力年（2012）在其博士论文中提出，区域经济系统下的协同发展，就是在一定条件下，通过调节控制各个经济要素的独立运动以及要素之间的关联运动，使经济要素之间的关联支配各个要素的独立发展，达到各个经济要素相互配合、相互协作的发展态势；进而主导整个区域经济系统的发展趋向，使整个区域经济系统由旧结构状态发展变化为新结构状态；从而实现经济要素合乎规律发展、区域内部与外部经济互惠共赢发展、区域经济社会全面协调可持续发展。因此，协同发展战略是区域经济发展的内在要求和客观规律。

协同发展战略的主要特点集中体现在两方面：第一，整体性。协同发展的生态系统是各种要素的有机集合而不是简单相加，其存在的方式、目标、功能都表现出统一的整体性；第二，动态性。协同发展的生态系统是不断动态变化的，呈现出典型的相对性和变异性特征。

二、协同战略下跨区域产业协同发展的基本要求

协同战略是通过国家意志的引导、制度的安排和机制的选择，促进各地域、各企业、各组织机构发挥各自的能力优势，整合互补性资源，实现各自的优势互补，进而实现区域的联合与一体化发展。因此，在一定意义上，可以说协同发展战略的本质就是，企业、政府、创新组织（大学、研究机构）、中介机构、消费者等各个市场主体为了实现重大战略推动而开展的大跨度、深维度整合的地域空间组织模式。

基于此概念，协同战略下要实现跨区域产业协同发展的目标，基本要求就是：突破行政区划限制，以产业关联度为单一核心，以“产业区经济”取代“行政区经济”，进而展开产业布局。

（一）条块分割制下的“行政区经济”

所谓“行政区经济”，主要是指以行政区划作为经济活动组织与布局的基本地域单元的经济，以及以行政性手段和运行机制为主来组织与布局的经济。行政条块分割的管理体制，以及“分灶吃饭”的财政运行机制，造就了各级行政区成为经济布局与经济活动组织实施的基本地域单元，因而习惯于采取按行政区划系统来组织经济布局，这种方式因利益的分割等多种原因人为地割裂了跨行政区（省与省、市与市、县与县等）之间经济的联系，阻碍了资源与要素的流动和产业与企业的有效关联等。对地方财政的过分追逐、地方政府的 GDP 考核机制以及地方利益保护主义更是在一定程度上强化了经济的“行政区划”色彩。

行政区经济的主要特点，集中体现在以下几方面：第一，“行政区经济”边界范围与行政区划的一致性；第二，行政区划内经济发展是以地方（行政区）经济利益和政府及行政管理部门官员的政绩考核为主要驱动力量，因此，行政区划内的经济活动组织、布局与运营具有明显的地区（行政区）利益导向性；第三，跨区域分工被忽略，经济（产业）结构呈现明显的大而全、小而全的“同构化”性特征；第四，经济活动的组织布局机制是地方（行政区）政府及行政

管理部门的行政性指令与措施。因此，其经济运行普遍受到政府及行政主管部门的干预与主导，区际竞争呈现明显的激烈性、无序性和复杂性。第五，“行政区经济”的外联机制表现为以保护地方利益为目的的扭曲的区际竞争与合作，而非出于产业的关联、企业的合作等目的进行的自发的竞争与合作。

正是基于上述特点，导致“行政区经济”的运行体制给经济社会发展带来一系列弊端。行政区经济是导致地区利益冲突与产业结构趋同的根源所在。在地区利益导向及极力争取与维护地区利益的动机、官员政绩导向的行政性运作机制与普遍的政府干预等多方面因素的直接作用下，导致地方政府或行政主管部门只顾短期行为与眼前利益、只顾孤立发展与自身的局部利益，实施地方保护主义及行政性壁垒与区域市场的人为分割。经济运作领域中长官意识的普遍存在与行政性做法等不良影响，进一步导致各地区竞相发展预期收益丰厚的产业与项目，有意识地设置地区封锁、争抢原材料燃料资源及封锁与限制区外产品进入等市场壁垒，较普遍地产生不正当竞争与区际贸易摩擦，最后使地区利益冲突愈演愈烈并形成恶性循环 。

（二）“产业区经济”的显著特点

与“行政区经济”相对应的“产业区经济”，则主要指的是，以产业的关联度和经济活动的密切度为经济活动组织与布局基本地域单元的经济，以及以经济规律和市场机制为主并重视宏观调节与引导来组织与布局的经济。

“产业区经济”与“行政区经济”存在着明显的不同。前者是超越行政区划壁垒的，更强调区际的分工协作和横向联合，客观上以产业区范围内的最大利益为目标，以经济规律和市场机制为配置的主要手段，瞩目于资源和要素的跨地区自由流动与优化配置。而“行政区经济”则视行政区划范围为“独立王国”，轻视合理的区际分工合作，甚至“以邻为壑”，不重视甚至阻拦资源和要素在跨地区（行政区） 之间的自由流动，以行政区划内“一亩三分地”的利益最大化为主要目标，以行政指令和行政性措施为资源配置和经济运营的主要手段等，在此基础上展开产业布局，进而导致各行政区之间的低水平重复建设和经济（产业）结构趋同等一系列问题。

正是基于“产业区经济”于“行政区经济”的显著优越之处，随着市场经济体制改革的深化，前者取代后者将逐渐成为大势。在世界经济一体化、区域经济集团化的大背景下，表现在区域横截面上的经济的整体性和产业普遍联系的规律性更广泛、更持续、更强烈地支配着区域经济的发展。无法抗拒的市场经济体制改革的深化推进，要求以遵循经济规律和市场机制为准则来进行资源要素的配置、产业的布局和经济活动的组织与运营，这势必要求突破行政区划的界限，建立符合经济规律和市场机制要求的“产业区”，并在此“产业区”中以经济规律和市场机制来主导运作。因此，“产业区经济”不仅有存在的必要，而且它的发展将是历史的必然。

三、京津冀协同发展战略下三地临空产业布局现状

京津冀三地的地域面积虽然仅占全国的2%，但是总人口占全国的7.98%，地区生产总值占全国的10.9%。京津冀地区已经成为继长三角、珠三角之后，中国第三个最具活力的城市群。京津冀都市圈，从20世纪80年代概念诞生到现在，历时已久。然而，仅从规划名称的不断变化和区域范围的不断调整即可看出其背后利益博弈之激烈。也正是基于这样的原因，三地的一体化发展多年来一直停留在概念阶段，未取得实质性进展。“行政区经济”的深远影响牢牢地束缚着每一个产业的协同发展，临空产业亦是如此，造成了三地临空产业面临着各自不同的发展困境。

（一）空港运载量差距悬殊

京津冀三地经济发展的巨大差距，体现在临空产业领域，首当其冲的就是三地空港吞吐量的悬殊对比（详见表1）。

从表1可以清晰看出，京津冀三地空港吞吐量的差距十分明显。与京津两地繁忙的空港相比，河北境内的空港运载力明显不足。在“强者愈强，弱者愈

表 1：2013 年京津冀民航机场业务量统计表

	旅客吞吐量：（人）				货邮吞吐量：（吨）				起降架次（次）			
机场	名次	本期完成	上年同期	比去年增减：%	名次	本期完成	上年同期	比去年增减：%	名次	本期完成	上年同期	比去年增减：%
首都	1	83,712,355	81,929,352	2.2	2	1,843,681.1	1,799,864	2.4	1	567,757	557,159	1.9
滨海	24	10,035,833	8,139,988	23.3	13	214,419.8	194,241	10.4	21	100,729	83,700	20.3
南苑	38	4,455,263	3,459,887	28.8	39	37,091.9	30,054	23.4	48	38,661	29,365	31.7
正定	37	5,110,536	4,852,071	5.3	34	42,976.2	39,661	8.4	39	51,980	54,647	−4.9
邯郸	119	230,087	169,554	35.7	147	66.4	70	−5.0	89	8,534	2,584	230.3
秦皇岛	123	207,947	155,438	33.8	108	919.6	606	51.8	124	3,014	2,286	31.8
唐山	129	180,660	166,897	8.2	102	1,212.6	906	33.9	149	1,967	1,809	8.7
张家口	180	24,021	—	—	172	0.7	—	—	179	544	—	—

数据来源：中国民航局

弱的”的“马太效应”的影响下，受航线、航班班次等因素制约，京津二市对河北客流的“虹吸效应”日渐显著。

首都机场依托北京所拥有的众多资源要素，凭借密集的航班、便捷的服务、优越的环境、广阔的腹地，不断吸引着周边地区的客货源蜂拥而至。其客货运输量在稳居京津冀三地空港发展“龙头老大”的同时，也带来了一系列问题。由于民航都是单条航路双向飞行，而非像铁路或高速公路那样可以建“复线”或者“多车道”，因此机场航班密度不可以无限制增加。而目前首都机场高峰时段客运起降时刻已完全饱和，但国内外航空公司仍在不断申请增加时刻。早在 2012 年上半年，国内就有 60 多个机场、11 家航空公司未取得首都机场航权和航班时刻，另有国外 30 多家航空公司已获得首都机场航权却无法安排时刻。而北京南苑机场的地面和空中保障能力均已接近饱和，且受条件所限，也很难实现再扩建。

近年来，天津市提出天津机场是推进京津双城联动发展、京津冀协同发展的最大潜力所在，要发挥先导性作用，积极承接首都机场溢出，客货并举，尽快做大做强。其以着力打造“经津乐道”为服务品牌，将天津机场的航空服务不断向京津冀地区延伸。2014 年 8 月，天津滨海国际机场在唐山、保定、廊坊、白沟、胜芳等 5 座异地城市候机厅正式投入运营。在给上述地旅客出行提供便捷通畅新通道的同时，对河北客流的分流效应也将更加明显。

事实上，早在 2011 年，京津冀地区“三市四场”（首都机场、北京南苑机场、石家庄机场、天津滨海国际机场）中，首都机场的旅客吞吐量就占到了总吞吐量的 87.7%，货邮吞吐量占到了总吞吐量的 87.3%。首都机场运营压力巨大，石家庄机场这些周边主要干线机场的航空资源却闲置，整个京津冀地区的航空运输发展呈现出极不平衡的“马太效应”。“首都机场撑得慌、天津机场吃不饱、河北机场没饭吃”是三地空港发展现状真实的写照。而空港运载力的明显差距，也就直接影响到了三地空港产业的布局。

在北京，起步于 1993 年的顺义临空经济区，依托首都机场的庞大客货运输量，临空产业飞速发展。到 20 世纪 90 年代中期，“区内的手机制造业一度位居全国首位；本世纪初，其成为北京除中关村以外，首个工业产值突破百亿元的经济园区；而今，其以 52 平方公里的面积贡献了顺义区一半的经济总量和税收、占北京航空产业产值的 85% 以上，并从单纯经济功能区角色向现代航空新城转型。”通过多年不断的探索与实践，如今，其依托首都国际机场，以“打造临空经济区、建设世界空港城”为战略目标，通过天竺综合保税区、空港开发区、林河开发区、空港物流基地、北京汽车生产基地、国门商务区等 6 大功能区的科学设置，将临空经济区明确划分为临空型综合服务集聚区、临空型现代制造业集聚区、临空产业发展新区三个产业功能空间层级，从而有效实现了临空产业的高度聚集：400 多家航空类企业、3300 余家临空型企业、30 余家世界 500 强企业以及中国民航六大集团在这里设址，已经初步形成了以航空业的相关企业总部为主体、现代制造业及高端服务业为主的临空产业体系。而与此形成鲜明对比的是，受客货运载力和地方经济发展实力等因素制约，河北省的临空经济发展依然停留在概念阶段。虽然早在 2010 年，石家庄就制定了《石家庄空港工业园概念规划（2010—2040）》和《石家庄空港工业园起步区总体规划（2010—2020）》，但 4 年过去，石家庄空港工业园一直处于开发筹建阶段，未如众人期待的“破茧成蝶”。因此，实现京津冀三地航空资源的有效配置，加快实现三地临空产业的科学布局，迫在眉睫。

（二）临空产业区与腹地经济的互动便捷度不够优越

天津临空产业区与滨海新区、天津市区之间的交通衔接不畅，使得临空产业区难以依托滨海新区和天津市的产业基础。首都临空经济区内交通的欠协调也已经影响了临空经济区内多个园区之间的功能互补。而河北的临空经济，由于产业关联度、配套衔接度和承载度等领域存在的问题，使得临空产业区与腹地经济的互动关联基本处于起步阶段。

（三）空港的建设发展与所在城市的规划不协调

京津冀三地中，部分机场的建设和发展与其所在城市规划、军航规划以及其他运输方式的规划缺乏有效衔接，尤其是军民航空域使用矛盾日益尖锐。大部分中型以上机场容量已饱和或接近饱和、综合功能不健全，与提高航空安全保障能力和运输服务质量水平的客观要求存在较大差距。

四、推动京津冀临空产业协同发展的对策建议

京津冀的协同发展，本质上是产业的协同发展；三地的深度融合，实质上是产业的深度融合。作为中国最难协调的区域规划之一，伴随着 2014 年年初习近平总书记就京津冀协同发展做出的一系列重要指示，将三地的一体化融合发展推向了新的历史阶段。首都第二机场在京冀交界处的落户，更是为三地临空产业突破行政区划限制、变“行政区经济”为“产业区经济”、实现协同发展提供了有力的突破口。

立足当前三地临空产业发展的现状，推进京津冀三地临空产业的协同发展，就需要加快破解制约三地临空产业协同发展存在的体制机制障碍，按照优势互补、互利共赢、产业一体化的原则，以临空产业作为优先领域，以产业结构优化升级和实现创新驱动发展作为合作重点，以着力实现优势互补、良性互动、共赢发展为目标，整合要素资源，突破行政区划限制，优化跨区域产业布局，合力推动区域整体发展，探索出一条跨区域产业科学布局的有效路径。这既是深化体制改革、推动区域一体化的必然要求，也是打造我国环渤海区域第三增长极的必然选择。

（一）深化京津冀三地机场资源的战略性重组

2014 年 12 月，京津冀三地机场签署了协同发展战略合作框架协议。战略合作协议还明确了三方机场新的功能定位，即首都机场完善服务首都核心功能的保障能力，调整优化航线网络结构，提质增效，增强国际航空枢纽的中转能力，提升国际竞争力；天津机场强化枢纽功能，大力发展航空物流；石家庄机场培育为枢纽机场，积极发展航空快件集散及低成本航空。在此基础上，三方

科学规划、合理配置客货运保障资源，充分发挥各自比较优势，适度错位经营，努力构建功能完善的区域机场体系。同时，河北机场管理集团公司将纳入首都机场集团公司，实现京津冀三地主要机场统一管理、一体化运营。根据战略合作协议，三方机场还将在航线航班网络优化、安全服务、市场营销、人才培训、非航空性业务、运行资源整合等方面加强合作与发展。

框架协议的签署标志着京津冀三地在一体化进程中率先实现了机场的协同发展。然而真正推动三地机场一体化的有效对接，在航线航班网络优化、安全服务、市场营销、人才培训、非航空性业务、运行资源整合等方面加强合作与发展，将一体化事项真正落到实处，还需要不断努力与推进。

（二）加大对三地临空产业协同布局的高层协调力度

推动产业的跨区域协同发展，实现从“行政区经济”到“产业区经济”的转变，由于牵涉多个地方、多个部门的切身利益，单靠某一个地方政府或某一个职能部门的协调是远远不够的。这就需要加强制度的顶层设计，推动高层的统筹协调力度。具体而言，可以以首都第二机场建设、天津投资和贸易便利化综合改革创新区等战略机遇为突破口，以着力改变京津冀区域航运发展极不均衡的现状为重点，以推动区域经济一体化发展、实现交通一体化、加快构建快速、便捷、高效、安全、大容量、低成本的互联互通的综合交通网络为目标，整合三地的空港资源，按照把交通一体化作为优先突破领域的要求，加强机场间协同运营的顶层设计，加强京津冀都市密集地区机场功能的互补性，增强石家庄机场与天津滨海国际机场对首都机场的分流功能。例如：京津冀可尝试共同申报建设国家级“临空经济区域合作示范区”，建成一个类似于郑州航空港经济综合试验区或以临空产业为主体的国家级新区。在新区内，还可以规划共建以航空小镇为重点的宜居航空都市体系和以临空特色产业为核心的专业园区。

（三）明确京津冀三地四空港的分工和定位

明确的分工与定位，是避免今后京津冀区域内多个机场间出现同质化恶性竞争，实现临空产业有序协同发展的先决条件。这就需要以京津冀空港群的建设为载体，以资源要素空间的统筹规划利用为主线，推动京津冀主要空港发挥各自比较优势，明确功能定位、错位经营、强化协作。通过不断调整完善北京首都、北京南苑、天津机场、石家庄机场的航线航班网络结构，着力优化航线航班编排，通过京津冀地区空港运输的协同运营，实现“五个一体化”，即空域一体化、网络一体化、规划一体化、管理一体化、空地一体化，进而促进首都机场建设大型国际航空枢纽，促进京津冀地区航空运输业持续健康发展。

例如：河北境内的空港应借助便捷的地面交通优势，重点分流首都机场通往国内热点城市航班、低成本航空公司航班以及部分国际航班，特别是中短途国际航班。在此基础上，依托日益增加的客货运输量，立足地方产业实际，加快航空运输、航空制造、航空物流、休闲娱乐、商务会展、航空维修等临空产业的布局。天津的空港，则应以航空制造产业链为核心，以航空制造和维修为主业，着力发展飞机的总装（包括干线飞机和以直升机为主的通用航空）、零部件制造、飞机维修，以及航空物流、航空金融、飞机租赁、航空会展等关联度高的先进装备制造业。

□ 参考文献

[1]H · 哈肯．凌复华．协同学——大自然构成的奥秘 [M]．上海：上海译文出版社，2005.

[2] 金炳华．马克思主义哲学大辞典 [M]．上海：上海辞书出版社，2002：449.

[3] 王力年．区域经济系统协同发展理论研究［D］．东北师范大学博士学位论文，2012.

[4] 黎鹏．区域经济协同发展研究 [M]．北京：经济管理出版社：2003：24.

[5] 刘玉海．北京顺义临空经济区：先行者的荣耀与烦恼［J］．21 世纪经济报道，2013-11-30.

中国三大都市圈产业竞争力暨京津冀“大产业”体系构想

徐永利[①]

【摘　要】从经济总量、主要产业指标和企业排名三方面比较分析了长三角、珠三角和京津冀三大都市圈产业竞争力，京津冀产业竞争力在三大都市圈中排在最后。京津冀地区比较优势并没有充分发挥出来，存在较大的后发潜力。应该充分发挥政府和市场双重作用，立足提升区域整体竞争力，通过产业间、产业内、产品内多层次协同，逐步构建区域大产业体系。

【关键词】京津冀　长三角　珠三角　都市圈　产业竞争力

一、问题的提出

现在与未来世界的竞争，实际上就是都市圈的竞争。1967 年法国经济学

---

① 徐永利，男，山东济南市人，经济学博士，河北大学经济学院副教授、硕士生导师。主要研究领域为金砖国家、区域经济、产业经济。参与主持多项国家和省部级课题，在核心期刊发表论文近 20 篇。

家戈特曼教授提出都市圈理论以来，形成了世界上普遍认可的五大世界级都市圈，即纽约都市圈、北美环五大湖都市圈、巴黎都市圈、伦敦都市圈和东京都市圈，它们已经成为当地人口最密集、经济最活跃、最富有竞争力的地区，是所在国家或地区经济发展的枢纽和参与全球竞争的制高点，主导了世界经济的发展格局。

中国改革开放30年来，都市圈发展迅速，根据中国科学院地理科学与资源研究所完成的《2010中国城市群发展报告》，按照“城市群内都市圈或大城市数量不少于3个，至少有1个特大或超大城市为核心”“人口规模不低于2000万人”“城市化水平大于50%，非农产业产值比率超过70%”“人均GDP超过3000美元，经济密度大于500万元人民币/平方公里”等标准，中国正在形成23个城市群，呈现为“15+8”的空间结构格局。其中长江三角洲、珠江三角洲、京津冀、山东半岛、辽东半岛、海峡西岸、长株潭、武汉、成渝、环鄱阳湖、中原、哈大长、江淮、关中、天山北坡等15个达标城市群，南北钦防、晋中、银川平原、呼包鄂、酒嘉玉、兰白西、黔中和滇中等8个城市群则尚未达标。目前，长三角已经成为世界第六大都市圈，而具有独特优势的京津冀都市圈尚未形成具有全球竞争力的世界级城市群。

竞争力的实质是产业支撑下的比较生产力，本文试图对京津冀、长三角和珠三角产业竞争力进行比较，明确京津冀目前在国内三大都市圈中所处的位置，并在此基础上提出构建京津冀“大产业”体系的一些对策建议。

二、长三角、珠三角和京津冀产业竞争力比较

（一）经济发展总量

上海交通大学中国都市圈发展与管理研究中心公布的《2007中国都市圈评价报告》，通过对珠三角、长三角和京津冀等最受人关注的国内都市圈经济发展方式的比较，认为从经济增长整体的平稳性和福利效果来看，三大都市圈中珠三角的经济发展模式更为理想，其经济增长对投资的依赖程度最低，科

技进步对经济增长的贡献率上升较大，城乡大众生活的富足程度是三大都市圈中最高的，都市圈内部经济发展差异度最小，经济增长的资源代价和环境代价也最小。长三角到2020年有望超过纽约都市圈和东京都市圈，在总量上将成为世界第一大都市圈。

《城市群蓝皮书：中国城市群发展指数报告（2013）》认为，从2007年至2010年，我国三大城市群的综合指数呈现出较为明显的上升趋势，其中最突出的是京津冀和长三角。在人口、经济、社会生活、文化和城市层级体系等五方面综合指数排名上，珠三角城市群位于第一，长三角城市群居次席，京津冀处于垫底位置。在经济增长指数方面，长三角经济发展水平高于珠三角和京津冀。服务业发展指数上，珠三角高于长三角和京津冀。人口城镇化水平，根据2010年第六次全国人口普查数据，京津冀地区人口城镇化的整体水平为56.23%，比全国平均水平（49.68%）高出6.55个百分点，位于长三角地区（65%）、珠三角地区（66%）之后。

从主要经济社会发展指标（表1）可以看出，2012年京津冀地区的人均GDP为53246元，低于长三角地区（72124元）和珠三角地区（53868元）。京津冀地区内部的差别很大，天津人均GDP为91180元，北京人均GDP为87091元，而河北的人均GDP只有36716元，比全国平均水平还少1638元。

京津冀都市圈占地21万多平方公里，占全国总面积的2.25%，人口一亿，

表1：2012年京津冀、长三角和珠三角主要经济社会发展指标

区域	GDP		常住人口		国土面积		人均GDP（元）	全社会劳动生产率（元/人）
	产值（亿元）	占全国比重（%）	人口（万人）	占全国比重（%）	面积（万平方公里）	占全国比重（%）		
京津冀	57348.29	11.04	10770.45	7.90	21.58	2.25	53246	95641
长三角	108905.27	20.97	15099.75	11.09	21.09	2.19	72124	115915
珠三角	57067.92	10.98	10594.00	7.78	17.98	1.87	53868	95656

数据来源：根据国家统计局网站年度统计数据整理所得

表 2：2012 京津冀、长三角和珠三角第二、第三产业产值（亿元）

区域	第二产业	第三产业
京津冀	24726.70	29113.14
长三角	52293.04	51398.26
珠三角	27700.97	26519.69

数据来源：根据国家统计局网站年度统计数据整理所得

占全国总人口的比重为 7.9%，面积超过长三角和珠三角，人口多于珠三角，产值 57348.29 亿元，只有长三角的一半，与珠三角地区相近，从经济总量和经济效率上看，京津冀地区明显落后于长三角地区。

（二）工业与服务业

从产值指标中（表 2），京津冀工业产值不到长三角的 1/2，明显少于珠三角，服务业高于珠三角；明显低于长三角。生产率指标中（表 3），京津冀工业略高于长三角和珠三角，服务业则明显低于两地。余汪龙、马智胜（2014）基于 2003—2012 年京津冀、珠三角、长三角地区 35 个城市的工业发展数据，得出各地区工业发展综合效率，长三角地区的综合效率排在第一位，排在最后的是京津冀地区 。显示京津冀产业竞争能力处于相对弱势。

三大区域由于具有发展制造业的成本优势和市场优势，已成为许多跨国公

表 3：2012 京津冀、长三角和珠三角第二、第三产业劳动生产率（%）

区域	第二产业	第三产业
京津冀	12.717664	11.658780
长三角	12.012552	14.060989
珠三角	11.037606	13.0133717

数据来源：根据国家统计局网站年度统计数据整理所得

司转移制造业的首选地区。目前，三大区域以当年价格计算的制造业总产值和就业人数占到全国制造业接近半数的份额，但是各区域的制造业竞争力水平和内部结构又有差异。

三个区域中，长三角制造业的规模优势最为明显，这与作为世界第六大都市圈的长三角经济总量达到全国的1/5强有直接关系，但竞争优势在逐渐下降，从发展速度和竞争力来看，长三角逊于珠三角。京津冀的制造业竞争力最弱，但与长三角和珠三角的差距在缩小，其竞争力方面的“后发优势”正在凸显。

（三）500强排名与分布

1. 世界500强与中国500强

《财富》杂志公布的2013年世界500强企业名单中，上榜的中国企业共95家，除了北京最为集中外，在其他省份分布相对分散，长三角总体略强于珠三角。具体分布上，京津冀52家，长三角11家，广东6家。北京以48个企业的数量独领风骚，上海有8家企业上榜，分别来自钢铁、汽车、金融、房地产等行业，广东6家上榜企业中有4个总部在深圳，2个总部在广州，分别来自电力、汽车、通信、金融等行业。

2013中国500强企业中，北京98家，天津17家，河北23家，江苏48家，浙江45家，上海27家，广东42家。京津冀共计138家，多于长三角（120家）和珠三角（42家），前10位均是总部在北京的中字头央企。

从世界500强和中国500强来看，京津冀似乎明显占有优势，但是仔细分析，世界500强企业已有400多家在长三角地区落户，其中在上海设立地区总部和中国总部的就有逾200家，在苏州投资的有81家，长三角还集中了近半数的全国经济百强县。北京企业虽然排名靠前，但是清一色“国字号”的银行、能源等行业的大型国企，40%的GDP产值与中央单位有关，剔除央企因素，京津冀实际并不占优势。

2013中国制造业企业500强中，浙江85家、江苏45家、上海20家、北京33家、河北38家、天津21家、广东20家。京津冀共计92家，多于珠三角（20

家），明显少于长三角（150 家），和长三角相比，京津冀制造业处于相对劣势。

2. 民营企业排名分布

2013 中国企业 500 强中，国有及控股企业共有 310 家（占 62%），民营企业 190 家（占 38%）。2013 中国制造业企业 500 强中，国有企业共有 209 家（占 42%），民营企业 291 家（占 58%）。500 强企业中，国有企业资产总额占 91.26%，营收总额占 81.94%，利润总额占 85.91%。制造业企业 500 强中，209 家国有企业的平均收入利润率为 1.90%，低于 291 家民营企业的 2.87%；平均资产利润率为 1.89%，低于民营企业的 3.89%。从资产管理效率来看，国有企业的平均资产周转率为 0.99 次 / 年，低于民营企业的 1.36 次 / 年。从劳动生产率指标来看，国有企业的人均营业收入为 180.0 万元，低于民营企业的 195.6 万元；国有企业的人均利润为 3.0 万元，低于民营企业的 6.0 万元。

国有企业平均规模高于民营企业，占据主导地位，但是经济效益和效率低于民营企业，一定程度上说明民营企业更能体现市场价值和市场竞争活力。

长三角地区的民营经济规模巨大，珠三角地区的私营和个体从业人员增长快速，京津冀地区的市场经济发展相对较弱。根据全国工商联发布的 2014 年民营企业 500 强整个榜单来看，依然是制造业为主，长三角占 249 家，京津冀占 45 家，珠三角占 24 家（表 4）。江苏苏宁控股、北京联想控股、山东魏桥分列前三位，深圳华为投资控股、深圳正威国际、江苏沙钢、上海华信能源、大连万达、浙江吉利控股、深圳万科，分列 4—10 位，京津冀只有一家企业进入前 10 名，而长三角有 4 家，珠三角有 3 家。

入围 2014 中国民营企业制造业 500 强的前 10 名企业分别是：联想控股有限公司，山东魏桥创业集团有限公司，华为投资控股有限公司，正威国际集团有限公司，江苏沙钢集团有限公司，浙江吉利控股集团有限公司，江苏恒力集团有限公司，雨润控股集团有限公司，美的集团股份有限公司，江苏中天钢铁集团有限公司。前 10 名企业中，长三角 5 家，珠三角 3 家，京津冀只有 1 家。

入围 2014 中国民营企业服务业 100 强前 10 名的企业分别是：苏宁控股集团，中国华信能源有限公司，大连万达集团股份有限公司，万科企业股份有限

表4：中国民企500强分布

省份	2012年		2013年		2014年	
	企业数量	合计	企业数量	合计	企业数量	合计
浙江	142	265	139	232	138	249
江苏	108		93		96	
上海市	15		16		15	
河北	24	43	16	36	19	45
天津市	12		12		16	
北京市	7		8		10	
广东	23	23	21	21	24	24

数据来源：根据全国工商联发布的历年民营企业500强排行榜整理

公司，新疆广汇实业投资（集团）有限责任公司，西安迈科金属国际集团有限公司，山东晨曦集团有限公司，苏宁环球集团有限公司，江苏三胞集团有限公司，河北庞大汽贸集团股份有限公司。前10名企业中，长三角4家，珠三角1家，京津冀也只有1家。

以上从经济总量、主要产业指标和企业排名等数据综合来看，长三角产业竞争力在三个区域中处于领先位置，京津冀排在最后。

三、京津冀协同发展中的“大产业”协同体系构建

（一）产业体系重构是适应现代企业竞争变化的需要

经济竞争力依赖于产业竞争力，而产业竞争力以企业竞争力为基础。现代企业竞争主要表现在人才竞争、技术竞争、品牌竞争和协同竞争方面，竞争手段由使用价值转向创新价值，竞争内容从产品竞争转向标准竞争，企业关系由生产竞争转化为协同竞争。当前国际生产分工也出现了空间化、模块化、协作化动向，因此协同性已经成为当今跨国公司保持和提升全球竞争力的一个重要

法宝。京津冀三地由于政策、机制、激励等多方面条件制约，区域产业竞争力不足，突出体现在产业或企业之间立足当地，各自为政，缺乏协同，存在较为明显的产能过剩和产品重叠。

管理专家安索夫将协同定义为使公司的整体效益大于各独立组成部分总和，即企业各部门协调配合的整体功能的增加称为协同效应。引申到区域产业协同发展,就是区域产业整体的价值大于原有各独立组成部分价值的简单总和，这里可以用“1+1+1 ＞ 3”来表示。正如木桶原理，其本质上也是一种协同，木桶盛水多少不取决于最长的一块板，而是最短的一块。发挥产业协同效应就是整合企业的各种资源，取长补短，相互协作，形成完整的产品链和服务链，其实这也是在围一个木桶。

长三角地区产业竞争力较高主要得益于一体化程度较高，其中企业基于产业价值链的空间分工所形成的合作是促成一体化的根本原因 。京津冀地区拥有多方面的优势，人才技术优势明显，能源原材料储备丰裕，土地资源富饶，城市分布合理，交通非常发达，文化底蕴深厚，相比长三角、珠三角具有较大的后发潜力，但目前发展不平衡，存在明显的短板，比较优势并没有充分发挥出来，主要缺乏的就是区域内产业的合理分工，影响了整体经济的竞争力，因此有必要借鉴长三角经验，重构区域产业分工体系。

京津冀产业协同合作，不是简单地北京将存量转移出去、河北承接进来，而是协同发展，也就是在区域产业协同体系的大框架内，对存量资产进行必要的关停淘汰、兼并重组以及生产转移，对增量项目进行区域内合理分工布局，逐步重构并形成京津冀区域大产业体系。

（二）京津冀“大产业”协同体系的三个层次

按照产业分工理论，在一个都市圈内部，经济技术水平差异最大的城市之间主导的产业分工格局是产业间分工，经济技术条件相当的不同发达城市更多的是基于其比较优势和区位优势进行产业间分工，发达城市之间的主导分工模式是产业内分工，而在一个发达的都市圈内可以实现产业链区域分工。随着分工的日益深化，国际分工也由产业内分工更加集中于价值链分工 。

考虑到京津冀不同的资源禀赋、发展阶段和梯度差异，无须拘泥于某一种分工模式，应该在立足京津冀整体区域的视角下进行规划设计，从三地各自做自己的产业，向做区域大产业体系过渡，形成区域间合理分布、上下游协调联动的机制，主要应该在三个层面构建协同体系：

产业间协同——互补发展。三地应发挥各自的比较优势，选择适合的行业加快发展。如北京的服务业、河北的资源型工业和天津的高端制造业，各自具有明显的比较优势，也是三地重点发展的领域，需要三地做好相应的产业发展规划，各自侧重，有所差别，相互补充。北京在服务业和新兴产业发展的同时，工业向外转移并非仅限于落后和淘汰的企业，应该按照产业协同规划，将传统的劳动密集型工业全部转移出去。而在强调绿色生态建设的同时，河北的资源产业也不可一刀切地完全进行限制，应该大力发展优质农产品及深加工，加快传统工业技术改造和转型升级，继续保持并发挥基础工业的优势。

产业内协同——错位发展。对同一产业内不同产品品类进行分工合作，增加合力，减少竞争。京津冀在机械、电子制造业领域存在较为严重的产品同构现象，例如汽车制造业，京津冀三地有部分车型型号雷同，产品具有明显的同质化特征，提高了企业竞争成本，造成产能浪费，应该通过三地行业规划与协调，将高、中、低端各种车型或不同类型产品在三地区别选择，采取差异化生产模式，使三地产品从竞争关系逐步变成系列关系。此外，北京与天津之间的高端制造业同样需要错位经营，避免同质化竞争，更好地实现规模效益。

产品内协同——合作发展。按照区域内不同企业的优势进行产业链延伸和分割，密切供应链合作。诸多的工业产品单元，从设计开发制造到销售服务的产业链环节，以及零部件的配套协作，都应该充分发挥三地的各自优势，进行合理的模块分工。北京可以把生产基地转移到河北，河北也可以在北京设立总部，在生产过程中对产品不同工序进行切割外包，三地联合培育若干柔性的专业化集群，逐步建立起功能完善的 1 小时零部件配套圈。产业聚集使同行企业在空间布局上相对集中，这为区域内跨省市的技术扩散和分工合作创造了条件，同时也为区域内企业带来更多的产品创新优势和成本节约效应，通过集群化、专业化和标准化生产，提高区域内企业的产品竞争力。

（三）“大产业”体系构建需要政府与市场相互协调

破除地方思维，树立区域大产业观念。经济全球化背景下，北京要疏解城市压力，天津要提高经济活力，河北要解决产业升级，京津冀需要共同发展，产业不协同必将会走进死胡同，协同合作则给北京一条“出”路，给天津一条“活”路，给河北一条“升”路，为区域带来一条共同的可持续发展大路。但是如果仅仅以疏解北京的压力为核心目标来看待京津冀协同发展，这个定位无疑是低层次的，最终靠政府强力作用下的项目转移与承接也是无法顺利实现的。从根本上说，北京的拥堵和城市病是产业发展失衡造成的，或者说是区域产业长期发展失衡造成的。若干年来京津冀各自为政的体系带来的产业失衡，形成了局部资源的冷热不均，极大地制约了区域整体经济竞争力的提高。

因此，在国际国内都市圈快速发展的背景下，应该树立大局意识，放弃中心论、核心论等地方利益之争，以区域大产业协同为核心，以提高区域竞争力为目标，强调效率、均衡、可持续三个基本点。没有大局观，三地未来在新的规划实施过程中依然会有扯皮或矛盾出现，协而不同、协而难同将不断拉低三地的合作效率和协同效应。

充分发挥政府与市场“两只手”的作用。站在区域整体的高度，明确各自城市的功能定位，协调好地方与整体的关系，做好整体规划布局。要充分发挥市场功能和政府引导“看不见手”与“看得见手”的双重作用，推进成立京津冀产业基金、区域行业协会、产业联盟，搭建三地企业信息、资源、技术、人才、设施等领域的共享平台，建立重大产业项目的区域评价、统筹与协调机制。对于存量资产，由三地和第三方专业人士组成产业转移评估部门，而不是仅仅由一个地方或一个部门决定。对于新增项目，实行定向规划、分层规划和错级规划，减少多头规划审批。可以尝试取消三地省级发改委，成立京津冀发展改革规划委员会，项目审批权限上移，按照产业分类法或按照规模与重要战略程度进行分类，确定重点核心项目和一般项目范围，依照权限对三地项目统一审批，在提高效率的同时，避免区域内出现新的恶性竞争和产能过剩。

□ 参考文献

[1] 张毅. 全球产业结构调整与国际分工变化 [M]. 北京：人民出版社，2012：188–201.

[2] 祝尔娟. 推进京津冀区域协同发展的思路与重点［J］. 经济与管理，2014（3）：10–12.

[3] 陈岩，武义青. 关于京津冀产业优化调整的思考［J］. 河北经贸大学学报（综合版），2014（4）：84–87.

[4] 连玉明. 试论京津冀协同发展的顶层设计［J］. 中国特色社会主义研究，2014（4）：107–112.

[5] 马晓河. 从国家战略层面推进京津冀一体化发展［J］. 国家行政学院学报，2014（4）：28–31.

[6] 张贵，王树强，刘莎，贾尚键. 基于产业对接与转移的京津冀协同发展研究［J］. 经济与管理，2014（4）：14–20.

泛珠三角金融合作对京津冀金融协同发展的启示

李巧莎[①]

【摘　要】京津冀协同发展已经上升为国家战略，而京津冀的金融合作将为其提供有力支撑，京津冀金融如何协同发展也成了重要议题。泛珠三角区域金融合作发展迅速，其在金融合作方面的经验将给予京津冀金融协同发展重要启示。

【关键词】金融　泛珠三角　京津冀　协同发展

一、泛珠三角金融发展及合作概况

（一）泛珠三角金融发展概况

近年来，泛珠三角地区金融发展势头良好，金融改革不断推进，金融环境不断优化。到2014年末，泛珠三角内地九省区的金融机构实现存款余额33.03万亿元，贷款余额23.86万亿元；在国内的上市公司共有790家，占全国总数

---

① 李巧莎，河北金融学院副研究员。研究领域为农村金融、科技金融。

的30.23%，在上交所、深交所表现活跃；法人保险公司33家，实现保费收入6063.73亿元，占全国保费收入的30.32%，保险实力不断增强。但是各地的金融发展并不均衡，广东不论是银行、证券还是保险都居于九省区的首位，具体分析如下：

1. 银行业

泛珠三角区域有比较完善的银行体系。到2014年末，泛珠三角九省区银行业金融机构资产总额为45.66万亿元，机构网点数为70133个，从业人员为1160349人，分别占全国的29.52%、32.17%、31.18%，可见九省区不论是金融机构资产总额还是机构网点数、从业人员数在全国都名列前茅，显示了其雄厚的银行业实力。但是，九省区的银行业发展差距也很大。其中，广东的各项指标均居于九省区的首位，而海南均处于末位。以银行业存贷款余额为例，到2014年末，广东省存贷款余额分别为12.79万亿元、8.49万亿元，而海南则分别为0.64万亿元、0.54万亿元，分别占广东省的5%、6.36%。

表1：泛珠三角九省区银行业概况

地区	存款余额（万亿元）	贷款余额（万亿元）	资产总额（万亿元）	机构个数（个）	从业人数（人）	居民储蓄余额（万亿元）
广东	12.79	8.49	17.52	16467	347510	5.32
福建	3.19	3.01	5.97	6039	116655	1.27
湖南	3.03	2.08	3.84	9404	119787	1.65
江西	2.18	1.57	2.79	6743	97136	1.08
四川	5.39	3.48	6.91	13751	225745	2.54
云南	2.25	1.84	2.97	5481	75633	0.97
贵州	1.53	1.24	2.02	4852	64945	0.66
广西	2.03	1.61	2.70	5984	91282	1.01
海南	0.64	0.54	0.94	1412	21656	0.28
九省区之和	33.03	23.86	45.66	70133	1160349	14.78

数据来源：2014年各地区金融运行报告

2. 证券业

泛珠三角地区证券业总体表现活跃，发展稳定，为实体经济增长提供了有效服务。到2014年末，法人证券公司、法人基金公司、法人期货公司分别为41家、29家、39家，国内上市公司790家，其中法人证券公司数、法人基金公司数分别占全国的34.17%、31.18%，国内的上市公司占全国总数的30.23%，都达到了30%以上，仅广东的证券公司数量就为23家，居全国首位。与银行业一样，九省区的证券发展同样不均衡，广东的法人证券公司、法人基金公司、法人期货公司、国内上市公司数都居九省首位，而且数量远超其他省份，尤其基金公司数，九省区共有29家，广东一省就有25家，而湖南、江西、四川、云南、贵州、海南六省均没有法人基金公司。

3. 保险业

到2014年末，九省区法人保险公司33家，占全国的16.17%，保费收入6063.73亿元，占全国保费总收入的29.44%，保险业整体实力较强。从衡量保

表2：泛珠三角九省区证券业概况

地区	总部设在辖内的证券公司数（个）	总部设在辖内的基金公司数（个）	总部设在辖内的期货公司数（个）	国内上市公司数（个）
广东	23	25	21	390
福建	3	3	5	92
湖南	3	0	3	75
江西	2	0	1	32
四川	4	0	3	92
云南	2	0	2	29
贵州	1	0	0	21
广西	1	1	0	32
海南	2	0	4	27
九省区之和	41	29	39	790

数据来源：2014年各地区金融运行报告

险业发展程度最重要的两个指标保险密度和保险深度看，只有广东和福建的保险密度高于全国的平均水平 1479.3 元 / 人，广东和四川的保险深度高于全国的平均水平 3.18%，广东的保险业比较成熟，而广西和贵州的保险密度、保险深度均远低于全国平均水平，保险业发展比较落后，说明泛珠三角地区的保险市场还有很大的发展潜力。

（二）泛珠三角金融合作概况

泛珠三角地区经济金融总量巨大，是我国最具活力的增长极之一。泛珠三角有 11 个成员，其中内地成员 9 个，包括广东、福建、湖南、江西、四川、云南、贵州、广西、海南，特别行政区两个（澳门和香港）因此称其为“9+2”，泛珠三角合作也称为“9+2”合作。各省区之间经济发展加速，经济合作不断加深，使得区域内金融合作的意愿不断提高，对金融合作也提出了更高的要求。泛珠

表 3：泛珠三角九省区保险业概况

地区	总部设在辖内的保险公司数（家）	保费收入（亿元）	保险密度（元 / 人）	保险深度（%）
广东	23	2341.6	2188.4	3.5
福建	2	685.8	1802	2.9
湖南	1	587.7	878	2.2
江西	1	400.4	885.3	2.55
四川	3	1060.63	1308.3	3.72
云南	1	376.0	799.9	2.9
贵州	0	213.1	607.3	2.3
广西	1	313.3	626.6	2.0
海南	1	85.2	946.1	2.4
九省区之和	33	6063.73	–	–
全国	178	20000	1479.3	3.18

数据来源：2014 年各地区及全国金融运行报告

三角区域内各省区都积极沟通，在经济实力、自然条件、金融发展状况等各种因素存在较大差异的情况下，克服多种困难，多方加强磨合，认真寻找金融合作的均衡点，使得区域内金融合作稳步推进。

泛珠三角地区的经济合作始于2004年“9+2”省区政府签署《泛珠三角区域合作框架协议》，而区域内金融合作则始于2004年12月召开的首届泛珠三角区域合作与发展金融论坛，并且签署了《泛珠三角区域合作与发展金融论坛备忘录》。该论坛由9省区内金融部门自发成立，旨在深化区域金融合作，促进区域经济金融协调发展。此外，在第九届泛珠三角区域合作与发展论坛上，泛珠三角“9+2”省区首次提出“金融合作创新与新型城镇化”，在拓宽区域金融合作渠道、推进金融支持区域内新型城镇化发展等方面加强研究和推广。2014年6月27日，第一届泛珠三角金融合作论坛举行，由此推进金融的资源优化配置，进一步促进泛珠三角融合发展。2014年12月15日，《泛珠三角区域省会城市金融合作框架协议》在广州签署。此外，还建立了泛珠三角省会城市金融合作联席会议制度和联络员制度，建设信息交流平台，深化交流与合作。

目前，泛珠三角地区基本形成了三个具有互补性的金融产业梯度布局，港、澳地区凭借自身的地理优势等相关因素，金融产业迅速发展，成为发达地区的第一梯度；以广东、福建等正在崛起的地区为第二梯度；云南、贵州等尚不发达地区作为第三梯度。

近年来，各个梯度之间的金融合作内容、合作项目不断增加，合作水平不断提高，区域之间的支付结算合作不断推动，机构间的金融合作不断加深，跨区域资金流动的体制障碍逐渐消除，区域内的经济金融总量不断增长，显示泛珠三角区域经济金融合作的巨大活力和潜力。尤其地域相连的粤港澳合作关系日益密切，在互设金融机构、金融业务合作等方面取得了较大进展。在跨境人民币业务方面，开办跨境人民币缴税业务，建立连通粤港的跨境人民币清算平台，率先在香港开展银联卡境外受理商户的人民币清算业务试点，截至2014年末，广东累计办理跨境人民币结算业务6.3万亿元，约占全国的1/3。在金融市场合作与对接方面，2014年，丽珠医药集团、万科企业、绿色动力环保集团先后在香港交易所上市；珠海华发集团在香港发行8.5亿元人民币债券，前海金融控股有限公司获批赴港发行人民币债券10亿元；广东6家证券公司、7家基金管理公司、4家金融投资和控股集团具备RQFII（人民币合格境外机构投资者）资格的香港子公司共获批1106亿元的投资额度，占全部RQFII投资额度的36.9%。在金融机构跨境收购和互设方面，越秀集团收购香港创兴银行；澳门国际银行在珠海横琴设立代表处，是首家在横琴开设代表处的外资银行。截至2014年末，港资银行共在广东省内设立法人机构4家、分支机构166家。2014年4月建立的沪港股市互联互通机制（沪港通），实现了上海、香港两地资本市场的双向开放。

二、泛珠三角金融合作的经验借鉴

（一）市场主导、金融学会为主体推进的区域性金融合作

随着经济的不断发展，珠三角已经成为推动地方经济发展的重要力量，经济一体化程度不断加深，随之对金融合作的要求也不断加强。另外，从区域经济地理学的角度看，“泛珠三角”是一个较为完整的金融地域单元，随着资源在区域间流动障碍的逐渐清除，必然促使“泛珠三角”有突破现有界域的需要，因此，金融地域空间观下的“泛珠三角”区域金融合作成为必然。而区域内金融合作则主要是以金融学会为主体推进，最初更多是由各参与主体根据市场的金融需求自主开展。2004年12月召开的首届泛珠三角区域合作与发展金融论坛是真正的区域内金融合作的开始。该论坛由9省区内金融部门自发成立，旨在深化区域金融合作，促进区域经济金融协调发展。在第一届论坛上签署了《泛珠三角区域合作与发展金融论坛备忘录》。每届论坛都有一个主要研究内容，如首届论坛正式建立了泛珠三角金融研究合作协调机制，第二届论坛主要是研讨区域金融合作途径、金融信息共享，第三届论坛主要围绕加强区域内金融资本融合展开研讨，第四届论坛的主题是金融创新和区域共赢，第五届论坛的主题是产业转移与金融服务，第六届论坛的主题是区域经济发展规划与金融发展战略，从不同角度促进了泛珠三角区域金融的融合与发展。

（二）重点服务于泛珠三角地区经济协调发展

区域经济发展、区域经济合作都离不开金融的大力支持。区域金融的紧密合作，区域金融对区域资源流动和产业分工的配置和调节作用的发挥，能扩大区域经济的合作范围，提升合作层次，拓宽合作领域。泛珠三角区域各省市区的经济发展水平有很大的差异，而且各省区的经济又有各自不同的特点，产业结构呈现梯级分布的特征，对区域金融合作提出了更高的要求。为促进泛珠三角地区经济协调、健康、可持续发展，其金融合作注重了跟区域经济发展整体布局保持一致，注重了区域经济发展对金融需求的特殊性、差异性。在国家方针政策的指导下，结合区域经济发展规划，泛珠三角地区的金融合作领域不断拓宽，金融资源的配置进一步优化，金融业务合作进一步深化，金融主体之间的合作进一步加深，从而更贴切地服务于区域经济的协调发展。

（三）依托各地特色，分区域、多层次推进金融合作

泛珠三角地区自然资源禀赋各不相同，如有的省份有丰富的水利资源，有的省份有丰富的矿产资源，有的省份有丰富的旅游资源等。在金融资源方面，各省区也有很强的互补性并且分布不均衡。泛珠三角地区在金融合作中注重依托各地特色，分区域、多层次推进，不断优化金融资源配置。如贵州省利用资源优势，以资源性经济为金融合作的基础与泛珠三角地区联动发展；广东省注重与香港资本市场的对接和错位发展，不断完善粤港金融合作联络机制，拓宽合作领域；东部发达地区的资金比较充裕，中西部等欠发达地区产业发展需要更多的资金， 广东省与其他省份企业建立了信贷关系，促进了资金向其他省份的流动，等等。此外，各省企业还积极到香港上市融资，在深交所上市的公司也不断增加。

三、泛珠三角与京津冀金融合作比较分析

泛珠三角和京津冀的金融合作都在不断深化，对经济发展的支持力度不断

加大，推动了区域经济的快速增长。在区域金融深入合作的过程中，两个经济区域都很重视支付结算合作，区域内建有跨境票据交换中心和资金清算中心，是实现区域金融合作的重要基础；都推进了金融机构的跨区域经营；区域内银行互设分支机构；在金融信息交流与专业培训上的合作成效明显；逐步实现金融资源在更大范围的便利流动和优化配置，等等。另外在加强金融合作方面除了这些相同点外，也有各自的特点。

（一）金融合作区域范围存在差异

泛珠三角地区的合作涉及 9 个省两个特区，京津冀地区的合作涉及 1 个省两个直辖市，泛珠三角涉及的空间地域及金融规模都要大于京津冀，因此，在一些政策协调方面要比京津冀相对更难。

（二）金融合作的格局存在差异

泛珠三角地区由于涉及地域广、省份多，没有特别明确的区域性金融中心，而京津冀地区，北京作为我国的政治和经济中心，许多金融机构的总部都位于北京，金融优势明显，天津有先行先试的政策倾斜，只有河北金融发展相对落后。

（三）金融合作各方的金融特征存在差异

泛珠三角地区既有东、中、西部三个金融发展不平衡的内地地区，又有“一国两制”体制下的香港、澳门两个特别行政区，它们之间的金融体制各不相同，可以说在泛珠三角地区存在三个货币区域、三种金融制度，它们又各自有自己的特点和优势，特别是香港发达的金融体系具有独特优势。而在京津冀地区，三地地域相连，只是在金融发展程度上存在不同，京津相对于河北而言，金融业比较发达，金融体系比较完善，金融优势比较明显。

四、对京津冀金融协同发展的启示

京津冀协同发展有利于缓解京津地区压力，实现河北经济的跨越式发展，是实现国家战略的需要。在这种大背景下，要推进京津冀金融协同发展的进程，加速信贷资金、金融信息和人才等要素的流动，加强金融基础设施建设，推动市场对接、金融产品创新进而提升京津冀地区的辐射力和带动力就成了目前需要努力的方向。只有这样，才能使金融更好地服务于京津冀地区经济的发展，促进京津冀地区产业结构调整和升级，提升京津冀地区的整体实力和综合竞争力。京津冀地区虽然涉及的地域比较小，但是三地金融发展很不平衡，京津地区的金融发展明显要优于河北，而且北京的虹吸效应明显，因此，京津冀地区的金融合作要兼顾三地利益，从而实现区域金融协调健康可持续发展。

京津冀地区可以在国家的金融整体发展战略背景下，借鉴泛珠三角的经验，一是要建立多层次的区域金融合作协调机制，克服行政壁垒，推动政府层面、各个金融主体之间多方面的金融合作。二是京津冀地区的金融合作要以服务地区经济发展为前提。京津冀三地的金融合作要建立在当地的经济发展状况基础上，合理发挥政府和市场的作用，积极推进京津冀的金融协同发展进程，从而为地区经济协同发展提供更优质的服务。三是发挥各自的比较优势，达到金融合作的双赢目标。北京作为全国的政治经济中心，各种宏观调控部门和金融监管部门都位于北京，中外金融机构的总部也多在北京，因此北京可以作为区域金融中心，积极发挥辐射作用，带动周边金融发展；天津具有政策优势，可以成为区域金融创新基地；河北可以发挥腹地优势，打造成京津的金融后台服务中心，成为京津的后台服务基地。三地通过各自比较优势的发挥，取长补短，最终实现金融协同发展，达到金融合作的多赢。

□ 参考文献

[1] 杜雪．泛珠三角区域的金融集聚研究 [D]．南宁：广西大学，2013：

20−23.

[2] 樊晓乐 . 京津冀区域金融合作发展研究 [D]. 天津：天津师范大学，2012：37−39.

[3] 陈建华 . 京津冀一体化与金融合作［J］. 中国金融，2014（3）：58−59.

[4] 中国人民银行广州分行货币政策分析小组. 2014 年广东省金融运行报告 [EB/OL].http//www.gov.cn/xinwen/2015−07/05/content_2890468.htm，2015−8−31.

世界城市群交通发展经验及其对京津冀的启示

余　柳[①]　孙明正　郭继孚　王　婷　鹿　璐

【摘　要】交通一体化是京津冀协同发展的先行领域。本文从国际视角出发，在对城市群相关概念进行辨析及空间范围界定的基础上，研究并分析了国外世界级城市群在交通发展方面的特征与经验，最后结合京津冀协同发展的目标和要求，总结提出了对京津冀交通一体化发展方面的启示和建议。

【关键词】世界级城市群　发展经验　京津冀　协同发展　启示

进入21世纪，我国城镇化领域出现了一个新动向，即以特大城市为核心的都市圈、城市群迅速崛起。我国《国民经济和社会发展第十一个五年规划纲要》以及《国家新型城镇化规划》均明确提出，以城市群作为推进城镇化的主体形态。目前，我国的城镇化实质上已进入一个转型和崛起的关键时期，需要有若干个能够对世界经济具有影响力和控制力的世界级城市群的支撑。京津冀

---

① 余柳，工学博士，北京交通发展研究中心高级工程师。主要研究方向为城市交通发展战略与政策、交通规划、城市群交通发展等。

协同发展作为党中央、国务院在新的历史发展阶段提出的重大国家战略，意味着未来京津冀区域将崛起成为一个世界级城市群，成为我国在世界发展格局中的重要战略支点。

纵观全球，国际上较为著名的世界级城市群主要有五个，包括美国东北部大西洋沿岸城市群、 北美五大湖城市群、日本东海道城市群、英国伦敦城市群以及欧洲西北部城市群。这些城市群的发展起步较早且已经相对较为成熟，本文旨在通过研究这些城市群的空间结构演变规律，总结城市群交通发展的特点和经验，以期为京津冀城市群的发展提供借鉴和参考。

一、城市群相关概念辨析及空间范围的界定

自 1957 年法国地理学家戈特曼率先研究了美国东北部大西洋沿岸城市群之后，城市群就成为备受国内外学者关注的研究主题。与此相关的概念也出现较多，主要有都市区、都市圈、城市群、城市带、都市连绵区等等。对于这些概念，不同国家、不同机构、不同专家学者均有不同的释义。但从相关研究来看，目前学术界比较认可的概念可分为两类：

一类称为都市圈（也叫都市区或城市圈）：是指具有较强通勤联系的城市化区域，通常以 1h 通勤时间作为边界，空间圈层半径可达 50km—70km，面积为 1 万 km^2—2 万 km^2，如纽约都市圈、东京都市圈、巴黎都市圈等。北京的面积与这几个都市圈范围相当，如图 1 所示；

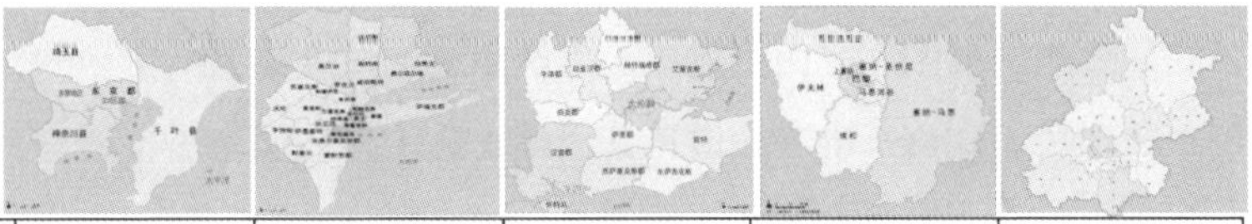

都市圈	东京都市圈	纽约都市圈	伦敦都市圈	巴黎都市圈	北京
面积（万km^2）	1.34	1.74	2.5	1.2	1.6
人口（万人）	3568	1957	1700	1192	2152

图 1：北京与东京、纽约、伦敦、巴黎都市圈空间范围对比图

另一类叫城市群（或叫都市连绵区或城市带）：是具有较强经济联系的城市密集区域，强调的是经济联系而非通勤联系，通常由若干个都市圈与周边的中小城市连绵而成，连绵长度达 500km—700km，面积可达 5 万 km^2—15 万 km^2，如美国东北部城市群、日本东海道城市群、欧洲西北部城市群等，京津冀在范围上与这几个世界级的城市群相当，如图 2 所示。

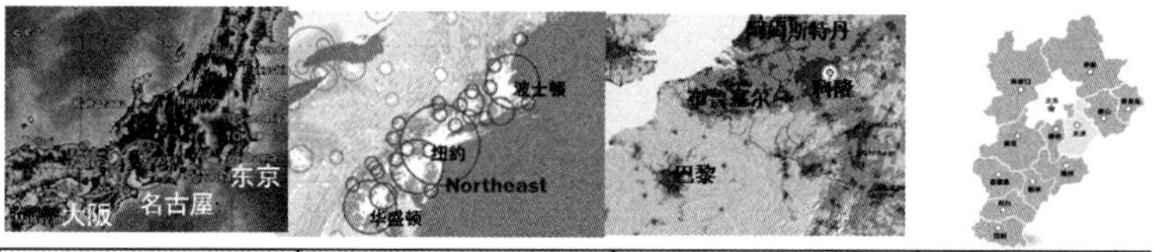

城市群	日本东海道城市群	美国东北部城市群	欧洲西北部城市群	京津冀城市群
面积（万km^2）	10.5	13.5	14.5	21.6
人口（万人）	8160	5100	4600	10930

图 2：京津冀城市群与日本、美国及欧洲城市群空间范围对比图

二、国外都市圈、城市群交通发展的特征与经验

（一）人口和功能的疏解是世界大城市共同的发展路径，但交通需求增长的趋势并未改变

从伦敦、巴黎、东京等世界大城市的发展历程来看，在城镇化的快速发展阶段，向周边地区进行人口和功能的疏解是这些大城市共同的发展路径，主要目的是缓解城市中心区由于人口、生产活动的过度集聚所带来的城市病问题，如交通拥堵、环境污染等。但是从这些大城市疏解的结果来看，都市圈范围内的交通需求并未降低反而大大增加。以东京为例，20 世纪 60—70 年代是其城市病、交通病最为严重的时期，也是都市圈初步形成的阶段，这一阶段尽管人口由东京中心区向周边的埼玉、神奈川、千叶等地区扩散，但东京都市圈范围内的总人口仍在持续增长，于 1965 年和 1975 年分别达到 2100 万人和 2700 万

人，通勤半径也由 30 公里扩展至 50 公里甚至 70 公里。人口以及通勤距离的增加带来出行需求总量的急剧增加，都市圈交通系统承受了巨大压力。为应对都市圈发展所带来的巨大交通需求，东京通过大力发展市郊铁路等大容量轨道交通方式，并采取停车泊位证制度、精细化差别化的停车收费政策以及加强停车执法等交通需求管理政策来提高交通的承载能力和运行效率，从而有力支撑了都市圈的高效、有序运转。

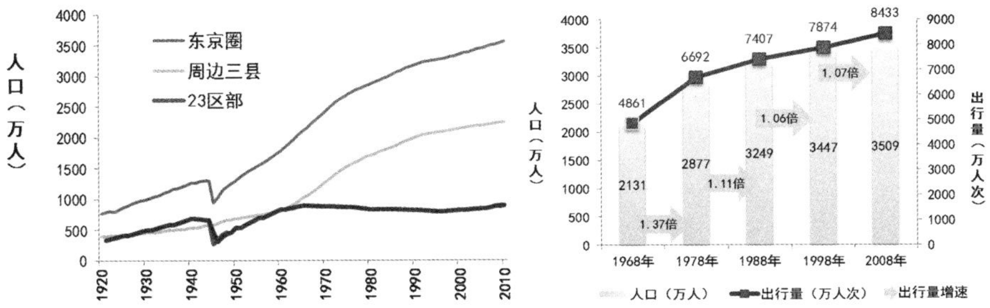

图 3：东京都市圈分区域人口（左）及总出行量（右）变化趋势

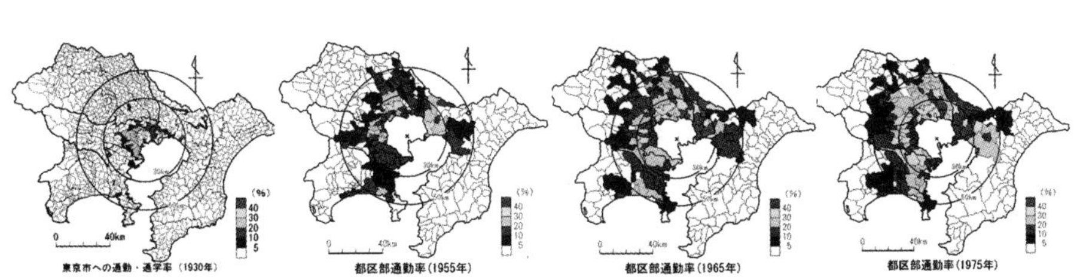

图 4：东京都区部通勤率空间分布变化趋势

（二）便捷、高效的综合交通运输体系是支撑城市群一体化发展的基础，但主导的交通模式呈现差别化

城市群交通主要服务于城市群区域内部城市及城镇间的客货交流，运输距离一般在 50km—300km 左右，为中短途运输。多数发达国家较为成熟的城市群都建立了以轨道交通和高速公路为主的复合型、一体化的综合运输体系，但各交通方式承担比例随各国资源环境、人口密度、发展策略等不同而呈现差别

化。例如日本东海道城市群是以轨道交通为主，而美国东北部城市群则是以高速公路为主。

日本城市群发展模式的特点是城市人口密度较高，土地资源相对紧张，因此，城市和区域的扩张主要沿着轨道交通等大容量、集约化的交通线路呈高度聚集式发展（如图 5）。此外，从交通结构来看，也可以看出轨道交通在日本

图 5：日本东海道城市群铁路网络与人口分布

城市群客运出行中占据主导地位（90% 以上的客运依靠铁路运输），公路则主要承担物流通道的角色（如图 6）。

相对于日本而言，美国在土地资源上较为充足，人口密度也较低。特别是二战后，美国政府对小汽车发展采取了一系列鼓励政策，如 1956 年出台的《联邦资助高速公路法案》，州际高速公路得到大规模建设，小汽车也逐渐成为美国家庭最主要的交通工具。在小汽车快速发展牵引下，美国郊区化进程加快，

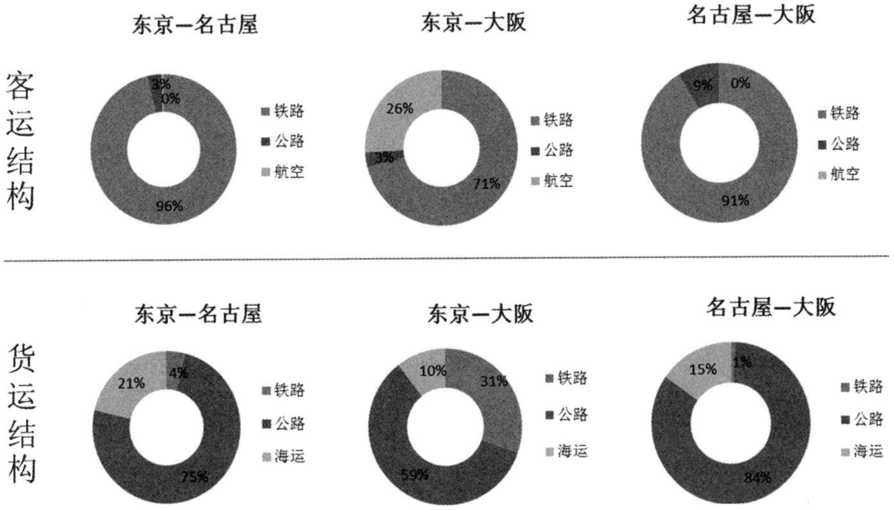

图 6：日本东海道城市群中心城市间客货运输结构

逐步形成了低密度蔓延的城市形态。在美国东北部城市群内，主要城市之间的客货运输近 90% 都是通过公路进行（如图 7 所示）。

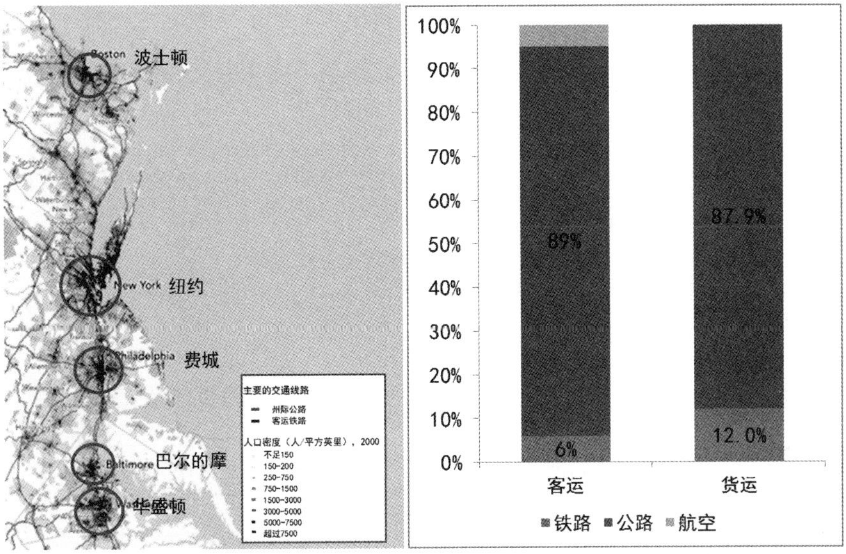

图 7：美国东北城市群人口分布（左）及客货运输结构（右）

（三）在都市圈范围内建设大规模的市郊铁路网，支撑大规模的快速通勤出行

从国外城市群的发展历程来看，一个世界级城市群的形成，往往需要若干个都市圈的支撑。例如，日本的东海道城市群就是在东京、名古屋、大阪三大都市圈的基础上发展而来的，美国的东北部城市群则是由波士顿、纽约、费城、巴尔的摩和华盛顿五个都市圈构成。这些都市圈将大城市或特大城市与周边的中小城市紧密地联系起来，并通过高效的、大运量的市郊铁路系统支撑都市圈范围内大规模的通勤出行，从而提高都市圈甚至整个城市群的交通运行效率。东京、纽约、伦敦、巴黎等国际大都市除了在中心区建有高密度的地铁网络之外，在通勤圈范围（约 50km 半径）都拥有约 1000km 以上的市郊铁路来服务大规模的通勤出行，市郊铁路在整个轨道交通系统中所占比例基本都在 85% 以上，而北京目前算上 S2 号线也仅为 77km，与国外都市圈相距甚远，如表 1 所示。

（四）重视综合交通枢纽的一体化衔接及与城市功能的结合发展

综合交通枢纽是不同交通方式换乘衔接的重要节点，是城市群综合交通体系的关键环节，其换乘是否便捷直接影响到整个交通系统的运转效率。在国际城市群的交通发展过程中，都非常注重都市圈范围内综合交通枢纽的建设和逐步完善，主要体现在以下两个方面：

一是枢纽内部不同交通方式的有效衔接。德国柏林中央火车站是典型的通过立体方式解决城市对外交通与城市交通衔接的例子。该车站将区域铁路与城市地铁、轻轨及有轨电车等多种交通方式相连，将东西及南北方向的所有远程

表 1：国外都市圈市郊铁路规模及与北京的对比

都市圈	东京都市圈	纽约都市圈	伦敦都市圈	巴黎都市圈	北京（2014）
地铁（km）	291	373	408	219	527
市郊铁路（km）	2013	2280	3650	1484	77
市郊铁路所占比重	87.4%	85.9%	89.9%	87.1%	12.7%

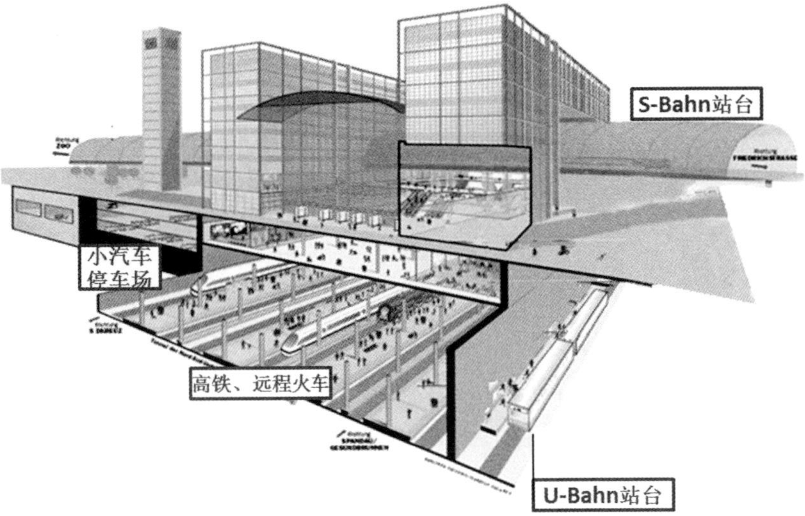

图 8：柏林中央火车站结构示意图

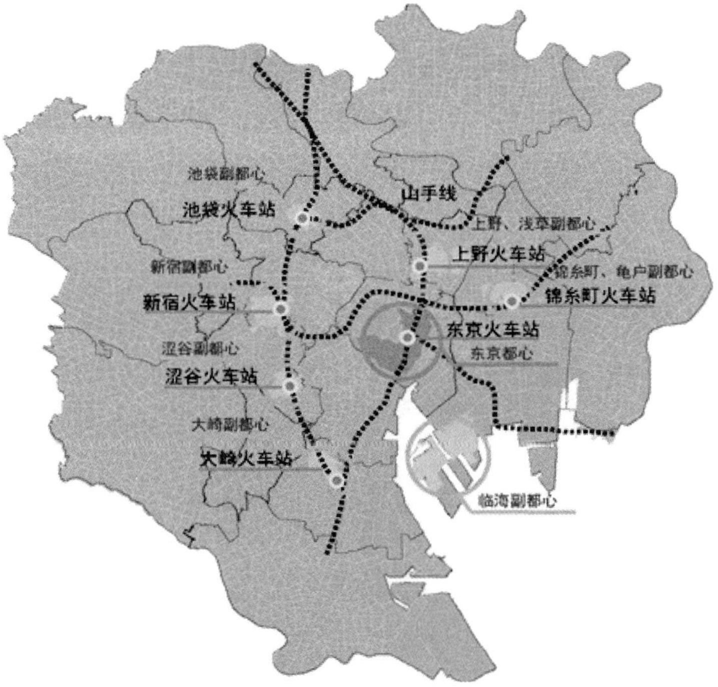

图 9：东京综合交通枢纽与城市功能布局

及区域列车的铁路线穿过市中心汇合在了中央车站，并在同一大厅内实现大规模的垂直换乘，大大提高了区域交通一体化的衔接效率。

二是综合交通枢纽与城市功能结合布局。以东京为例，其都心和副都心都是围绕综合交通枢纽布局的。东京站、新宿站等重要综合交通枢纽周边建筑容积率都超过10，且融合商业、办公、休闲娱乐等多种功能，满足多样化出行需求。此外，综合交通枢纽内部将公共汽车站、出租汽车站、地下停车场以及商店、银行、商业街等布置在同一建筑物内，并用地下连廊将枢纽与周边建筑有效衔接起来，既为乘客购物、商务办公等提供了方便，同时也有利于枢纽客流的快速、高效疏散。由于与城市功能实现了紧密结合，东京站地面出站客流中88.7%通过步行疏解（除站内轨道换乘）就能到达目的地，小汽车比例不到3%。

（五）建立与土地开发相结合的交通基础设施投融资模式是城市群可持续发展的重要保障

从国际上看，在城市群、都市圈的一体化发展过程中，都面临着大规模、跨区域交通基础设施建设所带来的巨大资金需求的挑战，尤其是建设周期长、

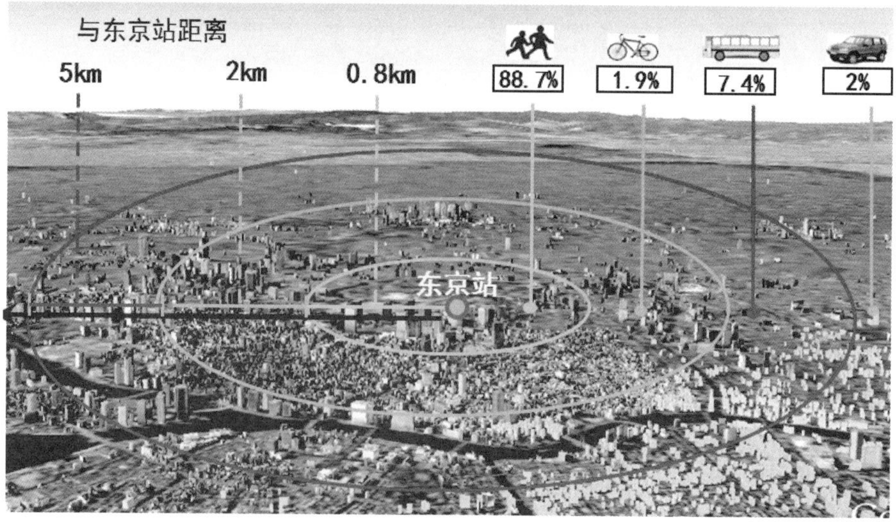

图10：东京站出站客流交通方式构成

投资规模大的轨道交通建设。而大量的国际经验亦表明，仅靠政府的投入不足以支撑如此大规模的基础设施建设，只有将交通设施建设与沿线土地开发结合起来，将土地开发的收益反哺交通基础设施的建设和运营，才能实现交通基础设施的良性运转。例如日本的“铁路 + 房地产”综合开发模式就属于土地开发利益反哺轨道交通的成功案例。在日本，铁路与房地产的综合开发策略，主要始于阪急电铁。阪急电铁公司成立于 1906 年 10 月， 并于 1910 年在大阪池田室町开发了第一个郊区开发项目。除了住宅开发以外，阪急还开启了包括休闲娱乐项目在内的私营铁路商业模式。在二战后的快速城市化时期，这种商业模式被运用到东京和京阪神的所有私营铁路上，得到了极大的发展。住宅和铁路的整体开发扩大了私铁的收入基盘，为私铁经营的稳定做出了巨大贡献，日本的私铁也因此才得以生存延续。

（六）紧密的区域管理和协调机制是推动城市群顺利发展的重要前提

从国外发达国家发展都市圈、城市群的经验来看，区域管理有多种不同的模式，而且各具特点。这里重点介绍美国以及日本在都市圈管理协调方面的做法和经验。

美国为解决大都市区发展中面临的区域性矛盾和问题进行了多方面的探索，如政府间协议会、地区间协议、设立专区或特别区政府等。相对于政府间协议会和地区间协议而言，专区在财政和行政方面具有实质性的独立地位，是在美国地方政府零碎化、大都市区政府难产，而大都市区的高速发展又迫切需要区域性服务的局面下的“次优选择”，在美国大都市区管理方面发挥了重要作用。专区可以根据区域内不同的管理目标建立，如交通、学校、空气污染控制等都可设置专区政府进行管理，其中纽新港务局就是纽约都市圈设立交通专区的典型案例。除了专区之外，美国的大都市区规划组织（Metropolitan Planning Organization，MPO）在区域的发展规划和协调中也发挥着重要作用。美国联邦法律规定：人口超过 5 万人的城市或地区，必须设置“大都市区规划组织（MPO）”。通过 MPO，将来自不同部门、分属不同地区的政府官员组织起来，共同协调区域的交通规划和交通基础设施投资计划的编制，形成互相协调、互相制约与反馈的机制。同时，以法案的方式扩大交通规划和基础设施投资计划所需要涉及的领域，将环境改善、经济发展和社会公平等方面纳入交通规划和投资计划必须整合的内容，从而使基金在使用过程中充分发挥区域协调作用。

日本对于都市圈的管理很大程度上得益于其完善的法律保障体系。日本的首都圈及大都市圈的规划与管理均严格依法进行，相关法律法规的制订与实施是基本前提。日本分别于 1956 年、1961 年和 1963 年出台了《首都圈整备法》《近畿圈整备法》和《中部圈整备法》，使得日本三大都市圈的规划与管理均具备了相应的法律依据。以首都圈为例，1956 年颁布《首都圈整备法》之后，又相继颁布和制定了《首都圈市街地开发区域整备法》（1958 年）、首都圈建成区限制工业等的相关法律（1959 年）、《首都圈近郊绿地保护法》（1966 年）、《多极分散型国土形成促进法》（1986 年）等多部法律法规。此外，根据《首都圈整备法》，日本设立了首都圈整备委员会，并从 1958 年开始编制了五次首都圈基本规划。通过一系列法律法规的实施和完善、具有权威性的区域协调机构的建立以及区域规划的编制，不仅促进了首都圈内各城市之间的协调发展和功能的合理布局，更重要的是使首都圈的规划有法可依，使首都圈的规划、建设和管理更具有约束力和执行力。目前，日本的大都市圈由国土交通省的大都市整备局直接管辖，并负责编制大都市圈的发展规划。

三、对京津冀城市群交通一体化发展的启示及建议

（一）京津冀协同发展过程中要注意处理好疏解与聚集的关系，而转变发展模式是关键

京津冀协同发展战略的基本出发点是有序疏解北京非首都功能，解决北京“大城市病”问题。而国际经验表明，城市群或都市圈发展的过程中，疏解与聚集是同时存在的。疏解意味着人口和产业的优化布局，而聚集则代表

着城镇化背景下人口的增长和城市的发展，二者并不矛盾而且是同时存在的。对于交通而言，在京津冀协同发展战略中，既承担着构建功能疏解交通通道的任务，同时也承担着功能疏解之后支撑城市发展以及区域发展所带来的大规模、多层次交通需求增长的任务。在此过程中，为防止形成新的“摊大饼”和城市空间的无序蔓延，亟须转变交通发展模式，扭转以往光修路以及客运严重依赖公路和小汽车的粗放式交通结构，转而依靠集约、高效、绿色的轨道交通支撑城市功能的疏解，促进疏解的人口、产业沿着大容量的轨道交通线路聚集，努力建设“轨道上的京津冀”，达到城镇群交通支撑能力和环境容量的提升。

（二）设立京津冀区域管理协调机构，保障京津冀区域有序、可持续发展

京津冀区域涉及两个直辖市和一个省，而且北京还是首都，在这样一个主体多元、规格比较高的情况下，如果没有一个强有力的组织管理和协调推进机制，那么在跨区域的协作上很难有实质性推进。目前国务院虽然成立了京津冀协同发展领导小组来推动区域协同发展的相关工作，但从体制上看，领导小组并不是一个常设性机构，而且无论从人员精力上还是从执行力度上，均难以成为京津冀协同发展的长期解决方案。因此，还需要建立更加有权威性和执行力的区域管理机构来保障京津冀区域的可持续发展。可综合借鉴美国、日本等国家的经验，从两个层次考虑。第一个层次是成立京津冀区域管理机构（如京津冀区域管理委员会），国家有关部委以及三个省市的政府共同参与，专门负责制定、修订京津冀区域的发展规划和专项规划，组织、协调跨区域项目的建设、参与中央部门涉及京津冀管理事务的决策等，并对京津冀协同发展领导小组负责。第二个层次是针对京津冀区域某类设施或服务管理的需要，设立相应的专区或特别区，如大气污染防治区、港口管理局等，专区归口京津冀区域管理机构管理。

（三）在大力发展京津冀城际铁路的同时加快都市圈市郊铁路建设，真正实现“轨道上的京津冀”

京津冀协同发展战略提出以来，建设“轨道上的京津冀”已达成共识，京津冀三地在城际铁路的规划和建设方面也开展了大量的工作，如《京津冀城际铁路网规划》已完成编制并上报国家发改委等待批复、成立京津冀城际铁路投资有限公司等，有力推动了区域轨道交通的发展进程。但是，对于都市圈范围内的市郊铁路建设，步伐相对滞后，而这恰恰是区域交通一体化进程中亟须面对和解决的重要问题。从近年来北京郊区新城以及沿市界城镇与中心城之间的通勤交换比例来看，北京 30 公里半径的通勤圈已经基本形成，而从空间分布来看，通勤范围甚至已经跨越了北京市域，而延长至廊坊、三河、燕郊等河北新城，构建都市圈范围内的快速通勤轨道系统已是大势所趋。虽然 S2 号线以及燕郊通勤列车开启了利用国有铁路开行市郊列车的尝试，但是效果却不甚理想，究其原因，除了票价、服务水平的因素外，更有管理体制、站位设置、换乘便捷性、投融资等方面的问题。因此，亟须厘清制约市郊铁路发展的关键因素，从管理机制、规划布局、运营服务、投融资模式等各方面进行突破创新，构建北京与郊区及周边城镇依托轨道的快速通勤系统，真正实现“轨道上的京津冀”。

（四）加强城市群主要城市综合交通枢纽的功能整合及与城市功能的综合发展

随着区域一体化进程的加快以及高速铁路、城际铁路等交通通道的建设，京津冀各城市之间的联系会进一步加强，最直接的反映就是铁路车站等综合枢纽客流的增加。对比东京、纽约、伦敦等世界大城市，北京的高铁车站与城市公共交通的衔接以及与城市功能区的结合还存在很大的差距，枢纽的集疏运模式不够集约和低碳，以北京南站为例，地面出站客流 75% 通过出租车、小汽车疏解。因此，在京津冀交通一体化发展过程中，不仅要重视交通基础设施的互联互通，更要注重视不同交通方式的衔接和换乘，即一方面既要加强京津冀城市群主要城市综合交通枢纽内部各种交通方式的功能整合，实现城际交通与城市交通的便捷换乘和一体化衔接；另一方面也要将综合交通枢纽的规划建设与城市功能布局结合起来，实现出站客流的“就地消化”，从源头上减少地面交通的压力。

（五）创新投融资体制，构建跨区域交通基础设施投融资平台

一是创新体制机制。需要尽快研究能够平衡各方利益的跨区域交通基础设施投融资体制机制，建立与土地开发相结合的交通基础设施成本分担和利益共享机制。二是构建融资平台。构建京津冀区域一体化的交通基础设施融资平台，涵盖城际铁路、市郊铁路及高速公路等各种交通基础设施，统筹跨区域的交通基础设施建设。三是加强政策保障。国家有关部门亟须出台更为积极的资金、土地等政策，引导金融机构和社会资金参与区域内大型交通基础设施建设，为推动建立多元化可持续投融资机制提供政策保障。

□ 参考文献

[1] Gottmann，Jean．Megalopolis．or the urbanization of the Northeastern Seaboard[J]．Economic Geography，1957（3）：189–200．

[2] 国土交通省综合政策局情报政策本部．货物地域流动调查·旅客地域流动调查 [R]．东京：运输政策研究机构，2013．

[3] 钱璞．城市交通和城市形态的关系．2012 城市国际化论坛——世界城市：规律、趋势与战略选择论文集 [C]．北京：北京市社会科学界联合会，2012．

[4] A Vision for High-Speed Rail in the Northeast Corridor [EB/OL]．http//nec.amtrak．com/content/vision-high-speed-rail-northeast-corridor，2010–09–28．

[5] 余柳，刘莹．东京综合交通枢纽布局规划研究与启示［J］．交通运输系统工程与信息，2013（1）：17–24．

[6] 矢岛隆．鉄道が支える日本の大都市形成 [J]．土木学会志,2008（8）：16–19．

[7] 王旭．美国城市发展模式：从城市化到大都市区化 [M]．北京：清华大学出版社，2006．

[8] 周素红，陈慧玮．美国大都市区规划组织的区域协调机制及其对中国的启示［J］．国际城市规划，2008，23（6）：93–98．

[9] 王郁．城市管理创新：世界城市东京的发展战略 [M]．上海：同济大学出版社，2004．

京津冀区域交通协同发展对策研究

刘雪杰[①]

【摘　要】京津冀协同发展已经成为重要的国家发展战略，交通是京津冀协同发展中需要率先突破的领域之一。因此，研究京津冀区域交通协同发展的对策，对于促进和支撑区域总体协同发展具有重要的战略意义。本文首先分析了京津冀区域协同发展的现状及存在问题，并以首都新机场为例，探索了跨区域综合交通体系构建的主要思路和方法。最后，针对整个京津冀的交通一体化发展提出了建议。

【关键词】京津冀　协同发展　综合交通体系

引言

推动京津冀协同发展，是党中央、国务院在新的历史条件下做出的重大决

---

① 刘雪杰，硕士研究生，高级工程师，就职于北京交通发展研究中心，任交通规划部副部长。研究方向为综合交通规划等，主持《北京市“十三五”交通发展建设规划》《新机场及临空经济区交通发展战略》等项目三十余项，已发表论文十余篇。

策部署，是一个重大国家战略。交通运输业作为国民经济重要的基础性、先导性产业和服务性行业，对于推动京津冀地区资源要素开发和对内对外开放、促进区位优势向发展优势转变将发挥重要的支撑和保障作用。习近平总书记在关于京津冀协同发展的工作要求中明确指出“要着力构建现代化交通网络系统，把交通一体化作为先行领域，加快构建快速、便捷、高效、安全、大容量、低成本的互联互通综合交通网络”。

在此背景下，进一步明确在京津冀区域一体化发展的背景下综合交通网络建设的思路、关键问题以及在推动综合交通网络构建工作中需要解决的体制机制层面的问题，对于发挥交通对京津冀区域优化产业分工和布局、统筹规划资源要素、均衡人口发展的先导和保障作用，具有重要的意义。由于北京新机场位于北京市大兴区的正南方、北京与河北交界处，地处“京津塘”和“京保石”两条重要经济发展轴带中心位置，服务范围兼顾整个京津冀区域，交通体系的构建要着眼于整个京津冀区域，因此，以新机场交通体系构建为研究案例，不仅为发挥新机场区域整体优势和新机场辐射带动作用提供坚实基础和保障条件，而且从体制机制、一体化交通基础设施建设、一体化交通运输服务、一体化交通运营管理等各方面，都将对推进整个京津冀区域交通一体化发展起到示范作用。

一、京津冀区域交通一体化发展现状及存在问题

（一）发展现状

目前，京津冀区域基本形成了集公路、铁路、水运、民航等多种运输方式于一体，海、陆、空协调发展的立体化交通运输网络，成为我国陆路交通网络密度最高的地区之一，奠定了其辐射全国、面向海内外、贯穿东中西的交通枢纽地位。

以首都北京为中枢、以高速公路和干线铁路为主体的区域快速综合交通运输网络基本形成。目前，铁路营运里程达到 8495.6km，占全国的 8%；铁路网

密度 3.6km/100km²，是全国平均水平的 3.0 倍；公路网密度 98 km/100km²，是全国平均水平的 2.1 倍；高速公路网密度 3.5 km/100km²，是全国平均水平的 3.3 倍。北京南站、天津站综合交通枢纽、石家庄新客站综合交通枢纽等一批集成铁路、公路、城市公交等多种交通方式的综合客运枢纽建成运营，客运枢纽体系进一步完善。

沿海港口货运能力不断提高，支撑了区域货运和临港产业发展。由天津港、秦皇岛港、唐山港、黄骅港组成的津冀沿海港口群，成为我国最为重要的能源输出基地和货物集散基地。以天津港为桥头堡，沿西伯利亚大陆桥通道形成了横跨亚欧、连接 40 多个国家的陆海联运、洲际国际贸易通道，是我国对外贸易的重要窗口。

区域机场群初步形成，国际航空门户功能增强。目前，提供民航运输服务的机场有 7 个，2013 年旅客吞吐量 9887 万人，货物吞吐量 207 万吨，分别占到全国的 14.5% 和 17.3%。

从运输量看，2013 年，全社会客运量、旅客周转量分别为 27.5 亿人和 2105 亿人公里，主要由公路和铁路承担；全社会货运量、货物周转量分别为 29 亿吨、19450 亿吨公里，其中，公路和铁路完成货运量的 85% 和 10%，公路、铁路、水运完成的货物周转量分别占 27%、34% 和 39%。

（二）存在问题

京津冀地区交通运输网络建设虽然取得了显著成就，但是从京津冀三地统筹协调发展，打造具有全球影响力的世界级城市群的要求来看，交通运输发展中还存在许多亟待解决的问题，主要包括：

1. 城际铁路、市郊铁路发展滞后

目前，京津冀区域内高铁、客运专线等快速铁路里程和网络密度较高，但这些线路开行城际列车、提供城际服务的能力有限。服务于中短途距离的城际铁路严重滞后，目前京津冀区域范围内仅有北京和天津之间有城际铁路，其他大城市间缺乏相互连通。此外，大城市中心城与周边新城等之间缺乏市郊铁路。

2. 公路布局有待优化，互联互通性不强

目前，京津冀地区公路网络基本形成，但整体效率尚未充分发挥，已有的公路网络基本上是以北京为单中心的放射状网络，导致各城市间互联互通性不强。国家高速公路仍存在部分“断头路”，部分国省干线公路还存在“瓶颈路段”，导致道路连通性较差；首都地区环线高速公路尚未形成，北京市承担了大量华北、西北等区域之间的过境运输，加重了城市交通的压力。

3. 机场、港口等大型枢纽之间协同发展力度不够，竞争大于合作

2014年首都机场旅客吞吐量8613万人次，占京津冀区域机场旅客吞吐量的80%以上，能力已经饱和，而天津滨海机场、石家庄正定机场旅客吞吐量分别为1207万人次和560万人次，能力利用效率仅为42%、27%，协同发展程度较低。

港口方面，目前京津冀区域内已经形成了以天津港为中心，北有秦皇岛、唐山港，南有黄骅港的沿海港口布局，在功能定位上也基本确定了以天津港为北方国际航运中心，秦皇岛、唐山港和黄骅港为重要支持的大宗散货港的定位。然而，秦皇岛、唐山、黄骅港、天津港之间的资源并没有实现合理共享，在岸线利用、主要货类服务对象市场开发等方面面临重复建设、同质化竞争等问题，影响了区域内港口群综合竞争力的有效发挥。城市内外交通以及各种方式的交通之间，衔接、换乘不畅，效率不高。

机场、火车站等城市对外交通枢纽与轨道、地面公交等城市交通方式普遍存在换乘距离和换乘时间较长、全过程出行效率较低的问题。

此外，大型枢纽周边集散交通体系不完善，以港口集疏运交通体系为例，京津冀区域是我国重要的化工基地，煤炭、石油、金属矿石等大宗能源和原材料运输需求大，且腹地广阔、陆上运距较长，港口对铁路运输的依赖性较强，铁路集疏运压力、分担的比重较高。但由于铁路建设速度滞后，造成本应由铁路承担的集疏运量转移到公路，加重了周边公路的压力，且不利于节能减排。

4. 区域交通运输一体化发展程度较低，一体化服务能力有待提升

受行政壁垒和市场分割的影响，京津冀区域交通运输政策、标准之间缺乏

有效对接，运输市场的协调机制仍有待完善，区域内多式联运等先进交通运输组织方式发展相对滞后。

5. 缺乏顶层设计和协调发展的统一机构

目前，京津冀区域交通的一体化发展还缺乏协调统一的机构，交通发展缺乏顶层设计，交通设施的规划、建设、运营缺乏统筹，制约协调发展的体制机制突破难度较大。

二、新机场及周边区域交通一体化发展战略

（一）首都机场交通体系经验教训分析

首都国际机场作为“第一国门”，长期以来受到社会高度重视。2000年以来，随着北京社会经济的快速发展，首都机场旅客吞吐量年均以10%以上的速度增长，2014年首都国际机场旅客吞吐量达到8613万人次，排名世界第二、亚洲第一。

目前，首都机场陆侧交通运输方式结构不尽合理，机场巴士、轨道交通仅占约20%，出租及小客车占将近70%，首都机场周边路网将呈超饱和状态，机场公共区也难以承受，既影响了首都机场功能的正常发挥，也影响北京中心城整体交通的稳定。总结首都机场综合交通体系的问题，主要有以下几点：

1. 陆侧交通方式结构不尽合理，尚未形成以公共交通主导的对外客运交通体系

目前首都国际机场个体交通方式占主导，小汽车、出租车占70%，机场巴士与轨道交通仅占21%，相比香港、东京等国际机场70−80%的公共交通出行比例，首都机场的大容量公共交通方式所占比例偏低。

2. 区域层面覆盖范围不足

首都国际机场作为旅客吞吐量排名世界第二、亚洲第一特大型枢纽机场，相比其定位，其综合交通运输体系，特别是公共交通体系覆盖范围显得不足。从京津冀区域层面覆盖范围而言，有省际巴士直接覆盖的仅天津、秦皇岛等区

域，京津冀大部分地区缺乏大容量、快捷交通方式与首都国际机场直接衔接。

3. 机场对外路网布局及管理存在缺陷

首都机场对外主要通道功能缺乏整合，交通流量分布不均衡。中心城与空港城衔接的4条高速通道分别为：京承高速—机场南线、机场高速、机场二高速、京承高速—机场北线。机场南线距离相对远、收费高，机场二高速进出中心城不方便，机场北线距离航站楼较远，导致70%左右的机动车均选择机场高速。机场高速承担了中心城到顺义等东北地区的过境交通，早、晚高峰过境交通对机场高速及机场附近区域影响突出、拥堵严重。

（二）新机场功能定位分析

1. 新机场是北京打造世界级航空枢纽、京津冀打造世界级城市群的机遇

目前首都机场主要是始发终到旅客，中转旅客比例远低于国外枢纽机场。近年来首都机旅客中国际和港澳台旅客所占份额已经由10年前的三成降低到目前的不足两成。

在北京市新的一轮首都城市战略定位中，已经明确将国际交往中心作为四大中心之一，而显然，目前首都机场作为国家门户参与国际竞争的状况还不理想。这里的原因有多方面，但其中首都机场容量趋于饱和是其中一个重要的不容忽视的因素。由于航班时刻不足，全国还有部分支线机场、地方航空公司未能开通进京航班，不少外国航空公司增加航线、航班的申请难以安排，基地航空公司强化枢纽航班波的愿望无法落实。

从地理区位看，北京地处太平洋西岸北部，处于东北亚地区衔接欧洲、北美航线的有利位置，与香港、首尔、东京、新加坡相比具有明显的区位优势。在首都机场发展受约束的情况下，新机场无疑将成为吸附更多国际中转旅客、强化国家门户枢纽、打造世界级航空枢纽的机遇。

而在整个京津冀区域中，目前仅有首都机场为国际综合航空枢纽。从目前国际上公认的纽约、伦敦、东京、巴黎四大世界城市看，纽约有3个国际机场（包括著名的约翰肯尼迪机场），伦敦有5个机场（其中包括著名的希斯罗国际机场），东京有 2 个国际机场（成田和羽田），巴黎有 3 个大型机场（包括著名的戴高乐机场）。强大的机场群在扩大对外交通辐射能力、促进国际交流与合作方面发挥了重要作用，成为城市、大区域甚至国家对外的窗口和名片。但目前的首都机场，容量已趋于饱和，已经制约了旅客增长的需求，无法支持京津冀城市群扩大对外辐射能力、打造世界级城市群的战略要求。

2. 通过新机场建设带动京津冀区域协同发展

北京新机场地跨京冀两地，距离北京市中心 46km，东南距天津市中心 81km，东距廊坊市中心 26km，西南距保定市中心 110km，西距涿州市中心 37km，处于京津冀三地主要城市的中心位置，相比首都国际机场更具有区域辐射优势，目前首都国际机场旅客中北京旅客占 90%、津冀其他区域占 10%，而北京新机场预计北京旅客占 60%–80%，津冀旅客预计占 20%–40%。北京新机场已经不仅仅是北京的机场，其服务范围将兼顾整个京津冀区域甚至环渤海区域，成为区域性的大型国际机场。

特殊的地理区位以及作为国际枢纽机场的功能定位，使北京新机场对周边区域的辐射带动作用将进一步凸显，特别对于机场临空经济区的产业升级转型、

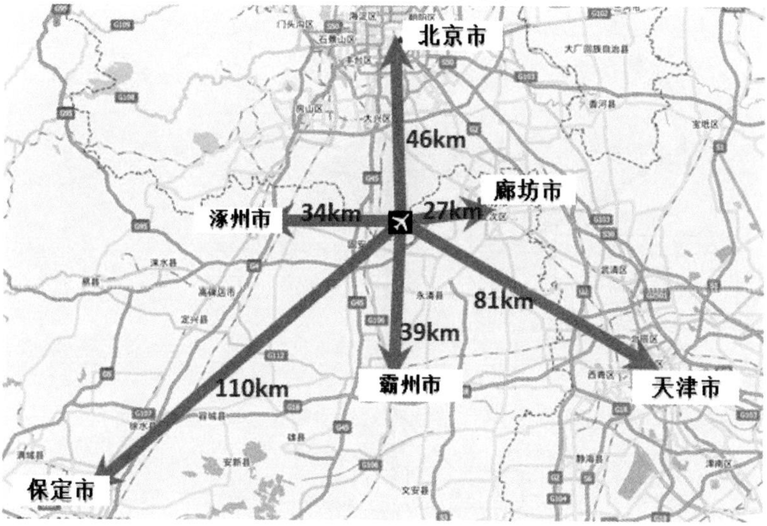

图 1：新机场区位示意图

业态布局优化将产生重大的引导作用。由于临空经济区跨行政区域的特殊区位，跨地区的产业协作、产业布局、配套服务等等都将成为未来京津冀区域协同发展的样板。北京新机场预计 2018 年建成投入使用，其中 2025 年航站区及配套设施按满足旅客吞吐量 4500 万人次、货邮量 150 万吨配置，远期按 1 亿人次以上旅客吞吐量、240 万吨货邮量考虑。按照国际航空枢纽机场的发展经验看，北京新机场未来将很可能带动几十万甚至上百万规模的就业岗位。

对于交通而言，北京新机场所处区域交通条件相对发达，国家层面几条主要通道（京开高速，规划中的京九客专、京台高速、大外环高速等）经过新机场附近区域。发达的区域交通条件为新机场带来相对便利的同时，也将面临不同层面交通的交叉重叠，包括新机场的客、货运集散交通，临空经济区进出及内部交通，区域过境大通道交通等。因此，随着北京机场规划建设的推进，不同层面交通在有限空间范围的叠加，将使得整个区域交通将变得更加复杂。

新机场特殊的地理区位，无疑是推动京津冀区域交通协同发展的一个契

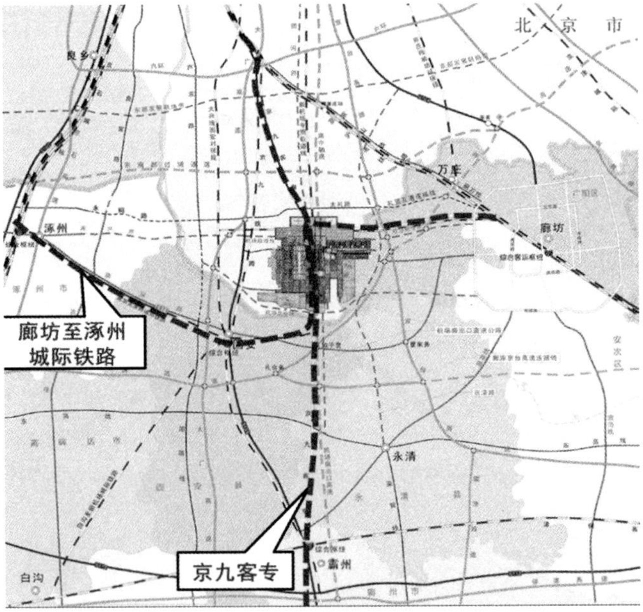

图 2：北京新机场与铁路衔接示意图

机。因此，以新机场建设为契机，把交通一体化作为推进新机场及周边区域规划建设的先行领域，通盘考虑、统筹规划，加快构建互联互通的综合基础设施网络，不仅为发挥新机场区域整体优势和新机场辐射带动作用提供坚实基础和保障条件，而且从体制机制、一体化交通基础设施建设、一体化交通运输服务、一体化交通运营管理等各方面，都将对推进整个京津冀区域交通一体化发展起到示范作用。

（三）新机场及周边区域交通一体化发展目标

借鉴国内外大型机场构建综合交通体系的经验，提出北京新机场交通发展的目标：

按照时间第一、公交优先、多层次供给的原则，构建与北京市建设世

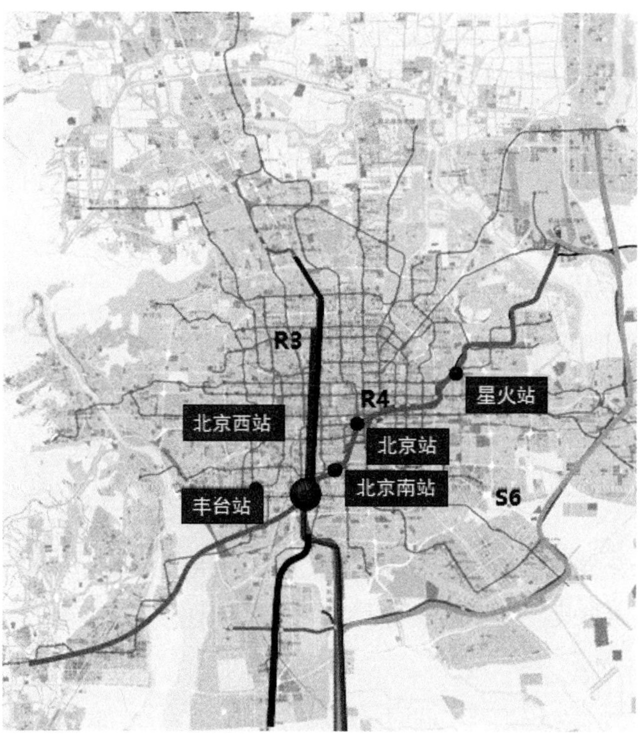

图 3：机场轨道示意图

界城市相匹配的，以公共交通为主体（公共交通占陆侧交通方式比例不低于50%），以轨道交通（轨道交通占陆侧交通方式比例不低于30%）为核心的绿色交通发展模式，建立适应航空货运特点、与客运适当分离的新机场集散货运通道、场站及服务体系，形成满足不同客运需求，高效便捷、设施优良、区域统筹、衔接顺畅的新机场综合交通体系。

通过新机场及周边区域交通一体化的发展，实现以下目标：

——保障北京新机场区域综合交通枢纽功能正常发挥；

——统筹新机场客货运集散交通、临空经济区交通、区域过境交通；

——促进北京市相关产业和人口转移、均衡南北发展、疏解城市功能；

——促进京津冀区域经济社会可持续发展；

——有助于形成亚洲乃至国际综合航空枢纽，提升在国际上的地位和竞争力。

（四）新机场及周边区域交通一体化发展战略

在基于新机场功能定位的分析、借鉴国内外机场综合交通体系构建的经验的基础上，着眼于区域层面综合交通体系的构建，避免再次产生首都机场目前存在的问题。

1. 构建以轨道为主的对外客运交通体系

与区域内高铁、城际铁路建立顺畅的衔接换乘关系，扩大机场的区域覆盖。北京新机场周边铁路资源相对充分，京津轴线方向有京沪高铁、京津城际，京保石轴线方向规划有京广客专、京石城际，正南方向规划有京九客专。为扩大新机场覆盖范围，扩大机场辐射腹地，重点考虑如何与周边高铁、城际铁路相衔接。建议利用廊涿城际衔接京广客专、京石城际、京津城际、京沪高铁，廊涿城际接入北京新机场，并将京九客专接入北京新机场，在航站楼内实现一体化换乘。

其次，与北京中心城之间构建多层次的轨道服务。北京新机场距离北京中心城相对较远，因此建立快捷轨道交通联系，既能满足机场旅客及接送人

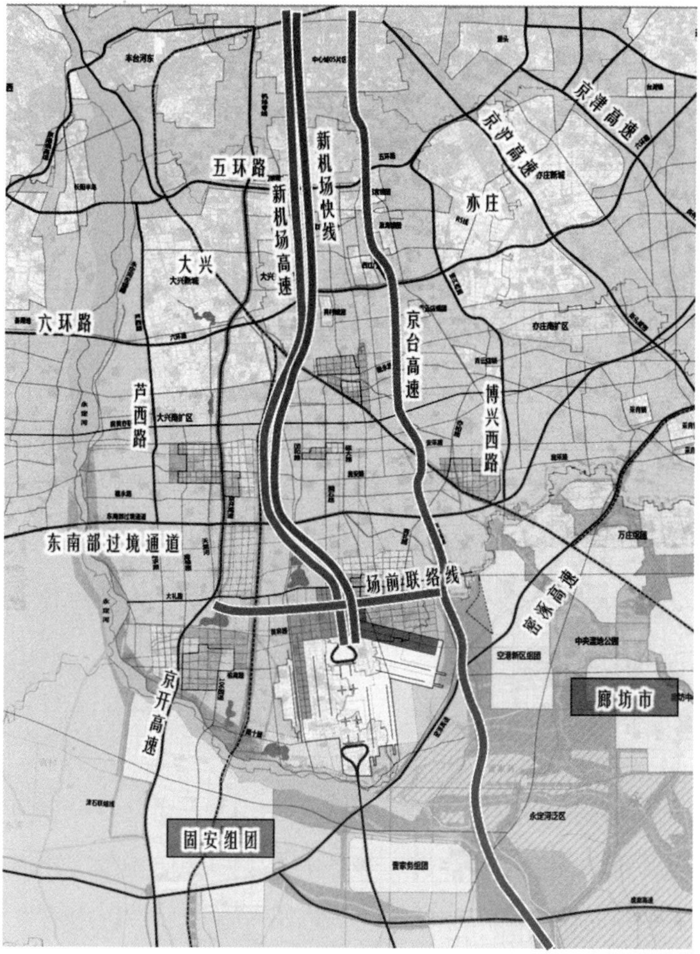

图 4：北京新机场周边区域高速公路规划示意图

员的出行需求，也能满足临空经济区员工及居民的日常出行需求。结合国际机场轨道交通经验，建议：近期随新机场快线同步完成 R3 线城区段共通道、一体化建设，并结合轨道站点同步规划建设城市航站楼，提高乘机效率、方便乘客；远期建设 R3、R4, 与新机场专线形成良好换乘关系（满足主要枢纽 1 次换乘到达机场快选）、基于预测的规划机场快线南段客流并不饱和，建议 R3、R4 线位分别向大兴、房山地区延伸，一方面可以辐射到大兴、房山的临空经济区范围，另一方面，也可以缓解目前大兴线、房山线的客流拥挤情况。

2. 在区域范围内形成互联互通的公路网络

考虑到新机场服务的范围，在构建对外公路网络时，应保证与周边主要城市间每个方向都有2条以上的公路连接。在现状公路网络的基础上，通过新增新机场快线及场前联络线，与周边公路网络建立联系。

3. 构建完善的临空经济区内部综合交通体系

借鉴国内外机场临空经济区发展经验，综合考虑新机场的规模，预计远期由机场直接或间接产生的就业规模可达到40万—60万个，加上走廊集聚带，可能会达到100万个。 考虑到产业对人口聚集的带动作用，以及原住居民，预计远期新机场及临空经济区总人口规模可能达到80万—110万人。

因此，在构建临空经济区内部交通系统时，应把临空经济区作为百万人口规模的城市来对待，同时要考虑与机场的特殊关系。

首先，临空经济区要建立以公共交通为主导，安全、便捷、绿色的综合交通体系。

其次，由于临空经济区的特殊性，要建立相对独立的客、货运通道，实现客货分离，并建立临空经济区组团，及各组团与机场之间快捷联络通道。

最后，要建立临空区与北京市中心城以及周边主要城镇的快捷联系。需要注意的是，临空经济区的对外交通与机场旅客集散交通之间的关系，其中在道路建设中要同时考虑两部分的交通需求，而在轨道交通中，要注意两者出行模式、出行时间、票价等方面的差异。

4. 建立推动新机场及周边区域交通设施建设的跨区域协调机构

由于新机场特殊的地理区位，其交通系统的构建涉及不同行政主体。因此，从交通系统的规划阶段，就应成立跨区域的协调机构，统筹这一地区的交通系统，避免交通规划的遗漏或重复建设，也为后期的建设和运营管理打下良好的基础。

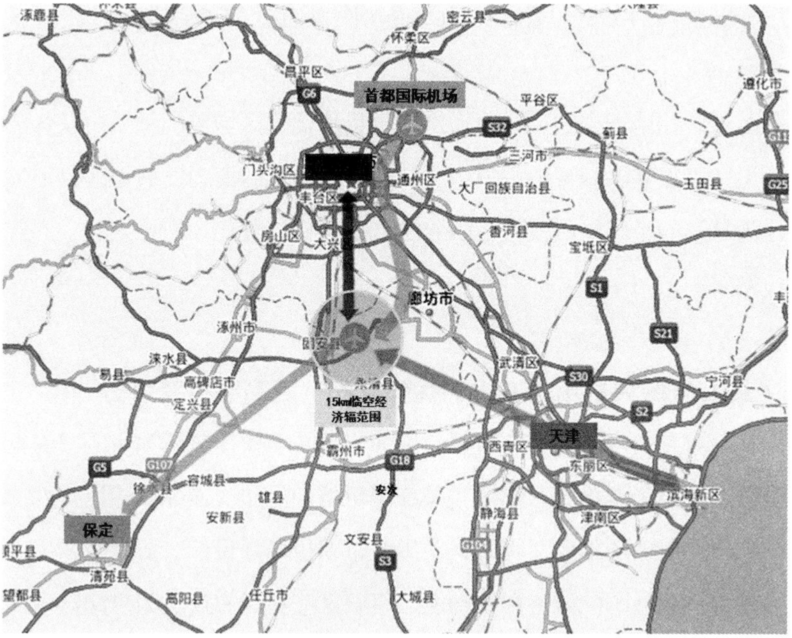

图 5：北京新机场周边发展带示意

三、京津冀区域交通一体化发展建议

通过对跨行政区域的新机场综合交通体系的探讨，对京津冀区域交通一体化发展提出如下建议：

（一）针对不同距离、不同客流需求，建立多层次的轨道和铁路系统

完善客运专线网，服务区域对外及中心城市间长距离快速联系；沿区域主要走廊布局城际铁路，覆盖主要城市节点；建设服务中心城市与外围新城、组团、主要城镇间联系的市郊铁路，引导大都市区空间有序拓展；建设城市轨道网络，服务中心城市内部主要客流。

在开工建设京沈客专、石济客专、津保铁路等项目基础上，围绕新机场建设以及京津冀区域重点发展的走廊，优先建设京张城际、京唐城际、北京－

燕郊－蓟县－天津快速铁路，北京－涿州－保定区域快速铁路、北京－廊坊市郊铁路。

同时，利用轨道交通，以轨道走廊为重点优化区域空间体系。以各层次轨道交通串联京津冀区域各中心城市、城市核心功能和潜力发展地区，形成以轨道交通为骨干的走廊发展模式，引导区域空间格局优化，引导人口、产业向站点周边集聚。

（二）统筹区域内机场的发展，优势互补，提高整体竞争力

形成以首都机场、北京新机场、天津机场、石家庄机场为主的“四枢组、多支线”区域机场群格局。继续完善首都机场及周边交通体系建设，发挥首都机场国际门户枢纽的作用；同时，利用北京新机场建设的窗口期，发挥天津机场运输潜力，拓展国际航空枢纽功能；将石家庄机场打造成为京津冀南部的枢纽机场，并作为区域低成本航空的主要基地。抓住北京新机场建设的契机，提升京津冀区域的国际开放度。

（三）以新机场建设为契机，重点推动京津廊道、京保石廊道的新城节点高效开发

其中以新机场为重要节点，构建北京－廊坊－天津以及北京－新机场－固安－霸州两条重要走廊。其中，北京－廊坊－天津走廊未来具有很大的发展潜力。从地理区位上看，分布有北京、天津两个直辖市，且有新机场这一综合大型枢纽；从距离上看，这一走廊区域城镇分布相对紧凑，具有打造 1 小时交通圈的潜力；从北京疏解人口和城市功能的诉求看，未来，这一走廊内的新机场临空经济区，将成为北京南部重要的人口和功能承载区域。

应以新机场建设为契机，加快重要走廊内轨道建设，整合走廊内城镇产业，提升走廊内城镇群的整体竞争力。

（四）以枢纽建设为重点，推动京津冀区域综合交通体系构建

在城市层面，将北京、天津、石家庄打造成京津冀区域内三大城市枢纽。其中建设北京国际门户枢纽，提升世界城市地位；强化天津综合枢纽功能，提升商贸与航运中心地位；培育石家庄区域南部枢纽。包括：一是疏解北京过境交通压力，研究增加经由天津、石家庄的东北至华东、华中、华南、太原方向的运输大通道，改善目前京津冀区域运输的以北京为单中心放射的结构。二是提升天津、石家庄的客货运输组织功能，强化天津铁路集装箱中心站功能，完善以天津为中心的货运系统，将天津建设成为商贸物流枢纽城市。

从综合交通枢纽层面，京津冀区域综合交通体系的构建，涉及铁路、航空、公路、轨道等不同交通方式，并涉及区域层面交通和各城镇内部交通的顺畅对接，综合枢纽是实现不同交通方式、不同层面交通有效衔接的重要载体。因此，在京津冀区域综合交通体系构建过程中，要特别关注区域内大型综合枢纽的建设。一方面，加强城市核心区、交通枢纽与铁路、轨道的无缝衔接，建设换乘便捷的综合交通枢纽，提高整体运行效率；另一方面，加强公路、铁路、轨道等不同交通方式在综合枢纽的有效组织，提高不同交通方式之间的换乘效率，提升综合枢纽的辐射范围。

（五）成立跨行政区域的京津冀交通一体化发展机构

建立更加有权威性和约束力的跨区域交通协调机制，对京津冀区域的交通规划、建设、运营、管理进行统筹，同时，创新跨区域的交通基础设施建设投融资体制机制，推动建立区域统一的交通运输管理政策体系。

结语

在京津冀协同发展战略中，交通是需要率先突破的领域之一。京津冀区域交通的协同发展，涉及交通规划、建设、运营、管理的每一个环节，工作环节复杂、涉及对象多、推行难度大。首都新机场建设无疑提供了一个探索如何协

同发展的机遇。通过构建新机场跨区域的一体化交通系统，为京津冀交通的协同发展创建示范、积累经验，具有重要的意义。

□ 参考文献

[1] 2014 中国统计年鉴 [M]. 北京：中国统计出版社，2014：540－550.

[2] 白同舟等. 首都机场及临空经济区交通发展战略研究 [R]. 北京：北京交通发展研究中心，2015.

[3] 潘昭宇等. 基于城市功能整合的枢纽区域研究[J]. 城市交通，2013(11)：40－48.

[4] 刘雪杰等. 北京新机场及临空经济区综合交通发展战略研究 [R]. 北京：北京交通发展研究中心，2014.

[5] 北京市城市轨道交通建设规划（2014－2020）[R]. 北京：北京市轨道交通建设指挥部，2014.

社会篇

京津冀一体化进程中的社会稳定风险初探

彭宗超[①] 刘 冰[②]

【摘 要】本文基于社会生态系统理论构建了社会稳定风险评估的框架，包含了环境、心态、行为和治理四个维度，并运用该框架分析了京津冀一体化进程中的社会稳定风险，指出京津冀协同发展战略机遇与风险并存，要加强风险评估和沟通，重视京津冀一体化进程中的综合风险评估和重大决策、重大项目的专项风险评估，要改善治理方式，治理关口前移，实现全面风险治理。

【关键词】京津冀 风险评估 社会稳定

作为一项国家战略，京津冀协同发展规划正在全面推进。京津冀协同发展战略将为首都及周边地区的经济社会发展带来巨大机遇，同时，不容忽视的是，与协同发展相关的一系列重大举措可能涉及复杂的利益关系，整体利益和局部利益、社会利益和个体利益、经济发展和环境保护之间可能存在矛盾，从而引发潜在的社会稳定风险。因此，运用科学的方法和手段对京津冀一体化过程中

---

① 彭宗超，清华大学公共管理学院教授、副院长。
② 刘冰，北京师范大学中国社会管理研究院/社会学院副教授。

潜在的社会稳定风险展开评估，并有针对性地加以预防，将对京津冀协同发展战略的顺利实施发挥重要的保驾护航作用。本文在社会生态治理系统理论的基础上发展了社会稳定风险评估方法和理论框架，对京津冀协同发展中的重点领域可能产生的社会稳定风险进行了初步分析，以识别协同发展战略中可能的风险点，后续还将借助更加翔实的调查数据展开进一步的实证分析。

一、风险与风险评估

（一）基本概念

风险是不利事件发生的概率。风险管理是对一定概率的不利事件进行评估、防范、准备和控制的一整套行动。风险评估是风险管理的关键环节，即对有关风险进行预先识别、分析和评价的活动。评估的对象包括两个方面：最基本的是对风险本身的评价，即某些风险发生的可能性及其威胁度，其次是对脆弱性和控制力的评估，脆弱性和控制力是人类应对风险的能力，能力低下既有可能扩大风险的发生概率，也有可能加剧不利事件的后果。

（二）评估类型

我们需要关注风险，不仅仅关注风险本身，而且要看社会对有关风险的关注度、可接受程度等。我们可以做单一风险评估，也可以做综合性风险评估。具体的评估方法类型，可以是我们日常的行政性的隐患排查，也可以做专业性的评估，比如统计数据、历史数据，或者可以用专家的意见集成、用公众的风险感知等等来做这些分析，甚至可以用大数据分析。

（三）实施关键

实施风险评估的关键首先要有风险意识，没有做不到，只有想不到，所以我们需要在公共治理和公共决策过程中建立足够的风险意识。其次，在中国体制下，领导重视也很关键，领导重视就有资源配置。当然，我们希望做一个有专业知识、制度保障的专业评估。专业评估完成后，如何发挥作用和怎么样运用评估，也需要有具体的政策措施来落实。

二、社会稳定风险评估

过去几年，清华大学公共管理学院中国应急管理基地承担了教育部重大攻关项目——社会稳定风险评估与社会矛盾预防研究。社会稳定风险评估与社会矛盾预防研究主要探讨的是何为社会稳定风险，运用社会生态系统理论，构建了一个社会稳定风险评估的指标框架，并实现了软件集成，能够把调查数据、统计数据、问卷数据集成起来实现社会风险评估，将来还会与大数据的运用结合起来。社会稳定风险评估框架具有广泛的应用价值，同样也可以用于对京津冀一体化进程中社会稳定风险的分析。

（一）社会稳定风险评估概念

社会稳定风险评估最核心的就是社会稳定。社会稳定是与社会秩序（Social Order）相关联的，是指与社会相关联的各种因素（包括社会结构、社会制度、社会实践）保持一定时间的有序状态。社会稳定风险主要不是看社会稳定会有什么风险，而是看社会不稳定风险。尽管稳定也有风险，太稳定了不发展，但是我们更关注的是社会不要出现不稳定。社会不稳定是指上述社会秩序要素出现失序，出现威胁社会秩序的局部或全局性的集体行动事件、社会运动和社会革命等。

因此这里所说的社会稳定（不稳定）风险是指发生社会失序或不稳定事件或事态及其社会后果的可能性。当然，社会稳定本身要想获得一种新的秩序的话，有两种观点，一种认为社会秩序的获得是自我调节的结果，另一种认为社会秩序的获得是外部控制的结果。

（二）社会稳定的风险评估框架

我们根据有关的研究和基础理论，尤其是社会生态治理系统的理论，形成了一个从环境类指标到心态类指标到行为类指标，然后再叠加治理类指标，这四大类指标相互关联、相互影响，形成一个社会稳定的风险评估的理论框架。

行动受到心态影响，心态则受到环境影响。社会秩序是否失稳除了要看环境－心态－行为变量外，还要看社会生态治理系统是否能有效发挥积极的作用。社会生态治理系统理论（SEGS）的关键是社会资源（自然—人类；物质—精神；经济—政治；国际—国内等）的分配与治理是否公平（或人们对此是否有公平感），是否有效率（人们是否有效率感）。基于此，我们构建了社会稳定风险评估的指标体系。

我们可以通过运用统计数据分析技术做一些社会心态的调查。通过社会心态调查，我们可以看到社会稳定风险评估的指标体系是如何投射的。例如，我们对某市职工做的心态调查数据结果表明，在治理感知和心态指数上，本地人员和外来务工人员差距不大，但是在环境感知和行为感知上，外来务工人员比本地人员感知到的风险更高。这说明外来务工者感知的各类大环境，不仅是自然环境，各种社会环境的问题更严重，冲突和纠纷行为会更多一些。

三、京津冀一体化与社会稳定风险

京津冀一体化涉及复杂的利益调整，机遇和风险并存。如何辨识并防范风险，将关系到京津冀协同发展战略实施的成败。我们主要从以下几个方面对一体化进程中的潜在风险进行了初步辨析，分别跟功能定位及协调发展战略确定的三大重点领域相关。

（一）疏解非首都功能风险

首先是北京疏解非首都功能所带来的风险。北京的功能定位是全国政治中心、文化中心、国际交往中心、科技创新中心，《京津冀协同发展规划纲要》

提出的目标是2020年人口控制在2300万以内，中心城区力争疏解15％人口（2014年末，北京市常住人口已达2151.6万人）。哪些人口被疏解？是否获得跨区域无缝衔接的公共服务？如何解决被疏解人口的住房、养老、教育问题？疏解出去的人口是否与承接地区的原有人口争夺有限的公共资源？如何实现被疏解人口与承接地区原有人口的融合和治理？如何处理各地公共服务水平的对比和落差？如果这些问题没解决好，势必会带来社会稳定的问题。

（二）交通一体化风险

在三大重点领域中，交通一体化相对来说是共赢效应较为明显的领域，但也可能存在社会风险。比如人口流动经常性和快速化，流动空间进一步扩大，人口居住和工作空间发生分离，社会治理难度加大，对人口的管理和相应的公共服务提出更高要求；大范围的轨道交通建设将加大征地拆迁的压力；区域公共卫生事件的蔓延风险，人口的高度流动，会对公共卫生事件，比如说传染病的防控带来比较大的挑战。

（三）环保领域风险

环境保护领域也可能存在社会风险。环保治理要求在高排放、高污染的企业出现关停或者限产减排。以空气污染治理为例，《大气污染防治行动计划》提出到2017年京津冀地区细颗粒物（PM2.5）下降25%，其中北京市细颗粒物年均浓度控制在60微克/立方米左右。燃煤电厂、燃煤锅炉和工业窑炉的污染治理设施建设与改造；淘汰黄标车500万辆；京津冀、长三角、珠三角等区域力争实现煤炭消费总量负增长。这一计划被称为史上最严的空气污染治理计划，必然会由于一些中小企业的关停、减产而产生就业风险和企业的经营压力。另外这些关停企业也有可能出现一些相互传染的战略风险和金融风险。

（四）产业转移风险

《京津冀协同发展规划纲要》着力实施创新驱动发展战略，促进产业有序转移承接，推动产业结构调整优化升级。产业转移可能带来的结构性或地区性失业问题；产业转移中环境污染型投资项目选址的社会稳定风险；区域化的金融风险可能影响到普通百姓等。

（五）未来治理变革

在京津冀一体化中，要总体谋划，既要看到一些机遇，也要看到风险，及早做风险防范。具体要加强风险评估与沟通推动地区参与和社会参与，如重视重大项目、工程与决策的社会风险评估、重视三地社会稳定综合性风险评估、重视加强信息公开、公共沟通与社会参与。还要改善治理方式，治理关口前移，实现全面风险治理。

京津冀一体化确实是一个全新的话题。我们目前对潜在的社会风险进行了初步的辨识，未来希望借助于社会稳定风险评估的理论框架和指标体系，展开较大范围的调查研究，基于调查数据对社会稳定风险的领域和程度展开系统而深入的分析和度量。

京津冀协同发展背景下承接非首都功能的社会融入问题研究

——基于河北省的视角

张 硕[①] 庞 博[②]

【摘 要】本文简要介绍了社会融入的内涵，总结了社会融入在京津冀协同发展背景下河北承接非首都功能中的重要意义，在分析河北承接非首都功能中社会融入问题的主要表现、深层原因和导致这些问题的基础上，提出一些相应的对策建议，以期为河北在承接非首都功能中获取最大利益提供一些帮助。

【关键词】京津冀协同 承接 非首都功能 社会融入 河北

2015年4月30日，中共中央政治局审议通过《京津冀协同发展规划纲要》，标志着京津冀协同发展战略由“顶层设计”阶段转向“全面实施”阶段。会议明确指出，“推动京津冀协同发展是一个重大国家战略”，“战略的核心是有

① 张硕，河北省财政科学与政策研究所高级经济师。研究领域为财政政策。
② 庞博，河北省社会科学院助理研究员。研究领域为财政政策。

序疏解北京非首都功能”。

北京非首都功能的疏解，必然带来相应人口的流动。而对于河北而言，能否承接好北京疏解的非首都功能，一个关键问题就是能否使这些疏解人口“搬得来、稳得住、融得进、能发展”。实际上，这一问题就是社会融入问题。因此，深入研究、合理解决社会融入问题，对于河北顺利、有效承接非首都功能具有重要而深远的意义。

一、社会融入的内涵

（一）社会融入的概念

由于社会融入过程本身具有复杂性和多重性的特点，加之不同学科和研究人员的研究视角和理解存在差异，因此，对社会融入概念的界定和描述也呈现多样性的特点，例如，徐丽敏（2014）提出，社会融入是一个全球化背景下为了提高全体社会成员的福利，使人人能够平等、全面地参与经济、政治和社会等生活，以促进社会包容，最终实现社会团结的过程，也是人类发展追求的结果和目标。刘吉昌等（2013）提出，社会融入主要是指流动人口对其进入的城市在物质和精神两个层面的适应和认可情况，具体来说如生活习惯的适应、生计方式的适应、文化的相互认可和相互适应、心理的归属感、获得城市社区的接纳等方面的一系列的过程以及在这个过程中所引起的一系列的问题和由于相互的作用所带来的正反两个方面的变化。陈成文、孙嘉悦（2012）提出，社会融入是处于弱势地位的主体能动地与特定社区中的个体与群体进行反思性、持续性互动的社会行动过程。其中，社会行动的社会性、能动性、持续性、反思性和交互性共同构成了形成社会融入这一特殊社会互动过程的组合特征的同一性，并且这五个方面又是社会融入的本质特征。任何个体或群体在社会融入的过程中，均具有行动的社会性、能动性、持续性、反思性和交互性。张广济（2010）提出，社会融入是人类最重要的基本公义目标之一，是指特殊情境下的社会群体，融入主流社会关系网当中，能够获取正常的经济、政治、公共服务等资源的动态过程或状态。杨菊华(2009)提出，社会融入不是一成不变的单维度概念，而是动态的、渐进式的、多维度的、互动的。经济整合、文化接纳、行为适应、身份认同是社会融入的基本内涵。这些层面虽有一定的层级关系和先后次序，但最重要的是相互依存、互为因果。任远、邬民乐（2006）提出，社会融入是个体和个体之间、不同群体之间或不同文化之间互相配合、互相适应的过程，并以构筑和谐的社会为目标。此外，还有学者指出，社会融合和新市民化不仅是一个地域变迁和人口转移问题，更是一个在思想观念、行为方式、生活方式等维度以现代性为参照系、逐渐向城市范式变换的过程（江立华，2003；张文宏、雷开春，2008；毛丹，2009；黄晓燕，2010）。

本文在综合吸收以往研究成果中相关表述的基础上，结合承接非首都功能疏解人口这一全新课题，提出社会融入的概念，即社会中某一特定群体，在经济、政治、文化心理、社会关系等方面能够获取与融入地的社会主流群体同等利益，并与融入地的社会主流群体相互适应、共同发展的过程和结果。

（二）社会融入的特征

根据本文对社会融入概念的界定，我们认为，社会融入具有如下特征：

1. 社会性。任何群体或个体的社会融入都是具有社会性的行为，都必须通过与社会其他群体和个体的相互作用来完成。因此，社会性是社会融入的基本属性。

2. 能动性。社会融入本身是一个能动的社会行为。无论最终融入是否成功，都需要行为主体能动地去接触、适应融入地的客观环境。

3. 双向性。社会融入既是融入主体与融入地相互作用的过程，也是双方相互适应的结果。社会融入的双向性保证了融入主体能够尽快完成融入行为。

二、解决好社会融入问题对于河北承接非首都功能的重要意义

（一）有利于促进京津冀协同发展战略全面落实

京津冀协同发展战略的核心是有序疏解北京非首都功能。对于河北而言，

全面落实京津冀协同发展战略的首要任务就是承接好北京疏解的非首都功能。伴随非首都功能疏解，势必会有大量疏解人口转入河北，并带来很多社会融入问题。因此，遵循这一逻辑脉络，我们认为，解决好社会融入的问题，将有力促进京津冀三地人的融合和发展，有利于促进京津冀协同发展战略地全面落实。

（二）有利于促进经济转型升级

目前，北京市发展改革委明确指出，非首都功能主要包括以下四类：一般性制造业、区域性物流基地和区域性批发市场、部分教育医疗等公共服务功能以及部分行政性、事业性服务机构。同时，北京市发展改革委还表示："我们将推动一半制造业以及高端制造业生产环节向河北转移布局，助力河北建设产业转型升级试验区。"可见，河北承接的非首都功能主要集中于制造业，特别是一些劳动密集程度较高的制造业。

承接这些制造业，需要同时承接大量产业工人，这些产业工人改变了工作和生活环境，势必会形成诸多社会融入问题。因此，解决好这些社会融入问题，能够有效留住疏解而来的产业工人，促进他们在河北创业发展，有利于河北经济转型升级。

（三）有利于促进区域协调发展

京津冀协同发展实质上是人的相互融合、人的协同发展。因此，解决好社会融入的问题，势必将有力促进京津冀三地人的融合和发展，也将为京津冀协同发展带来强大助推力。

三、河北承接非首都功能中社会融入问题的主要表现

河北与北京接壤，两地自然环境差异极小。同时，疏解人口虽然以非自愿为主，但大多依靠市场发挥决定性作用。因此，社会融入问题主要集中于经济生活、文化心理和社会关系三个社会因素方面。其中，经济生活方面主要包括

收入和消费水平，工作、居住和生活环境等；文化心理方面主要包括文化生活，休闲娱乐，主观感受等；社会关系方面主要包括社会网络构建，与融入地群体的交往互动等。

（一）经济生活方面

由于长期处于北京经济生活范畴，疏解人口普遍具有收入和消费水平高，对工作、居住、生活环境和配套设施要求较高的特点。这就导致一方面疏解人口与承接地人口出现较大程度的收入消费差，使当地物价呈现上涨的趋势，客观上影响了承接地人口的生活水平和质量，进而有可能产生社会矛盾，形成社会对立；另一方面，由于承接地基本为新开发的地区，相关环境和配套设施不完善，在短期内会形成疏解人口的“回流潮”，使协同发展相关工作无法顺利推进。

（二）文化心理方面

疏解人口长期在北京生活，无论是否具有北京户口，都会受到北京“皇城思维”的影响。在这种思维的影响下，疏解人口往往排斥甚至看不起承接地的文化和居民，加之疏解活动为国家政策引导，一些人员会存在“特殊居民”的思想。而承接地人口往往更认可自己的文化习性，并认为疏解人口占用了本属于他们的各类资源，进而产生抵触情绪。

这样两种截然相反的文化和心理状态，在很大程度上会延长社会融入的时间，破坏社会融入的范围，甚至会导致大规模群体性事件，致使协同发展相关工作无法顺利进行。

（三）社会关系方面

社会关系是在经济生活和文化心理的基础上建立起来的。由于前述两方面存在诸多问题，疏解人口与承接地人口往往存在交往不深，相互不理解等情况。尤其是在初期，疏解人口由于经济生活的水平、经历以及文化心理的相似性，往往会形成相对封闭的“自组织”，他们对于这些“自组织”具有强烈的归属感和忠诚度，而对于承接地则缺乏归属感和信任感。特别是，这些“自组织”具有主观判断性强、凝聚力强、集体行动意识强等特点，在遇到一些与承接地人口的矛盾时，容易引发群体性事件。此外，社会关系紧张、社会网络不完善，也会导致大量的疏解人口的“回流潮”，客观上影响协同发展的推进。

四、河北承接非首都功能中社会融入问题的原因分析

（一）历史文化基础不同

北京居民长期处于“皇城思维”的笼罩之中，这就导致疏解人口有一种高高在上的感觉，特别是部分具有北京户口的疏解人口，由于其享受的基本公共服务待遇明显高于河北水平，自然就表现出“与众不同”的自我判断。而河北居民基本以“农耕思维”为主，具有自给自足、稳重内敛等特点，这使得承接地人口对于外来的疏解人口具有天然的排斥心理，加之疏解人口存在的“高人一等”的思维和行为，更增加了承接地人口的抵触意识。

可见，由于历史文化基础的不同，疏解人口与承接地人口在思维和意识上存在诸多不相适应的状态，是导致社会融入问题大量出现的一个重要原因。

（二）经济社会发展水平不同

客观而言，在经济社会发展方面，河北与北京存在明显差距，在主要经济指标中：人均国内生产总值（人均GDP），2014年北京为10.57万元，河北为4.06万元，北京是河北的2.6倍；地方财政收入，2014年北京为4027.16亿元，河北为2446.6亿元，北京是河北的1.65倍；城镇居民人均可支配收入，2014年北京为43910元，河北为24220元，北京是河北的1.8倍。这些差距，导致收入、消费水平和公共服务供给水平差异明显。

在这种情况下，一方面，由于是政策性迁移，疏解人口的相关收入水平不会有较大幅度的减少，甚至会有一定程度的提升；另一方面，疏解人口的消费

习惯已经养成，消费水平往往不会随着迁移而发生较大变化；同时，在已经享受到了高层次公共服务的情况下，疏解人口对公共服务的水平要求较高。这些都对化解社会融入问题提出了挑战。

（三）疏解人口预期过高

虽然非首都功能疏解是在市场决定性作用下开展，但在疏解初期，政府推动往往起主导作用，这就导致疏解人口对自身的角色定位存在偏差，对迁移后工作、生活环境的心理准备不足，主观上会存在“特殊居民”的思想，片面地认为应该受到政府的优待照顾，一旦遇到没有达到心理预期的情况，往往会产生不满、消极情绪，在其“自组织”的交流中会强化彼此的感觉，形成挫折感，甚至会产生抵触心理。这些情况客观上提高了解决社会融入问题的难度。

五、对策建议

（一）高度重视社会融入问题在促进京津冀协同发展中的重要作用

京津冀协同发展战略已经转入“全面实施”阶段，随着非首都功能的疏解，大量疏解人口将进入河北，与之对应的各类社会融入问题也将大量涌现。这些问题如果处置不当或者不及时，将给协同发展相关工作的推进带来较大的影响，甚至是阻力。因此，要高度重视社会融入问题，通过制度设计、机制创新等工作将社会融入问题解决在萌芽状态。同时，通过及时有效的解决社会融入问题，为协调发展相关工作营造良好氛围、创造良好条件。

（二）深入分析疏解人口相关情况

《京津冀协同发展规划纲要》已经通过，非首都功能疏解方案也将随之公布。建议按照非首都功能疏解方案，深入分析以河北为疏解地的各类功能涉及的疏解人口，细致研究每个类别的疏解人口的年龄特征、知识结构、收入消费状况、工作性质等特征，为做好承接社会融入工作奠定基础。

（三）对承接地相关情况进行摸底

按照非首都功能疏解方案，对河北承接地的收入消费水平、公共服务供给水平、人口结构、信访率和息诉水平等情况进行摸底，为化解承接地出现的社会融入问题提供第一手资料。

（四）向中央财政申请加大对河北的转移支付力度

在京津冀协同发展中，河北是短板。在承接非首都功能疏解中，河北同样是短板。因此，建议在全面落实京津冀协同发展的前提下，抓紧测算河北承接非首都功能所需资金数量，特别是补足公共服务供给差异形成的资金缺口，积极向中央财政申请加大对河北的转移支付力度，进而通过加大财政支持力度，解决承接非首都功能中存在的社会融入问题。

（五）在协同发展框架下，与北京协商开展横向转移支付

从前述分析中可以看出，河北在承接非首都功能疏解中，很大一部分社会融入问题，是由于与北京之间存在经济、社会、文化等方面的差异。因此，建议测算河北由于承接北京非首都功能，而增加的财政支出，并在协同发展的框架下，与北京协商开展横向转移支付，以弥补相关资金缺口，保证河北能够顺利承接非首都功能，避免出现社会融入诸多问题。

（六）做好相关政策的衔接工作

由于北京与河北在教育、医疗、养老等方面的相关政策存在差异。因此，疏解人口在承接地工作后，会普遍感觉不方便。这也是导致社会融入问题的一个重要因素。建议河北与北京相关部门沟通协调，积极做好相关政策的衔接工作，使疏解人口能够在承接地享受到与原来基本一致的服务。

（七）做好宣传教育工作

京津冀协同发展战略是国家重大战略，是河北经济社会发展的重大机遇。

虽然在战略推进过程中会出现一些问题，但战略实施的结果将惠及包括河北人民在内的全国人民。因此，应该做好宣传和教育工作，使疏解人口和承接地人口都能意识到非首都功能疏解给大家带来的好处，进一步凝聚共识，为承接工作创造良好环境。

（八）做好舆情监控，制订应急处置预案

社会融入问题具有多元性、系统性、复杂性等特点。因此，应该积极做好舆情监控工作，及时掌握各方的诉求，同时制定应急处置预案，将风险化解在最初状态。

□ 参考文献

[1] 徐丽敏. “社会融入”概念辨析 [J]. 学术界，2014（7）：84–91.

[2] 刘吉昌，武娜，刘勇. 城市少数民族流动人口社会融入问题研究 [J]. 贵州民族大学学报（哲学社会科学版），2013（6）：1–8.

[3] 陈成文，孙嘉悦. 社会融入：一个概念的社会学意义 [J]. 湖南师范大学社会科学学报，2012（6）：66–71.

[4] 张广济. 生活方式与社会融入关系的社会学解读 [J]. 长春工业大学学报（社会科学版），2010（3）：42–44.

[5] 杨菊华. “从隔离、选择融入到融合：流动人口社会融入问题的理论思考 [J]. 人口研究，2009，1（33）：17–29.

[6] 范晶晶. 外迁三峡移民社会融入研究——基于山东省淄博市张店区的调查 [D]. 山东：山东理工大学，2014：12–30.

京津冀医疗卫生协同发展助力打造城市共同体

王红漫[①]

【摘　要】没有医疗卫生的一体化，京津冀一体化将失去保障。京津冀医疗卫生一体化发展，将助力京津冀协同发展。本文结合笔者负责的北京市和国家哲学社会科学重点项目的实证调查，针对京津冀医疗卫生一体化存在的问题，提出针对性、可行性建议。

【关键词】京津冀　医疗卫生一体化　协同发展

自 2014 年 2 月 26 日习近平总书记在北京主持召开座谈会，就京津冀协同发展提出要求，首次提出京津冀协同发展，并把它提升到国家战略，“京津冀协同发展”一词既成了社会的热点，也成了社会关注的一个难点问题。专家学者从不同的角度来研究如何构造城市共同体，也就是城市群的问题，而且要建成世界级的城市群。

“城市群”这个概念是由法国地理学家戈特曼首先提出来的，并且赋予了

---

① 王红漫，北京大学医学部社会医学社会学与医学人类学教研室主任、健康与社会发展研究中心主任。

新的内涵。在世界共同的标准下，各国分别建立了不同的城市群，比如东京、伦敦、纽约等。下面结合我带领的课题组就京津冀三地实证调查谈谈京津冀城市群建设取得了哪些重要进展？面临什么主要问题？

一、中央和地方围绕纲要开展积极工作

2014 年 4 月 30 号，在中共中央政治局审议通过了《京津冀协同发展规划纲要》（以下简称《纲要》），意味着中央的顶层设计已经完成了。在中央完成顶层设计的过程中，在 6 月份《纲要》发布前期，北京市政府召开了一个协商会，就北京市要出台的京津冀协同发展纲要怎么写，工作如何做？广泛征求民主党派意见和建议。

我认为，既然中央的蓝图已经画好，那就是怎么着色的问题。《纲要》在总纲和实施细则里，将交通、环保、产业一体化列为重点，关键词是互联互通。《纲要》并没有明确谈到医疗卫生是重点，可是医疗卫生作为保障民生的一项重要工程，也是经济发展的坚强后盾，不可或缺。那么，怎么样保证在京津冀协同发展过程中民生健康，而且医疗卫生又能起到积极促进和倡导作用？

《纲要》发布之后，京津冀三地开始了积极工作，北京和天津签署了贯彻落实京津冀协同发展重大国家战略推进的重点工作任务协议，协议中涵盖了 9 个方面、30 项重要内容，其中涉及医疗卫生有三点：一是要打造合作示范区，重点发展健康医疗产业；二是优质医疗资源在区域内的协同发展，这里所说的是优质资源疏解到天津和河北；三是公共服务要一体化。公共服务一体化目前所签的协议起到了实质性的作用。

在国际城市论坛京津冀协同发展 2014 年会上，我做了《京津冀协同发展开放型基本社会医疗保障体系的构建：理论与实证研究》报告。报告基于对京津冀每个省多阶段分层随机抽样 600 户，三个省 1800 户老百姓的调查结果，以及持续三年对各级政府部门的走访，跟踪调查。河北省政府以及省人力资源与社会保障厅、卫计委都把它纳入了民生折子工程，北京市委副书记和副市长

也进行了批示。在这个过程中，一些研究也转化成了生产力。公共卫生建设领域也在讨论优质医疗资源的疏解和对接、承接的问题，一些突发公共卫生事件的解决应该是重中之重，京津冀已经签订了协议，建立了突发公共卫生事件合作的应急机制，同时建立了机制一体化平台。

这些协议签署之后究竟起到了怎样的作用，还存在哪些问题？成了下一步关注的重点。京津冀协议签署之后，出现了几种模式，其中有一种以燕达医院为例，打造的京冀合作试点模式。燕达医院设立在河北的燕郊，它是一家民营医疗机构，实行非盈利化管理，北京的医生和专家学者去出诊，实际上解决的是周边的问题，并没有解决整个河北省的居民医疗卫生保健问题。北京市的儿童医院也采取了大医院医生河北出诊的模式。河北张家口还有一个崇礼县的创伤急救模式，因为冬奥会要有应急性的创伤处理。目前北京优质医疗资源的疏解，基本上是以打造合作医疗试点实现的。

二、京津冀医疗卫生协同发展存在的问题

（1）通讯方面没有实现一体化。举例来说，北京电话号码到了天津、河北收费不一样。下一步实施的重点，应积极稳妥推进国产化先进的电子化、网格化技术为医疗远程服务奠定基础。

（2）医保方面没有实现三省联通。医保方面包括城镇职工、城镇居民和新型农村合作医疗，基本医保的内容没有实现三省的联通。北京市、天津市、河北省各自有各自的专网。城镇居民与城镇职工归人力资源与社会保障，而新农合则归卫计委，在天津目前城镇居民与城镇居民已经合并。同时，在药品的政策执行上，各地除了国家基本药物目录是一致的，但配备不够齐全，尤其到了村一级。另外，定点药店的问题，北京和天津管理到位，河北存在着跑冒滴漏，对医保基金，没有专款专用，甚至可以买到化妆品、食用油等物品，监管需要加强。

（3）政策执行不到位，大众自觉意识不强。最简单的一个问题，每年交

多少医保费？我刚刚问在座的来自京津冀三地的专家、学者，很多人也不知道。这方面跟政策宣传不到位有关，另外一方面公众自己的意识也不是很强，只有在患病的时候才想起来问单位，找政策。从这一点上来说，民众的自觉意识还是要加强的。

我们与当地百姓交流了解到，河北在应用新媒体（例如微信）宣传卫生政策和卫生医疗信息的效果是不错的。

（4）省间和省内医保分离式管理不经济。做同样一件事情，在省内两套人马、两套技术装备，社保有，新农合也有，存在资源的浪费和财政投入上的不经济。另外，报销手续繁杂，最主要体现在本省本市相对好一些，而跨省手续繁杂。因为没有联网联通，有一些退休人员的报销，必须回原地去报销，给报销人员带来不便。各自为网在建设上也浪费了很多资金，因为每个省都在建，没有留足够的端口，互相之间还不兼容。

（5）地区差异造成各地补贴不同。既然是协同发展，起码应该享有同等待遇，由于地区间的差异，各个省市的补贴可以不一样，但是作为国家基本医保，补贴应该一致。

三、京津冀医疗卫生协同发展的建议

（1）三省互联互通。重点先把医保的互联互通平台建起来，而不要各自是专网，这样就能实现异地报销了。

首先要建立一个医保的平台，实现三省互联。信息资源能够让政府随时掌握到整个疾病谱的变化，另外老百姓想要了解自己无论是健康状态还是疾病状态，可以通过健康档案进行查询。如果把这个医保平台跟大数据结合起来，那么整个地区的疾病谱、整个地区的用药情况就呈现出来了，可以使政策更科学、资源更节约。

（2）统一行业标准。参考国际标准以及目前全国各省的执行标准，出台一个国家级的标准。京津冀协同发展作为国家战略，有对外的意义，也有对内的意义。如果京津冀做好了，不光是辐射其他的城市群，同时也给全国做示范和样板，这样全国的异地报销和医疗个人账户的问题就解决了。

（3）因地制宜统筹。各个地区的福利是属于火车头带车厢的问题。三险（新农合、城镇职工医保、城镇居民医保）作为国家基本标准是一样的，如果各地区有钱，愿意增加本地区的福利，那么受享人调到异地时，只能把国家和个人部分的投入带到要去的省市，地区自增的福利还要留给当地。这样老百姓看病难、看病贵和异地报销的问题基本就解决了。

总之，没有医疗卫生的一体化，京津冀一体化将失去保障。国民的健康素质是民生之本，如果京津冀医疗卫生一体化能够很好地发展，必将助力京津冀协同发展的。

京津冀高等教育服务区域协同发展的机制研究

帅全锋[①] 高 菲[②]

【摘 要】社会服务作为高等教育的重要职能，在区域经济社会发展中的作用日益凸显。通过借鉴发达国家和“珠三角”“长三角”关于高等教育与区域协同发展的有益经验，深入分析京津冀高等教育与区域发展的现状，探索构建京津冀高校服务区域协同发展的保障机制，并简要提出对河北省的相关建议，以努力打造京津冀区域经济和社会发展的升级版。

【关键词】高等教育 京津冀区域 协同发展 保障机制

---

① 帅全锋，河北大学副教授。主要从事高等教育理论和实践研究，主持包括全国教育科学“十二五”规划教育部青年课题在内的省部级项目5项，在省级以上（含核心）刊物发表相关论文20余篇，荣获省、市社科优秀成果奖4项。

② 高菲，河北大学新闻传播学院副教授，博士研究生。主要从事新闻传播理论与实务研究。

一、京津冀高等教育与区域协同发展的重大意义

随着经济区域一体化进程加快及高等教育体制改革地不断深入，实现高等教育与区域协同发展已成为各界广泛关注的热点。然而，京津冀区域作为国内最有活力的三大经济圈之一，从目前发展的态势看，区域经济一体化要明显快于区域高等教育合作进程。人才培养、科学研究、社会服务、文化引领是高等教育的主要职能和历史使命。通过为区域提供优质的人力资源，强有力的科技支撑和传承先进文化，已成为现代高等教育改革与发展的重要目标。高校只有主动适应区域经济社会发展之需要，才能有效发挥其职能，保障区域经济社会的可持续发展。

京津冀区域高等教育优势明显，办学规模、层次和水平在全国具有十分重要地位。已经付诸实施的《国家中长期教育改革和发展规划纲要（2010-2020年）》第四十条明确指出“推进高等学校与科研院所、社会团体的资源共享，形成协调合作的有效机制，提高服务经济建设和社会发展的能力”。这既是国家实现经济又好又快发展和社会全面进步的需要，更是实现高等教育与区域良性互动与发展的现实诉求。

开展京津冀高等教育与区域协同发展机制研究，具有较强的学术价值和实践意义:

（一）有利于进一步丰富和完善高等教育服务职能理论

本研究运用比较分析和历史分析的研究方法，探索了国内外高校与区域协同发展的有益实践，这对认识高等教育服务社会职能的本质，完善和发挥高校社会服务功能，制定区域高等教育社会服务政策和措施均具有重要意义。

（二）有利于建立高校与区域协同发展的保障机制

本研究采用理论和实证相结合的分析方法，探索建立健全京津冀高校服务区域发展的内外部运行机制和模式，确立政府、区域社会、高校“三位一体”的保障机制，提高高校对区域经济社会发展的贡献度，增强区域社会对高校的

认可度和支持力度。通过加强京津冀高校与区域的紧密合作，真正实现高校与区域的协同发展。

（三）有利于加强高校与区域间的良性互动，实现双方共赢

一方面，将京津冀高校打造成一个相互协调、竞争有序、定位准确、特色鲜明的区域高等教育生态系统，为人才培养、科技创新、文化传承、决策咨询提供广阔的发展空间和交流平台，进一步增强京津冀区域发展的活力和竞争力。另一方面，京津冀区域为高校提供政策扶持、经费资助、大学生实习实践基地、科技产业园区等，为高校的可持续发展奠定坚实基础。

（四）有利于进一步推动区域高等教育改革与发展

本研究通过初步确立京津冀高等教育与区域协同发展的绩效评价体系，更好地促进区域高校加大课程体系建设和教学方法改革，确立现代大学教育理念，更好地适应区域社会需求。

二、京津冀高等教育服务区域发展的现状分析

京津冀地区作为我国优质高等教育资源最为集中的区域，占全国高等教育总规模 1/10 以上、研究生教育总规模 1/5、博士研究生规模 1/4 强、来华留学生 2/5 左右的数量优势、拥有占全国 1/4 强的“211 工程”“985 工程”院校等高水平大学、实力雄厚的科研院所和居全国之首的包括院士及长江学者在内的高端人才的质量优势，同时也拥有诸多地方教学型大学和职业技术学院（校）等优质资源。总体上讲，该区域具有多层次、规模大、名牌院校集中的特点，且高校之间合作意识进一步增强，出现了省（市）校合作、校企合作、校校合作等多种模式，也取得了一定的成效。但在国际、国内高等教育竞争日趋激烈的形势下，对“京津冀区域需要高校做些什么，高校能为京津冀区域做些什么，高校为京津冀区域做得怎样”还存在着模糊认识和底数不清，主要体现在：

（一）高等教育与所聚集区域间互动合作程度不高

从国际上看，美国的波士顿－纽约－华盛顿城市群，日本的东海道太平洋沿岸城市群，都汇集了一批世界一流大学和地方应用型技术大学及社区学院。这些处于领先地位且层次多样的高校在所集聚的区域始终传递着最先进的科学技术与文化信息，孕育着高等教育的新体制和新模式，已成为了国家和区域产业布局与技术创新的关键核心要素和重要标志。就国内来讲，近年来，珠江三角洲地区建立了若干个大学园区，使其成为经济社会发展的核心组织和动力引擎，有力促进了珠三角地区成为我国高等教育比较活跃、水平较高的中心之一。一些知名大学如华南理工大学充分发挥高水平研究型大学优势，争当贯彻落实《珠江三角洲地区改革发展规划纲要》的排头兵，已制订并实施了《支撑珠三角产业发展行动计划》。在京津冀区域内观察，政府与社会各界似乎关注更多的还是交通、环保、能源、医药、社会保障等领域的一体化进程，而对高等教育与该区域协同发展却未达成普遍共识，互动合作程度也不高。高等教育服务区域发展还存在着目标和路径定位不明确，体制机制不健全的状况，尚未形成以政府为主导、高校为主体、区域社会为主阵地的紧密协作格局，也未呈现出高等教育带动该区域发展的示范效应。以河北省为例，2014 年 3 月 26 日河北省委、省政府出台了《关于推进新型城镇化的意见》，明确了京津冀协同发展中各城市功能定位，即要充分发挥承接部分首都功能和京津疏解的中高端产业制造、科技成果产业化等功能。这虽给河北省高等教育发展带来难得机遇，但也存在诸多挑战，如创新教育理念滞后，人才培养机制不健全；高等教育资源配置、结构布局和学科专业设置还不能适京津产业转移的需要；高水平大学偏少，拔尖创新人才培养成效不明显；师资水平参差不齐，高层次创新团队缺乏；实践教学条件薄弱，产学研合作人才培养模式未能发挥应有效能。

（二）区域内高校之间相互协作效果不佳

从国际上看，自 2009 年以来，美国西部州际高等教育委员会在面临经济动荡和财政收入锐减的不利形势时，设计并开发了多种区域合作与交流计划，以促使其 15 个成员州充分认识高等教育对区域经济发展的重要性。就国内来讲，2010 年 10 月出台的《广东省中长期教育改革和发展规划纲要（2010-2020 年）》首次明确了要促进珠江三角洲地区高校与港澳知名大学合作举办高等教育机构，促进粤港澳共同建设以紧密合作、融合发展为特征的我国南方教育高地。2011 年，长三角地区高等教育协作取得了突破性进展，两省（江苏、浙江）一市（上海市）签署了七项协议，内容涉及专家资源库、大型仪器设施和高校图书馆资源共享，三方还将在学分互认、研究生创新教育、中青年干部培养和国际教育等方面展开深入合作。在京津冀区域内观察，高校之间相互协作的态势并不乐观。一是高层次的校校合作联盟机制尚未建立，区域教育协作发展平台还未搭建，信息沟通渠道不畅；二是许多高校还不能很好适应区域经济社会发展需要，仍然热衷规模扩张，追求大而全、小而全，缺乏办学特色，未能构建区域内优质教育资源共享平台，造成办学资源浪费和办学质量下降；三是区域内高校之间资源分配不均，“211 工程”、“985 工程”成为高校“贫富分水岭”，违背了一些地方高校特别是河北省高校在公平环境中实现良性竞争、协同发展的初衷。

（三）政府在推动高等教育服务区域发展中的导引作用不够

从国际上看，美国颁布如《莫里尔法案修正案》《班克赫德—琼斯法》等法律来确保高校为区域经济社会发展服务，使高等教育成为维持经济增长和社会凝聚的核心力量。英国政府始终要求高等教育必须重视和加强与地方企业和社区的联系，加拿大政府通过专项教育和科研拨款引导大学直接为所在区域的经济和社会优先发展目标服务。就国内来讲，2009 年，苏浙沪两省一市的教育部门共同签署了《关于建立长三角地区教育协作发展会商机制协议书》，标志着长三角区域教育合作转向了政府决策层面并迈出了实质性步伐。2010 年，苏浙沪三地共同建立了长三角联动发展协调小组及办公室，并开展了“建立长三角教育综合改革试验区”课题研究，长三角教育联动发展进入常态化。2014 年 6 月，教育部还专门下发文件（教发 [2014]7 号），就进一步推进“长三角地区”（现已把安徽省列入）教育合作，深化长三角地区教育协作发展提出了指导性意见。在京津冀区域内考察，两市一省政府对区域高等教育发展规划均缺乏顶层设计和决策支撑，未能建立京津冀地区教育协作发展协调机制，还不能形成具有区域特点、中国特色、世界水平的区域教育体系。

（四）高等教育服务区域发展的能力评估体系尚未确立

从国际上看，美国、瑞典等国家比较关注高等教育对所在区域服务质量的评估，并设计相应的评估方案，从而能不断矫正高校对所在区域发展的战略，确保学校充分发挥自身力量来满足区域发展需求。就国内特别是京津冀区域来讲，关于高等教育对该区域经济增长、产业结构和社会进步的影响，目前尚未建立相应的服务绩效评价体系。因此，高等教育服务京津冀区域发展的效果如何，迫切需要设计一套科学的评估指标体系，并运用科学的方法以更好地测算其综合服务能力。

三、京津冀高等教育服务区域发展的路径

（一）为区域发展培养适用型人才，提供优质人力资源，发挥人才“储备库”作用

党的十七大报告明确提出：“优先发展教育，建设人力资源强国。”党的十八大报告更是强调指出：“深化教育领域综合改革，着力提高教育质量，培养学生社会责任感、创新精神、实践能力。”因此，京津冀地区作为优质高等教育资源的聚集区域，高校理应在区域发展中发挥更大优势，积极倡导学生的自主学习、探究式学习和国际化学习，注重加强学生的实践能力、创造能力、就业能力和创业能力。同时积极构建重基础、宽口径、模块化、自主性、参与式的创新教育课程体系，努力推动高校完善思维创新环境，强化大学生创造力考评和赋予高校灵活开展创新型人才培养自主权等一系列工作机制。此外，应针对高校不同类型和层次的特点，在培养人才模式上应各具特色，共同构成区

域发展人才培养的生态体系，努力造就一大批高素质技能型人才，积极培养众多具有广适性专业人才并重点培育高层次的拔尖创新人才，切实发挥好人才“储备库”的作用。

（二）为区域发展提供强有力的科技支撑，发挥“助推剂”作用

改革开放、科技创新是实现区域更好更快发展的根本性保障。《国家中长期科学和技术发展规划纲要（2006—2020）》明确指出，应充分发挥高校在自主创新中的重要作用，鼓励和支持高校同企业、科研机构建立多渠道、多形式的紧密型合作关系，不断提高高校创新能力和社会服务能力。京津冀高等教育应按照国家及区域内相关产业发展规划，充分发挥人才、技术、信息方面的优势，有效整合资源，积极参与大中型企业的技术创新，努力构建“项目、人才、基地”三位一体模式，加强与大中型企业集团或上市公司建立以科研任务为纽带的长期合作，把高校的重点实验室作为企业的研发中心，更多地承担科技攻关项目，开发自主知识产权产品，不断运用先进的科研成果武装并开发现有的产品和资源，把资源优势真正转换为产品优势，实现产品与制作方式的优化升级，加快科技成果的信息化、网络化建设，努力提高各类产品与服务的科技含量，不断增强优质资源向区域延伸的聚集效应，切实在技术创新活动和区域产业发展中取得实效，真正使高校发挥“助推剂”的作用。

（三）为区域发展传承先进文化，在精神文明建设中发挥“辐射源”作用

“任何社会的进步都是经济、政治、文化协调发展的结果。”精神文明作为人类改造主观世界的成果，表现为“社会精神产品和精神生活的进步”。党的十八大报告中将“扎实推进社会主义文化强国建设”作为全面建设小康社会的一个重要主题，要求全党“兴起社会主义文化建设新高潮，提高国家文化软实力，发挥文化引领风尚、教育人民、服务社会、推动发展的作用”。

京津冀地区高校是人才汇集、各种思想相互激荡的重要阵地。高校作为综合性的文化组织载体，理应在教学、育人、人类文化资源发掘、整理与研究、

传播和创造先进文化、推动文化产业发展等领域承担重任，使大学真正成为区域精神文明建设和发展社会主义先进文化的策源地。高校教师通过教书育人、开展哲学社会科学研究等方式，利用出版著作、举办讲座、召开座谈会、报告会等多种形式来解读和传承先进文化和思想。同时，广大学生又是践行先进文化的主体，他们纷纷利用各类志愿者活动、丰富多彩的社团活动等形式积极投身区域社会进步中去，积极开展以弘扬社会主义核心价值体系为主要内容的社会实践活动。这些都是高校在精神文明建设中发挥“辐射源”作用的有益尝试。

（四）为区域发展建言献策，在服务地方党政决策中发挥“智库”作用

党的十八届三中全会《中共中央关于全面深化改革若干重大问题的决定》提出了加强中国特色新型智库建设，建立健全决策咨询制度。近年来，习近平同志两次对智库建设做出重要批示，指出智库是国家软实力的重要组成部分，要高度重视、积极探索中国新型智库的组织形式。京津冀一些高校应充分利用其独特的人才、信息、学科等方面的资源优势，组成跨学科、跨专业的课题组，积极承担或申报上级部门的重点课题，深入研究和回答重大的现实问题，总结实践经验，提升理论概括，增强对策建议的针对性和有效性，为各级党委政府及部门提供重要决策咨询服务。如河北大学以河北省唯一的经济学科博士点为依托，与国家发改委联合成立河北大学中国循环经济研究院，2011 年主持并首次完成了河北省“3255”循环经济示范工程规划的评审工作，为曹妃甸国家级循环经济实验区和黄骅港临港经济开发区循环经济示范工程做出科学诊断。该校教师还围绕国家、省等关乎民生的重大社会问题，撰写共计 100 余份调研报告和对策研究，得到了中央及省市领导的重要批示，有效发挥了地方党政决策的“智库”作用。

四、构建京津冀高等教育与区域协同发展的保障机制

高等教育要更好地服务京津冀区域经济发展和社会进步，应保持政府、高

校、区域社会之间信息传递的及时性和互动性，合理构建政府的统筹协调机制、高校的合作共赢机制、服务区域的效能评估机制，使三者之间形成一个良性的互动循环发展模式（见“三位一体”模式示意图）。通过这个模式，使得高校在政府和区域社会的共同协助下，达到高校服务区域发展效能的最大化，真正实现高等教育与区域的协同发展。

（一）建立高规格、高效率的政策协调机制

高等教育与京津冀协同发展涉及一省和两个直辖市，需要在中央层面建立协调推动机制。一是成立国务院牵头，有关部委和京津冀三省市政府组成的领导小组，在教育部下设办公室，统筹协调跨区域内高等教育领域的重大问题。二是以国务院文件形式出台贯彻落实中央关于京津冀协同发展的实施条例，明确高等教育战略目标、主要任务和一揽子重大政策。三是把高等教育与京津冀协同发展作为首都经济圈和环渤海地区发展规划的重要内容，连同与之配套的交通、能源、环境保护等跨区域性规划一并提交全国人大审议批准并监督实施，确保规划的权威性和实施的连续性。同时，依据路线图和时间表，按照近期和长远对京津冀三省市分别明确协同发展的目标任务和具体实施方案，尤其是对高校在协同发展的功能、布局和服务路径开列详细清单，明确时限要求。

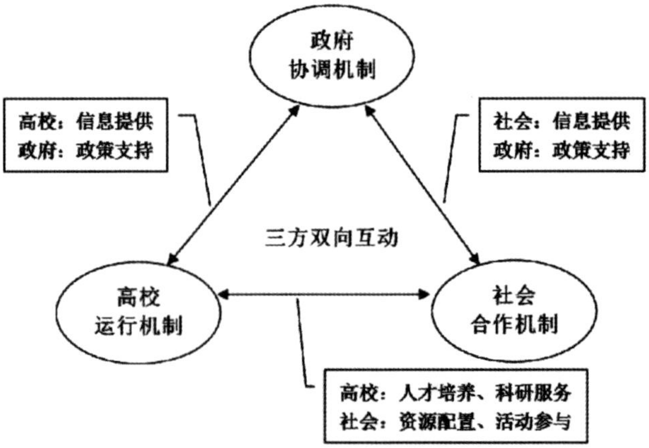

图 1：“三位一体”模式示意图

（二）建立高校与区域之间互动互补互融机制

京津冀区域内政府和社会应更多关心及支持高等教育发展，高校也要积极并善于争取政府的支持，不断加强和大中小型企业的联系，尤其是应建立和完善高校与区域产业结合的运行机制，为高校科研成果转化提供有效服务。具体来讲，可通过有效整合京津冀区域内校企合作的中介服务机构，构筑一个网络化、区域化的校企合作中介服务高端平台，更好地促进区域内外创新要素的充分涌动和资源的优化配置。一是借助京津冀科技信息服务平台，加强区域内校企之间的技术与信息交流，高校应及时向企业公布最新的研究成果，同时企业也应及时发布最新的技术需求信息。二是健全完善区域技术和产权交易平台。以京津冀现有的知名的技术产权交易机构如北方技术交易所、北京技术产权交易所、中关村技术产权交易中心以及河北省技术产权交易中心为核心，构筑京津冀区域校企合作交易平台，促进技术、资本在区域内的优化配置。三是高校自身也应发挥人才、技术、信息方面的优势，积极参与企业的技术创新，加强与大中型企业建立以科研任务为纽带的长期合作，把高校的重点实验室作为企业的研发中心和中试基地，更多地承担科技攻关项目，开发自主知识产权产品，切实在技术创新活动和成果转化中取得实效。

（三）建立高校之间包容性增长机制

不妨引用2007年亚洲开发银行首次提出的“包容性增长”这个概念，倡导机会平等地增长，更好地实现区域内高等教育间相互协调发展。针对目前京津冀区域内高等教育发展的现状，河北省应倾全省之力打造几所高水平大学，如支持1−2所省属重点骨干大学进入全国重点大学行列，支持3−5所省属重点骨干大学进入“省部共建”重点高校，同时，各高水平大学要坚决避免求大、求全、逐利、趋同等不良倾向，以免造成高等教育资源浪费和低水平重复建设，逐步构建重点突出、特色鲜明、结构合理、层次多样的高等教育发展格局。推动实现京津冀协同发展，还必须打破行政区划藩篱，推进高等教育同城化改革，确保优质资源在区域内无障碍、无差异流动，并享受平等待遇。应大力扶持河北省高校重点学科建设，国家级、部级工程研究中心和重点实验室布局要多向河北省高校倾斜，支持京津高校与河北高校开展多种形式合作，不断打破人才培养的壁垒，逐步实现校际间师资互聘，学分互认，共同申报重点课题、建设重点实验室，真正实现办学资源共享。再如，河北省可选择保定等中心城市作为承接京津部分高校、科研院所转移的首选地，以更好发挥两市在高等教育方面的优势，全面提升河北省高等教育的办学质量。支持河北高校引进国外优质教育资源开展合作办学，有效实现共赢。

（四）建立高等教育与区域协同发展绩效评价机制

京津冀高校应根据自身实际，设计相应的评价指标体系，科学确立高校服务区域发展的影响因子，确定相应的权重，构建规范、有效的服务区域发展的绩效评价指标体系（见高校服务区域社会绩效评价指标体系表）。具体来讲，就是首先设定人才培养培训、社会实践活动、科研成果转化、参谋决策咨询、场地设施资源等五个服务内容模块；然后在每个模块下面划分若干具体的评价指标；最后利用功效系数法来测评其绩效。所谓功效系数法是指利用功效系数，把不能同度量的评价指标转化为可以同度量的评价分数，然后用其加权平均值来反映高校服务京津冀区域发展的综合水平。（注：可用公式表述为 ，其中 D 值为综合评价总分，d 为各指标评价分数，p 为各指标相应的权重。）

通过评估，可以有效配置国家整体的教育资源，加强高校改进自身办学效益的紧迫感和竞争力，切实重视科研成果转化的管理与实施，不断加大学科专业调整力度，淘汰一批不适应经济社会发展需要的专业，瞄准一些新兴行业，努力形成服务特色，拓展社会服务领域，提高服务层次和水平。对那些缺乏危机感，不能显著提升办学质量和有效增强服务社会能力而长期得不到区域社会认可和支持的高校，国家可以对其采取关、停、并、转甚至破产的办法。这样有利于加强高校改进自身办学效益的紧迫感和竞争力，切实重视科研成果转化的管理与实施，使高校各类人员由注重各自工作量的完成转为对学校整体工作的关注和服务过程质量的控制。因而服务区域发展绩效评价不仅仅是一种操作，更是一种理念，它应当渗透到教育工作者的思想和实践中，成为教育工作者的自觉行为。当然，在构建高校服务区域发展绩效评价机制方面，由于相关数据获取难度较大，特别是高校哲学社会科学领域服务区域发展效果评价的相关数据获取不足，同时，不同类型不同层次高校评价标准不一，要准确测算其综合服务水平比较复杂，今后还需分类进行实证分析，争取推出一套完整并为各方接受的评估体系作为教育主管部门决策的参考依据。

五、对河北省的建议

（一）以产业园区为依托，搭建校企合作平台

河北省应抓住京津冀一体化、首都经济圈纳入国家“十二五”规划、河北沿海地区发展规划上升为国家战略的有利契机，统筹规划河北省域内不同层次和类型的高新技术产业园区，“筑巢引凤”，吸引京津的知名大学和研究机构利用其教育、科技、信息等方面的优质资源，搭建河北省校企合作新平台，也可以为京津知名大学及科研机构在河北省境内直接设立大学科技园和高新技术产业基地提供各种优惠条件。通过以产业园区为依托，以科研项目为载体，必将加快推进河北省产业结构调整步伐，以更好地吸纳京津高新技术、资金和人才的能力。

（二）以中介机构为纽带，构筑校企合作桥梁

河北省应积极利用与京津高校及科研机构搭建的不同层次、内容和形式的校企合作服务平台，如设立咨询公司、联络办事处、技术孵化中心等服务机构，不断加强与京津两地的校企合作和优势互补。特别是要借助京津科教和产业优势，大力引用其高新技术来改造和提升钢铁、医药、建材、食品和纺织服装等河北省的传统优势产业。同时要注重发挥河北省技术产权交易中心这一重要技术交易平台的作用，更好地推动高校与企业合作进程，更好地促进技术、资本、人才等要素达到优化配置，从而为河北省科技创新提供便捷和顺畅的服务。

（三）以政府政策为主导，提供校企合作保障

河北省各级政府应发挥好政策导引作用，通过制定专门或相关的政府规章和实施办法来积极扶持大学科技园、科技成果孵化中心等的运营建设；或者采取各种优惠政策如房地产租售优惠、税收优惠、贷款优惠等，为解决中小微企业的实际困难提供帮扶。当前，应发挥好河北省战略性新兴产业发展专项资金的导引作用，正确引导高校及科研机构和企业开展新能源、新材料、文化产业等领域的合作，实施好“百家央企进河北”重大战略和信息产业升级、生物产业创新发展等一批重大工程，加强创新主体之间的合作与交流，促使科研成果从高校向产业有效转移。

□ 参考文献

[1] 郭秀晶，桑锦龙，等. 京津冀区域高等教育合作的行动研究与战略构想 [J]. 高教发展研究，2010（12）：14.

[2] 郭强. 美国高等教育区域合作与交流模式及其启示 [J]. 中国高教研究，2010（1）：35-37.

[3] 张武，陈昆满，喻承久，向德平. 论坚持科学发展观 [N]. 光明日报，2004-07-28（1）.

[4] 薛合庸. 京津冀产学研合作机制的建立及河北省的对策 [J]. 产业与科技论坛，2007（2）：42.

附录：高校服务区域社会绩效评价指标体系表

评价模块	评价因素	评价指标	指标单位	最高值	最低值	实际值	指标分
人才培养培训服务	全日制大学生毕业生数	毕业生数当量（含本科、硕士、博士）	毕业生数当量／教职工人数				
	全日制大学生就业率	本科就业率	%				
		硕士就业率	%				
		博士就业率	%				
	人员培训、成人教育毕业生数	培训班结业	毕业生数当量／教职工人数				
		专科毕业生总数	毕业生数当量／教职工人数				
		本科毕业生总数	毕业生数当量／教职工人数				
社会实践活动服务	社会实践服务总次数	专业实习、实训活动次数	次／年				
		学校组织社会实践活动次数	次／年				
	社会实践及社会服务获奖数	省级	次／年				
		国家级	次／年				
科研成果转化服务	论文	论文数量	篇／年				
		论文引用率	%				
	著作	著作数量	篇／年				
		著作引用率	%				
	课题研究	横向课题经费	元／年				
		纵向课题经费	元／年				
	发明专利等成果	数量	件／年				
		转化率	%				
	获奖情况	省级获奖数	篇（件）／年				
		国家级获奖数	篇（件）／年				

（续表）

评价模块	评价因素	评价指标	指标单位	最高值	最低值	实际值	指标分
参谋决策咨询服务	为社会提供决策咨询服务次数	为政府提供决策咨询次数	次 / 年				
		为企业提供决策咨询次数	次 / 年				
	被社会采纳的次数	被政府采纳次数	次 / 年				
		被企业采纳次数	次 / 年				
场地设施资源服务	图书馆	图书馆规模	㎡				
		图书馆校外使用次数	次 / 年				
	实验室	实验室规模	㎡				
		实验室校外使用次数	次 / 年				
	运动场	运动场规模	㎡				
		运动场校外使用次数	次 / 年				
	后勤设施	后勤设施规模	㎡				
		后勤设施校外使用次数	次 / 年				

京津冀协同发展中的公共服务一体化问题与思路

张耀军[①]

【摘　要】公共服务一体化与区域经济一体化、生态环境一体化都密不可分。公共服务一体化是京津冀协同发展的基本条件。本文分析了京津冀公共服务一体化中存在的问题，针对问题提出了京津冀公共服务一体化的对策与思路。

【关键词】京津冀　协同　公共服务　一体化

一、公共服务一体化是京津冀协同发展的基本条件

京津冀一体化发展受多种因素影响，其中公共服务是最基本的条件。只有基本的公共服务实现了一体化，人口向京津大城市的过度集聚、交通拥堵等问题才有可能得到解决。如果公共服务实现不了一体化，合理的城镇体系难以建

① 张耀军，中国人民大学社会与人口学院副教授，人口资源环境经济学研究室主任，中国区域科学协会副秘书长。研究方向为区域可持续发展、区域文化、空间分析技术。

成，京津冀协同就只是一句空话。疏解北京非首都功能可以形象地称为“瘦身”，按照目前的做法，主要是疏解首都的低档次产业，这样做很难达到瘦身的目标。拿一个人减肥做比喻，瘦身肯定是从上到下都在减，不可能是把处于下面部分的腿和脚砍掉就瘦身了。所以，疏解非首都功能是“纵”着疏还是“横”着疏（包括劳动力在不同行业之间的协调等具体问题）都需要认真考虑。

京津冀协同至少要包括三个方面：即区域经济一体化、社会公共服务一体化和生态环保一体化。公共服务跟经济协同、生态环境协同都密不可分，本文重点分析这一方面。社会基本公共服务包括公共卫生、公共教育、公共交通、生活保障、就业保障、住房保障、医疗保障、公共文体、文化等方面的服务。文化服务不但有提高居民素质之功效，而且也有改善生活质量之功能，属于公共服务范畴。但是，如果把文化作为产业，私人投入产出，可以获得利润，这里的文化则属于经济范畴。因此，同一要素划归到哪一个范畴，是由其功能和用途决定的。

京津冀公共服务一体化协同至少包括三个方面的内容和状态：

一是基本公共服务做到真正的制度对接。基本公共服务的制度相互对接是一体化的基础。如果没有制度的相互对接与协调，一体化就是空谈。以医疗费报销问题为例，如果北京人到外地看病，回到北京报销不了或者报销过程非常烦琐，这就是制度不对接，不可能一体化。因此，制度对接、资源共享、要素趋同、流转顺畅、差距缩小、城乡统筹，这是京津冀基本公共服务一体化最基本的条件。

二是区域内公民共享同样水平的基本公共服务。最基本的公共服务与每个人息息相关，不可缺少，这就是公共服务的基础性和广泛性。比如理发，让每位公民都能花 10 元钱理得起发，这是最基本的公共服务。但是，如果有人想花五百块钱理一次发，按照目前的物价水平，这是不属于基本的公共服务范畴。非基本公共服务由私人提供，私人当然可以追求经济利益，而基本公共服务不是以追求经济利益为目的。只有区分开“基本的”公共服务，才可能实现非首都功能的疏解。

三是谋求区域公共服务的最佳效益，实现合作共赢。京津冀里北京算是“老大哥”，但环北京四周的河北省有20多个国家级贫困县，北京能幸福吗？广东省正在建设幸福广东，前些年有专家团队调研广东企业老板的幸福指数，得到的回应是幸福指数很低。为什么？分析原因发现，因为当只有少数人富起来了，四周还有很多都是穷人的时候，富人感觉肯定是不安全、不幸福的，京津冀其实也是这个道理。

当然，基本公共服务一体化必须依托于经济一体化，但是不可否认，基本公共服务一体化在这三个方面里是最基本的条件，基本公共服务达不到一体化，经济一体化、生态环保一体化就很难实现。

二、京津冀公共服务一体化的现状与问题

（一）医疗资源配置不均

医疗资源是基本服务的主要组成部分之一，医疗资源的充裕度和水平高低代表着区域的发展水平，也会影响到人口在空间上的流动。医疗资源从数量上看，河北大部、天津都低于北京（表1）。北京市每千人卫生机构数为0.49，

表1：2010年京津冀各地市按人口分布的卫生机构配置情况

地市	总人口		卫生机构		床位数		每千人卫生机构数	每千人床位数
	数量（人）	百分比（%）	数量（个）	百分比（%）	数量	百分比（%）		
北京市	19612368	18.78	9699	33.47	94735	23.05	0.49	4.83
天津市	12938693	12.39	4428	15.28	49423	12.02	0.34	3.82
保定市	11194382	10.72	1786	6.16	16531	4.02	0.16	1.48
石家庄市	10163788	9.73	2427	8.37	40811	9.93	0.24	4.02
邯郸市	9174683	8.79	571	1.97	13279	3.23	0.06	1.45
唐山市	7577289	7.26	1023	3.53	23472	5.71	0.14	3.10

（续表）

地市	总人口		卫生机构		床位数		每千人卫生机构数	每千人床位数
	数量（人）	百分比（%）	数量（个）	百分比（%）	数量	百分比（%）		
沧州市	7134062	6.83	1174	4.05	14308	3.48	0.16	2.01
邢台市	7104103	6.8	934	3.22	15879	3.86	0.13	2.24
廊坊市	4358839	4.17	2284	7.88	35113	8.54	0.52	8.06
张家口市	4345485	4.16	670	2.31	13896	3.38	0.15	3.20
衡水市	4340773	4.16	1144	3.95	25332	6.16	0.26	5.84
承德市	3473201	3.33	1767	6.1	35001	8.51	0.51	10.08
秦皇岛市	2987605	2.86	1075	3.71	33282	8.1	0.36	11.14

河北大部分都低于这个水平，邯郸只有0.06。虽然承德和秦皇岛的每千人卫生机构数比较高，甚至高于北京，但是还需分析考虑其他方面的因素，比如其卫生机构的质量众所周知低于北京。就每千人的床位数而言，北京的数量也比较多。同理，虽然承德和秦皇岛的数量是最高的，但是从医疗质量上看还是低于北京。

从人口排名和机构排名上看，医疗资源也是分布不均，北京、天津的人均占有医疗资源数量也是较多的（图1）。图1中竖条高代表排名比较高，而右侧竖条低，就表明机构数排名比较低，也就是资源有限的表现。

用空间分析方法测算一下人口与医疗资源分布的一致情况，发现儿童和老人这两类弱势群体重心偏南（这两类人群的免疫力都低于青年人和中年人），但是医疗机构的重心相对来说是向着北京靠的，从重心来看卫生资源分布是不协调的（图2）。

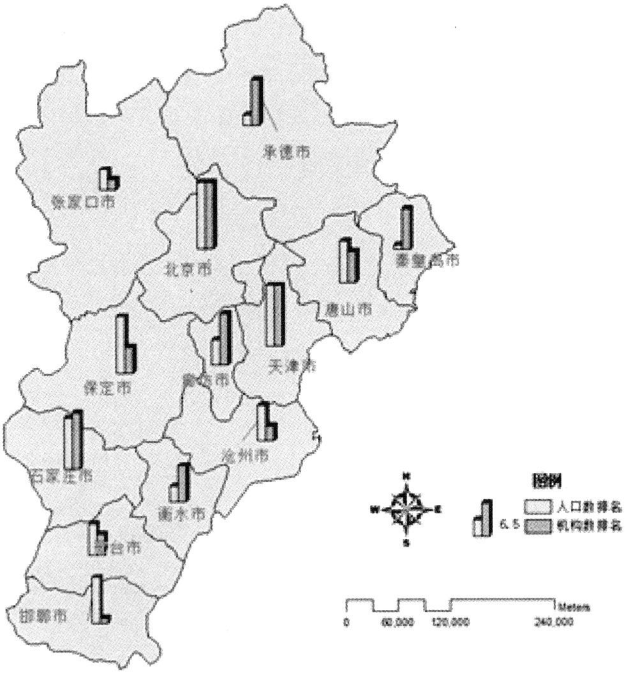

图 1：2010 年京津冀各地市按人口比例与床位数比例分布情况

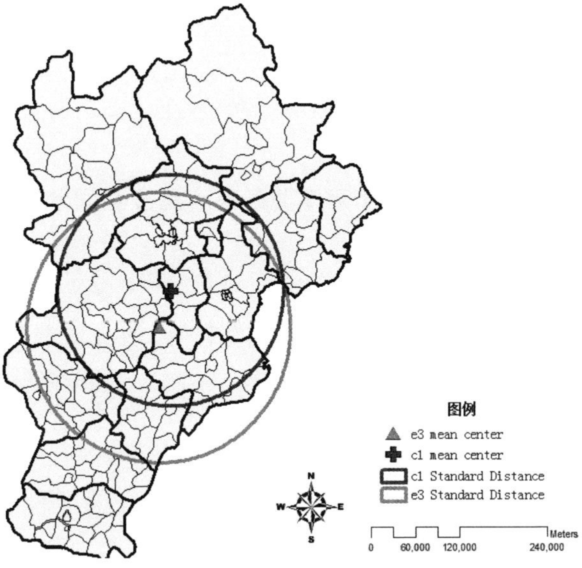

图 2：2010 年京津冀各县市老人儿童与卫生资源分布格局

（二）教育资源配置严重失衡

中国的家长很关心孩子教育，教育资源是否均衡分布是基本公共服务一体化水平高低的重要体现。从 2010 年京津冀各县市区高校空间分布的格局图中（图 3），明显可以看出来天津和北京高校比较多，而河北高校极少。

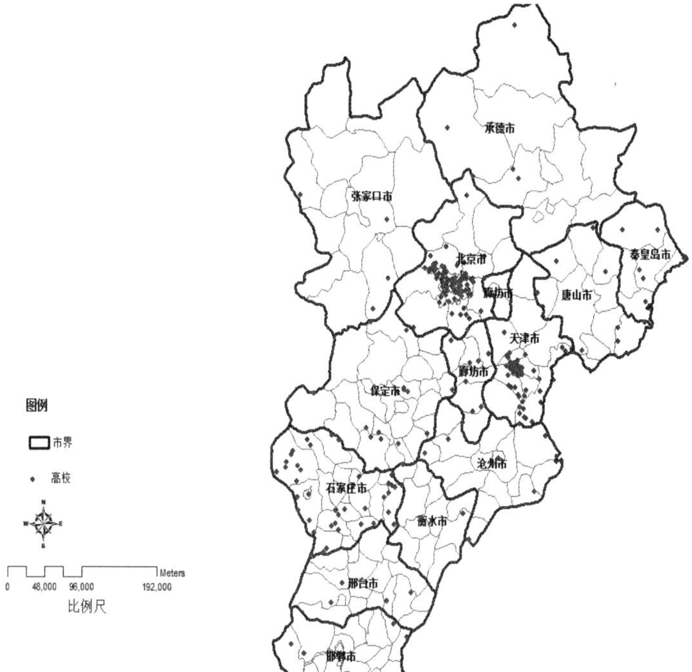

图 3：2010 年京津冀各县市高校空间分布格局

从以京津冀分区县的本科学历人口分布上看，除了唐山这座资源型城市，技术人员比较多，学历层次比较高，河北其他大部分城市本科学历人口都低于北京和天津两地。人口受教育水平的不均衡必然导致区域发展速度的不一致，进一步导致区域发展的失衡。

（三）人均公共财政教育支出差异巨大

人均公共财政教育支出的多少体现了教育的基础条件的优劣。人均公共财

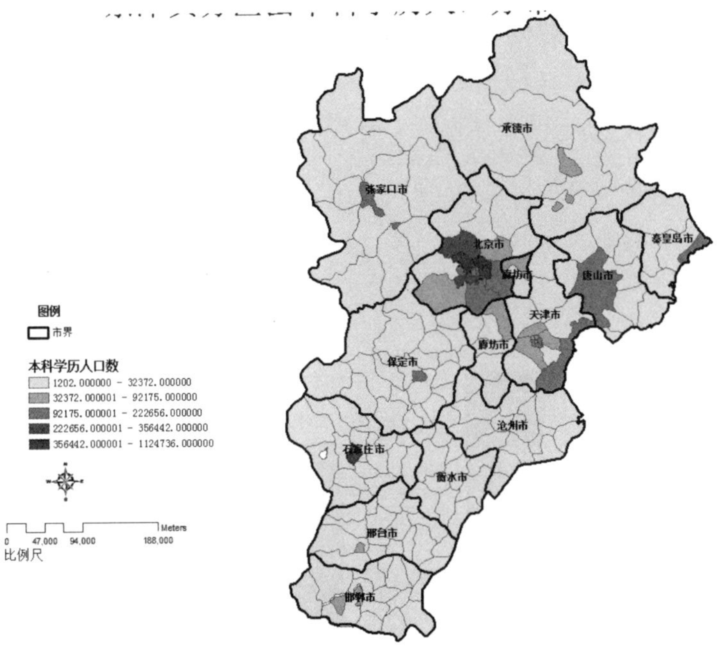

图 4：2010 年京津冀各县市本科学历数量空间分布格局

政教育支出越多，教育的基础条件越好。2012 年，北京市人均公共财政教育支出 3038 元，天津是 2680 元，河北是 1188 元，这一指标北京是河北的 3 倍，是天津的 1.1 倍（图 5）。

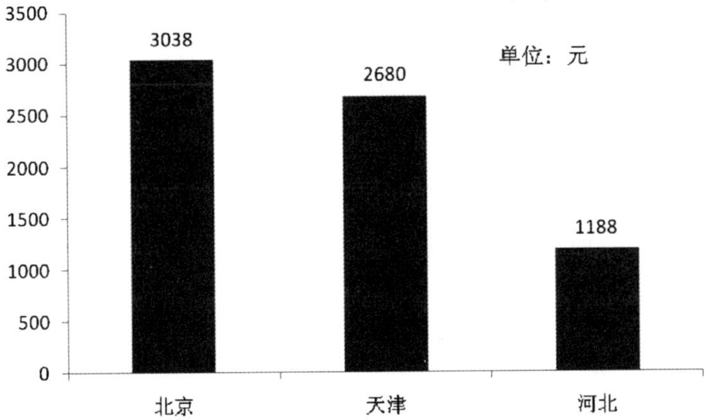

图 5：2012 年京津冀三地人均公共财政教育支出

（四）人均公共财政预算收入悬殊

公共财政预算收入主要用于保障和改善民生、维持区域行政职能正常运转、保障区域发展安全等方面。人均公共财政预算收入越高，基本设施建设水平越完善，保障水平也越高。2012 年，北京这一指标是河北的 5 倍多，天津是河北的 4 倍多。（见图 6）

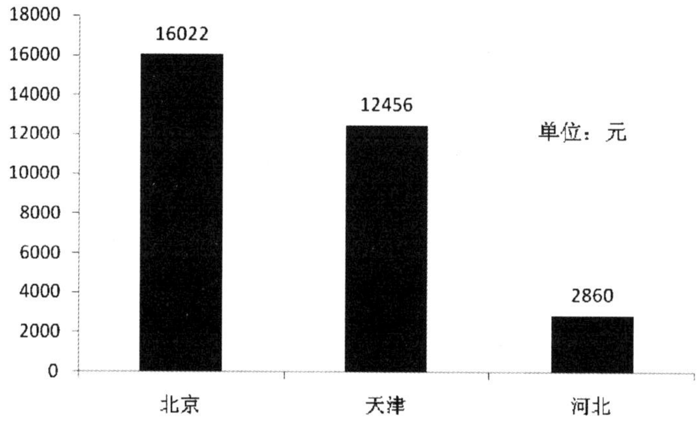

图 6：2012 年京津冀三地人均公共财政预算收入

（五）城乡居民养老金差异巨大

城乡居民养老金的差异，2014 年北京是 430 元 / 月，天津是 200 元 / 月，河北是 55 元 / 月。北京是天津的 2.15 倍，是河北的 7.82 倍。如此大的差异，对人口在三地的选择，北京毋庸置疑是吸引力最大的。（见图 7）

（六）基本公共服务的鸿沟成为异地城市化最大动力

所谓异地城市化，是指进入城市的人不是本地人，而是外来的。人口需要流动，但是如果人口流出太多，就证明流出地生计的压力较大，或者教育水平不高，居民的生活保障水平低下等。最终结果是人往高处走，其背后的主要原因就是公共服务的鸿沟加上收入的经济鸿沟。

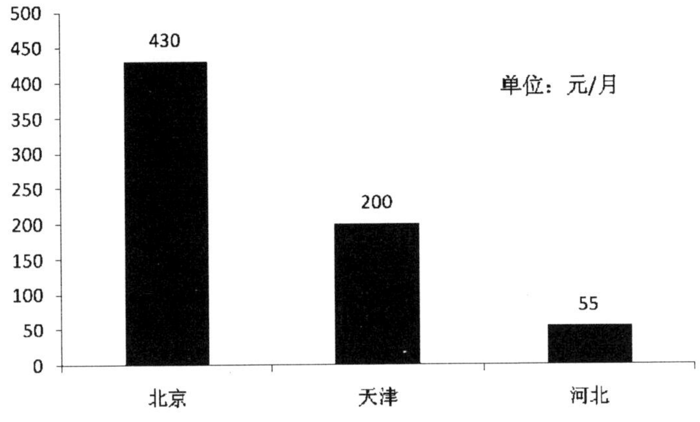

图 7：2014 年京津冀三地城乡居民人均基础养老金

三、京津冀公共服务一体化的对策与思路

（一）构建合理的城镇体系

结构决定功能，有什么样的结构就有什么样的功能。这是哲学的基本原理之一。若结构不合理，功能一定不会合理。因此，京津冀地区要建立合理的城镇体系。什么是合理的城镇体系？就是在充分考虑自然条件、区域承载力、区域开发长度的基础上，按照“功能互补、区域联动、轴向集聚、节点支撑”的思路，以“一核、双城、三轴、四区、多节点”为骨架，构建以重要城市为支点，以战略性功能区平台为载体，以交通干线、生态廊道为纽带的网络型空间格局。

（二）社会基本公共服务需要政府主导

政府应回归本职工作和任务，提供市场难以有效提供的公共物品、自然垄断和外部经济等项目，促进城市新市民与原有居民的融合。经济方面交给市场来做，政府不涉及其中。即政府如果把国有企业交给市场，让市场配置资源，政府只去弥补市场失灵的空间，即下大力气做好基本公共服务，这样，政府就不会这么辛苦，也不会产生这么多腐败。所以政府回归自己的本职工作和任务，不与市场争利，一来会促进资源更加有效的配置，二来基本公共服务也会越来越均等。

（三）政府引导市场作为，市场决定资源配置

政府要搭台，市场要唱戏，规划要先行，布局要均衡；政府还要促进信息有效交流，引导市场健康作为。现在不是市场失灵了，而是政府的功能太强大了。就像雾霾，不是说环境的自净能力不行了，而是排出的废物太多了，因此大自然净化自然的能力就失灵了。

（四）回归居民的流动及居住自由权的选择

坚定不移地推进户籍制度改革，并尽快明确农民的产权，让农民拥有土地、住房等所有权，促进资产的有效流动和配置。农民来到城市，一方面要给其提供条件促进其顺利融入；另一方面，促进其把原来在农村长期不用的资源腾出来，让别人再利用这些资源，促进资源充分利用和更新，将农民流入城市后长期废而不用的资源盘活。

（五）改革现有体制并促进公众参与

无数事实证明，智慧藏于民间。改变政府主导城镇化模式，吸纳公众意见，鼓励公共参与是以人为本的最好体现。比如建造公园，国外的方法是先调研参考已有公园的规划设计，再在调查研究公园游客及附近公民对公园使用行为习惯及意见的基础上建造公园，这样建造的公园才能被居民喜欢，才能发挥最大效用。而这些年不基于民调就拍板上马建生态公园的做法，多半是形象工程，是非常不可取的。

□ 参考文献

[1] 李少抒，李旭辉. 略论珠三角基本公共服务一体化绩效评估体系 [J]. 广东行政学院学报，2010（4）：31–35.

[2] 陆大道. 京津冀城市群功能定位及协同发展 [J]. 地理科学进展，2015，34（3）：265–270.

[3] 钱海梅. 长三角经济一体化与区域公共服务供给——基于区域公共服务供给模式的分析 [J]. 政治与法律，2008（12）：14–19.

[4] 唐茂华. 京津冀区域经济一体化战略构想与前景展望 [J]. 重庆工商大学学报，2005，15（5）：48–52.

[5] 张可云，蔡之兵. 京津冀协同发展历程、制约因素及未来方向 [J]. 河北学刊，2015，34（6）：101–105.

[6] 张亚明，张心怡. 唐朝生，京津冀区域经济一体化的困境与选择——与“长三角”对比研究 [J]. 北京行政学院学报，2012（6）：70–76.

[7] 张耀军. 京津冀崛起十大挑战 [J]. 人民论坛，2014，（5）（上）：22–25.

[8] 张耀军. 论京津冀一体化协调发展的路径选择 [J]. 当代经济管理，2014，36（10）：50–53.

京津冀三地基本公共服务差距与一体化研究

吴　强[①] 段雅伶[②]

【摘　要】本文选取北京、天津、河北三地的人均教育、医疗、社会保障、交通和环保支出五个基本公共服务支出指标，运用绝对差距和相对差距测算方法，测算京津冀三地2007—2013年的五类基本公共服务支出差距，总体上河北省的支出水平仅相当于北京的1/3，天津的50%–71%，显示出悬殊的基本公共服务差距。原因在于地区间经济发展水平和财力差距过大、财政管理体制机制不健全、行政壁垒制约、缺乏相关的法律保障等。需要制定三地一体化的目标、推动生产要素跨区自由流动、通过强有力的协调机制建设有助于基本公共服务一体化的公共财政体制。

【关键词】京津冀　基本公共服务差距　一体化

---

① 吴强，男，甘肃会宁人，北京工商大学副教授，博士。研究方向为区域经济与公共管理。

② 段雅伶，女，湖南常德人，北京工商大学经济学院研究生。

一、问题提出与研究背景

京津冀地区是继珠江三角洲和长江三角洲之后，我国北方规模最大和最具活力的城市群和经济区。它拥有发达便捷的交通、雄厚的工业基础、强大的科技教育实力和优越的地理位置，应该成为中国经济增长的第三极。但是，由于三地公共资源配置不均衡、基本公共服务差距过大，严重影响要素的空间自由流动，使得人口、产业及功能在区域内分布扭曲，北京、天津出现了严重的“大城市病”，周边出现了“环首都贫困带”，三地资源、环境告急，社会经济的可持续发展形势严峻。2014 年 2 月 26 日，在京津冀协同发展工作汇报会上，习近平总书记强调要大力推进京津冀协同发展，实现三地优势互补、互利共赢、扎实推进，加快走出一条科学持续的协同发展路子来。这标志着京津冀协同发展提升到了国家战略层面。

如何缩小京津冀基本公共服务差距，促进三地协同发展？学者们展开了多层次研究。易成栋和巩密密（2014）认为区际基本公共服务一体化，是指在各个县区基本公共服务均等化的基础上，通过区域范围内逐步实现统筹规划、共建共享，并最终达到均衡提供、区域实现公共服务一体化的过程，并从公共教育、公共文化、公共医疗以及社会保障四个方面研究京津冀公共服务均等化问题；毕晓庆（2013）从基础教育的角度分析了京津冀公共服务均等化的现状，并实证分析了影响京津冀基础教育差距的因素；段铸和程颖慧（2015）借鉴德国横向转移支付的经验，提出了构建京津冀横向转移支付的思路；范丽娜（2015）从河北省与京津之间公共服务和政策存在的差距入手，综合分析三地之间在“点”“线”“面”三个方面存在的政策差距，找出政策差距存在的主要原因，并提出了推进京津冀公共服务和政策一体化的政策建议。

本文选取北京、天津、河北三地的人均教育、医疗、社会保障、交通和环保支出五个基本公共服务支出指标，通过计算其变异系数和加权变异系数，分析京津冀三地 2007—2013 年基本公共服务支出差距，并分析造成这种差距的原因。认为要实现京津冀的协同发展，需要首先实现基本公共服务均等化，改革现行的财政体制，完善财政转移支付制度，按照人口和区域面积等客观标准建立公共服务共建共享机制，推进教育、医疗保险、养老等社会政策的有效对接。构建京津冀跨区公共服务分担与统筹体系。

二、京津冀基本公共服务支出差距分析

（一）数据选取与指标模型设定

1. 指标选取与数据来源

本文采用人均教育经费支出、人均医疗经费支出、人均社会保障经费支出、人均交通经费支出以及人均环境保护支出五个指标来衡量京津冀基本公共服务差距。选取 2007—2013 年《中国统计年鉴》中的相关统计数据，计算各项人均基本公共服务支出额。

2. 差距测定指标与模型

本文运用绝对差距指标和相对差距指标，测度京津冀三地 2007—2013 年基本公共服务支出的差异程度，并展开进一步分析。其中，绝对差异指标采用人均支出数额表示；相对差距指标采用变异系数和加权变异系数表示，两种系数的含义和计算方法如下：

变异系数：是采用统计学中标准差和均值比来表示的，其公式为：

$$V=\left[\sum_{i=1}^{n}\left(x_i-\bar{x}\right)/n\right]^{1/2}/\bar{x} \qquad (1)$$

式中：V 为变异系数，x_i 为地区某属性值（例如：人均教育经费支出），n 为地区个数。V 反映了各地区某属性值相对于该指标平均值的整体离散状况，V 越大表明某属性值的区域间差异越大。

加权变异系数：该系数考虑了人口规模的影响，其公式如下：

$$V_n=\sqrt{M}/\overline{X}$$
$$M=\left[\sum\left(X-\overline{X}\right)^2 P_i/P\right]/n \qquad (2)$$

式中：P_i 为 i 地区人口数，P 为全市人口数，其他同上式（1），P_i/P 为 i 地区占全市人口数的比重，用以反映该地区人口规模的影响。V_n 越大表明某属性值区域间差异越大。

（二）京津冀三地基本公共服务差距测算与分析

京津冀集聚了全国优质的教育、文化、医疗、科技等资源，近年来区域内整体公共服务水平逐步提升，但三地公共服务差距仍然较大，严重影响资源、要素跨区域配置，影响三地社会经济一体化。本文选取2007—2013年北京、天津、河北3个行政区的人均教育经费支出、人均卫生经费支出、人均社会保障支出、人均交通经费支出和人均环保支出，按照上述各系数的计算方法，分别计算出这五项指标的变异系数和加权变异系数反映三地公共服务支出差距程度。

1. 人均教育经费支出差距

进入21世纪，北京市率先全面实施首都教育发展战略，教育领域的投入持续增加，市内各学校的办学条件显著改善，教育水平大幅度提高；天津市通过大力实施科教兴市和人才强市战略，使得天津市的教育改革和发展取得了巨大的成就，京津教育始终走在全国前列；虽然河北省自20世纪80年代以来，教育事业也取得了显著成就，但与北京市、天津市相比，公共教育事业的差距仍然较大。三地基础教育服务不平衡现象十分突出。

从绝对差距来看，人均教育经费支出差异悬殊。如图1所示，2007—2013年，北京市、天津市、河北省的人均教育事业费呈逐年上升的趋势，且自2009年以来，三地的人均教育经费较之之前有明显的上升趋势，但是河北省的人均教育经费上升幅度始终有限，三地之间的人均教育经费差距日益扩大。截至2013年，北京市人均教育经费为3221元；天津市为3134元，和北京的人均教育经费差距不大；河北省整体人均教育经费是1142元，比北京市低2079元，比天津市低1992元，相当于北京和天津人均教育经费的1/3。反映出京津冀三地的人均教育经费支出存在巨大差距，且差距呈扩大的趋势。

从相对差距来看，人均教育经费支出差异系数计算结果如图2所示。从

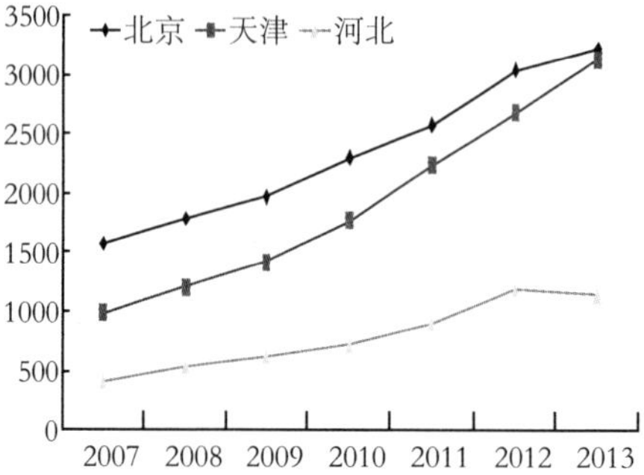

图 1：人均教育经费支出

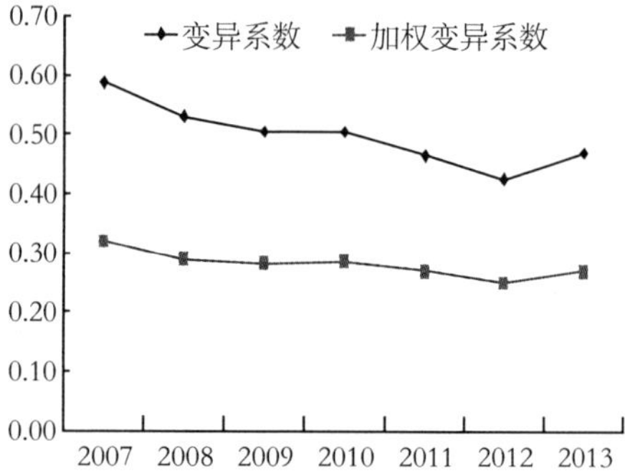

图 2：人均教育经费支出变异系数、加权变异系数图

变异系数、加权变异系数来看，2013 年三地的人均教育经费支出差距相比于 2007 年有所减小。但是区域之间的人均教育事业经费支出变异系数在 0.5 左右徘徊，说明三地人均教育经费支出差异悬殊的情况，在 7 年期间没有太多改变。

2. 人均卫生经费支出差距

从绝对差距看，2007—2013 年，北京市、天津市、河北省的人均卫生支出呈逐年增长的趋势，北京的人均卫生支出明显高于天津、河北两地，三地之间的人均卫生支出差距日益扩大。2013 年，北京市人均卫生支出为 1306 元；天津市和河北人均卫生支出分别为 876 元和 519 元，天津和河北相当于北京的 2/3 和 1/3。反映出京津冀三地的人均卫生支出差距巨大，且差距呈日益扩大趋势。

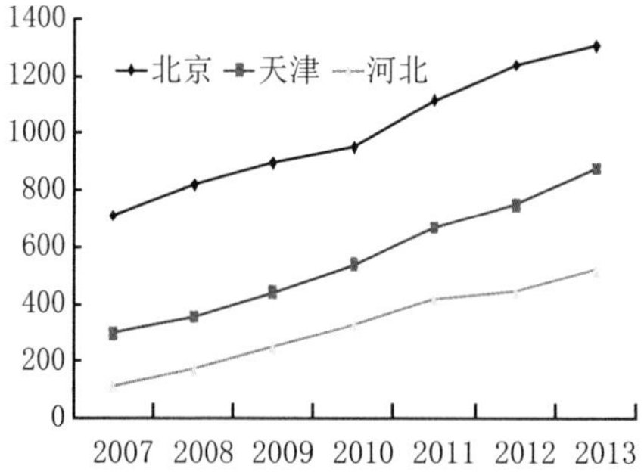

图 3：人均卫生经费支出

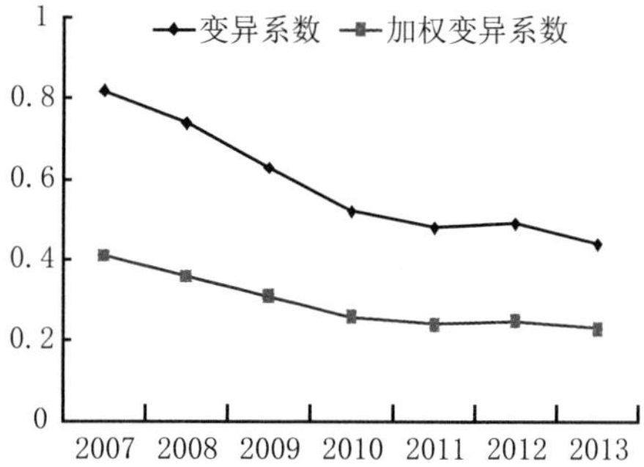

图 4：人均卫生经费变异系数、加权变异系数图

从相对差距来看，人均卫生经费差异系数计算结果如图 4 所示。2007—2013 年，变异系数、加权变异系数曲线显示，三地人均医疗经费支出差距有所缩小。2007—2009 年，差距缩小幅度较为明显。但是，截至 2013 年，差异系数仍然在 0.5 左右徘徊，说明京津冀三地的人均卫生事业支出差距仍然悬殊。

3. 人均社会保障经费支出差距

从绝对差距看，人均社保经费支出差距悬殊。如图 5 所示，2007—2013 年，北京市、天津市、河北省的人均教育事业费呈逐年上升的趋势，且自 2009 年以来，三地的人均社保经费较之之前有明显的上升趋势，但是，河北省的人均社保经费支出上升幅度比较小，三地的人均社保经费支出差距日益扩大。统计数据显示，2013 年，北京市人均社保经费支出为 2218 元；天津市为 1558 元；河北省是 721 元，与北京市相比低 1497 元，与天津市相比低 837 元，相当于北京和天津人均社保经费的 1/3 和 1/2。

从相对差异来看，人均社保经费支出差异系数计算结果如图 6 所示。2007—2013 年的变异系数、加权变异系数整体变化不大，三地的人均社保经费支出差异系数在 0.5 左右徘徊，说明三地的差距在 7 年间没有发生太多改变。

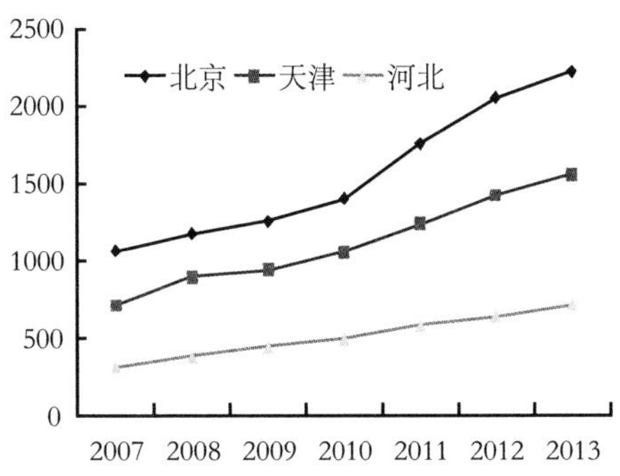

图 5：　人均社会保障支出

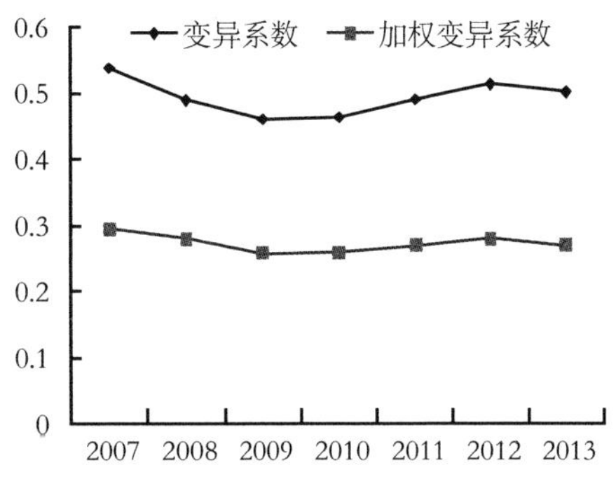

图 6：人均社保经费支出变异系数、加权变异系数图

4. 人均交通经费支出差距

交通基础设施优先发展是加快京津冀一体化进程的重要载体，在保障和服务首都发展、提升区域发展水平等方面具有重要战略意义。但是，两市一省的交通经费支出差距显著，不利于三地交通互联互通、有效疏解中心城市压力和提升区域交通运输综合水平。

从绝对差距来看，三地人均交通支出差距悬殊。如图7所示，2007—2013年，北京市、天津市、河北省的人均交通支出呈螺旋式上升的趋势，但是三地的人均交通支出差距较大。统计数据显示，2013年北京市人均交通支出为1096元；天津市为612元；河北省为391元，比北京市低484元，比天津市低221元，分别相当于北京和天津人均交通支出的1/3和1/2。

从相对差距看，人均交通支出差异系数计算结果显示（如图8）：2007—2013年，三地的人均交通支出变异系数、加权变异系数都呈下降趋势，分别从2008年的1.07、0.49下降至2013年的0.52、0.16，说明三地在交通设施方面的差距在逐步缩小，但是变异系数仍在0.5左右徘徊，说明京津冀三地的交通支出差距仍然很大，必然影响三地交通一体化，不利于三地要素流动、空间资源配置，制约三地发展差距的缩小。

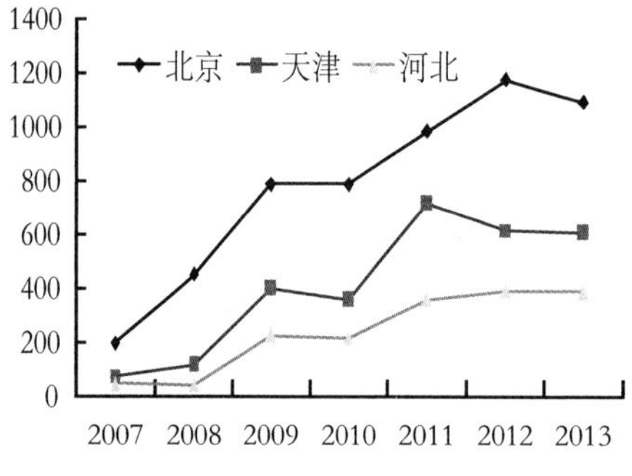

图7： 人均交通支出

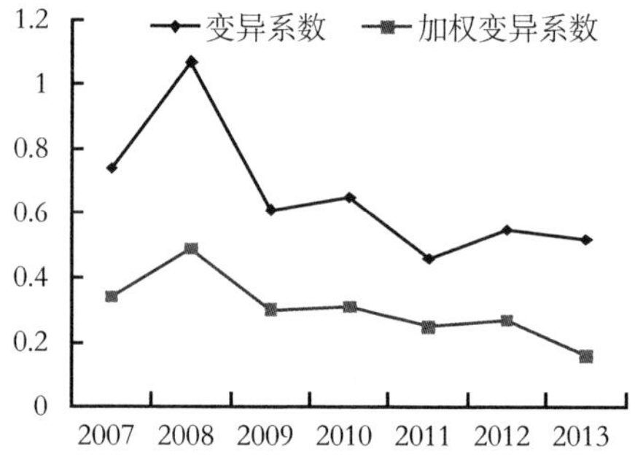

图8： 人均交通支出变异系数、加权变异系数图

5. 人均环境保护经费支出差距

京津冀地区地域相接、山水相连、大气一体，生态系统同源同体。共同面临着严重的大气污染、水污染、水资源短缺等环境问题，成为全国可持续发展矛盾最为尖锐的地区。这些问题的形成与三地环境保护支出不平衡密切相关。

从绝对差异看，2007—2013年，北京市、天津市、河北省的人均环保支出都呈增长趋势，如图 9 所示。但是，三地的人均环保支出差距并未缩小。统计数据显示， 2013 年北京市人均环保支出为 653 元；天津市为 329 元；河北省为 234 元，比北京市低 419 元，比天津市低 95 元，相当于北京人均环保支出的 1/3，天津市的 71%，反映出三地的人均环保支出严重失衡。

从相对差距看，京津冀三地的人均环保支出差异系数计算结果如图 10 所示：2007—2010 年，三地变异系数呈螺旋下降趋势，说明三地的人均环保支出差距在减小。但是，2010 年之后变异系数呈上升趋势，到 2012 年、2013 年略有缩小。从整体来说，变异系数在 0.5 上下徘徊，说明三地的人均环保支出差距仍然较大，支出少的地区产生污染，必然波及周边，没有哪个地区能够独善其身（环保支出存在“木桶效应”）。

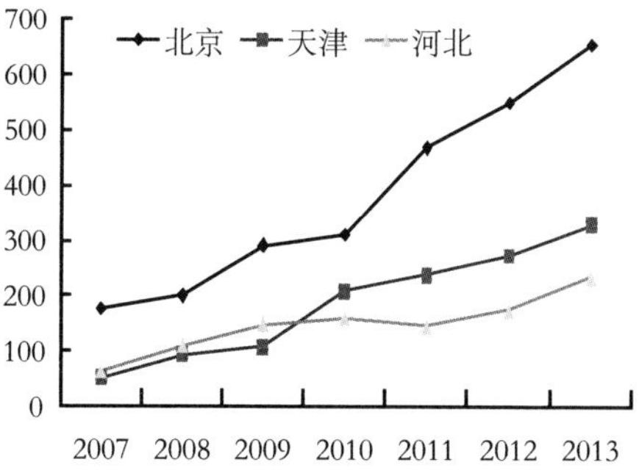

图 9：人均环境保护支出

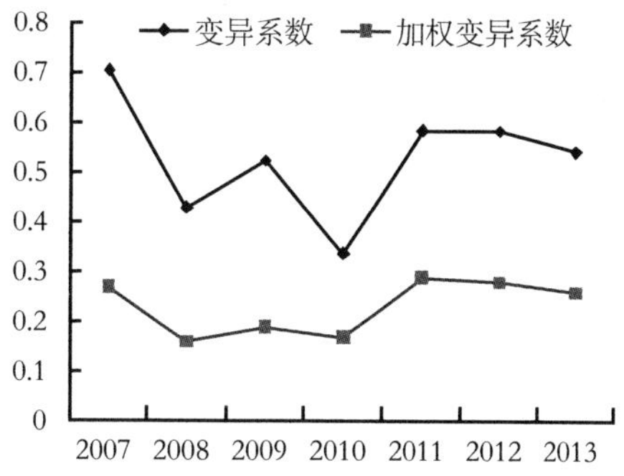

图 10： 人均环保支出变异系数、加权变异系

（三）结论及讨论

以上对京津冀三地的人均教育、医疗、社保、交通和环保支出五个方面的绝对差距和相对差距的数据和测算结果表明，上述五类基本公共服务的人均支出水平上，河北省大体都只有北京的 1/3，天津的 50%-71%（见表 1），三地的基本公共服务差距相当悬殊。过大的公共服务差距，意味着京津两地拥有比河北更好的教育、医疗、社保、交通、环境基本公共服务。

根据蒂博特（Tiebout，1956）“用脚投票”的原理，在其他条件一定的情

表 1：2007—2013 年基本公共服务人均支出额及差异系数

地区年人均支出单位（元）		北京	天津	河北	京津冀差异指标	
					变异系数	加权变异系数
2007	教育	1569.21	986.82	408.17	0.32	0.59
	卫生	709.73	296.86	112.49	0.41	0.82
	社保	1069.69	713.63	317.05	0.295	0.54
	交通	197.43	76.14	47.52	0.34	0.74
	环保	176.49	52.91	63.09	0.27	0.70
2008	教育	1786.00	1204.93	539.39	0.29	0.53
	卫生	819.03	356.46	172.04	0.36	0.74
	社保	1181.99	898.98	388.28	0.28	0.49
	交通	453.70	120.41	41.37	0.49	1.07
	环保	200.28	93.45	109.26	0.16	0.43
2009	教育	1965.97	1413.76	624.59	0.283	0.51
	卫生	895.86	441.53	248.34	0.31	0.63
	社保	1259.62	943.81	451.27	0.258	0.46
	交通	790.65	402.58	228.97	0.3	0.61
	环保	290.57	108.71	148.14	0.19	0.52
2010	教育	2294.70	1767.28	714.90	0.17	0.34
	卫生	952.19	539.41	327.33	0.31	0.65
	社保	1406.22	1060.35	498.72	0.259	0.46
	交通	789.96	361.43	216.46	0.26	0.52
	环保	310.14	208.62	160.08	0.287	0.51
2011	教育	2575.93	2231.14	900.58	0.27	0.47
	卫生	1116.84	668.12	418.11	0.24	0.48
	社保	1757.70	1242.36	588.63	0.27	0.49
	交通	986.23	718.60	360.94	0.25	0.46
	环保	468.10	237.93	145.67	0.29	0.58

（续表）

地区年人均支出单位（元）		北京	天津	河北	京津冀差异指标	
					变异系数	加权变异系数
2012	教育	3038.42	2680.47	1187.62	0.25	0.43
	卫生	1237.60	749.54	443.43	0.25	0.49
	社保	2050.80	1423.71	645.18	0.28	0.51
	交通	1178.15	617.20	393.85	0.27	0.55
	环保	548.77	272.40	175.54	0.28	0.58
2013	教育	3220.71	3134.24	1142.27	0.27	0.47
	卫生	1305.58	875.95	519.23	0.23	0.44
	社保	2218.11	1557.61	720.88	0.27	0.50
	交通	1095.93	611.55	390.80	0.16	0.52
	环保	653.29	329.08	234.37	0.26	0.54

数据来源：根据2007—2013年《中国统计年鉴》相关数据计算整理

况下，居民选择居住地是依据“公共服务与税收”的组合来进行的，京津冀三地的居民必然选择公共服务更好的京津地区，所以导致人才、资本等要素由周边向京津两地单向流动。而河北难以吸引生产要素回流，社会经济发展缓慢，财政收入不足，无力提高基本公共服务水平、改善民生，甚至形成了“环京津贫困带”——这种反差强烈的极端现象。根据区域经济学的“聚集”与“扩散”原理，经济聚集首先会发生在经济条件较好的区域（点—轴—面），聚集到一定程度，聚集地就会出现土地、劳动力、资本等要素价格上升，拥挤、污染等导致办事效率下降，从而产生扩散效应，使得生产要素、产业向价格较低的周边扩散，最终使边缘地区与核心地区的社会经济水平趋于一致。但这个过程是漫长的，欧美等发达国家经历了两百年的实践，甚至战争、国家分裂，最终还是依靠政府干预解决发展不平衡问题的。而政府干预集中在公共领域，通过政府间财政转移支付制度，保障各地享有基本一致的教育、医疗、社保等公共服务，通过中央政府的跨区域基础设施建设，缩小区域之间的社会经济差距，区域间要素流动、商品贸易以及其他区域间利益问题，往往通过条约制定共同规则解决。

我国属于单一制国家，地方之间不可能签订条约，制定的一些协议往往形同虚设，经常因主要领导变动而变动，难以形成稳定的合作，政府间“事权与财权”划分不清、责任不明，转移支付制度很不规范，上级对下级的转移支付往往是“会哭的孩子有奶吃”“跑步钱进”，难以获得可预期的财政收入，以往通过国有企业的空间布局来缩小区域差距的努力也不尽人意。面对现实国情和京津冀三地社会经济严重失衡的状况，亟待探索通过基本公共服务均等化，促进三地社会经济一体化协同发展，从而达到 2+1 > 3 的经济效果，培育出我国的第三经济增长极。

三、京津冀基本公共服务支出差距原因分析

京津冀集聚了全国优质的教育、文化、医疗、科技等公共资源，近年来区域内整体公共服务水平逐步提升，但三地之间基本公共服务差距仍然较大。形成这种差距的原因如下。

（一）地区间经济发展水平和财力差距过大

北京、天津为直辖市，高度城市化，经济发达，政府有较强的能力提供良好的公共服务；河北处于工业化中期阶段，城市化水平低，经济实力较弱，政府难以提供与京津相当的公共服务。仅从人均 GDP 看，2013 年北京为 92210.23 元，天津为 97623.37 元，河北省只有 38594.59 元，是京津两地的 1/3 多。过大的经济发展差距意味着发达地区汲取财政收入的能力强，落后地区汲取财政收入的能力弱，没有强有力的政府间转移支付，落后地区无力提供与发达地区一致的基本公共服务，区际供需失衡必然成为常态。

（二）基本公共服务管理体制机制不健全

现行财政管理体制，是在 1994 年“分税制”改革基础上确立的，在初期

确实调动了地方政府发展经济的积极性和自主性，但是，当时的改革承认和保留了各地既得利益，目标重点在于“两个提高”，即提高财政收入占 GDP 的比重，提高中央财政收入占全国财政收入的比重，没有明确划分中央和地方各级政府间的事权，使得后来政府间“财权上移，事权下移”成为常态，财权与事权不匹配，导致经济落后地区、基层地区难以提供基本公共服务，各地各级政府提供的公共服务水平差距巨大，京津冀就是典型例证。此外，我国目前的横向转移支付活动属于政治动员性质，发达地区、中央机关、央企对落后地区的“对口援助”“扶贫”，没有形成规范的长效机制。因此，京津冀三地要实现基本公共服务均等化，需要创新驱动，突破现行体制的束缚，协商统一的公共服务标准，共享基本公共服务资金，争取中央转移支付支持等，在不降低三地基本公共服务水平的条件下，实现均等化、一体化，促进京津冀协同发展。

（三）行政壁垒制约基本公共服务均等化

京津冀地区尽管具备得天独厚的区位、资源、教育、科技、经济基础等多种优势，但相互平行的行政区划及其分割治理体系，互不隶属、互不管辖，使得三地难以共享公共资源,发达地区没有义务为落后地区补助公共服务的不足，落后地区也没有义务为发达地区的进一步发展提供土地空间。行政区之间竞争关系大于合作关系，激烈的政绩竞赛、GDP 竞赛往往左右着行政区之间的经济关系，严重制约三地社会经济一体化进程，空间生产要素和资源配置往往受制于行政干预，市场配置资源的作用难以充分发挥，恶意竞争现象十分普遍。落后地区由于缺乏优质的要素资源，往往会依赖丰富的石油、煤炭、铁矿石等自然资源发展产业，造成跨区域污染在所难免。改变这种状况需要重新进行行政区划，或者中央机构协调。

（四）缺乏基本公共服务的法律保障

近年来，中央转移支付给地方的财政支出已经占其总支出的 60%—70%，占地方财政收入的 40%，可谓规模庞大，但是，这并不是法律规定的义务，会随着宏观经济好坏而变化。法律制度也没有规定各级政府应当将百分之多少的财政收入用于基本公共服务，甚至基本公共服务包括哪些项目，至今仍无定论，更没有衡量各类基本公共服务的统一标准。保障各地享有基本一致的公共服务应该成为其追求的基本目标，京津冀三地率先实现基本公共服务一体化，同样需要法律制度的支撑。

四、政策建议

京津冀协同发展上升为国家战略以来，三地正在迈出实质步伐，协同整合区域内社会政策和公共服务对接，试图缩小区域内公共服务差距，国家的顶层设计以及相应的制度支撑也在讨论之中。在此背景下，推进三地基本公共服务一体化可以从以下方面入手：

（一）制定京津冀基本公共服务一体化目标

实现京津冀公共服务一体化可以制定三个阶段目标：第一阶段应该通过逐步缩小教育、医疗、社会保障等公共服务的地域差距，推进基本公共服务的均等化。为此，要加强法制建设，出台相应的法律法规，规定基本公共服务的范围、标准，政策要求缩小区域间的基本公共服务差距；第二阶段是在京津冀三地的科技、产业、生态合作示范区内，率先实行统一的社会政策和统一的基本公共服务标准。通过试点的经验推广，尽快形成三地一体化的基本公共服务体系。第三阶段应该推进三地基本公共服务制度机制的对接与待遇互认，三地全面实现基本公共服务的待遇互认，如医疗保险异地结算、职工养老保险互联、居民养老保险互通等，逐步形成京津冀公共服务的协同管理机制。

（二）推动生产要素跨区自由流动

生产要素跨区自由流动、自由贸易是区域社会经济一体化的根本标志，是市场在更大空间有效配置资源、要素的前提。有助于三地双向互动、各取所需，拥挤的可以获得土地空间，贫困的可以获得人才、资金。三地要努力破除限制资本、技术、人才等生产要素自由流动和配置的各种体制机制障碍，如户籍制度、档案制度、财税制度，探索制订一致的财税政策和公共服务供给制度，遵循市场规律，推动要素跨区域自由流动。通过一体化的基本公共服务体系建设，促进无障碍的要素资源流动，形成一体化的自我调节机制，三地社会经济就会向一体化方向迈进。

（三）建设有助于基本公共服务一体化的公共财政体制

建立纵横相结合的财政转移支付制度，确立基本公共服务均等化优先的规则，规范政府间转移支付体系。清晰划分各级政府提供公共服务的事权和支出责任，并且按照事权决定财权的原则进行合理的财力划分，结合地方的财力情况实行“压高补低”，实行纵向和横向相结合的财政转移支付体制，即规定地方政府支出基本公共服务的比例，不足部分由上级政府补助，发达地区承担相应的比例，确保各地各级政府有足够的财力提供基本一致的公共服务。

京津冀三地应协商制定政府间转移支付的法律协议，明确政府间转移支付的界限，为转移支付体系的建立提供法律依据。如京津地区的教育、医疗等优质公共服务资源向河北地区援助、援建、培训，设立分支机构，制订统一的医疗报销标准、养老金标准、城乡最低保障标准，等等。为了筹措相应的资金，需要综合考虑京津冀三地的财政状况，运用预算专项列支的方法确定资金转出地区。在援建等项目中，可以通过税收优惠和税收返还吸纳社会资本参与横向财政转移支付。京津冀三地也可以运用国家的“对口支援”政策，建立对口援助制度（如北京对张家口和承德的生态环保领域的对口支援），共同构建横向财政转移支付制度，及其协调互助机制，推进京津冀公共服务均等化进程。

（四）建立强有力的协调机制

基于我国国情，综合考虑京津冀经济发展水平、人力资源差异和公共服务不均等因素，借鉴伦敦城市群和东京都城市群为代表的中央政府主导下的市场协调模式，可以将现在的京津冀协同发展领导小组提升为中央政府主导的“京津冀协同发展委员会”，这样一个协调部门可以打破京津冀之间的行政壁垒，推动京津冀基本公共服务均等化，为京津冀协同发展提供制度保障。在应对政府与市场关系上，协同发展委员会应当减少对市场的管制，为企业提供良好的发展空间和公平的竞争环境。同时，要创新政绩考评体系，建立基本公共服务一体化实施的绩效评估机制，加大对基本公共服务一体化考核的权重。

□ 参考文献

[1] 易成栋，巩密密. 京津冀发展报告（2015）——京津冀公共服务协同创新研究［M］. 北京：社会科学文献出版社，2015.

[2] 毕晓庆. 京津冀基础教育服务均等化研究 [D]. 首都经济贸易大学，2013.

[3] 段铸，程颖慧. 京津冀协同发展视阈下横向财政转移支付制度构建 [J]. 经营与管理，2014（11）：81-83.

[4] 范丽娜. 推进京津冀公共服务和政策一体化对策研究 [J]. 合作经济与科技，2015（8）：17-18.

[5] 徐莉莉. 我国基本公共服务支出省际差异的测定与评价 [J]. 统计观察，2012（4）：107-108.

[6]Tiebout C M. Apure theory of local expenditures[J]. The Journal of Political Economy，1956，64（4）：416-424.

[7] 薄文广，陈飞. 京津冀协同发展：挑战与困境 [J]. 南开学报（哲学社会科学版），2015（1）：110-118.

[8] 臧秀清. 京津冀协同发展中的利益分配问题研究 [J]. 河北学刊，2015（1）：192-196.

[9] 从屹，王焱. 协同发展、合作治理、困境摆脱与京津冀体制机制创新 [J]. 改革，2014（6）：75-81.

[10] 吴强，刘静. 区际基本公共服务均等化的财政转移支付图解量化研究 [J]. 北京工商大学学报（社会科学版），2015（5）：84-94.

[11] 于长革. 财政分权、政府间竞争与经济社会发展失衡 [J]. 地方财政研究，2010（8）：4–8.

[12] 祝尔娟，叶堂林，鲁继通. 京津冀发展报告（2015）——京津冀区域协同创新研究［M］. 北京：社会科学文献出版社，2015.

京津冀地区养老地产项目调研和养老地产发展建议

刘文成[①] 刘　彩[②] 杨　松[③]

【摘　要】本文通过对京津冀地区养老地产项目的调研统计，分析京津冀地区典型养老地产项目模式，结合京津冀地区老年人口、健康状况、主要生活来源及老年对养老地的需求等情况，探索京津冀地区的养老地产的发展模式，提出京津冀养老产业一体化以及养老产业的改革与发展建议。

【关键词】京津冀地区　养老地产　改革与发展

随着京津冀地区常规房地产开发竞争日趋激烈，养老地产成为多数房地产开发企业重点关注的对象，“在众多利好的刺激下，养老地产是现在乃是未来的朝阳行业，开发商纷纷试水养老地产，但目前一片乱象”，多数房地产开发

① 刘文成，天津中医药大学健康经济研究中心执行主任，讲师，南开大学会计学博士。研究方向为社会养老。

② 刘彩，天津中医药大学管理学院讲师，博士。研究方向为公共事业管理。

③ 杨松，天津中医药大学健康经济研究中心研究生助理。

企业盈利仍然困难，据国家统计局2014年抽样调查显示：“60.7%的北京养老机构表示资金紧张或短缺，正常运营困难或只能勉强维持运营”，天津、河北的状况也不容客观。据此，在京津冀一体化的大背景下，笔者对京津冀地区的养老地产项目和老年人口现状进行调研，借鉴国外典型项目经验并结合京津冀老年人口实际，提出相关有益的发展建议，以供业内人士参考和借鉴。

一、京津冀地区养老地产项目特征

（一）资料与方法

本研究选取京津冀32个养老地产项目进行调研，其中北京19个，天津10个，河北3个，对每个项目分布、土地获取、运营模式、客户定位、去化速度、配套设施等进行统计、比较分析。

（二）京津冀养老地产的选址与分布

在所有被调研的京津冀养老地产项目中，90%以上的项目都选址在环境优美、交通便捷的城市边缘和近郊，选址相对偏远。但这种选址可成为缓解京津冀城市圈养老压力的纽带，项目的开发企业不仅可以获得地方政府给予的土地、资金、政策等方面的支持，而且可以同时满足以北京、天津为中心京津冀城市圈庞大的养老市场需求。京津冀养老地产项目分布以北京为中心向天津、河北延展，天津、河北等地多数养老地产项目多靠近北京分布，这即可为本地提供所需的养老地产资源，同时也可以吸引北京的客户群体。京津冀养老地产项目的选址和分布可以看出，京津冀养老地产正朝着一体化方向发展。

（三）土地获取与运营模式

京津冀养老地产项目的土地以与政府合作租赁或招拍挂的方式获取，其中32个项目中近一半养老地产项目的土地是以与政府合作租赁获取，采用租地模式大大降低了运营成本，但是也存在弊端，即这种形式的土地获取易导致产

表 1：京津冀养老地产项目统计情况

地区	项目	位置	运营模式	客户定位	去化速度
北京（1）	太申祥和	北京市昌平区北清路	持有型经营（会员费20万元-50万元，1-3年免月费，餐饮医疗费自理）	中端客户	2002年10月正式开业，现会员1000余名，常住会员500多名。太医馆和度假酒店为主营业务
	曜阳国际	北京市密云县西田各庄镇	出售+出租（出售：14000元/㎡，出租：58000元/年，餐饮自理）	中高端客户	2010年10月现房开盘，2011年4月售罄
	东方太阳城	北京市顺义区潮白河大桥	出售（三期：16000元/㎡）	中高端客户	一期、二期均已售罄。2008-2012年，三期在售，独栋125户/公寓2000套，别墅30000元/㎡，公寓16000元/㎡。已售房源入住率不高
天津（2）	天津滨海云杉镇	天津市宝坻区牛道口镇	出售+出租（出售部分100万元左右；出租部分年服务费：30000元，餐饮医疗费自理）	中高端客户	2012年正式公开招募初，签约客户50余户，意向客户300余位。
	永泰红磡	天津市津南区梨双公路	持有型经营（年均收取服务费用：60000元）	中高端客户	2014年初入住率不足20户（3）
河北（4）	燕达国际健康城	燕郊经济技术开发区	销售+出租（售出部分最低：168万元/每户，出租部分：最低8000元/月）	中高端客户	2010年正式对外营业，入住率为50%，2014年入住率在10%左右

注：因版面原因此处给出北京、天津、河北6个有代表性的养老地产项目统计情况数据来源：（1）北京周边养老地产项目分析研究：http：//wenku.baidu.com/link?url=HTQo-w6wjQ3KYFJpPNvIblmy7txHrgPTms3ahWLKq_20vFLsktbdkSoghn9Hhv0_2-EGPMOK48NRiOpCUEMBbuXpjPwEOnGOIBjWibaFd4m（2）天津养老地产现状调查：http：//tj.house.sina.com.cn/zhuanti/tjyldc/；（3）天津养老地产运营困顿多数养老项目入住不足20户：http：//finance.china.com.cn/news/dfjj/20140211/2174665.shtml（4）燕达国际健康城项目调研报告：http：//wenku.baidu.com/link?url=zxze0Bzm05IbwkAICuUOmuK4vdUd6fXFfNZGG293_jj9V5ks16lqp74lopgU9_LT_9I5sIFQ9ROMDWnA8GR7N7CZ-WcTFwMahLoe3WD-tzy。

权的不完整，对养老地产项目后期的销售和融资形成障碍。京津冀地区养老地产项目的运营模式主要是三种模式：持有型经营模式、出售加出租经营模式、出售经营模式。持有型经营模式典型代表有北京太申祥和山庄、爱慕家、寿山福海；天津的云杉镇宜老社区、康宁津园、卓达太阳城以及河北香河大爱城。持有型经营模式项目的优势在于通过保障项目管理有效性和服务水平，建立专业化品牌以获得后期稳定性的回报，但京津冀这类项目整体表现出资金回笼周期长，前期资金紧张。出售加出租经营模式典型代表有北京的将府庄园、北京太阳城、曜阳国际；天津的永泰红磡幸福村等。租售结合的养老地产项目中的销售部分回收的资金对持有型提供强有力的资金支持，出租部分促进住宅的销售，持有部分比例在10%至30%之间，持有部分管理有效性和服务水平整体不高。出售经营模式项目典型代表有北京的东方太阳城、万科幸福汇等，这类项目资金回笼快，也没有后续运营管理的问题，但是也没有后续的物业营业收入，整体配套欠缺。京津冀的养老地产项目无论是土地获取还是运营模式，都可以看出京津冀地区养老地产项目多停留在初级阶段。

（四）去化速度与配套设施

京津冀地区养老地产项目的去化速度参差不齐。北京地区去化速度相对较为理想，如将府庄园项目一期开放两栋短租楼，一年内入住率为80%，其别墅销售率达90%以上；北京太阳城项目的销售类住宅今已售罄，出租类的住宅入住率达90%以上，曜阳国际项目2010年现房开盘，2011年现房售罄。但是个别的项目因借鉴国外养老地产经验与国内市场不符导致去化速度低，18个月才入住46户。天津和河北地区的去化速度更是不容乐观，2014年初天津大多数的养老地产项目入住率低下，如云杉镇、卓达太阳城等项目的入住率均在20户以下，河北的燕达国际健康城养护中心一期开放2300张床位，入住率始终只有10%左右。配套设施方面，京津冀养老地产项目多注重医疗设施和康体娱乐场所的建设，即公寓、商业街、医院、会所、配餐中心等宜老式全配，然而良好的配套设施也未能使去化速度达到相对乐观的状态。

表 2：2010 年京津冀地区 60 岁及以上人口健康状况（%）

地区	人口数	占总人口比例	健康	基本健康	不健康但生活能自理	生活不能自理
北京	2460108	13.32	39.9	42.8	12.8	4.4
天津	1684685	12.54	44.4	41.4	10.6	3.6
河北	9342268	13.02	45.1	36.8	14.6	3.5
总计	13487059	12.92	44.1	38.5	13.8	3.7

数据来源：2010 年全国人口普查统计数据

二、京津冀地区老年人口现状对养老地产项目的影响

（一）京津冀地区老年人口比例及健康状况

根据联合国传统老年化社会定义，某一地区若 60 岁以上人口占总人口的 10% 以上，即视该地区已进入老年化社会。由表 2 可知，北京 60 岁以上人口占总人口的 13.32%，天津为 12.54%，河北为 13.02，整个京津冀地区为 12.92%，可见，无论是个别还是整体，京津冀地区早在 2010 年以前就已进入老年化社会，这为养老地产项目带来庞大的客户群。京津冀健康老年人口统计情况来看，处于不健康和生活不能自理的比例占老年总人口的 17.5%，人口数约为 230 多万人。另外，根据笔者对京津冀地区老年人口抽样调查结果显示（见表 3），老年人对养老地的主要关注因素中，医疗因素占 30% 以上，关注度的排序依次是费用、护理、交通、位置、休闲设施。也就是说，京津冀地区庞大的老年群体中，无论是健康状况如何，其对养老地产项目的选址、分布、运营

表 3：老年人对养老地的主要关注因素（%）

地区	医疗	费用	护理服务	交通	位置	休闲设施
北京	30.2	21	15.8	14.9	12.8	5.3
天津	33.4	20.3	14.2	15.6	11.5	5
河北	31.6	16.2	16.9	18.3	13.6	3.4

模式、医疗和康复为主配套设施有着特殊的要求。

（二）京津冀地区老年人口收入与城市消费支出

从表 4 可以看出：老年人整体收入不稳定，且收入低。京津冀地区 60 岁老年人口主要生活来源主要是离退休金、养老金和家庭其他成员供养，离退休金、养老金分别占到 71.8%、58.7% 和 18.1%；家庭其他成员供养为 18.4%、26.8% 及 44.4%。从老年人口收入与支出的情况来看（见表 5），2014 年城镇职工退休金北京、天津、河北每个月依次为 3050 元、2295 元、2100 元，养老金为每月 230 元、200 元、60 元，2014 年城镇人均消费支出分别为每月 2004 元、1669 元、1044 元。据表 1 京津冀地区养老地产项目客户定位调研，大部分养

表 4：2010 年京津冀地区 60 岁及以上老年人口主要生活来源情况（%）

地区	劳动收入	离退休金养老金	最低生活保障金	财产性收入	家庭其他成员供养	其他
北京	5.0	71.8	3.4	0.4	18.4	0.9
天津	10.8	58.7	2.1	0.2	26.8	1.4
河北	32.4	18.1	3.3	0.2	44.4	1.6
总计	24.7	30.0	3.2	0.2	37.4	1.4

数据来源：2010 年全国人口普查统计数据

表 5：京津冀地区老年人口收入与支出情况（元 / 月）

地区	城镇职工退休金及养老金（2014）	城镇人均生活消费支出（2012 年）	农村人均生活消费支出（2012 年）
北京	3,480	2,004	990
天津	2,495	1,669	695
河北	2,160	1,044	447

数据来源：北京、天津、河北人力社保局数据与中国国家统计局数据计算而得

老地产项目的客户定位都为中高端型，且收费高，如持有型北京太申祥和，会员费就高达 30 万元左右，出售型 2012 年前后也需要每平方米 16000 元左右，这与京津冀地区老年人口收入与城市消费支出实际不符，这易导致多数客户因支付能力有限而不能成为养老地产项目的“有效需求”。

三、京津冀养老地产发展建议

由上分析可以窥见，京津冀地区养老地产项目分布以北京为中心，向天津、河北等地扩散，呈现京津冀养老地产一体化趋势，多数养老地产项目运营模式仍处于养老地产初级阶段，配套设施齐全未能提升京津冀养老地产项目的去化速度。结合京津冀老年人口现状，学习和借鉴国外典型的养老地产发展经验，为京津冀地区养老地产发展提出以下建议。

（一）加快京津冀养老地产一体化进程

“现阶段接受‘机构养老’方式的老年人，多集中在北京、天津等一线城市，但由于北京城区寸土寸金，制约了当地养老服务业的发展，而且北京、天津等大城市存在看病麻烦、环境污染、交通拥堵等问题，并不适合老年人居住。”因此许多房地产开发企业将养老地产项目选位于京津冀城市圈的郊区及三地的接壤地带，这些地区区位优势明显，土地价格、消费支出、人工成本等相对低廉，这对解决养老地产项目服务高昂与京津冀老年人实际支付能力的差距大有裨益，然而养老地产这种选址必然衍生出一系列问题，如异地养老保险、医疗保险、交通等问题。因此，笔者建议在京津冀一体化的大背景下，应加快京津冀养老地产一体化进程。

首先，建立发达的京津冀城市圈交通网。没有发达的交通网，北京、天津庞大的老年人口无法向区位优势明显的郊区、河北转移，而河北的经济、文化等发展缺乏活力，又无法吸引人们定居养老，因此，只有建立发达的京津冀城市圈交通网，才能促进京津冀养老地产的发展。其次，提高城乡养老保险金水平，建立京津冀医保同城化。积极创造条件，适度提高离退休金、养老金水平，促进城乡二元保险体系融合，“通过保险与养老地产的有机结合为老年人提供更低成本的养老服务。”建立异地医保结算系统，破除京津冀异地医保等衔接障碍，如此，才能有效解决在老年人口规模有，养老地产缺乏“有效需求”的困境。

（二）积极推动京津冀养老地产改革转型

京津冀养老地产发展仍停留在初级阶段，真正以后期管理运营为目的的养老地产项目很少。如上所述，京津冀地区养老地产项目运营模式主要是持有型经营模式、出售加出租性经营模式、出租型经营模式，这几种模式的盈利方式主要是以产品销售为主，以后期配套服务盈利只占很少部分。而老年地产是一个长期而艰巨的民生工程，老年人收入来源主要是退休金、养老保险金以及家人支持，其对医疗、康复、娱乐、餐饮等配套设施有着特殊的要求，老年人口的现状决定了养老地产具有社会性、服务性等特点。笔者建议应积极推动京津冀养老地产改革转型。

首先，养老地产项目运营模式应从开发建设、销售盈利为目的转为以后期配套服务运营管理为目的。美国太阳城案例可为京津冀地区养老地产转型提供有价值的启示，其运营模式方面，分为一次性盈利和长期性盈利两种方式，配套设施的经营收入是其盈利的主要部分。据了解，每年通过配套设施的运营管理收入就达 1000 多万美元。以后期配套设施运营为目的的养老地产项目正符合京津冀地区老年人口现状有社会性和服务性等特点。[5] 其次，推出品牌化、专业化的养老品牌。京津冀地区目前比较专业、有名的养老地产项目有北京太阳城国际老年公寓、天津云杉镇宜老社区等，但是这些项目还未形成专业化，品牌化。京津冀地区养老地产项目多，需要出现强有力的企业集团将养老地产的开发建设、运营管理等品牌化、专业化，整合京津冀地区资源，推动和深化养老地产服务化和养老地产的成功转型。

□ 参考文献

[1] 董伟源. 中国养老地产运营模式探索及建议 [J]. 全国商情(理论研究), 2014（5）：37–38.

[2] 李霂轶. 玩转养老地产——房企齐发力，打破养老地产困局 [J]. 安家，2014（11）：103–110.

[3] 李克纯，李栋. 北京养老机构运营调查：盈利仍然困难 [N]. 中国房地产报，2014–11–10（B03）.

[4] 马艳林，李艳杰，张贵祥. 家庭结构变迁视角下都市圈养老一体化模式分析——以京津冀地区为例 [J]. 商业经济研究，2015（6）：95–98.

[5] 游娜. 美国养老地产对我国的启示 [J]. 基建管理优化，2015（3）：5–7.

[6] 姜若愚，等. 养老地产开发运营模式 [M]. 昆明：云南大学出版社，2014.

法治篇

关于建构京津冀地方立法协调机制的几点思考

颜世晔[①]

【摘　要】京津冀三地有建构京津冀地方立法协调机制的必要性和在目前政策、民意和技术层面的条件下建立地方立法的协调机制可行性。遵循权限不改、协商为主、公众参与、专家指导的建构原则，积极探索京津冀地方立法协调机制运行模式。

【关键词】京津冀　地方立法　协调机制

一、建构地方立法协调机制的必要性

（一）京津冀一体化需要立法保障

2015年4月30日，中共中央政治局审议通过《京津冀协同发展规划纲要》。在京津冀一体化的大背景下，按照中央“依法治国”的总体思路，京津冀一体化诸多活动需要在法治的框架内运行，需要立法给予支持和保障。京津冀三地

① 颜世晔，燕山大学马克思主义学院、副教授、中共党史专业。研究领域为依法治国相关问题研究。

的一体化需要进行非常重要的资源整合，涉及资源整合就会出现很多的问题，这些问题的解决办法基本上要依据依法治国的思路，需要法治保障。法治保障中立法作为第一位，是法治程序的第一步，所以立法保障尤为重要。

根据《中华人民共和国宪法》《中华人民共和国立法法》，依据中央和地方事权的划分，京津冀一体化法治保障落实下来其实就是地方立法。京津冀三地地方立法的保障，是在地方立法中要探索一个协调机制。

（二）地方立法的封闭性和人的活动性之间的矛盾需要化解

1. 地方立法的封闭性、保守性：京津冀三地地方立法存在法律效力的问题，地方立法是服务于地方的，地方立法因其效力的封闭性仅限于本行政区域内，因此和地域紧密结合，表现出一种保守性。京津冀三地地方立法在房地产、就业、社保、交通等方面画地为牢，形成立法壁垒。

2. 人的活动性、自主性：京津冀地区的经济、民生联系日益加强，人的交流日益频繁，但三地立法上不一致，每走一步可能规则就发生变化。京津冀三地百姓经济的联系日益密切之后，其实在实质上已经形成了一个民生圈、经济圈。但是地方的立法又是封闭性的、保守性的。规则的频繁变化增加了民生成本，也增加了行政成本。所以，究竟“规则适应人的发展”还是“人的发展适应规则”这个命题就具有了现实性和紧迫性，需要探讨协调机制解决的问题。

（三）不同利益主体之间的利益冲突需要解决

一体化下，京津冀成为一个利益共同体。它谋求的应该是共同体内部诸单位的共同利益。但囿于现实的行政区划分割，人的共同利益被各地的地方利益所取代，表现为区域人群、地方政府的独享利益。不同利益主体都带有利益最大化的天然欲望，这必然带来自利益与他利益的碰撞、冲突。现实需要一个适用于京津冀三地的统一规则来促进京津冀地区的发展。

（四）解决问题的必由之路

从目前的体制背景下，如果奢望于改变现在的行政区划，比如统一行政区划，根据现在中央和地方事权的划分不可行。因此，解决方法就是统一立法，但如果统一立法是由上级统筹为下级立法，在立法权上会存在立法高配的问题。如果地方立法都由上级政府操作，会严重混淆立法的层次，也会增加立法成本，对立法的权威有很大损害，这么做不可行。所以，解决这个问题的必由之路就是加强三地立法协调，建构京津冀地方立法协调机制。

二、京津冀地方立法协调机制建构的可行性

（一）政策层面

通过顶层设计发挥地方的能动性，由地方探索出一条切实可行的路径来，然后推而广之。《京津冀协同发展规划纲要》颁布之后，中央在战略上有顶层设计，政策上非常支持。顶层设计是比较宏观的战略性，它不可能在具体的事务上事无巨细、大包大揽。中央层面进行顶层设计，然后把解决具体问题的权力交给地方政府，充分发挥地方的能动性，自行去探讨一条可行的路径，再推而广之。所以，三地之间有这样的立法协调机构能够得到中央支持。

（二）民意层面

目前未见舆论有普遍反对的意见，包括传统媒体和网络新兴媒体。可以利用媒体的作用，做一些宣传和推动。甚至民间可以形成一股推动力量，发挥各领域的专家和学者，特别是法学界的老师专家学者建言献策，形成“新型智库”作为推动的力量，是完全可行的。

（三）技术层面

地方立法协调机制不会大幅增加立法成本，其成本完全在可控之内。作为机制受到很多规则问题、建立的问题，需要技术的支撑。就中国目前的发展来

看，技术完全不是问题。我国互联网技术成本是非常低，利用互联网技术，地方立法协调机制的运行成本可以接近零。建构的过程当中，主要的成本支出在规则的建立上，包括调研和决策。在机制的建构上面，考虑其效率、作用和效果必须制定规则，一定要先行调研才能建立合适、有作用的规则。调研需要花费很大的成本，所以在调研、决策方面是建立地方立法协调机制支出成本最主要的方面。这个由中央财政支出，在财政方面我觉得没有问题。

三、京津冀地方立法协调机制的构建原则

既然京津冀地方立法协调机制的构建可行，在建构过程中应该遵循四个原则。

（一）权限不改

即不架空现行立法体制，不突破现行法律框架。具有地方立法权的人大、政府，仍然保有各自的立法权，不会将立法权赋予其他机构。这既是遵循法律的规定，也是地方立法协调机制的核心。协调的基础，是不同立法主体的存在。如果将立法权交由一个机构行使，显然没有协调的可能和必要。

权限不改，必然伴随着地位不改。京津冀是平等的地位。就京津冀地区来说，北京作为首都具有天然的优越性，很容易对周边区域的地方立法权造成侵害。在现行的很多政策上，实际上已经露出端倪，一些政策是为北京的单边发展服务的，这并不符合一体化的要求。一体化是协同发展，而不是“吸血效应”。

权限不改，也是独立性不改。京津冀三地独立性不改，意味着三地之间独立的平等地位。独立才能协调，附庸只有服从。如果损害独立性，就容易使天津特别是河北（因为河北在三地当中地位比较弱）成为附庸。一旦成为附庸的地位，京津冀一体化就不是一体化。

（二）协商为主

京津冀地方立法协调机制最主要的是协商机制，是平等的沟通和交流，也

是地位平等的协商。抛开京津冀三地间政治上先天优势，保证立法协商过程中保持地位平等的协商，避免为了某一地的利益倾向于独裁立法。协商不成功，没有达成一致意见而强行去推动协议的生成，这种独裁立法不合适。

如果协商结束没有结果可以允许搁置，商议不成说明没有能够兼顾三方的利益，没有使三方达成一体，可以允许商而不决。经过充分协商之后如果仍不能形成一致的立法意见，至少说明立法条件还不成熟，应当允许搁置争议，待条件成熟时重新启动，达成三方满意的结果。

（三）公众参与

因为京津冀一体化要保障三地人民的利益，立法的本质就是民意的一种体现，通过协调、协商让公众广泛参与，能够更有效聚集三地人民对立法（特别是本身利益的保护）的建议。因为京津冀三地之间都有各自的利益，三地之间百姓参与的广泛性越强，就越能够更好交流，减少未来处理一些问题的成本。协商讨论的时候比较麻烦，但是讨论结果后执行的成本反而会降低。如果没有经过合适或者更为充分的讨论，就推出一个体制，那样的管理和运营成本会更大，所以公众广泛参与是非常重要的。

通过公众广泛参与、通过协商、交流、沟通能够把一些负面信息表达出来。比如说河北的老百姓会觉得他们的利益受到很大损失，一些政策过度为北京或者天津服务，虽然河北是大树底下好乘凉，但是大树底下也不长草。如果在地方立法当中能够把这部分缺口弥补上，为未来京津冀三地之间平等的交流解决了一个障碍。

（四）专家指导

立法协调机制的建构是一个很大的专业性的活动，需要专业技术支撑，专家的参与非常重要。在相关的专家的选择上应该注重兼顾一些问题，比如专家自身领域的专业水平、专业需求。立法当中会涉及很多非常琐碎具体的事务，有名的专家或者学者可能在其专业领域很有研究，但是术业有专攻，可能对一个法律的领域并不是很精通。如果民法的专家去研究刑法，可能就会有很大的障碍，所以需要将专业需求和专业水平结合，除了一些具体的事务，尽量在每个领域都有专家参考、指导。

四、京津冀地方立法协调机制运行模式

（一）制定规则

运行一个机制要有据可循，所以制定规则是首要问题。现在京津冀三地适宜协调的事宜比较具体，比如最基本的三地之间人员就业、医疗与教育，在这些方面需要一些协调的机制。比如北京和河北的产业定位不一样，产业政策上需要协调。现在河北定位为物流中心，北京是商业中心，两地之间商品与物资流通、交通与通讯、房地产等行业交流会存在很多摩擦，如保定因为京津冀一体化而房价被炒作起来了，但是当地居民并没有具体的好处利益，房价炒高了，群众的工资没涨，本来还能买起50平方米的房子，现在只能买25平方米。京津冀一体化下保定百姓不但没有好处，反而利益受损，这就需要三地制定相对明确的协调规则来协调。

（二）协调方式

1. 设立地方立法协调委员会

有规则引领后就应有具体的操作方式，协调机制需要一些机构的支撑。京津冀地区分别在人大层面和政府层面设立地方立法协调委员会，力争立法规划同步、立法技术统一。地方立法协调委员会不是一个独立的机构，原有的法律框架，原来人大或地方政府的立法权并不剥夺和改变。在人大或地方政府之下设立协调委员会不是作为第三方机构独立出来，管理的层次不变。如果地方立法协调委员会成为独立机构，不符合当前立法的法律条件，也会产生新问题。如果把权力给予相对独立的第三方机构，它就会统一管理，不存在协调的问题，这就不符合协调的概念。所以地方立法协调委员会不定编，定位为议事协调机

构，定期或者不定期进行沟通，工作的方式以会议为主。

2. 设立地方立法咨询委员会

京津冀地区分别在人大层面和政府层面设立地方立法咨询委员会，以“新型智库”为主，充分发挥社会力量。地方立法咨询委员会不定编，定位为办事机构，可受理立法建议与立法修改意见。

如果京津冀三地之间出现了一些具体的障碍、冲突，通过行政的协调已经不可能，必须诉诸法律解决，因为法律涉及专业性的问题，一些关于法律的具体操作就需要咨询专业人士，所以这个咨询机构很有必要。如果地方立法协调委员会是一个比较行政化的机构，地方立法咨询委员会更倾向于律师、专家学者、智库性，两者有一定的区分。

（三）争议处理机制

规则制定的时候，还存在一个有争议、达不成共识的协调无果问题，这就需要争议处理机制处理，最大化的效果就是能够尽量的通过非常广泛的多层次的讨论协商，争取达到一个协商结果。如果争议实在无法解决，就先搁置争议不讨论，等到过一段时间各方面条件比较成熟，相互之间的了解越来越细致，再重新启动讨论，通过开会来解决问题。

如果搁置争议也没有办法解决，而且长期的搁置下去对于现实问题的解决不利，不能悬而未决，怎么办？可以先降低立法规格试行，把立法成本尽量降低，或立法的危害尽量降低，搞一些小规模小范围的法规形式去做试验。立法先行，通过地方政府颁布一些规章制度，这种方式如果失败可以减少危害，如果成功可以是一个窗口。

作为法律实务领域的一项尝试，希望京津冀地方立法协调机制的建构可以促进京津冀地区地方立法协调、有序开展，实现京津冀一体化的战略目标。并以此作为样板，为全国各地区域共同体立法协调提供参考、借鉴。

京津冀联防联控环境污染法律机制建设

——以大气污染为例

陈维春[①]

【摘　要】本文通过对京津冀大气环境污染现状与原因的分析，从京津冀联防联控大气环境污染的法律渊源切入，深入探讨京津冀联防联控大气环境污染的法律机制建设，对京津冀环境污染治理提出了建设性意见。

【关键词】京津冀　污染　联防联控　法律机制

一、京津冀大气环境污染现状与原因

从2015年上半年环保部发布的信息来看，全国按照新的《人气环境质量标准》确定的74个重点城市的达标天数比例在21.1%—98.9%，平均是

① 陈维春，环境与资源保护法博士，华北电力大学人文学院副教授。主要研究领域为环境与资源保护法、能源法和国际法，曾在《现代法学》等核心期刊发表学术论文30余篇，出版学术著作5部，主持或参与国家和省部级项目10多项。

68.0%，同比去年提高了 6.9 个百分点。主要的污染物是两块，一块是 PM2.5，一块是臭氧。从我所在的昌平区来看，2015 年有很多天的污染状态看上去好像是灰霾，但其实是臭氧。总体来看，京津冀地区的空气质量较上年同期均有所好转。从 2013 年和 2015 年的对比中，可以看到 74 个重点城市当中，2013 年污染最严重的 10 个城市有石家庄、唐山、邢台、邯郸、济南、保定、郑州、北京、衡水和天津。到了 2015 年，污染最严重的 10 个城市是保定、邢台、郑州、唐山、石家庄、衡水、济南、邯郸、沈阳和太原，天津和北京这两个城市已经不在污染前 10 里面了，而河北的污染仍然非常严重。

京津冀大气污染的特点有四个方面：一是大气污染排放负荷巨大。从数据来看有所增加，虽然近年来有所降低，但是总量还是很大。二是大气环境污染十分严重。北京处于大气污染预警状态的天数越来越多。三是复合型大气污染日益严重。大气污染不仅仅是灰霾，还有光化学污染和臭氧污染的问题。它不再是单纯的某一个方面，而是复合型的，酸雨的问题、气候变化的问题和灰霾的问题是联合在一起的。四是城市间污染相互影响显著。大气污染有很重要的一个特点，污染的形成在一个地方，但是造成的危害可能是在别的地方。有可能污染形成在河北，但是最后危害点在天津或者是北京，这是为什么大气污染的防治要进行区域联防联控很重要的原因。

从京津冀大气环境污染的原因分析来看，京津冀地区火电和燃煤的锅炉占 30%，工业排放的烟气烟尘占 25%，机动车尾气占 18%，其他的是扬尘和生活排烟。污染过程中 PM2.5 硫酸盐浓度比例开始下降，但硝酸盐比例开始上升，说明目前的环保措施脱硫做得很好，而脱硝力度亟须加强。因为二氧化硫是“十一五”开始作为国家重点减排的污染物。以北京为例，北京大气灰霾污染主要形成于周边工业燃煤污染的排放输送，再加上本地机动车交通污染的排放，同时也包括交通道路的扬尘。从北京 PM2.5 的来源解析中，本地机动车和燃煤因素分别占到了 25% 和 19%，外来的输送占比也达到了 19%，它也成为 PM2.5 的第二大来源。

表 1 是 2000 年、2005 年、2010 年京津冀地区环境空气质量变化的趋势表，

表 1： 京津冀地区环境空气质量变化的趋势（毫克 / 立方米）

地区	年度	二级和好于二级天数	二氧化硫	二氧化氮	可吸入颗粒物
北京	2000	–	0.071	0.162	0.353
	2005	234	0.050	0.066	0.142
	2011	286	0.028	0.055	0.114
天津	2000	–	0.056	0.053	–
	2005	–	0.042	0.038	0.093
	2011	320	0.077	0.047	0.106
河北	2000	–	0.13	0.04	0.17
	2005	–	0.08	0.04	0.10
	2011	339	0.042	0.028	0.076

我们当时只做到了 2011 年。从北京的情况来看，二级和好于二级的天数开始增加，天津和河北比北京稍好，从二氧化硫、二氧化氮、可吸入颗粒物的浓度来看也是呈现减少的趋势。

表 2 是京津冀地区主要大气污染物的排放量，同样可以看出二氧化硫排放明显减少。

表 2： 京津冀地区主要大气污染物排放量（万吨）

地区	年度	二氧化硫	氮氧化物	烟（粉）尘
北京	2000	14.64		14.55
	2005	19.06		9.01
	2011	9.79	18.83	6.58
天津	2000	24.18		15.01
	2005	26.48		11.02
	2011	23.09	35.89	7.59
河北	2000	113.36		148.49
	2005	149.5		144.6
	2011	141.21	180.12	132.25

二、京津冀联防联控大气环境污染的法律渊源

从有关联防联控大气环境污染的法律制度设计来看，无论是政策还是法律的制定，都是比较快的。就政策性文件而言，国务院连续发布了好几个文件，如2010年发布的《关于推进大气污染联防联控工作改善区域空气质量指导意见》、2012年《重点区域大气污染防治“十二五”规划》和2013年的《大气污染防治行动计划》等。这些政策文件对联防联控大气环境污染的指导思想、基本原则和具体方法措施等都做出了原则性的规定。这些政策性文件弥补了我国日益严重的区域性大气环境污染防治工作缺乏法律制度规范的漏洞。虽然政策性文件在具体的执行方面可能有较好的效果，但毕竟无法替代法律规范合法性、长效性、稳定性与正当性。因此，根据我国大气环境污染的现状和国情，全国人大常委会分别于2014和2015年重新修订了《环境保护法》和《大气污染防治法》。这两部法律都把联防联控大气环境污染政策性的举措上升为正式的法律规定。这对于京津冀联防联控大气环境污染具有非常重要的意义。除了国家层面的法律规范外，京津冀地区也发布了有关大气环境污染防治方面的地方性法规与规章。但这些地方性法规与规章由于适用范围的限定对于京津冀区域联防联控大气环境污染可能存在法律执行难的问题。所以，我们建议应及时制定京津冀区域联防联控大气环境污染的区域性立法以解决目前存在的立法方面各自为政的问题。

三、京津冀联防联控大气环境污染的法律

（一）法律的原则

进行联防联控，首先要确立最基本的原则。法律原则可以弥补措施的不足，可以弥补法律的缺陷，我们认为有三个方面的原则。一是区域环境与经济协调发展原则。新修订的《环境保护法》对协调发展原则进行了修订、更改，原来说“环境和经济相协调”，就是经济优先，现在改为“经济和环境相协调”，

就是环境保护优先的原则。二是属地优先与区域联动的原则。首先是强调大气污染的防治还是以属地为主，尽管要搞联防联控，但是不能放弃属地管理，强调属地管理优先，先把自己的地方管好，然后再来说区域联动，在属地管理优先的前提下进行联动。三是示范先行与整体推进原则。本来京津冀就是大的示范区，在大气领域同样要找一些重点的污染物、重点的企业、重点的城市作为试点。通过试点总结出经验，上升为制度或者是规则，在京津冀整个地区推广。

（二）防控的重点

我们认为大概有四个方面。一是重点污染物。原来的指导意见中重点污染物大概有三块：二氧化硫、氮氧化物、颗粒物。新的《大气污染防治法》加了两个，第一个是氨，这是以前很少有人注意的挥发性有机物；第二个是温室气体。我们现在搞碳的减排，已经得到法律的认可。以前说碳交易，法律并没有认二氧化碳是污染物，现在新的《大气污染防治法》已经把温室气体明确纳进来了。二是重点的行业。有这么几个行业，火电、钢铁、有色、石化、水泥、化工等。三是重点企业。我们现在说的重点企业是对区域环境质量影响较大的企业，至于一年排多少吨就会成为重点企业，现在只是定性的规定，并没有定量化。四是重点的问题。主要是包括酸雨、灰霾、光化学污染和气候变化。现在所做的碳交易，其实属于气候变化，并不是真正意义上的灰霾治理。

（三）领导协调机制

从机制上来看，我们以前提过，首先立法要先行，能不能搞一个区域性的立法。现在来看，由于《大气污染防治法》刚刚修改，区域性立法、地方性立法可能不是太成熟。但是我们希望搞联防联控，如果连一个管的机构都没有的话，是不行的。所以我们希望建构一个领导的协调机制，由环保部牵头，成立一个京津冀环境污染联防联控工作领导小组，有京津冀主管环保的副市长或者是副省长作为副组长，环保局的局长作为成员，这样可以协调。以后要搞区域的联合执法、区域执法、交叉执法，离开这些人，离开这个机构是不现实的。

必须先要有机构，有机构才能做事，要不然还是各自为政。

（四）联席会议机制

今天上午已经在说联席会议机制，联席会议机制是有法律规定的、是有法律依据的，《大气污染防治法》对此已做出明确规定。京津冀防控领导小组应当确定与大气污染防治相关的政府部门负责人，由环保局的局长或者是主管环保的副省长、副市长定期召开联席会议。联席会议需要按照“四个统一”的要求进行。一是统一规划，包括两方面，一方面是要做京津冀环境保护规划，内容包括生态保护和污染防治的目标、任务、保障措施等，并与主体功能区规划、土地利用总体规划和城乡规划等相衔接。另一方面是要做京津冀限期达标的规划，京津冀还有很多地方是不达标的，要有一个这样的规划。内容包括达标的时间、期限、保障措施，以及到期未达标的后果，并与京津冀环境保护规划相一致。还要按照统一的标准来统一大气环境质量标准、区域性的污染物排放标准，另外还要按照统一监测、统一防治措施的要求来开展大气污染联合防治，落实大气污染防治目标责任。同时，环保部和下设的华北督查中心要加强指导和监督。

（五）环评会商机制

做任何的规划或者建项目都需要做环评。如果编制可能，对京津冀区域的大气环境造成严重污染的有关工业园区、开发区、区域产业和发展等规划，或者建设可能对京津冀其他相邻地区大气环境质量产生重大影响的项目，应当及时通报有关信息，进行会商。会商意见及其采纳情况作为环境影响评价文件审查或者审批的重要依据。

（六）环境信息共享的机制

现在新的《环境保护法》建立了一套非常完整的监测制度，我们也希望京津冀防控领导小组应当组织建立京津冀大气环境质量监测、大气污染源监测等相关信息共享机制，利用监测、模拟以及卫星、航测、遥感等新技术分析京津冀区域内大气污染来源及其变化趋势，建立一个数据库，这个数据库向社会公开。

（七）京津冀防控行动计划

要根据京津冀区域的经济社会发展和大气环境的承载能力，制定重点区域大气污染联合防治行动计划，明确控制目标，优化区域经济布局，统筹交通管理，发展清洁能源，提出重点防治任务和措施，促进重点区域大气环境质量改善。在这里面，现在可以做的有这么几件事：一是京津冀重点大气污染物总量控制。如果想改善大气环境质量，首先必须控制总量。根据京津冀区域经济社会发展和大气环境质量的要求，确立京津冀重点大气污染物总量控制指标，并将指标下达到京津冀地方各级人民政府。京津冀地方各级人民政府应当按照下达的总量控制目标，控制或者削减本行政区域的重点大气污染物排放总量。对超过重点大气污染物排放总量控制指标或者未完成京津冀防控领导小组下达的大气环境质量改善目标的地区，京津冀防控领导小组可以约谈该地区人民政府的主要负责人。约谈情况应当向社会公开。环境保护部应暂停审批该地区新增重点大气污染物排放总量的建设项目环境影响评价文件。二是京津冀重点大气污染物排污权交易制度。为进一步促进京津冀区域大气环境质量改善，环境保护部可以在京津冀区域试点京津冀重点大气污染物排污权交易制度。现在国家已经做了两个排污权交易，第一个是二氧化硫的，这在全国已经做了很多年的试点；第二个是碳交易，现在发改委正在推行，这两个都属于大气污染防治方面的规定。三是京津冀区域重点企业在线自动监测制度。京津冀区域对排放重点大气污染物的重点企业要求全部实施在线自动监测。由京津冀防控领导小组提出，经各省市领导小组办公室批准的排放重点大气污染物的重点企业，必须配置大气污染物排放在线自动监测仪器设备，并由各省市领导小组办公室纳入统一管理的监测网络。

（八）联合执法监管机制

现在《大气污染防治法》已经明确规定要做三个执法，一是联合执法，在京津冀区域怎么联合执法？由京津冀防控领导小组牵头，组建京津冀环保联合执法领导小组，这是一个临时的机构，可以从每个省的环保局派一个人出来组成临时联合执法组，从三省市抽调人员共同参与组成。我们之所以希望临时抽调，主要是为了防止地方保护主义。二是区域执法，成立联合组以后，可以针对某一个事项，比如说针对二氧化硫，作为一个专项的跨区域的执法。三是交叉执法，可以使执法人员、执法地点进行交叉，并把执法结果向社会公布。

（九）监测预警应急机制

京津冀防控领导小组应会同国家气象局等有关部门、京津冀区域内的地方人民政府，建立京津冀区域重污染天气监测预警机制，统一预警分级标准。现在北京市已经有重污染天气的预警，分为蓝色、黄色、橙色、红色四级，重污染 48 小时是黄色，72 小时是橙色，超过三天以上是红色，超过三天以上就会采取应对措施。对于可能发生区域重污染天气的，应当及时向京津冀区域内的人民政府通报。京津冀区域应当制订统一的重污染天气应急预案，向环境保护部备案，并向社会公布。京津冀区域内的县级以上地方人民政府应当将重污染天气应对纳入突发事件应急管理体系。京津冀区域内设区的市人民政府环境保护主管部门应当会同气象主管机构建立会商机制，进行大气环境质量预报。可能发生重污染天气的，应当及时向本级人民政府报告。另外，京津冀区域内设区的市人民政府依据重污染天气预报信息，进行综合研判，确定预警等级并及时发出预警。京津冀区域预警等级根据情况变化及时调整。任何单位和个人不得擅自向社会发布重污染天气预报预警信息。预警信息发布后，人民政府及其有关部门应当通过电视、广播、网络、短信等途径告知公众采取健康防护措施，指导公众出行和调整其他相关社会活动。

京津冀城市群发展中的财政协调机制研究

王雍君[1]　赵国钦[2]

【摘　要】区别于以往行政主导的区域发展模式，京津冀城市群协调发展的顶层设计应引入财政协调机制。作为区域财政活动和财政制度的协同机制，财政协调嵌入京津冀发展的逻辑一方面来自于其对碎片化的消弭，另一方面也来自于京津冀城市群独特的尺度特征、路径特征和结构特征。吸收现有区域合作中财政协调的成熟经验，京津冀城市群的协调发展可从协调模块、协调组织和协调层级三个方面进行模式设计。

【关键词】京津冀城市群　财政协调　模式设计

京津冀协同发展的思路由来已久，但由于区域资源缺乏有效整合，碎片化

① 王雍君，中央财经大学财经研究院院长，教授，博士生导师，中央财经大学政府预算研究中心主任，北京财经研究基地首席专家。研究领域为公共财政、政府预算管理。

② 赵国钦，中央财经大学财经研究院助理研究员，北京财经研究基地研究人员。

的发展格局使得区域发展严重失衡，这样的困局引起了中央的关注。2014 年 2 月 26 日，中共中央总书记习近平同志在北京主持召开座谈会时，对京津冀协同发展提出明确要求，这标志着京津冀协同发展上升到了国家战略谋划层面。2015 年 4 月 30 日，以中共中央政治局审议通过《京津冀协同发展规划纲要》为标志，京津冀协同发展作为国家重大战略正式进入实施阶段。较之前对区域经济合作的强调不同，此次京津冀协同发展立足区域治理，更加突出“顶层设计”。结合党的十八届三中全会提出的“财政是国家治理的基础和重要支柱”的重要论述，本文尝试从财政协调的角度着手探寻京津冀协同发展“顶层设计”的可能路径。

一、构建京津冀财政协调机制的动因

京津冀协同发展必然带来京津冀城市群的崛起，这就使得设计和推广财政协调机制日益重要和紧迫，其动因来自于三个递进的推论：

首先，三区共享的集体物品——有时称为公共品——将在协同发展中越来越占据关键的一席。与市场协同私人物品相比，集体物品涉及更为复杂和困难的协同问题，其程度因集体物品的不同而异。这些集体物品涵盖政府职能（教育、医疗、环境等）的各个领域，大致分为硬件（如道路等基础设施）和软件（如信息和最低服务标准）两大类别。同时，同类集体物品下的协同难度也不尽相同，比如交通和治安的协同要求远高于公共图书馆和消防。在此背景下，复杂的集体物品协同发展呼唤完备的制度设计。

其次，为三区的集体物品的协同确立方向已成为发展城市群的关键一环。两个基本的制度设计问题亟须明确：（1）当事人究竟是什么（谁与谁协同）？（2）如何确定集体物品的最优水平（基本标准）？特别是在外溢环境下，即在比对京津冀城市群从利益分化迈向利益协同时，如何确定集体物品的有效供给规模。这对京津冀城市群来说至关重要，以往京津冀三地的财政竞争行为加剧了资源配置失衡，使得某些集体物品如教育等在北京已有过剩而在河北等地区严重不足。单根据发达国家城市群发展经验来看，推进研发和教育这样大规模外溢性的集体物品供给是城市群协调发展的重要保障，例证在于：发达国家的政府用于应对外部性的开支比重已经大为提升。

最后，随着集体物品与外部性在城市群发展中的相对重要性显著提高，需要政府采取协同行动来解决的问题日益增多，而GDP测量的生活水准越来越不尽如人意。可以预料，三区作为世界级城市群的发展，其重心不在于GDP的提升，而在于提升整体的生活质量和创新能力，并辐射到广阔的范围。在公共问题日益多元化、复杂化且愈发棘手的背景下，整体的生活质量和创新能力只有在充分和持续的集体物品满足公众需求的前提下才可能实现，而集体物品的充分性和可持续性依赖于发展良好的财政协同机制。

二、京津冀城市群财政协调的体制逻辑

“财政处于结构调整和福利最大化承接点的位置，财政体制改革处于经济改革、政治改革向文明社会过渡承接点的位置。”然而长期以来，财政屈从于行政架构的宏观制度结构，使得财政功能频繁地被矮化为出纳功能。尝试在京津冀城市群内解构财政的作用，则可发现：作为描绘区域内政府以协同发展为目标而构建财政协调机制以应对现行体制下政府竞争加剧地区割裂的现实问题的体制逻辑日益清晰。

（一）理论逻辑：协同消弭碎片化

目前三省市的地方政府不仅在数量（组织架构）上表达为大量碎片——部门林立，政出多门，钱出多门，而且在地域和功能上存在高度的交叉重叠。随着政府职能划分（不清）和管辖权边界的扩张，碎片化不断加剧，导致集体物品的公共规划中缺乏基本协同。这样的协同匮乏可以从政府竞争的功能性取向出发得到更好解释。正是其中的协同不足甚至不良竞争的行为在经济领域扭曲了市场配置资源的功能，塑造了“蜂窝状”的区域经济结构；在社会领域阻碍

了公共产品和公共服务供给跨域交付，并在根本上降低了区域间合作的信任度，摧毁了区域间合作秩序的平衡。

在对于这种碎片化困境的治疗药方中，现有研究大多从行政维度加以关注，这是因为以“行政区经济”为特征的区域发展模式为区域协同注入行政主导的制度惯性，使得区域协同形成“行政合作”的路径依赖。然而，当前单纯“行政合作”的局限性十分明显：在工具选择层面，目前严密等级制和权力体系的刚性迫使区域治理工具选择范围有限；其次，在能动性层面，“行政合作”偏向于以交通、环保等具体事项为核心的区域协作，这种合作方式虽能提供完整的问题解决过程，但却可能因资源调配路径的模糊——即使各方都明晰合作的收益，但就成本分担仍容易出现推诿扯皮——而降低效率。最后，推进方式层面，“行政合作”亦主要以刚性的命令和规制的输入为主，可能会因扭曲市场决策而损害合作效率。

针对“行政合作”的局限性，倡导从“行政权力竞合博弈”到“行政权力和财政权力匹配”的财政协调至少在以下两个方面发挥作用：针对区域合作中的市场失灵问题，财政协调通过扭正区域内基础设施和公共服务等领域资源错配的情况，为区域协同提供稳固基础；针对政府失灵的问题，财政协调通过发挥对财政绩效的考核和管理作用，引导财政资金的使用，避免区域合作中投入多而效果差的现象。

（二）现实逻辑

财政协调理念不仅拥有坚实的理论逻辑，也蕴含着和京津冀协同发展现实特征相一致的现实逻辑。

1. 尺度特征：次国家空间的区域协同

从管制体制所依赖的地理尺度来看，全球化所带来的强烈去地域化和再地域化使得资本积累的尺度重组在地方政治中日益重要，京津冀城市群就处于地域解构所生成的次国家尺度。在这一空间尺度，传统单一行政手段和次国家空间所要求的柔性边界格格不入。同时，次国家空间的扁平化特征使得国家机构和社会主体间复杂的网络关系逐渐取代原有简单的多层级体系，这也局限了行政合作的作用空间，即政府只是驱动网络发展的节点，而非位于权力金字塔顶端的指挥者。这就要求更能体现资源交换和运转互动的财政手段和输入式行政手段的交织配合以避免网络发展的失衡。

2．路径特征：自上而下的区域协同

从协同发展的路径来看，和国内的其他区域合作类似，京津冀城市群的协同同样呈现自上而下的政治动员式的特征。这种在短期内统一官员思想，通过人力、物力、财力和政策资源的调动实现区域一体化的措施在当前政治体制内具有合理性，但是这样的“人工的一体化”和欧美国家尤其是欧盟通过市场推动和社会选择实现的渐进的“天然的一体化”相比，难免有隐忧和后患：自上而下的区域协同可能扭曲市场对资源配置的激励，政治动员式的推进方式难以保证政策的持续性。在此背景下，财政协调策略的融入一方面通过引导要素流动实现资源配置的最优化；另一方面也通过财政收支协同确立利益分配的长效框架，从而能够保障合作具有持久性。

3．结构特征：非均衡的区域协同

从结构特征来看，京津冀城市群强调区域内错位发展以形成以北京为中心的非均衡发展格局。从要素流动来看，在这种非均衡的区域协同中，需要协调要素从发达地区向落后地区的扩散性效应和要素从落后地区向发达地区的集聚回流效应的平衡。在此过程中，政府应制定相应的刺激措施以防控区域差距的扩大。从非均衡的区域合作结构特征入手，财政协调机制通过协同的财政收入弥合区域收支差距的鸿沟，构筑区域宏观利益平衡的基础。在微观上，财政协调机制通过差别化的财税政策引导产业的合理布局，并以横向转移支付制度的建构实现成本—收益在政府间的对接。可以说，京津冀非均衡的区域协同结构为财政协调机制提供了巨大的操作空间。

三、京津冀城市群财政协调机制框架设计

财政协调机制不仅在区域一体化进程中可以通过延展区域内政府的利益关系和权力关系而开拓区域合作的空间，更和京津冀城市群协同发展的现有基础和发展愿景相契合。在京津冀城市群财政协调机制的框架设计中，应侧重于回答三个问题，即“协调什么”“由谁协调”以及“怎样协调”。

（一）协调模块

根据财政收支管理划分，财政协调的内容包含收入管理和支出管理两个基本模块。在收入管理模块，一个典型城市群收入管理方式为税基共享。作为众多区域研究学者和实践者推崇的模式，税基共享被认为是解决城市群内部税基不均和弱化地方单位之间发展经济竞争的有效途径。然而，在城市群内割裂的地方政府决策和服务对影响区域发展政策的收益分配的理性方式产生阻碍时，税基分享可被认为缓解负面效应的重要备选方案。但是，相较于多个地方单位同意共同购买商品或提供服务而言，税基分享的区域合作方式要求更大的结构变化，因此在实践中应用范围有限。如蒙特利尔、里昂等地通过区域联合政府进行税收协同，以及美国路易斯维尔市包含地方收入税共享的跨地方协议的形式则在实践中较为常见，这些对京津冀城市群收入管理具有更强的借鉴意义。

相比对收入管理的协调，城市群的支出管理更为重要。从一个更长远的视角来看，京津冀城市群支出管理的协同涵盖三个关键目标：可持续与可承受、资源配置和运营绩效。三者需要在城市群框架下整体考虑。其中，可持续与可承受层次的协同可考虑：建立统一的共同财政基金与预警监测系统。前者在欧盟的实践证明了其是有效调和区域发展矛盾和缩小区域发展差距的有效政策举措，后者进一步要求建构指标体系——区分可持续（确保不丧失偿债能力和服务能力）和可承受（确保可应对内部与外部冲击）。资源配置要求在统一城市群框架下统筹考虑优先性。运营绩效层面协同的关键在于建立各类基本公共服务的统一标准。

财政收支协调仍不足完整地保障区域利益有效平衡，因此还需引入横向转移支付机制以在非均衡区域发展中条件下进行利益补偿。长期以来，京津两地对于河北强烈的“虹吸效应”实质上造成了河北对京津的变相财政补贴和财政输入。因此，在未来京津冀协同发展的过程中，以横向转移支付制度纠正区域资源错配势在必行。横向转移支付可在两个层面发挥作用：第一个层面是弥补特定领域内的财政支出外溢，如在生态治理领域，根据收益和成本主体的一致性，讨论补偿标准，确定补偿机制，必要时引入环境税以缓解财政压力。在产业转移领域也可以横向转移支付引导产业的合理布局；第二个层面是以公共服务均等化出发的横向一般性转移支付体系构建，这需要强有力的区域合作框架和明确税收划定基础。当然，针对当前京津冀城市群横向转移支付不普遍、规范性较差的特点，需要将现有对口扶贫、应急拨款等旨在消弭财政失衡的零星的、碎片化的做法制度化、体系化，以缓解经济落后地区财政资源匮乏的窘境。

（二）协调组织

在协调的组织层面也应区分两个维度的问题：即创设新的组织形式以及完善现有组织架构。在行政主导推进的区域协同进程中，财政协调所依托的组织架构必不可少。因此建议在现有京津冀协同发展领导小组下设区域财政委员会，以通过推动财政收入活动协调、建构横向转移支付制度等形式的财政协调，实现区域内财政资源的优化配置。同时，相较于刚性的制度和组织框架，柔性的协商机制同样必不可少。如在德国地方合作模式中，包括目的事业公法人、工作团队、司法机构等区域性组织的合作形式占到所有地方合作形式的60%以上，成为区域治埋的中坚力量。以此为镜鉴，京津冀财政协调在刚性的制度和组织框架下，也应致力于推动利益相关者合作网络的发展，以协商治理为内核，共谋区域利益的最大化。

在现有组织架构中，也应着手以财政协调为核心从纵向和横向两个维度进行完善。具体来说，在纵向完善现有统一的政府间职能划分框架。按照党的十八届三中全会决定的指导思想，建立事权和支出责任相适应的财政体制多级政府体系下，明确事权划分，清晰界定各级政府支出责任，再辅之以政府间收入划分和转移支付等制度安排，共同形塑政府间财政关系的基本框架。事权的行使必然伴随支出责任，且各级政府的支出责任要与其事权相适应。在此框架下，京津冀城市群内各级政府进行财政协调的基石应当是在事权和支出责任相匹配的前提下明确政府间的职能划分，避免在未来协调合作中出现推诿扯皮的现象。

在错综复杂的政府组织体系中，横向政府部门间关系最容易被忽视，亦最难被捕捉到。在这样的背景下，在诸多文稿当中，“发挥财政作用”几乎等同于“增加财政投入”。同时，包括京津冀城市群在内的各级政府公共资金的控制和决策多是通过非预算程序或机制实施，这就违背了预算规制的至上性原则。因此，在未来京津冀城市群开展财政协调的过程中，必须以预算制度改革为核心进行统一的横向（人大——政府——财政——部门间）职能划分框架，在部门管事（制定政策、标准与监督）不管钱、财政管钱又管事为改革的大方向之下，对现行框架下各部门的角色、职责和权力划分进行高度整合，进一步突出人大和财政部门的关键作用。

（三）协调层级

在京津冀财政协调的推进中，公共物品供给的协同不应是一哄而上，而是应当根据公共物品的性质进行分级别的协同。以省级政府间协同为核心的一级协调和以地方政府间的协同为核心的二级协调在目的和范围上都具有诸多不同。具体来说：三区在省级政府层次上的协同，可以弥补数量众多的基层政府在公共服务范围和功能上的不足；基层政府则在满足差异性和多样性服务需求以及发展直接民主（公民参与）方面独具优势。一级协同在公共服务均等化的前提下开展，针对当前公共产品供给的区域鸿沟，以教育、医疗等类别公共物品的供给供求差异的弥合为出发点，进行财政协调以满足城市群内公众需求。二级协同则是从满足公共需求的异质性和复杂性着手，通过财政协调的介入，实现公共物品的多样化供给。

在具体的操作设计中，省级集体物品与地方（基层）集体物品有着各自的财政协调机制和行动网络并在最高层次和最低层次上分别展开。同时，一级协同以公共服务均等化指标为绩效评价导向的同时，重点关注跨行政边界的合作项目；二级协同以公众对公共服务交付的满意度为绩效导向，两者相互配合共同推进京津冀城市群的协同发展。

□ 参考文献

[1] 楼继伟. 中国政府间财政关系再思考 [M]. 北京：中国财政出版社，2013：58.

[2] 于文豪. 区域财政协同治理如何有法可依：以京津冀为例 [J]. 法学家，2015（2）.

[3] 韩凤芹，孙美楠. 欧盟凝聚与区域发展基金的发展及其启示 [J]. 经济研究参考，2012（1）.

北京非首都功能疏解与核心功能提升的财政对策路径探讨

童　伟[①]　雷　婕[②]

【摘　要】疏解北京非首都功能，提升首都核心功能，公共财政应围绕产业结构优化，人口有效控制，区域均衡发展，城市管理能力提升，形成适度超前、全面统筹、相互衔接、满足未来需求的公共服务供给体系，以促进京津冀协同发展战略的顺利实现。

【关键词】首都核心功能　疏解　提升

随着交通拥堵、生态退化、公共服务不足、治安维稳艰巨等问题的频繁涌现，北京的“大城市病”日益严重，梳理北京城市功能定位，疏解首都非核心功能，调整北京经济结构和空间结构，成为京津冀协同发展背景下中央对北京的要求，也成为北京市必须加紧解决的重要问题。

---

① 童伟，中央财经大学财经研究院研究员，北京市哲学社会科学北京财经研究基地研究员，博士生导师，经济学博士。研究方向为政府预算、财政投融资、绩效评价。

② 雷婕，中央财经大学 2014 级博士研究生，专业方向为世界经济。

一、疏解非首都功能，促进产业结构调整

京津冀协同发展，要以科技创新驱动经济增长，以生态修复改善发展环境，以资源环境承载力为基础，以产业布局为重点，通过优势互补、合作共赢，优化经济空间结构，扩大环境生态容量，实现区域整体协调发展。对于北京来说，疏解劳动密集型、资源消耗型、环境污染型低端产业，成为首要选择。

然而，产业结构调整会对北京财政产生怎样的影响，北京市又该如何应对产业结构调整和疏解带来的财政收入变化呢？

（一）北京三次产业对财政收入的影响分析

"十二五"时期，北京财政克服诸多不利因素，实现了跨越式发展。全市公共预算收入由 2011 年的 2566 亿元，增长到 2015 年的 3622 亿元（预算数），扩大了 41.2%，年均增长 13.9%，远超同期国内 GDP 的增长速度。

在北京市财政收入中，第三产业实现的财税收入占财政收入总量的比重超过 80%，其中，金融业、租赁和商务服务业、信息服务业、科技服务业四大服务业合计占公共财政收入的比重超过五成；第二产业占比超过 14%，第一产业实现的财税收入比重不到 1%，与北京"三二一"的产业结构基本吻合。北京市财政收入分产业贡献情况见表 1。

从表 1 可发现，在北京市财政收入中，属于疏解范畴之内的制造业、采矿业、部分仓储和批发业等占到财政收入近 20%。这表明，随着这些行业企业的疏解与搬迁，北京市财政约 20% 的税收会随之流失。在此情况下，如何才能遵照中央发布的《京津冀协同发展规划纲要》指示精神，顺利实现对上述企业的疏解，既要让这些企业走得心甘情愿，还要让这些走出去的企业能够得到更好的发展，同时还要保障北京市财政收入不出现大的波动，保有充足的财政收入以保障首都核心功能的高效实现，成为摆在北京市政府及相关部门面前一个极其现实的问题。

表 1：北京市财政收入分产业贡献情况（%）

行业	2013 年
第一产业	0.08
第二产业	14.9
采矿业	0.3
制造业	7.9
电力、燃气及水的生产和供应业	2.8
建筑业	3.9
第三产业	81.6
交通运输、仓储及邮政业	2.2
信息传输、软件和信息技术服务业	4.6
批发和零售业	9.9
住宿和餐饮业	2.0
金融业	15.2
房地产业	17.5
居民服务、修理和其他服务业	7.0
租赁和商务服务业	8.3
科学研究和技术服务业	6.7
公共管理、社会保障和社会组织	3.9
其他	3.4

（二）北京市产业疏解的财政引导与区域协调的路径研究

为推动北京市节能减排和环境保护工作，北京市近年来发布了一系列法律法规，引导污染企业退出，限制污染企业进入。

1. 引导非首都功能企业搬迁，限制非首都功能企业落地

为贯彻落实首都城市战略定位，加快构建“高精尖”的经济结构，切实推动京津冀协同发展，北京市采取了限制非首都功能企业落地和引导非首都功能企业搬迁的两种方法。

在限制非首都功能企业落地方面，2014 年 7 月北京市发布《北京市新增

产业的禁止和限制目录》。2015年8月，北京市根据新颁布的《京津冀协同发展规划纲要》，对禁止和限制目录进行了修订，重新界定了不允许新增固定资产投资项目或新设立各类市场主体的禁止性项目，以及针对区域限制、规模限制和产业环节、工艺及产品限制的限制性类别。《北京市新增产业的禁止和限制目录》发布后，截至2015年上半年，北京市减少投入80亿元，减少产值100多亿元。

在发布《北京市新增产业的禁止和限制目录》的同时，为将“聚人多、占地多、高能耗、高水耗、高污染”的一般性制造业、区域性物流基地和区域性批发市场等类企业顺利疏解出北京，北京市政府还采取了一系列措施，例如定期公布工业行业调整、生产工艺和设备退出指导目录，对目录范围内的企业，相关部门不予审批扩大产能项目，不再新增授信支持，不再换发生产许可证、排污许可证、安全生产许可证等。对未按规定淘汰退出、被责令关闭的企业，限期办理工商注销登记。

在引导非首都功能企业搬迁方面，北京市通过经济手段充分调动相关企业的调整退出积极性。2014年7月，北京市政府批准通过《工业污染企业调整退出奖励资金管理办法》，对于相关企业的退出予以一定资金的鼓励。该办法指出，凡列入调整疏解非首都核心功能产业的工业污染企业，以及列入不符合首都功能定位的工业行业调整、生产工艺和设备退出指导目录的工业污染企业，可获得市财政调整退出奖励资金。奖励资金额度实行与能源节约量、污染物减排量等指标挂钩，分档确定。2014年，北京市共安排1.95亿元资金支持符合条件企业进行调整或退出。

《京津冀协同发展规划纲要》的颁布，使北京市产业调整的范围进一步扩大，需要退出和调整企业的数量大大增加。在此情况下，北京市政府应对《工业污染企业调整退出奖励资金政策》予以适当调整，提高奖励标准，扩大享受范围，不仅是工业企业的调整和疏解可享受上述政策资金的支持，凡不符合首都核心功能的商业、服务业领域企业的退出，原则上都应享受该项政策的奖励。应视不同类型或规模的企业，适当增加对企业在土地转让税收减免、土地出让金返还比例等方面的优惠，激励企业加快搬迁腾退。对搬迁至外省且原国有土地使用权收回的企业，应在按现行土地补偿的基础上，再给予一定额度的资金奖励。

与此同时，还应积极落实《京津冀协同发展产业转移对接企业税收收入分享办法》。该办法规定，由迁出地区政府主导、符合迁入地区产业布局条件且迁出前三年内年缴纳的增值税、企业所得税、营业税大于或等于 2000 万元的企业，在迁出完成工商和税务登记变更并达产后三年内缴纳的增值税、企业所得税、营业税三税地方分成部分，由迁入地区和迁出地区按50%∶50%比例分享。当分享达到企业迁移前三年缴纳的“三税”总和限度后，迁出地区不再分享税收收入。若三年仍未达到分享上限，分享期限再延长两年，此后迁出地区不再分享，由中央财政一次性给予迁出地区适当补助。

但在实际调研中发现，该办法规定的税收分享只适用于完全迁出并完成工商和税务登记变更的企业，对于总部保留、分部迁出的企业并不适用。北京市的绝大部分企业都采取总部保留、分部迁出或在河北设立新的分部的形式，因此实际上该项税收分享政策并不能给北京市带来实际的利益。由此，应对该项税收分享方法进行修订，重新认定迁出企业标准，确保北京应有的税收利益，以推动京津冀产业有序转移和布局的顺利落实。

2. 调整经济结构，促进创新产业发展，保障税源充足稳定

应立足北京工业发展实际，走信息化与工业化结合的新型工业化道路，提高科技含量，自主创新，实现产业结构的优化调整，打造高技术制造业、高技术服务业相互连接的链条，壮大工业财源，增强经济实力。

应建立重大科技成果转化和产业项目资金统筹机制，支持重大产业化项目建设，重点支持重大产业项目，培育壮大战略性新兴产业，积极发展高端产业。重点推进服务业大发展，利用创新模式和手段改造提升传统服务业，提升技术水平和经营效率，寻找北京传统服务业新的利润增长点和竞争力，进一步挖掘第三产业对北京财政的贡献度。

二、支持人口调控和有序疏解

对于北京市来说，人口疏解有两层含义，一是人口由北京向河北、天津的疏解，二是人口由北京市内城六区向远郊区县的疏解。

（一）人口由北京向河北、天津疏解

大量人口聚集北京不仅仅因为北京具有更多的就业机会，更在于北京市相比其他大部分地区，特别是河北来说，拥有更好的基本公共服务设施和条件。以社会保障为例，2015 年，企业退休人员最低养老金河北每月为 2071 元，天津为 2525 元，北京为 3355 元，三地之比为 1∶1.2∶1.6。城乡居民基础养老金河北是每月 75 元，天津是 245 元，北京是 470 元，三地之比为：1∶3.3∶6.3。

在医疗保险方面，京津冀三地的起付线、报销比例、报销封顶线都不太一样。以新农合为例，2015 年，新农合筹资标准北京不低于 1200 元，个人缴费 160 元，财政补贴 1040 元；天津筹资标准不低于 760 元，个人缴费 90 元，财政补贴 670 元；河北筹资标准不低于 490 元，个人缴费 110 元，财政补贴 380 元。三者间个人缴费水平为：1.9∶1∶1.2，但财政补贴方面的差距则更为明显：2.7∶2∶1。

不同的筹资标准，使河北与北京、天津新农合参保人员享受的待遇也出现了显著差别。2015 年，北京市新农合门诊起付线 200 元，报销比例 65%，封顶线 3000 元；住院起付线 500 元，报销比例 80%，全年门诊及住院保险封顶额累计 18 万元。河北新农合门诊报销无起付线，报销比例 50%，但封顶线只有 100 元—300 元；住院报销比例约 75%，封顶线为 12 万元。天津 2010 年对城镇居民医保和新农合进行了整合，实现了城乡居民基本医疗保障一体化。2015 年天津居民门诊及住院报销起付线均为 500 元，报销比例 70%，最高支付限额 18 万元。

京津冀在公共服务领域的上述差别，其实质是京津冀在地方财政实力上的差异。2014 年，人均财政收入河北省 3313 元，天津市 15757 元，北京市 18721 元，

河北省人均财政收入仅为天津的21%，北京的17.7%，而且这一收入差距还在不断扩大。2012年时三者的比例是1∶4.2∶5.3，2014年则扩大到的1∶4.8∶5.7。

公共服务领域巨大的“梯度差”，反过来又形成了强烈的“马太效应”，使强者愈强，弱者愈弱，进一步加剧了公共服务的供需失衡。在河北，人们感叹吸引人才不易，本地培养出的拔尖教师、医生，常被京津吸走。反过来，患者就医直赴京津。2014年，北京市内三级医院每天接待外地就医人口70余万人次，河北占据1/3。

由此，构建京津冀统一的社会保障服务体系，是推动京津冀协同发展、引导人员有序流动的基础。为此，京津冀三地已在社会保障领域进行了有益探索。比如京津冀三省市均出台了本地养老保险跨区域转移接续办法实施细则，发行了符合全国统一标准的社会保障卡；基本实现城乡居民养老保险制度名称、政策标准、经办服务、信息系统的“四统一”。目前正积极探索建立由老人户籍所在地政府向其实际居住养老机构发放床位运营补贴、给付救助资金的机制，实现养老政策相互衔接、缴费年限互认、养老保险三地分享。

同时，京津冀三地正准备构建共同的连接结算平台，使在不同区域就医、享受各项福利政策的人员，能够更加方便地就医、结算和享受各种保障。

在医疗服务领域，公共财政资源应在新建医院、新增医疗资源分配等方面向河北倾斜，加快河北医疗公共事业发展。应通过促进合作办医、双向转诊、医疗信息互联互通、移动医疗和云医疗技术开发、跨地区医疗服务购买，逐步拉平京津冀医疗服务水平，完善基本医疗保障。在统筹医疗服务领域，北京、天津已与河北建立起良好的医疗合作关系，三省市在卫生应急、疾病防控等方面正式签订合作协议，合作医疗卫生机构达到230余家，形成了多途径、多形式、多层次的合作模式。同时，京津的一些优质医疗卫生资源也不断加大向河北的延伸转移，提高河北医疗服务水平，缓解就医困难。

在教育领域，完善京津冀区域教育治理模式，构建高效畅通的教育协同发展机制，实现优质教育资源共享是推进京津冀教育服务均等化的最佳方法。在基础教育领域，公共财政应在教育经费配置向薄弱地区大力倾斜，促进京津冀基础教育学校在办学模式、师资培养、教育教学等领域开展合作，实现京津冀基础教育在教师、学生与学校发展等多层次方面的均衡。在高等教育和职业教育领域，公共财政要积极探索京津冀地区学校之间的合作方式，大力支持跨地办学、联合办学、共建校区、对口合作、课程互选、学分互认、远程教育等多种形式教育合作，实现京津冀高等教育和专业教育服务均等化。此外，促进京津冀招生制度一体化和就业平台一体化，也是公共财政的任务之一。

（二）北京市区内人口疏解

对于人口在北京市内的疏解，政府应通过制定支持人口调控的一般性转移支付政策，建立起市对区县转移支付资金分配与人口调控挂钩的机制，按照区县人口调控目标，对超额完成任务量的予以奖励，鼓励区县疏解人口。

三、提升首都核心功能

提升首都核心功能，应努力在落实城市战略定位中构筑发展新优势，在建设国际一流和谐宜居之都中把握新需求，在调整疏解非首都核心功能中构建“高精尖”经济结构，在打造区域创新共同体中实现京津冀协同发展，在全面深化改革中激发更大的发展活力。

（一）落实首都功能定位，履行“四个中心”职能

疏解非首都功能，是为了更好地服务首都核心功能，保障中央赋予北京市的全国政治中心、文化中心、国际交往中心、科技创新中心功能定位的实现。

1. 支持政治中心建设

所谓政治中心建设，不仅仅指北京作为国家的首都，是中国的形象、中国的名片，更在于北京应主动承担起为中央党、政、军领导机关服务的工作职责。为此，北京市公共财政不仅要协助组织筹办各类大型公共活动，保障公共活动安全，还应全力支持政治中心的基础设施平台建设，加强信息网络安全、立体

化治安防控体系、综治维稳信息系统等方面的建设力度，不断加大公共安全信息系统的投入和管理，提高预防和处置突发公共事件的能力。

2. 支持国际交往中心建设

作为国际决策控制中心、国际高端企业总部汇集中心、国际活动聚集地和国际高端人才聚集中心，北京应拓展财政渠道，加强与国际组织和世界各国的交流，促进国际交往的不断扩大，积极吸引国际机构落户，举办重大外交活动，打造高端国际交往平台，发展国际性智库，推进服务业开放和海关区域一体化进程，积极筹办冬奥会。

3. 支持文化中心建设

北京市是具有悠久历史文化的名城，文化中心的建设既要发挥体现对历史名城的保护，又要体现现代文化的推广和发展。

在促进历史名城保护方面，应设立历史文化名城保护基金，促进历史名城保护，加强非物质文化遗产的保护和挖掘，实现城市建设与名城保护的协调发展。

在促进现代文化发展方面，应优化文化创新发展环境，建立和完善区域文化创新体系，推动文化产业发展，加强文化软实力建设，增强首都文化中心功能。

4. 支持科技创新中心建设

应做大做强战略性新兴产业，加快新一代信息技术、生物、新材料、航空航天、高端装备、制造业创新发展；大力发展生产性服务业及节能环保朝阳产业，走出一条内涵集约发展的新路子，探索出一种人口经济密集地区优化开发的模式，促进区域协调发展，形成新的增长极。

（二）增强城市运行能力，破解城市发展资源环境瓶颈

交通拥堵、生态环境退化、城市管理能力下降是北京市面临的极其严重的城市发展瓶颈。为此，应以完善城市环境治理、提高城市运行能力、改善城市运行功能为核心，积极推进节能减排，优化首都环境，医治北京的“大城市病”。

1. **完善环境治理和生态修复制度**

应支持大气污染治理、水源地保护、生态清洁小流域治理等重点工程，提高垃圾、污水处理能力。加快自然资源及产品价格改革，全面反映市场供求、资源稀缺程度、生态环境损害成本和修复效益。坚持使用资源付费和谁污染环境、谁破坏生态谁付费的原则，构建生态环境的财政治理机制。

2. **改善城市环境，提高城市运行能力**

应完善垃圾处理调控核算平台机制，调整垃圾处理异地补偿费，通过收费政策撬动引导区县做好生活垃圾减量化，保证垃圾处理设施的正常运行。

3. **加强交通治理，完善城市功能**

应加快推进交通疏堵工作，完善城市道路桥梁日常养护。结合公共交通票价调整情况，研究制定新的公共交通补贴机制。实施人行设施改造工程，解决重点地区机非混行问题。增设下凹式立交桥调头阀，提升城市道路应急保障能力。

4. **推进节能减排，优化首都环境**

结合北京市绿色建筑发展特色，鼓励绿色建筑、绿色生态园区建设，实现北京市绿色建筑建设目标。积极推进居住建筑和公共建筑节能降耗工作，以及建设领域减排工作，优化首都环境。

□ 参考文献

[1] 孙久文，原倩．京津冀协同发展战略的比较和演进重点 [J]．经济社会体制比较，2014（9）.

[2] 薄文广，陈飞．京津冀协同发展：挑战与困境 [J]．南开学报（哲学社会科学版），2015（1）.

[3] 丛屹，王焱．协同发展、合作治理、困境摆脱与京津冀体制机制创新 [J]．改革，2014（6）.

[4] 谷树忠．疏解非首都核心功能缓解北京大城市病症 [J]．当代北京研究，

2015（2）.

[5] 崔向华. 首都经济圈规划视野中的北京城市功能疏 [J]. 城市规划，2015（9）.

[6] 孟翠莲，赵阳光，刘明亮. 北京市大城市病治理与京津冀协同发展 [J]. 经济研究参考，2014（12）.

附录一

国际城市论坛京津冀协同发展2015年会

国际城市论坛是由北京国际城市发展研究院和北京国际城市论坛基金会共同发起组织的中国城市面向世界最有前瞻性、权威性、开放性的非官方非营利性公共平台。国际城市论坛定期举办年会、形势分析会、内部研讨会、圆桌会议和学术沙龙等公益活动，目前国际城市论坛年会已经成功举办了12届。从2014年起，为了贯彻落实中央关于京津冀协同发展的战略部署，国际城市论坛将每年召开京津冀协同发展年会。

在成功举办2014年年会基础上，2015年11月14日，在北京市、天津市、河北省三地哲学社会科学规划办公室大力支持下，由北京国际城市发展研究院、北京国际城市论坛基金会联合主办，由北京市哲学社会科学京津冀协同发展研究基地承办的“国际城市论坛京津冀协同发展2015年年会”在北京市宽沟会议中心举行。来自京津冀三地有关部门负责人和专家学者300余人参加了本届年会。年会围绕“面向未来的京津冀世界级城市群”这一主题进行了交流研讨。本次年会上京津冀协同发展研究基地和北京国际城市发展研究院联合发布了京津冀指数和《首都战略定位——京津冀协同发展中的北京之路》两项重要成果。

年会分为一个主论坛和五个分论坛。主论坛上北京市哲学社会科学规划办公室主任王祥武为大会致辞，并举行了京津冀指数发布仪式。国家发改委国土开发与地区经济研究所所长肖金成、首都经济贸易大学原校长文魁、南开大学滨海开发研究院常务副院长周立群、河北工业大学京津冀发展研究中心常务副主任张贵、河北大学社科处处长陈志国、天津社会科学院研究员王立国等专家分别就“京津冀协同发展与北京非首都功能的疏解”“北京新使命——关于把北京建设成为世界级城市群核心的理论思考”“京津冀协同发展对环渤海地区北方腹地的作用”“京津冀生态测度核算与共建共享的市场机制”“河北省水资源概览——问题与对策”“京津冀实现同城化发展：打造世界级城市群不可忽略的内容”等专题做了主题演讲。

分论坛上，45位来自京津冀三地的学者分别就生态示范、文化引领、协同创新、社会治理、法治保障五个专题进行了深入研讨与对话交流，共同探讨了落实京津冀协同发展国家战略的新思路、新举措、新政策、新机制，为三地合作的重点领域寻找突破口，为实现三地协同发展建言献策。

附录二

北京市哲学社会科学规划办公室

京社科规划文[2014]26号

关于依托北京国际城市发展研究院建立京津冀协同发展研究基地的决定

为落实中央关于京津冀协同发展的指示精神，促进京津冀三地的深度交流合作与科学持续发展，探索科学研究为现实服务的新途径、新模式，北京市哲学社会科学规划办公室研究决定，依托北京国际城市发展研究院建立京津冀协同发展研究基地。同意连玉明教授为研究基地负责人。

希望京津冀协同发展研究基地充分借助北京国际城市发展研究院的专业、人才和信息优势，广泛整合相关研究力量，围绕中央和地方政府急需解决的重大理论和现实问题，加强战略性、前瞻性、对策性研究，为京津冀协同发展提供理论支持和决策参考。

北京市哲学社会科学规划办公室

二〇一四年七月三十日

附录三

京津冀协同发展研究基地简介

京津冀协同发展研究基地（全称为北京市哲学社会科学京津冀协同发展研究基地）由北京市哲学社会科学规划办公室于2014年7月30日正式批准成立。京津冀协同发展研究基地设在北京国际城市发展研究院。

一、成立背景

为贯彻落实中央关于京津冀协同发展的指示精神，促进京津冀三地的深度交流合作与科学持续发展，以更高标准、更大尺度、更深层次谋划和推动京津冀协同发展，根据市委、市政府领导的批示，北京市哲学社会科学规划办公室研究决定，依托北京国际城市发展研究院建立北京市哲学社会科学京津冀协同发展研究基地。基地的成立为京津冀三地专家学者搭建一个开放型协作创新平台，促进研究成果在京津冀协同发展中的转化应用，为北京发展和京津冀协同发展提供理论支撑和智力支持。

二、战略定位

京津冀协同发展研究基地是一个开放式协作创新平台、区域化合作交流平台、专业化决策咨询平台和信息化成果转化平台。它聚集相关专业研究者，发挥独立、客观、公正、持续的科学精神和创新方法，立足北京发展和京津冀协同发展实践，以首都可持续发展与京津冀协同发展重大现实问题为主攻方向，着重对全局性、战略性、前瞻性问题开展研究和咨询。努力成为推动北京发展和京津冀协同发展的重要思想库和智囊团。

三、主要任务

1. 建设国内最全面、最系统、最专业、最权威的京津冀协同发展信息数据中心。以建设国内一流的京津冀协同发展研究基地为标杆，全面收集、整理、研究和提供国内外京津冀研究领域具有参考和借鉴价值的理论、文献、信息、数据、案例，建立最全面、最系统、最专业、最权威的京津冀协同发展研究信息库、数据库和案例库，定期发布《京津冀数据摘要》，研究编辑出版《京津冀年鉴》，为京津冀协同发展研究提供理论支撑、文献支撑、信息支撑、数据支撑和案例支撑。

2. 组织开展京津冀协同发展若干重大问题研究，编辑出版“京津冀协同发展研究文库”和《京津冀大百科全书》。全面梳理京津冀协同发展100个重大问题，组建100个课题研究专家小组，搭建一个跨学科、专业化、开放型协同创新平台，形成以100位中青年专家学者为主体的研究团队，围绕100个重大问题开展战略性、前瞻性、对策性、持续性研究，出版100部学术专著，形成“京津冀协同发展研究文库”，编辑出版《京津冀大百科全书》，均纳入北京市哲学社会科学规划办重大研究项目，争取全国社科规划办支持。

3. 定期举办国际城市论坛京津冀协同发展年会，编制“京津冀指数”，发布京津冀协同发展研究成果，出版《京津冀协同发展指数报告》和《京津冀协同发展智库报告》。持续深化国际城市论坛的平台建设和品牌建设，强化北京国际城市论坛基金会的公益支持。以京津冀三地社科规划办为依托，组织京津冀三地相关领域专家定期举办国际城市论坛京津冀协同发展年会。以此为基础，组建京津冀协同发展研究基地学术委员会和顾问委员会，聘请特约研究员，搭建开放创新的学术研究平台和学术交流平台。研究、编制和发布“京津冀协同发展指数”（简称“京津冀指数”），研究出版《京津冀协同发展指数报告》和《京津冀协同发展智库报告》。

4. 构建“中国临空经济指数”，研究出版《临空经济蓝皮书》。抓住并用好临空经济发展机遇，努力抢占学术研究制高点。研究、编制和发布“中国临空经济指数”，出版《临空经济蓝皮书》。持续跟踪并深化北京新机场临空经济合作区战略研究，积极主动开展北京首都机场临空经济区发展研究，领先开展京津冀机场群前瞻研究。有序开展全国及世界机场临空经济区案例研究和比较研究，构建以“中国临空经济指数”为核心的信息库、数据库和案例库。

5. 承担中央、地方政府及相关部门重大课题研究，积极稳妥有效探索机制化、长效化合作新模式。立足北京发展和京津冀协同发展实践，以首都可持续发展与京津冀协同发展重大现实问题为主攻方向，加强全局性、战略性、前瞻性研究和咨询，为北京发展与京津冀协同发展提供决策咨询和智力支持。有计划、有选择地承担政府委托的相关课题研究，积极稳妥有效探索与北京市发改委等相关部门战略合作新模式，努力向机制化、长效化方向发展。

四、运行机制

1. 组织机构。以北京国际城市发展研究院完整的组织体系和有效的运行模式为基础，构建研究基地的组织架构。由北京国际城市发展研究院院长担任基地理事长、首席专家，同时设立学术委员会和顾问委员会。

2. 人才机制。研究基地根据需要面向京津冀三地聘请研究人员，形成开放、协作、创新的人才支撑体系。依托北京国际城市发展研究院的国际顾问、学术顾问、特约研究员、专职研究人员开展工作，形成一支素质优良、结构合理、专兼职结合的研究队伍。

3. 运行保障。北京国际城市发展研究院为研究基地的发展与运行提供办公条件、设备设施、网络平台和经费支撑，负责研究基地的日常运行管理和研究工作的开展。